"博学而笃志，切问而近思。"

(《论语》)

博晓古今，可立一家之说；
学贯中西，或成经国之才

复旦博学·复旦博学·复旦博学·复旦博学·复旦博学·复旦博学

主编简介

卢新海，同济大学管理学博士，比利时天主教鲁汶大学经济学博士后。现任华中科技大学国土资源与不动产研究中心主任，华中科技大学公共管理学院土地管理系教授、博士研究生导师；主要研究领域为土地管理、城市管理。其是中国注册房地产估价师、土地估价师、资产评估师、造价工程师和咨询工程师；兼任中国土地估价师协会理事、中国土地学会理事、湖北省土地学会副理事长和英国皇家测量师学会（RICS）会员。已出版《企业土地资产及其管理》、《开发区发展与土地利用》、《城市土地管理与经营》、《房地产估价——理论与实务》、《现代城市规划与管理》、《中国城市土地储备制度研究》等十多部著作，公开发表相关领域学术论文100多篇。

黄善林，华中科技大学与澳大利亚新南威尔士大学联合培养博士，研究领域土地管理。已公开发表相关领域学术论文10余篇。

21世纪工程管理系列

土地估价

Land Administration

and Administration

□ 卢新海
　黄善林　编著

复旦大学出版社

内 容 提 要

　　本教材主要包含三个部分的内容：第一部分为土地估价的基础理论，包括土地、土地产权、土地市场简介，土地价格理论，土地估价概述；第二部分为土地估价基本方法，包括市场比较法、收益还原法、成本逼近法、剩余法和基准地价系数修正法与路线价法；第三部分介绍与土地相关的建筑物、矿产资源与森林资源资产，以及农用地的估价方法，并专章介绍了土地估价程序、土地估价报告编制与土地估价规程等实务性内容。

　　本书可作为土地资源管理专业、房地产管理专业和国有资产管理专业不动产估价相关课程的教科书，也可以作为全国土地估价师执业资格考试的参考教材，还可以供土地管理、资源管理、城市开发等相关领域管理人员参考。

土地估价课是教育部公共管理教学指导委员会土地资源管理教学指导小组认定的土地资源管理专业六门核心课程之一,也是全国土地估价师执业资格考试的主要内容。而作为经济鉴证类中介行业之一的土地估价行业,则是我国土地管理领域十分重要的产业之一,为维护我国社会主义市场经济条件下生产要素市场的平稳发展,发挥着重要的保障作用。

笔者20世纪90年代初创办土地估价机构,并获得第一批全国A级土地估价机构执业资格;其后一直致力于土地资源管理专业教学与研究工作,多年承担土地资源管理专业研究生课程"不动产估价理论与方法"的教学。本教材就是在多年使用的课程讲义的基础上充实、整理、完善而成的。

教材主要包含三个部分的内容:第一部分为土地估价的基础理论,包括土地、土地产权、土地市场简介,土地价格理论,土地估价概述;第二部分为土地估价基本方法,包括市场比较法、收益还原法、成本逼近法、剩余法和基准地价系数修正法与路线价法;第三部分介绍与土地相关的建筑物、矿产资源与森林资源资产,以及农用地的估价方法,并专章介绍了土地估价程序、土地估价报告编制与土地估价规程等实务性内容。

尽管土地估价与房地产估价、资产评估等其他财产估价在基础理论与方法上并无不同,但由于在我国分属于不同的业务主管部门,因而出现了技术规程、专有名词、使用条件等方面存在差异的现象。这些差异有赖于读者体会、辨识，从而达到融会贯通的效果。有关房地产估价的内容，可参考笔者主编的《房地产估价——理论与实务(第二版)》一书。

卢新海

2010 年 3 月

CONTENTS | 目 录

第一章 绪 论

 学习目标

通过对本章的学习,应该能够:

1. 理解土地的概念及特性;

2. 了解土地的功能和分类;

3. 掌握土地产权的内涵、权能构成及基本特性;

4. 掌握土地市场的内涵、特点、功能及土地市场体系;

5. 了解土地市场的形成与发展;

6. 了解土地估价的必要性。

第一节 土 地 概 述

一、土地的概念

土地估价所要估算的土地价格主要是土地权利价格。土地权利是依附于土地之上的。因此,明确界定土地的概念是科学土地估价的重要基础工作。

对于土地,在不同的学科或研究领域有着不同的认识和定义。典型的观点有以下几类。

从地理学的角度,主要有以下四种观点:土地即土壤;土地即地球的纯陆地部分,不包括陆地的水面;土地即陆地及其水面,亦即地球表面除海洋之外的陆地及其江河、湖泊、水库、池塘等陆地水面;土地即地球表面,亦即地球的陆地部分和海洋部分都包括在内。如,1976年由联合国粮农组织(FAO)编写并出版的《土地评价纲要》一书中认为"土地是较土壤更为广泛的概念,它包括影响土地用途潜力的自然环境,如气候、地貌、土壤、水文与植被,还包括过去和现在的人类活动结果。"

从政治经济学的角度,土地的概念则着重在土地的生产利用,即在社会物质生产中,土

地是实现劳动过程和任何生产的必要条件,起着生产资料(劳动对象和劳动手段)的作用。如马克思所指出的:"在农业中……土地本身是作为生产工具起作用的。"按照列宁的说法,土地是农业中主要的生产资料。除此以外,土地还是社会关系的客体。在土地利用过程中人与人之间发生的相互关系是社会发展的重要基础。

从经济学的角度,英国著名经济学家马歇尔(A. Marshall)认为:"土地是指大自然为了帮助人类,在陆地、海上、空气、光和热各方面所赠予的物质和力量。"美国土地经济学家伊利(R. T. Ely)认为:"经济学家所使用的土地这个词,指的是自然的各种力量,或自然资源。……经济学上的土地是侧重于大自然所赋予的东西。"中国土地经济学者毕宝德认为,现实的土地已不仅仅是一个单纯的自然综合体了,而是一个由各项自然因素并综合了人类劳动成果的自然-经济综合体了。

从管理学的角度,中国土地管理专家濮励杰、彭补拙认为,土地是地球上由气候、地貌、土壤、水文、地质、生物及人类活动的结果所组成的自然经济综合体,其性质随时间面不断地变化,在社会物质生产中起着生产资料的作用。陆红生认为,土地是指地球表面陆地和水面的总称,同时,土地还是一个空间的概念,它是由气候、地貌、土壤、水文、岩石、植被等构成的自然历史综合体,并包含人类活动的成果。

人们对土地的不同认识和定义,其原因不仅仅是认识程度的深浅不同,更为重要的是由于生活、生产的不同需要或者研究目的和学科的不同,以及各国、各地区在法律和制度上存在差异。纵观上述观点,可见看出,不同学科领域的学者对土地概念的界定具有一定的共识,即土地具有资源和资产双重属性:土地作为资源,即土地资源是将土地作为自然要素看待的;土地作为资产,即土地资产是人类通过劳动对土地资源加以利用产生的财富。

土地估价所要估算的土地价格不仅要估算土地资源价值,更要估算土地资产价值。土地是自然资源,同时又是资产。土地作为资产,是土地实体与权利的有机结合,它既包括有形的土地实体,又包括寓于土地实体中的各种经济关系和由此形成的产权(所有权、占有权、使用权、收益权、出租权、抵押权等)。可见,土地估价中的"土地"是物质实体与权益的结合,两者密不可分。物质实体即土地及其上的建筑物和其他附着物,它是土地各种权益的载体,是一切经济活动的物质基础;依托于土地物质实体上的权益是指由法律设定的土地各种权利以及享有这些权利所能获得的利益或收益(土地权利见本章第二节"土地产权")。

建筑物是指人工建筑而成,由建筑材料、建筑构配件和建筑设备(如给排水、卫生、照明、通讯等设备)等组成的整体物,包括房屋和构筑物两大类。其中,房屋是指有基础、强、顶、门、窗,能够遮风避雨,供人在内居住、工作、学习、娱乐、储藏物品或进行其他活动的空间场所。构筑物是指房屋以外的建筑物,人们一般不直接在内进行生产和生活活动,如烟囱、水塔、水井、道路、桥梁、隧道、水坝等。房屋和构筑物是同一层次的,其之间的区别主要有:是否直接在内进行生产或生活活动;是否有门、窗、顶盖。根据建筑物的用途,通常可分为生产性建筑物和非生产性建筑物。

其他附着物一般由相关法律予以界定。在美国法律中,判断某动产是否为附着物的准则是动产所有者是否有此意愿。一旦该动产被视作附着物,则该动产在法律上视作土地的一部分,为土地所有者所有。现实中某动产是否为附着物,要视具体情况而定:若有约定该动产可以拆除,则该动产不属于附着物;若有约定不能拆除或移动时必然会对土地、建筑物或该动产本身造成很大损害,则该动产被视为附着物。另外,房地产业主为提高其房地产的价值和功能,在地上建造的庭院、花园、假山、栅栏等,也是附着物。但是,对于承租者为自己经营或利用而依附于所承租土地或建筑物上的动产,如餐饮设备、工具棚、鸡舍、书柜等,在美国被称为"商业附着物",在被授权的情况下,在租约期满之前承租人一般都可将其移走,除非这些附着物已成为土地或建筑物的完整部分,对附着物的移动必然会对土地、建筑物或动产本身造成很大损害。若在租约期满时承租人未将其移走,则该动产在法律上将属土地或建筑物所有者所有。在中国也是如此。

二、土地的特性

土地具有一系列与其他物质相区别的特性。

土地的基本特性包括自然特性和经济特性。土地的自然特性是土地自然属性的反映,是土地所固有的,与人类对土地的利用与否没有必然的联系;土地的经济特性是人类在对土地利用过程中产生的,在人类诞生以前尚未对土地进行利用与投资时,这些特性并不存在。

(一)土地的自然特性

土地是自然历史形成的,存在以下四个自然特性。

1. 土地位置的固定性

土地的空间位置是固定的,不能移动。在地球发展史上,虽曾出现过大规模的"沧海桑田"的变迁,但这早已成为历史的陈迹。目前,大陆漂移、岛屿隐现等对陆地面积和位置的影响,即使在几十年、几百年间也微不足道,没有很大的实际意义。从人类的生产活动看,虽然从理论上说部分土地表层的移动也是可能的,但这不仅数量有限,而且代价高昂,因而也没有很大的实际意义。所有这些变化都不能从根本上改变土地位置固定性的特点。

2. 土地面积的有限性

地球是自然历史形成的,其面积具有不可再生性。人类可以改良土地,提高土地质量,改变土地形态(由丘陵变成平原,由贫瘠变为肥沃),但一般不能扩大(或缩小)土地面积。因此列宁说:"土地有限是一种普遍的现象。"面积有限,迫使人们必须节约、集约地利用土地资源。

3. 土地质量的差异性

由于土地自身的条件(地质、地貌、土壤、植被、水分等)以及相应的气候条件(光照、温度、雨量等)的差异,因而造成土地的巨大自然差异性。这种差异性不仅存在于一个国家或一个地区的范围之内,即使在一个基层生产单位内也同样存在着。随着生产力水平的提高和人类对土地利用范围的扩大,这种差异性会逐步扩大,而不是趋于缩小。土地的自然差异性是土地级差生产力的基础。土地的自然差异性,要求人们因地制宜地合理利用各类土地资源,确定土地利用的合理结构与方式,以取得土地利用的最佳综合效益。

4. 土地功能的永久性

任何生产资料都会在使用中磨损,最后报废。然而,土地作为一种生产要素,"只要处理得当,土地就会不断改良"。在土地农业利用过程中,土壤养分和水分虽不断地被植物吸收、

3

消耗,但在合理使用和保护的条件下,通过施肥、灌溉、耕作、作物轮作等措施,可以不断地得到利用。同时,随着科学技术的进步及其在农业中的应用,可以更好地将土壤中的有效肥力释放出来,从而提高土地生产力。例如,20 世纪 60 年代以来,化肥的广泛应用,使世界粮食产量增加了 1/3。土地在非农业生产部门中,作为"地基"、"活动场所"等的作用,也不会随着时间的流逝而消失,也不会因水灾、旱灾、火灾、地震等而丧失,对土地的承载力的利用是永续的。例如唐山地震后,仍在原处矗立起了高楼大厦,使唐山市旧貌换新颜。

(二)土地的经济特性

土地的经济特性,是以土地的自然特性为基础,在人类对土地的投资利用中产生的。

1. 土地供给的稀缺性

在人类出现以前,没有人类对土地的利用和需求,当然也就无所谓土地供给的稀缺性。只有当人类出现以后,特别是由于人口不断增加和社会经济文化的发展,对土地需求不断扩大,而可供人类利用的土地又是有限的,因而便产生了土地供给的稀缺性,并日益增强。

土地供给的稀缺性,不仅仅表现在土地供给总量与土地需求总量的矛盾上,还表现在由于土地位置固定性和质量差异性导致的某些地区(城镇地区和经济文化发达、人口密集地区)和某种用途(如农业用地)土地供给的特别稀缺上。由于土地稀缺性日益增强,土地供求矛盾日益尖锐化,导致一系列土地经济问题的产生。土地供给稀缺性是引起土地所有权垄断和土地经营垄断的基本前提。由于土地供给稀缺,在土地私有,自由买卖、出租的条件下,出现地租、地价猛涨,土地投机泛滥等现象。

2. 土地利用方式的相对分散性

由于土地位置的固定性,对土地只能就地分别加以利用,因而土地利用的方式是相对分散的。这一特点在农用土地上表现得更为明显。农业(种植业)利用绿色植物从土地中吸取营养物质,将太阳的光、热能转化为生物能,生产农产品。没有一定面积的土地就不能转化一定量的光、热能,也就不能生产足够人们需要的农产品。因此,农业生产必须分散在广大面积的土地上进行。即使在非农产业中,土地利用方式可以相对集中,但由于土地的固定性,不能将其重叠起来利用,也只能分别加以利用,因而相对来说也是分散的。

3. 土地利用方向变更的困难性

土地有多种用途,当土地一经投入某项用途之后,欲改变其利用方向,一般说是比较困难的。这首先受土地的自然条件所制约。如在中国北方寒冷地区不能改种热带和亚热带植物(如橡胶、柑橘等),在海拔几千米并缺乏水源的地区不能建设现代化工厂,等等。因为这些地区不具备作这种用途的自然条件。其次,还由于在工农业生产上变更土地利用方向往往会造成巨大经济损失,因而是不合理的。在农业生产中,由于农作物生长周期较长,在生长周期没有结束时,改种其他作物或作其他用途,势必造成巨大经济损失;林木等多年生植物,生长周期更长,投入的资金和劳动更多,任意改变土地用途,经济损失会更为巨大。在建筑业和其他非农产业中,建筑物和其他设施使用周期也很长,如果在建成后随意改变土地利用方向,其经济损失也将是十分巨大的。

4. 土地报酬递减的可能性

土地供给的稀缺性要求人们集约地利用土地。由于"土地报酬递减规律"的存在,在技术不变的条件下对土地的投入超过一定限度,就会产生报酬递减的后果。这就要求人们在利用土地增加投入时,必须寻找在一定技术、经济条件下投资的适合度,确定适当的投资结构,并不断改进技术,以便提高土地利用的经济效果,防止出现土地报酬递减的现象。

5. 土地利用后果的社会性

土地是自然生态系统的基础因子,土地互相联结在一起,不能移动和分割,因此,每块土地利用的后果,不仅影响本区域内的自然生态环境和经济效益,而且必然影响到邻近地区甚至整个国家和社会的生态环境和经济效益,产生巨大的社会后果。如在一块土地上建设一座有污染的工厂,就会给周围地区带来环境污染;在一个城市中心的繁华地段建设一座占地很多而单位面积收益不高的仓库、运动场等,不仅使该地段的土地效益不能充分发挥,而且还影响城市繁华地段综合效益的提高。

上述土地的特性是土地估价的基础与依据,这些特性要求土地估价应遵循一定的估价原则(见第三章第二节"土地估价原则")。

三、土地的功能

土地是宝贵的自然资源和资产,是人类不能出让的生存条件和再生产条件。马克思曾指出:土地即"一切生产和一切存在的源泉",是人类"不能出让的生存条件和再生产条件"。威廉·配第也曾说过:"劳动是财富之父,土地是财富之母。"

土地的主要功能可归纳为以下几方面。

(一)承载功能

土地由于其物理特性,具有承载万物的功能,因而成为人类进行一切生活和生产活动的场所和空间,成为人类进行农业生产及房屋、道路等建设的地基。"皮之不存,毛将焉附",在一定意义上比喻了土地对于人类的这种承载功能。

(二)养育功能

在土地的一定深度和高度内,附着着许多滋生万物的生育能力,具备适宜生命存在的氧气、温度、湿度和各种营养物质,从而使各种生物得以生存、繁殖、世代相传,使地球呈现出一片生机勃勃的景象。没有这些环境与条件及其功能,地球上的生物也就不能生长繁育,人类也就无法生存和发展。就目前各国宇宙飞船及宇航员亲临其地探明其他星球则不具备这种功能。

(三)仓储功能

土地蕴藏着丰富的金、银、铜、铁等矿产资源,石油、煤、水力、天然气等能源资源,沙、石、土等建材资源。为人类从事生产、发展经济提供了必不可少的物质条件。

(四)景观功能

土地自然形成的各种景观:秀丽的群山,浩瀚的大海,奔腾的江河,飞泻的瀑布,无垠的沃野,悬崖幽谷,奇峰怪石,清泉溶洞,千姿百态,为人类提供了丰富的风景资源。

(五)保值增值功能

土地作为资产,由于土地面积的有限性及社会经济发展对土地需求的不断扩大,其价格呈上升趋势,因此,投资于土地,能获得保值增值的功效。

四、土地的分类

由于土地质量的差异性和用途的多样性,一国或一个地区的土地往往是千差万别的。尽管如此,仍然可以按照其共性和差异性,根据一定的标准,把千差万别的土地划分为各种类别。按一定分类标志(指标),将性质上相差异的土地划分为若干类型,就是土地分类。按照统一规定的原则和分类标志,将分类土地有规律分层次地排列组合在一起,就叫做土地分类系统(或土地分类体系)。

土地不仅具有自然特性,还具有社会经济特性。根据土地的特性及人们对土地利用的目的和要求不同,就形成了不同的土地分类系统。目前中国运用较多的土地分类系统,归纳起来,大致有以下三种。

(一)土地自然分类系统

土地自然分类系统又称土地类型分类体系。它主要依据土地自然特性的差异性分类,可以依据土地的某一自然特性分类,也可以依据土地的自然综合特性分类。例如,按土地的地貌特征分类,可分为平原、丘陵、山地、高山地。还可按土壤、植被等进行土地分类。按土地的自然综合特征分类,如全国百万分之一土地资源图分类系统。

(二)土地评价分类系统

土地评价分类系统又叫土地生产潜力分类体系。它主要依据土地的经济特性分类,如依据土地的生产力水平、土地质量、土地生产潜力等进行分类。土地评价分类系统是划分土地评价等级的基础,它主要用于生产管理方面。

(三)土地利用分类系统

土地利用分类系统主要依据土地的综合特性(包括土地的自然特性及社会经济特性)分类。土地综合特性的差异,导致了人类在长期利用、改造土地的过程中所形成的土地利用方式、土地利用结构、土地的用途和生产利用方面的差异。土地利用现状分类就是属于其中的一种分类形式。土地利用分类系统具有生产的实用性,利用它可以分析土地利用现状,预测土地利用方向。

当前,中国土地估价中的土地类型或用途主要是根据土地权利证书中所登记的内容来确定的。在《土地利用现状分类》(GB/T 21010－2007)国家统一标准颁发之前,土地权利证书中登记的土地类型划分的依据是城镇地籍调查及全国土地利用现状调查中所采用的《城镇土地分类及含义》和《土地利用现状分类(试用)》及《全国土地分类(过渡期适用)》。

2007年,中华人民共和国质量监督检验检疫总局和国家标准化管理委员会联合发布《土地利用现状分类》,标志着中国土地利用现状分类第一次拥有了全国统一的国家标准。《土地利用现状分类》(GB/T 21010－2007)国家标准采用一级、二级两个层次的分类体系,共分12个一级类、56个二级类。其中一级类包括:耕地、园地、林地、草地、商服用地、工矿仓储用地、住宅用地、公共管理与公共服务用地、特殊用地、交通运输用地、水域及水利设施用地、其他土地(详见表1－1)。

表1－1　土地利用现状分类及其含义(GB/T 21010－2007)

一级类		二级类		含　　义
编码	名称	编码	名　称	
01	耕地			指种植农作物的土地,包括熟地,新开发、复垦、整理地,休闲地(含轮歇地、轮作地);以种植农作物(含蔬菜)为主,间有零星果树、桑树或其他树木的土地;平均每年能保证收获一季的已垦滩地和海涂。耕地中包括南方宽度<1.0 m、北方宽度<2.0 m固定的沟、渠、路和地坎(埂);临时种植药材、草皮、花卉、苗木等的耕地,以及其他临时改变用途的耕地
		011	水田	指用于种植水稻、莲藕等水生农作物的耕地。包括实行水生、旱生农作物轮种的耕地
		012	水浇地	指有水源保证和灌溉设施,在一般年景能正常灌溉,种植旱生农作物的耕地,包括种植蔬菜等的非工厂化的大棚用地
		013	旱地	指无灌溉设施,主要靠天然降水种植旱生农作物的耕地,包括没有灌溉设施,仅靠引洪淤灌的耕地
02	园地			指种植以采集果、叶、根、茎、汁等为主的集约经营的多年生木本和草本作物,覆盖度大于50%或每亩株数大于合理株数70%的土地。包括用于育苗的土地
		021	果园	指种植果树的园地
		022	茶园	指种植茶树的园地
		023	其他园地	指种植桑树、橡胶、可可、咖啡、油棕、胡椒、药材等其他多年生作物的园地
03	林地			指生长乔木、竹类、灌木的土地,及沿海生长红树林的土地。包括迹地,不包括居民点内部的绿化林木用地,铁路、公路征地范围内的林木,以及河流、沟渠的护堤林
		031	有林地	指树木郁闭度≥0.2的乔木林地,包括红树林地和竹林地
		032	灌木林地	指灌木覆盖度≥40%的林地
		033	其他林地	包括疏林地(指树木郁闭度≥0.1,但<0.2的林地)、未成林地、迹地、苗圃等林地

一级类		二级类		含　　义
编码	名称	编码	名　称	
04	草地			指生长草本植物为主的土地
		041	天然牧草地	指以天然草本植物为主,用于放牧或割草的草地
		042	人工牧草地	指人工种植牧草的草地
		043	其他草地	指树木郁闭度<0.1,表层为土质,生长草本植物为主,不用于畜牧业的草地
05	商服用地			指主要用于商业、服务业的土地
		051	批发零售用地	指主要用于商品批发、零售的用地。包括商场、商店、超市、各类批发(零售)市场、加油站等及其附属的小型仓库、车间、工场等的用地
		052	住宿餐饮用地	指主要用于提供住宿、餐饮服务的用地。包括宾馆、酒店、饭店、旅馆、招待所、度假村、餐厅、酒吧等
		053	商务金融用地	指企业、服务业等办公用地,以及经营性的办公场所用地。包括写字楼、商业性办公场所、金融活动场所和企业厂区外独立的办公场所等用地
		054	其他商服用地	指上述用地以外的其他商业、服务业用地。包括洗车场、洗染店、废旧物资回收站、维修网点、照相馆、理发美容店、洗浴场所等用地
06	工矿仓储用地			指主要用于工业生产、物资存放场所的土地
		061	工业用地	指工业生产及直接为工业生产服务的附属设施用地
		062	采矿用地	指采矿、采石、采砂(沙)场,盐田、砖瓦窑等地面生产用地及尾矿堆放地
		063	仓储用地	指用于物资储备、中转的场所用地
07	住宅用地			指主要用于人们生活居住的房基地及其附属设施的土地
		071	城镇住宅用地	指城镇用于生活居住的各类房屋用地及其附属设施用地。包括普通住宅、公寓、别墅等用地
		072	农村宅基地	指农村用于生活居住的宅基地
08	公共管理与公共服务用地			指用于机关团体、新闻出版、科教文卫、风景名胜、公共设施等的土地
		081	机关团体用地	指用于党政机关、社会团体、群众自治组织等的用地
		082	新闻出版用地	指用于广播电台、电视台、电影厂、报社、杂志社、通讯社、出版社等的用地
		083	科教用地	指用于各类教育,独立的科研、勘测、设计、技术推广、科普等的用地

一级类		二级类		含 义
编码	名称	编码	名 称	
08	公共管理与公共服务用地	084	医卫慈善用地	指用于医疗保健、卫生防疫、急救康复、医检药检、福利救助等的用地
		085	文体娱乐用地	指用于各类文化、体育、娱乐及公共广场等的用地
		086	公共设施用地	指用于城乡基础设施的用地。包括给排水、供电、供热、供气、邮政、电信、消防、环卫、公用设施维修等用地
		087	公园与绿地	指城镇、村庄内部的公园、动物园、植物园、街心花园和用于休憩及美化环境的绿化用地
		088	风景名胜设施用地	指风景名胜(包括名胜古迹、旅游景点、革命遗址等)景点及管理机构的建筑用地。景区内的其他用地按现状归入相应地类
09	特殊用地			指用于军事设施、涉外、宗教、监教、殡葬等的土地
		091	军事设施用地	指直接用于军事目的的设施用地
		092	使领馆用地	指用于外国政府及国际组织驻华使领馆、办事处等的用地
		093	监教场所用地	指用于监狱、看守所、劳改场、劳教所、戒毒所等的建筑用地
		094	宗教用地	指专门用于宗教活动的庙宇、寺院、道观、教堂等宗教自用地
		095	殡葬用地	指陵园、墓地、殡葬场所用地
10	交通运输用地			指用于运输通行的地面线路、场站等的土地。包括民用机场、港口、码头、地面运输管道和各种道路用地
		101	铁路用地	指用于铁道线路、轻轨、场站的用地。包括设计内的路堤、路堑、道沟、桥梁、林木等用地
		102	公路用地	指用于国道、省道、县道和乡道的用地。包括设计内的路堤、路堑、道沟、桥梁、汽车停靠站、林木及直接为其服务的附属用地
		103	街巷用地	指用于城镇、村庄内部公用道路(含立交桥)及行道树的用地。包括公共停车场、汽车客货运输站点及停车场等用地
		104	农村道路	指公路用地以外的南方宽度≥1.0 m、北方宽度≥2.0 m的村间、田间道路(含机耕道)
		105	机场用地	指用于民用机场的用地
		106	港口码头用地	指用于人工修建的客运、货运、捕捞及工作船舶停靠的场所及其附属建筑物的用地,不包括常水位以下部分
		107	管道运输用地	指用于运输煤炭、石油、天然气等管道及其相应附属设施的地上部分用地

续　表

一级类		二级类		含　　　义
编码	名称	编码	名　称	
11	水域及水利设施用地			指陆地水域、海涂、沟渠、水工建筑物等用地。不包括滞洪区和已垦滩涂中的耕地、园地、林地、居民点、道路等用地
		111	河流水面	指天然形成或人工开挖河流常水位岸线之间的水面,不包括被堤坝拦截后形成的水库水面
		112	湖泊水面	指天然形成的积水区常水位岸线所围成的水面
		113	水库水面	指人工拦截汇集而成的总库容≥10万 m³ 的水库正常蓄水位岸线所围成的水面
		114	坑塘水面	指人工开挖或天然形成的蓄水量<10万 m³ 的坑塘常水位岸线所围成的水面
		115	沿海滩涂	指沿海大潮高潮位与低潮位之间的潮浸地带。包括海岛的沿海滩涂。不包括已利用的滩涂
		116	内陆滩涂	指河流、湖泊常水位至洪水位间的滩地;时令湖、河洪水位以下的滩地;水库、坑塘的正常蓄水位与洪水位间的滩地。包括海岛的内陆滩地。不包括已利用的滩地
		117	沟渠	指人工修建,南方宽度≥1.0 m、北方宽度≥2.0 m用于引、排、灌的渠道,包括渠槽、渠堤、取土坑、护堤林
		118	水工建筑用地	指人工修建的闸、坝、堤路林、水电厂房、扬水站等常水位岸线以上的建筑物用地
		119	冰川及永久积雪	指表层被冰雪常年覆盖的土地
12	其他土地			指上述地类以外的其他类型的土地
		121	空闲地	指城镇、村庄、工矿内部尚未利用的土地
		122	设施农用地	指直接用于经营性养殖的畜禽舍、工厂化作物栽培或水产养殖的生产设施用地及其相应附属用地,农村宅基地以外的晾晒场等农业设施用地
		123	田坎	主要指耕地中南方宽度≥1.0 m、北方宽度≥2.0 m的地坎
		124	盐碱地	指表层盐碱聚集,生长天然耐盐植物的土地
		125	沼泽地	指经常积水或渍水,一般生长沼生、湿生植物的土地
		126	沙地	指表层为沙覆盖、基本无植被的土地。不包括滩涂中的沙地
		127	裸地	指表层为土质,基本无植被覆盖的土地;或表层为岩石、石砾,其覆盖面积≥70%的土地

《土地利用现状分类》(GB/T 21010 - 2007)国家标准确定的土地利用现状分类,严格按照管理需要和分类学的要求,对土地利用现状类型进行归纳和划分。一是区分"类型"和"区域",按照类型的唯一性进行划分,不依"区域"确定"类型";二是按照土地用途、经营特点、利用方式和覆盖特征四个主要指标进行分类,一级类主要按土地用途,二级类按经营特点、利用方式和覆盖特征进行续分,所采用的指标具有唯一性;三是体现城乡一体化原则,按照统一的指标,城乡土地同时划分,实现了土地分类的"全覆盖"。

土地估价中的土地分类除了按土地利用现状进行分类外,还可以按土地开发程度划分为生地、毛地、熟地、在建工程、现房(含土地);按土地及土地之上的建筑物是否产生收益可分为收益性土地(如种植农作物的农用地、商业用地、出租用住宅用地等)和非收益性土地(如自用住宅用地、政府用办公用地、教育用地等);按土地取得方式可分为划拨用地、出让用地等。

第二节 土地产权

一、土地产权的内涵

产权,即财产权利的简称,是指由法律加以维护的对生产资源或生产要素的使用权、收益权、转让权和处置权。产权制度是指以产权为依托,对财产关系进行合理有效的组合、调节的制度。产权制度包括三个方面的内容:产权关系与产权结构安排,即财产权性质和分解程度;各产权主体权利、义务关系的界定;保证各种产权契约、协议实现的法规、制度。从法律意义上来看,财产并不是由物组成,而是由人对物的权利所构成,即为产权。因此,西方学者将财产描述为对一物的占有、享用和处置的独占权利,或者说是控制一个经济物品的排他性权利。

根据人们对产权的理解,土地产权,简称地权,是不动产物权中的一种,是指存在于土地中的一系列排他性权利束。这一权利束由各具特色的利益或权利构成,可以分散拥有,其中一个土地所有者在土地上所能拥有的最大权益束是完全所有权或者是无限制条件继承的所有权。无限制条件继承的所有权是相对于有限制条件继承的所有权而言的,每一个具有无限制条件的所有权的所有者持有一束可独立的财产权利,如他有权支配、使用,在一定条件下开发、滥用甚至破坏土地资源,还可以出售、放弃、租赁、抵押、重分、授予地役权等。然而,由于土地产权要服务于公共目的,即使是无限制条件继承的所有权也只是相对而非绝对的权利,土地产权总要受到政府征税、因公共利益而被征用、为提高区域土地利用的整体效益或社会利益而对其实行用途管制等的限制。

土地估价所评估的是某块土地或多块土地在某一权利状态下及某一时点的价格。因此,土地产权的界定,是正确评估土地价格的重要依据。从中国土地制度改革与运行的现状来看,在中国作为一束权利组成的土地产权主要有土地所有权、土地使用权和土地他项权利。而土地所有权包括国有土地所有权和农村集体土地所有权;土地使用权包括国有土地使用权和农村集体土地使用权;土地他项权利则包括抵押权、租赁权、地役权等等。

二、土地产权的权能构成

每个国家由于社会经济政治制度的差异和法律体系的不同,都各自具有不同的财产权利体系及其构成。就土地产权来说,依据《中华人民共和国宪法》(以下简称《宪法》)、《中华人民共和国民法通则》(以下简称《民法通则》)、《中华人民共和国物权法》(以下简称《物权法》)及《中华人民共和国土地管理法》(以下简称《土地管理法》)等法律及其他各项法规,中国土地产权体系一般包括下列各项基本权能。

(一)土地所有权

马克思说:"土地所有权的前提是,一些人垄断一定量的土地,把它作为排斥其他一切人的只服从自己个人意志的领域。"马克思认为,土地所有权可以从两个方面来理解:第一,法律意义上的土地所有权,即土地所有者把土地当作自己的财产,土地所有者对土地实行垄断,这种权利是法律赋予的,受到法律的保护。第二,经济意义上的土地所有权,土地所有者凭借他对土地的垄断从而获得的相应的地租,地租是土地所有权在经济上的实现形式。这两者不可或缺,任何一方面丧失,都会使土地所有权不完整。

因此,土地所有权是指土地所有者依法对土地享占有、使用、收益和处分,并排除他人干涉的权利。在土地私有制的条件下,土地主要为地主阶级垄断,土地所有权是地主阶级剥削农民的基础。

中华人民共和国成立后,经过土地改革,废除了封建地主土地所有制,通过农业合作化和社会主义改造,依法确立了国家土地所有权和集体土地所有权。《宪法》规定:"城市的土地属于国家所有。农村和城市郊区的土地,除由法律规定属于国家所有的以外,属于集体所有;宅基地、自留地、自留山,也属于集体所有。"在中国,土地所有权的法律特征是土地所有权的权利主体只能是国家和农民集体,其他任何组织或个人都不享有土地所有权;土地所有权的客体不能移动,具有不动产的性质;土地所有权包括占有、使用、收益和处分四项权能,这四项权能在一般情况下是统一的,在特定情况下也可以分离。国家或农民集体经济组织作为国有土地或集体土地的所有权人,有权为实现社会利益或集体利益依法直接占有、使用、收益和处分土地;也有权在法律允许的范围内,通过合法的形式将土地所有权的部分权能转让给其他社会组织或个人行使。

土地所有权具有以下基本属性。

1. 土地所有权的完全性

土地所有权是相对土地的全面的、且一般的支配之完全权,是土地产权权利束中最充分的一项物权,它由土地占有权、使用权、收益权以及处分权等权能组成。它是其他物权的源泉和出发点。土地使用权、抵押权、地役权等物权都是土地所有权的派生权利,是就使用收益的特定方向、在特定的范围内对土地实行支配的权利。

2. 土地所有权的排他性

土地所有权有排斥他人对土地的权利。因此,土地所有者对自己的土地具有垄断性。

当有非自然因素妨碍土地所有者行使自己的所有权利时,他无须向别人请求,又不必由法院出面,他自己就有排除这些妨碍的权利。

3. 土地所有权的恒久性

土地所有权的存在没有一定的存续期限,它是无限期的由土地所有者保有的,因此土地所有者即使将土地闲置不用,其土地所有权也不因此而消灭。只有发生社会变革,对土地所有制进行改革时,才有可能终止。而土地所有权的买卖,只不过是权利主体的更替而已。

4. 土地所有权的归一性

土地所有者可以在自己的土地上为别人设定使用权、地役权、抵押权、租赁权等其他权利。虽然土地所有者似乎成为一种空虚的权利,但是,土地所有者仍拥有最终的统一支配权。一旦这些设定的派生权利到期消灭,它们便又复归土地所有权,从而使土地所有权回复到原来的完全状态。

5. 土地所有权的社会性

土地所有权虽然是一种完全排他性的权利,但是,土地所有者在行使自己的权利时从来就不是不受到约束的,他必须受到社会的限制。这在任何社会都是如此,且随着生产力的发展,社会限制也日趋强化。中国目前的耕地的稀缺,土地是人类社会生活的基础,国家必须对土地利用作出宏观规划与管理,对土地所有者的权利适当加以限制。此外,国家为了社会公共利益的需要,可以征收集体所有土地。

(二)土地使用权

土地使用权是依法对土地加以利用并取得收益的权利,是土地使用制的法律体现形式。土地使用权是与土地所有权相关的财产权利。

土地使用权有广义和狭义之分,狭义的土地使用权是指依法对土地的实际使用,包括在土地所有权之内,与土地占有权、收益权和处分权是并列的关系;广义的土地使用权是指独立与土地所有权能之外的含有土地占有权、狭义的土地使用权、部分收益权和不完全处分权的集合。目前中国实行的土地使用权的转让和出让制度中的"土地使用权"就是广义的土地使用权。取得广义的土地使用权者,就称为土地使用权人。由于土地使用权也是一种物权,因此,土地使用权也可以买卖、继承和抵押。同时,土地使用权人也可以将土地使用权租赁,即设定租赁权。

土地使用权的设定必须按照法律设定,任何人无论以任何方式取得土地使用权必须得到法律的认可,否则就为非法占用土地。由于土地使用权是以他人土地为客体的权利,因此,土地使用权人一般须向土地使用权出让人支付土地使用权价格。

当然,土地使用权的取得可以是有偿的,也可以是无偿的。《中华人民共和国城市房地产管理法》(以下简称《城市房地产管理法》)规定,土地使用者在国家规定的特殊用途下可以依法无偿取得土地使用权,即划拨土地使用权。有偿取得土地使用权一般通过土地使用权出让、转让等方式进行。同时,土地使用权的设定也是有期限的,上述法律规定的土地使用权的最高年限因土地用途的不同分别为:居住用地 70 年;工业用地 50 年;教育、科技、文化、卫生、体育用地 50 年;商业、旅游、娱乐用地 40 年;综合或者其他用地 50 年。《中华人民共和国农村土地承包法》(以下简称《农村土地承包法》)规定:耕地的承包期为 30 年;草地的承包期为 30 年至 50 年;林地的承包期为 30 年至 70 年;特殊林木的林地承包期,经国务院林业行政主管部门批准可以延长。土地使用权的转让和抵押都必须在限定的期限内进行。

在中国,根据土地所有权的不同,土地使用权可分为国有土地使用权和集体土地使用权。国有土地使用权是经过划拨、出让、出租、入股等方式取得的。有偿取得的国有土地使用权可以依法转让、出租、抵押和继承。划拨土地使用权在经原批准部门批准后,补办出让手续、补交土地使用权出让金,才可以转让和出租。国有土地的使用者依照法律和合同规定,享有使用土地并取得收益的权利,负有保护和合理利用土地的义务。集体土地使用权是指使用农村集体土地的使用者依照国家法律规定或合同规定,享有使用土地并取得收益的权利,负有保护和合理利用土地的义务。集体土地使用权可以分为集体土地承包经营权、宅基地使用权和集体非农建设用地使用权。

《土地管理法》规定:"国有土地可以依法确定给全民所有制单位或集体所有制单位使用,国有土地和集体所有的土地可以依法确定给个人使用。"土地使用权的主体是广泛的,全民所有制单位、集体所有制单位、外商独资经营企业、中外合资经营企业、中外合作经营企业、有限责任公司、股份有限公司、股份合作制企业、私营企业、公民个人,凡是具备法定条件者,均可依照法定程序取得土地使用权。土地使用权的客体既可以是国有土地,也可以是集体土地。国有土地使用权的设定方式,包括有偿出让和行政划拨两种。集体土地使用权的设定方式,包括批准、承包合同和租赁三种。《土地管理法》规定"国有土地和集体所有土地的土地使用权可以依法转让"。根据《城镇国有土地使用权出让和转让暂行条例》,城市、县城、建制镇、工矿区范围内的国有土地使用权可以依法出让、转让、出租、抵押土地使用权的内容包括对土地的占有、使用、收益的权利,但不包含对土地的处分权。土地使用者依法取得的土地使用权受国家法律保护,任何单位或个人不得侵犯;除法律明确规定的以外,任何单位或个人不得擅自变更或强行收回土地使用权。国家实行土地权属变更登记制度,通过确认权属,发放土地使用证书来保护土地使用者的合法权益。土地使用者在土地使用权取得或变更、终止时,必须到有关机关登记,以保证土地使用权的有效性与合法性。

土地使用权具有以下特性。

1. 土地使用权的派生性和独立性

土地使用权是土地所有权派生出的一种土地权利。广义的土地使用权包括土地占有权、使用权、收益权和不完全的处分权,由此,可知土地使用权具有相对独立性。

2. 土地使用权的直接支配性

土地的所有权人不一定是土地的直接占有者和使用者,在"两权分离"的情况下,土地所有权人就不是土地的占有者和使用者。土地使用权是直接附属于土地的,土地使用权人能够直接占有和使用土地。

3. 土地使用权的可转让性

土地使用权具有相对的独立性,土地使用权人可以自行支配作为标的物的土地,而且可依法将土地使用权转让给他人。

4. 土地使用权的有限期性

在"两权分离"的情况下,土地使用权人所拥有的土地使用期限并不是无限的,而且在特殊情况下,土地使用权可以被依法提前收回。

（三）土地租赁权

所谓土地租赁权是指："承租人有占有租赁物而为使用收益之权能。"设定土地租赁权是指土地所有权人或者土地租赁权人通过契约将土地占有权、狭义的土地租赁权和部分收益权转让给他人。这时，该他人就称为土地租赁权人，即承租人。它与广义的土地使用权的最基本区别就是土地租赁权人不拥有对土地的部分处分权，承租人对土地的使用条件是依据土地出租人的意志而决定的。在一般情况下，土地租赁权人未经出租人同意不能将自己承租的土地再以任何方式转移出去。

土地租赁权人为取得土地租赁权就必须向出租方缴纳地租，无论出租方是土地所有者还是土地使用者。土地租赁权依租赁契约而成立，因此，出租方和承租方之间必须签订租赁合同。租赁合同不得违背国家的法律、法规。如出租方是土地使用权人，则租赁合同不能违背土地使用权出让合同的规定。在出租方是土地使用权人的条件下，土地承租方向土地使用权人缴纳地租，而土地使用权人则继续履行土地使用权出让合同。

土地租赁一般可以分为有期限的和无期限的两种。但在中国，各种法律都没有规定土地可以无期限的租赁，而只规定有期限的租赁。国土资源部1999年印发的《规范国有土地租赁的若干意见》中指出，国有土地根据情况实行短期租赁和长期租赁。短期租赁一般不超过5年。国有土地租赁，承租人取得承租土地使用权。承租人在规定支付土地租金并完成开发建设后，经土地行政主管部门同意或根据租赁合同约定，可将承租土地的使用权转租、转让和抵押。在农村，土地转包实际上是一种有期限的土地租赁，出租方是土地承包者，即集体土地承包经营权人，他除收取承租人缴纳的地租外，还履行自己与集体的承包合同。

土地租赁权具有以下几个特点。

（1）土地租赁是民事法律行为。出租人须将土地按时交付给承租人使用，而承租人须按约定缴纳租金。

（2）土地租赁权中的出租人必须对土地享有所有权或使用权。承租人取得的只是土地的使用权，而不是所有权。

（3）土地租赁权具有期限。中国农村和城市的土地租赁权不管时间长短，都有时间期限。

（四）土地抵押权

土地抵押权是在土地受押人对于土地抵押人不转移占有并继续使用收益而提供担保的土地，在债务不能履行时可以将土地拍卖价款作为受偿的担保物权。土地受押人称为土地抵押权人。设定土地抵押权时，作为标的物的土地并不发生转移，它仍是被土地抵押人占有，只以其代表的经济价值的某项权利（如所有权、使用权）作为担保。这样，土地抵押人在取得贷款后更能发挥土地的经济效益。只是当抵押人到期不能履行债务时，抵押权人有权将土地拍卖并优先受偿。抵押人如果按照规定的方式和期限偿还债务，则土地如期回到抵押人手中，抵押权则自动消灭。

土地抵押权具有以下性质。

1. 土地抵押权具有优先清偿权

土地抵押权是一种担保物权,当土地抵押权人在将土地进行抵押的同时,若还没有设定租赁权等,则在债务清偿时抵押权人可以不考虑抵押人是否设定租赁权而将土地拍卖,并将其拍卖价格优先获得清偿。这时,土地租赁契约没有任何约束力。《城镇国有土地使用权出让和转让暂行条例》第37条规定:"处分抵押财产所得,抵押权人有优先受偿权。"

2. 土地抵押权具有附属性

土地抵押权虽然为担保物权,但是,它却以债务的存在为前提,即具有从属于债权的性质。当以土地作为抵押担保物时,受押人在对抵押物及抵押人进行各方面考察之后,认为可以发放贷款,才确立其抵押权。因此,抵押权的成立原则上以债权的成立为前提,而且,一旦债务得以偿还,则抵押权也随着消失,也就是抵押权原则上也因债权的消灭而消灭。

3. 土地抵押权的不可分性

抵押权所担保的债务,债务人(抵押人)必须以全部抵押物来行使权力。如果债务的一部分已经被偿还,或大部分已被偿还,抵押权也不受影响,仍必须以全部土地继续受押。同时,抵押人在抵押期限内,一般没有处分土地的权利,如若处分其中的一部分土地,如将其部分租赁,抵押权也不因此而分割,被出租的土地同样必须履行清偿债务的义务。

(五)地役权

地役权是在土地所有权上设定的一种他项权利,是指因自己所有或使用的土地受环境所限而必须使用他人土地的权利。土地所有人为了其毗邻土地的权益,有义务允许他人在其土地上实施的某种行为。为他人设置地役权的土地为供役地,与供役地相邻并需在他人土地上获取地役权的土地为需役地。地役权主要包括:建筑支持权、采光权、眺望权、取水权、道路通行权等。

地役权具有以下特点。

(1)地役权是使用他人土地的权利。地役权的客体为土地,其成立以需役地和供役地的存在为必要条件。

(2)地役权可以由于弃权、解除、时效和某些其他原因而消灭。

(3)地役权是一种从物权,不得与需役地分离而让与。如果需役地所有权转移,地役权原则上随之转移。地役权不得单独抵押。土地承包经营权、建设用地使用权等抵押的,在实现抵押权时,地役权一并转让。

(4)地役权有不可分性。在需役地分割时,地役权为分割后各部分的利益而存在;在供役地分割时,地役权仍就分割后的各部分而存在。

三、土地产权的基本特性

土地产权具有排他性。即土地产权可以是个体独立拥有,也可以是由某些人共同享有而排斥所有其他人对该项财产的权利。因此,界定财产十分必要。

土地产权客体必须具有可占用性和价值性。土地产权客体指能被占用而且可以带来经济利益的土地。在全球陆地上有近50%的土地面积是永久冰盖物、干旱、沙漠地、岩石、沼泽、高寒地等难以利用或无法利用的土地。这些土地不能视为财产,自然状态下的空气无法行使排他权利,也不能视为财产,因此,必须明确土地产权客体。

　　土地产权必须经过登记,才能得到法律的承认,并受到法律的保护。如果通过欺诈、暴力或其他非法手段获得,只能说明他具有非法占有权,而不能说明他获得了产权。因此,在土地产权合法流转时,必须依照法律规定程序,到土地产权管理部门办理产权变更登记手续,否则,土地产权无法律保护凭证。

　　土地产权具有相对性。产权具有排他性,但不是绝对的权利,而且要受到来自社会的或者国家的最高权力机关的控制和制约。如在私有制国家,土地所有权主体,即使享有完全所有权,即在法律意义上有支配权、使用其拥有的土地,但是他必须受到政府的行政管理限制和约束。因此,明晰土地产权权能十分必要。

第三节　土地市场

一、土地市场的内涵

　　市场是商品交易的场所,从实质上来说,它是商品交换中发生的经济关系的总和。土地市场是指土地这种特殊商品在流通过程中发生的经济关系的总和。在土地市场中,市场的主体是土地的供给者、购买者和其他参与者,市场客体是交换的目的物,即土地,在土地交换过程中,不只是市场的买卖双方参与土地交易,而是有众多的参与者要发生多方面的经济关系。市场的参与者除购买者、出售者之外,还有出租者、承租者、抵押者、贷款者、经营者、政府管理部门、中介机构等,在土地交易过程中各参与者要发生以土地交易为核心的各种经济关系,如签订经济合同、资金结算、办理各种法律手续等。这种为实现土地交易而进行的各种活动及经济关系就构成了土地市场。价格是市场的中心,人们进入市场,无非是以一个合适的价格出售或买进商品,如若价格不合适,则商品交换不能发生,也就无所谓市场。人们为了确定一个双方都能接受的价格而展开一系列活动。因此,土地市场也可以说是土地供求双方为确定土地交换价格而进行的一切活动或安排。

　　土地是一种特殊的商品,土地的功能主要体现在为人类提供劳动条件、活动空间及场所,人们利用土地是为了获取土地的产品和服务,即土地的未来收益。土地的未来收益因土地权利的分离而在各权利者之间实现分割。土地的权利是一个以上土地所有权为核心的权利束,有土地所有权、土地使用权、抵押权、租赁权、地役权等。不同权利因其内涵不同而分割到大小不等的土地收益。土地交易交换的客体事实上不是土地本身而是各种内涵不同的土地权利。

　　由于中国实行的是国家所有和集体所有两种形式公有的社会主义土地公有制,因而,土地必然会在这两种公有制形式内流动。事实上,中国还存在着从集体所有权向国家所有权转移的特殊的土地征收市场。因而,中国土地市场的内涵包括两个方面,即① 国有土地使用权的转移;② 集体土地所有权和使用权的转移。

（一）国有土地使用权的转移

国有土地使用权转移包含以下两个方面。

（1）土地使用权出让或出租，即国家作为土地所有者有偿有限期地把土地使用权出让或出租给土地使用者，并由土地使用者向国家支付土地使用权出让金或土地租金的行为。土地使用权是一种财产物权，因而，它同样可以买卖、租赁和抵押等。通过法律程序获得的土地使用权并为此支付一定代价的土地使用者就是土地使用权人。土地使用权人与土地所有者的关系是用土地出让金来体现的。同时，土地所有者（国家）也可以不出售土地使用权，而仅以租赁的形式将土地使用权租赁出去。这时，土地使用者并不具有完全的土地使用权。但须依据租赁合同向土地所有者缴地租。土地使用权的买方，可以是直接的土地使用者，也可以是房地产开发公司。目前，国家出让土地使用权的方式有四种，即协议、招标、拍卖和挂牌。

（2）土地使用权转让或转租。在必要的限制下，土地使用权人把土地使用权再转让出去。对于土地承租者，由于受到租赁合同的限制，一般不能将自己租赁来的土地使用权再转移出去；而对于土地使用权人来讲，他拥有完整的土地使用权，因而，他可以将其出卖、租赁、抵押、继承和赠予等。

（二）集体土地所有权和使用权的转移

集体土地所有权转移包括以下两层含义。

（1）国家向集体征收土地，实现集体土地所有权向国家的转移。在新中国建立以来的几十年中，虽然法律规定土地不准买卖，但由于城市的发展，国家建设的需要，必须把一部分集体土地征为国有，这种土地所有权的转移在市场经济体制下在一定意义上说就是土地所有权的买卖。这种转移伴随着经济权益的实现，即国家要参照土地价格向集体支付征地补偿费。

（2）集体所有者之间土地所有权的转移。很显然，在中国土地所有权的私有化是不允许的。但是，土地所有权在集体与集体之间能不能转移？随着农村经济的发展，生产力水平的不断提高，城市化的进程必然加快，相当多的农民要逐步从农业中解放出来，如果只有土地使用权的转移，必然限制土地合理流动，影响经济的发展。因此，集体之间土地所有权的转移是个值得研究探索的问题。

集体土地使用权的转移，也包括以下两层含义。

（1）集体作为所有者，有偿有限期地把土地使用权承包或租赁给农户或其他用地单位或个人。

（2）在有关法律规定的范围内，土地使用者之间有偿有限期地实现土地使用权的横向转移，如农户之间的集体土地承包经营权流转以及部分省市开始试点的集体建设用地使用权流转。

二、土地市场的特点

土地市场既具有一般商品市场的特征，又具有其特殊性。土地市场的特殊性主要是由土地本身的特性及土地制度决定的。从土地市场的实际运行来考虑,雷利·巴洛维在分析不动产市场特点时,指出不动产市场有如下几个特性。

(1) 只是针对待售财产总供给量的一部分而言。

(2) 所关注的产品的位置固定性。

(3) 产品的非标准化和异质性。

(4) 影响不动产交易的特别法律条例。

(5) 对当地供求状况的依赖性。

(6) 绝大多数交易是高额交易。

(7) 习惯上采用信贷方式来补充许多买者和多数买者的有限自有财产的利息。

(8) 普通买者非经常性的市场参与。

(9) 广泛的经纪人服务。

在中国社会主义土地公有制的条件下,土地市场的主要特点是:

(一) 地域性

由于土地位置的固定性,使土地市场具有强烈的地域性特点。在各地域性市场中,土地供给需求状况均不相同,其价格水平也不一样,土地交易一般在各地域市场里进行,难以形成全国统一市场。

(二) 垄断性

由于土地面积的稀缺性及其位置的固定性,市场的地域性分割导致地方性市场之间的不完全竞争,土地价格不完全依据土地供求来决定,只有在同一供需圈内,土地供求才对地价有较大的影响。同时,地产交易金额一般较为巨大,使进入市场的竞争者较一般市场大为减少,因而容易出现垄断。另一方面,在中国社会主义制度下,为了保证社会主义土地公有制不受侵犯,土地所有权的转移及城市国有土地使用权的出让必须严格控制在政府手中,从而出现垄断。

(三) 权利主导性

土地并不像一般商品那样可以流动,其位置是固定的,因此,在市场中交换流转的只是土地产权。每一次土地交换行为都是对土地权利的重新界定,而且必须签订地契等法律文件,权利的界定只有在法律的保护下才有效力。

(四) 不完全性

市场必须是完整的市场才能充分发挥价值规律的作用,然而,土地市场却是不完全的。在一般的土地市场上,土地所有权是市场客体的主要部分,因此,广泛存在土地所有权的各种交易行为。在中国,城市土地属于国家所有,农村耕地主要属于集体所有。为了维护土地公有制,城市土地所有权严禁买卖,集体土地所有权在实践中只允许向国家转移,从而严格限制了土地所有权的交换行为;同时,在交换主体上,土地所有权不允许个人购买。可见,中国的土地市场具有不完全性。

（五）市场供给弹性小

土地是一种稀缺的不可再生资源,土地的自然供给完全无弹性,土地经济供给弹性也很小。因此,在同一地域性市场内,土地价格主要由需求来决定,对土地需求增加,地租上升,地价就上涨;对土地需求减少,地租下降,地价也随之下跌。

三、土地市场的功能

目前中国土地市场发育程度还比较低,因此,土地市场的功能发挥得还不十分充分。现阶段中国土地市场的功能主要表现在以下几方面。

（一）发挥市场机制,优化配置土地资源

土地资源的配置方式因配置手段的不同而分为行政划拨方式和市场配置方式。中国几十年的实践证明单一的行政划拨方式一般说效率低下,极易造成土地资源的巨大浪费。目前,中国正对这种方式进行改革,以逐步实现大部分土地资源的市场配置。市场配置方式是通过市场机制的作用把土地资源分配到各土地使用者手中,实现土地资源与其他生产生活资料的结合。多目标、多样化的人类生产生活活动对土地资源的需求千差万别,难以通过政府的行政划拨手段得以满足,只有通过市场机制的作用,运用市场原则才能得到满足。

（二）调整产业结构,优化生产力布局

经济的健康发展,需要有合理的产业结构和生产力布局,以价格机制为核心的市场机制是一只"无形的手",时刻对一个国家或地区的产业结构和生产力布局依市场原则进行调整,以实现最大的经济效益。地租、地价是土地市场中最为重要的经济杠杆,是引导土地资源在不同产业中配置的重要信号,这种信号比任何其他非经济信号和指令更科学,更能促进生产力布局的优化。

（三）加速房地产市场形成,促进房地产业健康发展

土地市场的发展,必定加速房产市场的形成。没有土地市场,而只对住宅实行商品化经营,是不可能使房产市场正常运转的。新中国成立以来,中国在城市建设(包括住宅建设)上投入了巨额资金,但由于实行土地无偿使用方式,不但巨额投资收不回来,而且每年还得支付大笔维修费,使得城市建设维护资金十分匮乏。同时,随着城市扩大,人口增长,住房困难户越来越多,城市用地也日趋紧张,使房地产业处于恶性循环中。而土地市场的开辟,土地有偿使用制度的实行,就可使国家收回投资,并提供大量的城市建设资金促进房地产业走上健康发展的道路。

（四）健全市场体系,实现生产要素的最佳组合

一个完整的市场体系,不但有消费品市场、一般生产资料市场,还应包括金融市场、土地市场、房产市场、劳务市场、技术市场等。市场机制只有在一个完整的市场体系中才能充分

发挥作用。土地是人类的基本生产要素,只有实现其市场配置才能健全市场体系,最大限度发挥市场机制的作用。

四、土地市场的形成与发展

土地资源配置方式主要有两类:一是行政划拨方式;二是市场配置方式。土地市场是合理配置土地资源的有效途径。以中国土地市场建立的重要内容为标志,中国土地市场的形成与发展历程大致可划分为以下四个阶段。

(一)20 世纪上半叶至 1986 年土地市场形成的前期准备阶段

中国土地市场的建立可追溯到 20 世纪上半叶的民国时期。当时的国民党政府机构中设有地政部,负责全国土地管理。北京、上海、南京等城市均开展了为土地交易服务的区片地价的评估工作,土地交易也达到相当规模。如 1949 年的上海市,已有多家房地产企业和兼营房地产的工商企业。

新中国成立后,城市土地收归国有,农村土地逐渐实行集体所有,土地无偿无限期无流动使用,土地市场基本不存在。国家实行行政手段配置土地资源的方式,完全否认土地价值的存在,否认了市场对土地资源配置的有效性。

1978 年全国农村推行家庭联产承包责任制,农村土地所有权和使用权开始分离。1980年中国开始向外资企业收取场地使用费。1982 年深圳特区开始征收城市土地使用费,1984年又于广州、抚顺开始推行。1986 年国家土地管理局成立。这一阶段,土地价值开始显现,但尚未建立土地市场机制。

(二)1987—1993 年的土地市场初步形成阶段

中国的土地有偿使用制度改革自 1987 年启动大幕,形成土地市场雏形。1988 年 4 月12 日第七届全国人大通过《宪法》修正案,取消了原宪法第十条"土地不得出租"的规定,增加了"土地使用权可以依法转让"的规定;《土地管理法》也进行了相应的修改,规定"国家依法实行国有土地的有偿使用制度"。1990 年 5 月,国务院颁布了《城镇国有土地使用权出让转让规定暂行条例》和《外商投资成片开发经营土地暂行管理办法》,从此,土地市场的建立和发展有了法律依据。土地市场大力发展,并在 1992 年邓小平南巡讲话和十四大确立建立社会主义市场经济体制以后,出现了全国"房地产热"。土地投机盛行,炒卖土地现象严重。1992—1994 年,北海市区面积由不到 20 km² 扩大到 100 km²,土地价格由 30 元/m² 涨到1 500 元/m²。1993 年 7 月国务院开始整顿房地产市场,实行宏观调控,紧缩银根,开征土地增值税。同年 7 月原国土局发出了《关于加强宏观调控管好地产市场的通知》。由此,全国土地市场进入调整发展期。

(三)1993—2004 年的土地市场调整、加强与规范阶段

国民经济宏观调控时期,国家出台了不少关于整顿土地市场、抑制土地投机、规范土地市场的法规和文件,使土地市场发展逐步走向正轨。土地使用权出让、转让、出租、抵押、入

股有序进行。与此同时,土地市场中介服务人员如土地估价师、房地产估价师、经纪人等具备执业资格的队伍也逐步发展壮大。土地作价入股、土地分等定级和基准地价评估工作在各地展开。

1996年上海设立了土地收购储备机构。1997年以后,杭州、南通等一些城市试行并完善这一制度。1999年在全国城市土地集约利用市长研讨班上,杭州市介绍了其土地储备制度的成果和经验,引起了国土部门和各地政府的共鸣。武汉、青岛等地相继推广并运行。

2001年,国务院下发了15号文《关于加强国有土地资产管理的通知》,它是全面加强土地资产管理和土地市场建设的纲领性文件。为我们保护和合理利用国有土地,推进土地市场建设进而推进社会主义市场经济进一步指明了工作方向和原则,并要求有条件的地方推行土地收购储备制度,极大地推动了土地收购储备制度的运行,为建立和完善土地一级市场,实现土地一级垄断和统一管理,调节经济运行,提供了保障。土地收购储备制度成为中国土地市场的一个重要环节。

1999年底经国土资源部批准,安徽省芜湖市成为全国第一家农民集体建设用地流转试点的城市,并陆续在其他城市试行。这标志着中国农村集体土地无法直接进入土地市场的樊篱即将被打破。农村集体土地使用权终于成为土地市场的商品。

2000年1月6日,国土资源部下发了《关于建设土地有形市场促进土地使用权规范交易的通知》,要求各地结合本地区实际,尽快建设有形土地市场,完善土地市场功能。土地有形市场的功能是:提供土地交易场所,办理土地交易事务,提供土地交易信息,代理土地交易。土地有形市场的建立标志着中国土地市场的形态发生了根本变化。

2002年国土资源部颁布的11号文《实行招标拍卖挂牌出让土地使用权的规定》(2002年7月1日实施),揭开了中国土地市场新的历程,对经营性用地取消了协议出让土地的方式,全面推行招拍挂方式出让土地,使土地一级市场公平化和透明化,成为阳光交易。杜绝用暗箱协议操作土地,避免了土地资产的流失。又于2003年6月11日发布了《协议出让国有土地使用权的规定》,规范了协议出让市场的运作。2002年8月29日第九届全国人民代表大会常务委员会第二十九次会议通过了《农村土地承包法》,将农村土地承包经营权纳入法律管理范畴,为农村土地市场的规范化发展提供了法律依据。

(四)2004—2007年的土地市场进一步规范阶段

2004年中央把土地政策作为宏观调控的重要手段之一,此后中央不断出台相关法律、法规对土地市场进行规范以达到土地调控的目的。2004年国务院印发了《国务院关于深化改革严格土地管理的决定》(国发[2004]28号),要求严格土地执法、加强规划管理、保障农民权益、促进集约用地、健全责任制度。为进一步加强土地调控,规范土地市场,促进土地节约集约利用,2006年国务院颁发了《国务院关于加强土地调控有关问题的通知》(国发[2006]31号)要求工业用地必须采用招标、拍卖、挂牌方式出让并统一制定各地工业用地出让最低价标准。在此基础上,国土资源部先后颁布了《关于发布实施〈全国工业用地出让最低价标准〉的通知》(国土资发[2006]307号)(该标准于2007年进行了调整)、《国土资源部监察部关于落实工业用地招标拍卖挂牌出让制度有关问题的通知》(国土资发[2007]78号),将工业用地全面纳入公开市场进行交易,进一步使土地市场公平化和透明化。此外,2007年3月16日第十届全国人民代表大会第五次会议通过了《物权法》,清晰界定了土地权利的物权性质及其权利构成,使中国土地市场的完善及进一步规范发展进入一个新的发展阶段。

五、土地市场体系

依据土地产权结构和法律限制,中国土地市场分为城市土地市场和农村土地市场。城市土地市场分为土地使用权出让市场、土地使用权转让市场、土地使用权抵押市场、土地使用权租赁市场等。农村土地市场分为集体土地承包转包、四荒地拍卖、土地股份化和集体土地使用权流转等。

(一)城市土地市场

1. 土地使用权出让市场

土地出让市场又称土地一级市场或土地批租市场。国有土地使用权出让是国家以土地所有权人身份,将国有土地使用权以一定的年期转移给受让人,受让人为此支付土地使用权出让金的行为。通过这种行为受让人取得了一种具有独立意义的城市土地的使用权。此土地使用权中包括了对土地的占有、使用、收益和一定程度的处分权。城市土地使用者取得的这些权能在法律上表现为以下的民事权:即对土地的使用权、转让权、出租权、抵押权等。城市土地使用权出让,是国家城市土地使用权进入市场的第一个环节,也是城市土地使用权作为商品经营的第一步。

城市国有土地使用权出让在中国实践中有多种方式,主要包括协议出让、招标出让、拍卖出让、挂牌出让等。

土地使用权协议出让指由市、县土地管理部门根据土地用途、建设规划要求、土地开发程度等情况,与受让申请人协调用地价款和条件,根据双方达成的协议出让土地使用权。协议出让的一般程序是:

(1)用地者持经政府批准的投资计划等文件向土地所在地的市、县土地管理部门提出协议受让土地使用权的申请。

(2)经县、市土地管理部门审查同意,通知申请人洽谈用地条件及土地使用权出让价款,签订《土地使用权出让合同(草案)》。

(3)土地管理部门收齐有关材料后,按照规定权限予以审查报批。

(4)经批准后,由市、县土地管理部门与受让人正式签订土地使用权出让合同,受让人按土地出让合同规定付清土地出让价款后,到市、县土地管理部门办理土地使用权登记手续,领取市、县人民政府颁发的《国有土地使用证》,取得土地使用权。

土地使用权的招标出让,是由市、县土地管理部门向符合规定条件的单位发出招标邀请书或者向社会公布招标条件,通过合法招标,向经择优确定的中标者出让土地使用权。它分为邀请招标和公开招标。向符合规定的单位发出招标邀请书的为邀请招标;通过公共传播媒介发出招标公告的为公开招标。招标出让的一般程序是:

(1)土地管理部门印制好《投标须知》、《土地使用权投标书》和《土地使用权出让合同》等文件,并制作好标箱等必要的工具。

（2）市、县土地管理部门向符合规定条件的单位发出《招标邀请书》或者向社会公开发布《招标公告》。

（3）有意参加投标者在规定时间里到指定地点领取招标文件。

（4）投标者在投标截止日期之前到指定的地点将密封的投标书投入标箱，并按土地管理部门的规定交付投标保证金。

（5）土地管理部门组织开标会议，按照招标公告或者招标邀请书规定的日期、地点，在公证员现场监证的情况下，当众开标、验标，宣布不符合投标规定的标书无效。

（6）由土地管理部门组织招标机构评标、定标。

（7）中标人在接到中标通知书后，按规定的时间与土地管理部门签订土地使用权出让合同。

（8）中标人按土地使用权出让合同的规定付清地价款后，持土地管理部门出具的付清地价款的凭证，办理土地使用权登记手续，领取市、县人民政府颁发的《国有土地使用证》，取得土地使用权。

拍卖出让国有土地使用权，是由市、县土地管理部门或者所委托的合法的拍卖机构，在指定的时间、地点，向符合规定条件的用地需求者公开叫价竞投，并以竞投的最高报价向该出价人出让土地使用权的活动。拍卖出让的一般程序是：

（1）土地管理部门印制好土地使用权拍卖须知、土地使用权出让合同样式等文件，并在拍卖前不少于三十天的时间里将土地使用权拍卖的有关事宜登报公告。

（2）有意参加拍卖竞投者按公告指示领取有关文件。

（3）拍卖主持人按公告规定的时间、地点主持拍卖活动。

（4）竞得人应即时与土地管理部门签订拍卖成交确认书、土地使用权出让合同并按规定交付定金，余额按出让合同规定的时间、方式交付。

（5）竞得人付清地价款后，持土地管理部门出具的付清地价款的凭证，办理土地使用权登记手续，领取市、县人民政府颁发的《国有土地使用证》，取得土地使用权。

挂牌出让国有土地使用权，是指出让人发布挂牌公告，按公告规定的期限将拟出让宗地的交易条件在指定的土地交易场所挂牌公布，接受竞买人的报价申请并更新挂牌价格，根据挂牌期限截止时的出价结果确定土地使用者的行为。挂牌出让综合体现了招标、拍卖和协议方式的优点，同样是具有公开、公平、公正特点的国有土地使用权出让的重要方式，尤其适用于当前中国土地市场现状，具有招标、拍卖不具备的优势：一是挂牌时间长，且允许多次报价，有利于投资者理性决策和竞争；二是操作简便，便于实施，有利于土地有形市场的形成和运作。为此，国土资源部在 2002 年 5 月 7 日颁布的《招标拍卖挂牌出让国有土地使用权规定》（第 11 号令）中将挂牌出让与招标拍卖方式并列，使其成为有偿出让经营性土地使用权的重要方式之一。挂牌出让国有土地使用权依照以下程序进行。

（1）在挂牌公告规定的挂牌起始日，出让人将挂牌宗地的位置、面积、用途、使用年期、规划要求、起始价、增价规则及增价幅度等，在挂牌公告规定的土地交易场所挂牌公布。

（2）符合条件的竞买人填写报价单报价。

（3）出让人确认该报价后，更新显示挂牌价格。

（4）出让人继续接受新的报价。

（5）出让人在挂牌公告规定的挂牌截止时间确定竞得人。

挂牌时间不得少于 10 个工作日。挂牌期间可根据竞买人竞价情况调整增价幅度。挂牌期限届满,按照下列规定确定是否成交。

（1）在挂牌期限内只有一个竞买人报价,且报价高于底价,并符合其他条件的,挂牌成交。

（2）在挂牌期限内有两个或者两个以上的竞买人报价的,出价最高者为竞得人;报价相同的,先提交报价单者为竞得人,但报价低于底价者除外。

（3）在挂牌期限内无应价者或者竞买人的报价均低于底价或均不符合其他条件的,挂牌不成交。在挂牌期限截止时仍有两个或者两个以上的竞买人要求报价的,出让人应当对挂牌宗地进行现场竞价,出价最高者为竞得人。

2. 土地使用权转让市场

土地使用权转让市场又称土地二级市场。土地使用权转让是指以出让方式取得的自有土地使用权在民事主体之间再转移的行为,是平等民事主体之间发生的民事法律关系。土地使用权转让的基本形式有出售、交换和赠予。

（1）出售,即买卖,是指当事人约定一方将财产权转移给他方,他方支付价金的行为。土地使用权的出售必须是符合法定条件的国有土地使用权者的行为。并且贯彻平等、自愿、等价有偿的原则,由双方当事人通过协商、招标或拍卖成交。

（2）交换,在民法上也称"互易",就是以物换物。土地使用权的交换是指当事人双方交换各自具有使用权的土地,不同于以款项支付方式的土地使用权的买卖,但当事人双方的法律地位与买卖的当事人双方相当。

（3）赠予,是指赠予人一方自愿将自己的财物无偿地交给受赠人一方的行为。土地使用权的赠予是赠予人(国有土地使用权原受让人或者再受让人)将土地使用权无偿转移给受赠人的行为,受赠人成为土地使用权新的受让人。与出售一样,赠予的只是土地使用权,土地所有权仍归国家。

《房地产管理法》第三十八条、《城镇国有土地使用权出让和转让暂行条例》第十九条第二款规定,对直接通过出让方式取得土地使用权的转让:按照出让合同约定已经支付全部土地使用权出让金,并取得土地使用证书;按照出让合同的约定进行投资开发,属于房屋建筑工程的,完成开发投资总额的 25% 以上;属于成片开发土地的,形成工业用地或者其他建设用地条件;转让房地产时房屋已建成的,还应当持有房屋所有权证书。对以划拨方式取得的土地使用权的转让,首先应当报经有批准权的人民政府审批。有批准权的人民政府准予转让的,有两种处置方式:一种是受让方办理土地使用权出让手续,并依照国家规定缴纳土地使用权出让金,受让方以此取得土地使用权;二是有批准权的人民政府依照国务院规定,决定可以不办理土地使用权出让手续的,转让方应当将转让划拨土地使用权所获得的土地收益上缴国家或做其他处理。

土地使用权转让市场是一个竞争性市场。转让方式和转让的价格主要由市场决定,市场机制的作用较强。

3. 土地使用权租赁市场

土地使用权出租是指合法取得国有土地使用权的民事主体(即出租人)将土地使用权及

地上建筑物、其他附着物全部或部分提供给他人(承租人)使用,承租人为此而支付租金的行为。承租人在按规定支付土地租金经过出租人同意可以将土地使用权进行转租。因此,土地使用权租赁市场根据不同情况可以分属一级市场、二级市场或三级市场。中国国有土地使用权的租赁市场发育相对缓慢。国有土地有偿使用中租赁方式由于各种原因尚未广泛开展。但在国有划拨土地上房屋的非法和不公开的租赁行为非常活跃,在未向土地管理部门办理任何手续的情况下,将公有房屋连同占用的划拨土地私下出租,或者以土地联合建房分房、进行土地联营和场地出租等。

4. 土地使用权抵押市场

土地使用权抵押是土地使用权市场的一种重要交换形式。土地使用权抵押是指土地使用权人以土地使用权作为履行债务的担保,当土地使用权人不能按期履行债务时,债权人享有从变卖土地使用权的价款中优先受偿权的债务担保形式。在土地使用权上所设定的是土地使用权抵押权。《城镇国有土地使用权出让和转让暂行条例》第三十三条规定:"土地使用权抵押时,其地上建筑物、其他附着物随之抵押。地上建筑物、其他附着物抵押时,其使用范围内的土地使用权随之抵押。"这表明,土地使用权与土地上的建筑物和附着物所有权主体是同一的,它们在抵押时是不可分开的。土地使用权抵押属于不动产抵押,由此决定了土地使用权抵押有两个重要的特点:一是不转移抵押的标的物,也就是土地使用权仍然由土地使用权抵押人使用;二是要进行抵押登记,要把土地使用权证书,交给债权人,由债权人保管。

(二)农村土地市场

农村土地市场即农村集体土地产权流转市场。集体土地产权流转,包括集体所有土地转为国有土地和集体土地使用权流转两类。集体所有土地转为国有土地,即土地征收。集体土地使用权流转又分为集体建设用地使用权流转、集体农用地使用权流转,以及农用地转为建设用地的使用权流转。集体农用地使用权流转市场主要包括土地承包经营权流转、"四荒地"拍卖及集体土地股份化等。

1. 土地征收市场

2005年3月14日公布施行并生效的《宪法》修正案,将原《宪法》第十条第三款"国家为了公共利益的需要,可以依照法律规定对土地实行征用",修改为:"国家为了公共利益的需要,可以依照法律规定对土地实行征收或者征用并给予补偿。"将原来的对土地实行"征用"改为"征收或者征用"。《土地管理法》也据此对土地征用制度进行了相应的修改。

土地征收是指国家根据公共利益的需要而行使公权力,以补偿为条件,强制地取得集体土地所有权,集体土地所有权因征收而消灭。国家建设征收是有补偿条件的征收。征地合理补偿是按公平正义和权益保障的原则,国家对征地而受损失的人负有货币给付或其他方式补偿的义务。对征用土地进行科学的价格评估后给予财产所有者合理的补偿,是整个土地征用过程的关键环节。实施征地需要支付以下六方面费用。

(1)征地补偿费用:是指土地补偿费、安置补助费、地上附着物和青苗补偿费的总和。征用土地的各项费用应当在自征地补偿、安置方案批准之日起3个月内全额支付。

(2)土地补偿费:是因国家征用土地对土地所有者在土地上的投入和收益造成损失的补偿。补偿的对象是土地所有权人。

（3）安置补助费：是国家建设征用农民集体土地后，为了解决以土地为主要生产资料并取得生活来源的农业人口因失去土地造成生活困难所给予的补助费用。

（4）青苗补偿费：是指征用土地时，对被征用土地上生长的农作物，如水稻、小麦、玉米、土豆、蔬菜等造成损失所给予的一次性经济补偿费用。

（5）地上附着物补偿费：是对被征用土地上的各种地上建筑物、构筑物，如房屋、水井、道路、管线、水渠等的拆迁和恢复费以及被征用土地上林木的补偿或者砍伐费等。

（6）其他补偿费：是指除土地补偿费、地上附着物补偿费、青苗补偿费、安置补助费以外的其他补偿费用，即因征用土地给被征用土地单位和农民造成的其他方面损失而支付的费用，如水利设施恢复费、误工费、搬迁费、基础设施恢复费等。

为解决当前中国征地工作中存在的补偿标准偏低、同地不同价、随意性较大等突出问题，国务院及国土资源部分别下发了《国务院关于深化改革严格土地管理的决定》（国发[2004]28号）、《关于完善征地补偿安置制度的指导意见》（国土资发[2004]238号），要求制定征地统一年产值标准和区片综合地价，依法合理做好征地补偿安置工作、维护被征地农民切身利益。

征地统一年产值标准是在一定区域范围内（以市、县行政区域为主），综合考虑被征收农用地类型、质量、等级、农民对土地的投入以及农产品价格等因素，以前三年主要农产品平均产量、价格为主要依据测算的综合收益值。统一年产值标准是计算征地补偿费用的主要依据。征地补偿费用在统一年产值标准的基础上，根据土地区位、当地农民现有生活水平和社会经济发展水平、原征地补偿标准等因素确定相应的土地补偿费和安置补助费倍数进行计算。统一年产值标准适用于集体农用地征收补偿测算，集体建设用地征收补偿和国有农用地补偿测算可参照执行。

征地区片综合地价（以下简称征地区片价）是指在城镇行政区土地利用总体规划确定的建设用地范围内，依据地类、产值、土地区位、农用地等级、人均耕地数量、土地供求关系、当地经济发展水平和城镇居民最低生活保障水平等因素，划分区片并测算的征地综合补偿标准，原则上不含地上附着物和青苗的补偿费。

2. 集体农用地使用权流转市场

土地承包权与使用权的分离，使得土地承包经营权的流转成为可能。1995年农业部《关于稳定和完善土地承包关系的意见》规定："农村集体土地承包经营权的流转，是家庭联产承包责任制的延伸和发展，应纳入农业承包合同管理的范围。在坚持土地集体所有和不改变农业用途的前提下，经发包方同意，允许承包在承包期内，对承包标的依法转包、转让、入股，其合法权益受法律保护……土地承包经营权流转的形式、经济补偿，应由双方协商，签订书面合同，并报发包方和农业承包合同管理机关备案。"1998年十五届三中全会再次强调了承包土地的有偿流转。目前，国家法律已规定，农村集体土地使用权可以依法有偿转让，在2002年颁布并于2003年3月1日开始实施的《农村土地承包法》中也明确规定，农村集体土地的家庭承包经营权可以依法采取转包、出租、互换、转让或其他方式流转。土地使用权有偿流转就是一种交易行为即市场行为。

对于荒地拍卖，国家规定"四荒"地（荒山、荒沟、荒丘、荒滩）在不改变集体土地所有权性质和农业用途的情况下可以由集体经济组织的代表把"四荒"地一定年期的土地使用权以承包、租赁和拍卖的方式有偿转让给土地使用者,土地使用者享有规定年期的土地开发利用权,并可以转让、出租和抵押。

承租户可将承租的土地使用权入股、转租、抵押等。农村土地股份化指在家庭联产承包责任制基础上,将集体土地作价入股,农民凭股权获得土地收益的红利。

3. 集体建设用地使用权流转市场

按现行法律规定农村集体所有的土地只是农民对自己的承包土地可以有偿出让、转让,凡是非农业建设用地是不能自由进入市场的。农村集体土地进入市场必须由政府征收转为国有。这就意味着作为农村土地所有者的农村集体组织不具备土地市场出让、转让主体资格。

然而,实际上,非农土地交易行为在农村普遍存在。表现形式有:村集体有偿出让土地;村集体出租土地;买卖房屋时宅基地使用权随之转移;出租房屋同时出租土地;以土地使用权作为资本招商办合资企业,集体凭土地分红;集体出租土地进行房地产开发等等。

例 1 - 1 对于既成事实的农村集体土地使用权流转现象,“堵”是没有用的,应该采用“疏”的方式,为其创造一个良好的发展环境。1995 年,苏州市率先提出:“集体建设用地能不能流转,能不能进行试验?”1996 年 9 月,苏州市颁布了《苏州市农村集体存量建设用地使用权流转管理暂行办法》,集体建设用地使用权流转试点启动。1999 年 11 月经国土资源部批准,在安徽芜湖开展“农民集体所有建设用地使用权流转试点”,随后,湖州、抚顺、安阳、古田、抚州等地也先后开始了试点工作。2003 年 6 月 24 日,广东省人民政府发布实施的《关于试行农村集体建设用地使用流转的通知》规定,农村集体建设用地使用权在一定条件下可以出让、转让、出租和抵押,并享有与城镇国有土地使用权同等的权益。

经过两年多的试点后,广东省政府以政府令形式颁发了《广东省集体建设用地使用权流转管理办法》(广东省人民政府令第 100 号),作为“农民的资产”的农村集体土地将与国有土地一样,按“同地、同价、同权”的原则,纳入统一的土地市场。广东因此成为全国第一个在全省范围内推行集体建设用地使用权流转的省份。该办法规定集体建设用地使用权在一定条件下可以出让、出租、转让、转租和抵押。

集体建设用地使用权出让,是指农民集体土地所有者将一定年期的集体建设用地使用权让与土地使用者,由土地使用者向农民集体土地所有者支付出让价款的行为。以集体建设用地使用权作价入股(出资),与他人合作、联营等形式共同兴办企业的,视同集体建设用地使用权出让。

集体建设用地使用权出租,是指集体土地所有者或集体建设用地使用权人作为出租人,将集体建设用地租赁给承租人使用,由承租人向出租人支付租金的行为。

集体建设用地使用权转让,是指农民集体建设用地使用权人将集体建设用地使用权再转移的行为。

集体建设用地使用权转租,是指承租人将集体建设用地使用权再次租赁的行为。

集体建设用地使用权抵押,是指集体建设用地使用权人不转移对集体建设用地的占有,将该集体建设用地使用权作为债权担保的行为。

第四节 土地估价的必要性

虽然任何资产在交易中都需要衡量和确定价格,但并不一定都需要专业估价。一种资产只有同时具有独一无二和价值量大的两个特性,才真正需要专业估价。这是因为:

(1) 一种资产如果不具有独一无二的特性,相同的很多,价格普遍存在或者常人依照通常方法容易确定,就不需要专业估价。

(2) 一种资产虽然具有独一无二的特性,但如果价值量不大,请人估价的花费与资产本身的价值相比比较高,甚至高过资产本身的价值,就不值得请人估价。

因此,真正需要专业估价的,主要是土地、房地产、古董、名家艺术品、珠宝玉石、矿业权,以及某些无形资产和企业整体资产。但这些真正需要专业估价的资产,由于性质不同,把握影响其价值的质量因素、功能因素、产权状况、占有使用情况、市场状况等所需要的专业知识和经验不同,它们的价值评估一般不是同一个估价人员甚至同一家估价机构能够胜任的,要求有适当的专业分工。通常只有相应的专业估价人员和估价机构才能够胜任,也只有其作出的估价才能够让人信服。

由于土地市场是不完全市场,且市场信息不对称,不会自动地形成常人统一识别的适当价格,有许多阻碍土地价格合理形成的因素,判断中要求有专门的知识和经验,所以,需要专业土地估价人员提供市场信息,进行替代市场的估价。在资产评估行业中,土地估价已被国家设置为六大资产评估专业之一,越来越被人们所重视,越来越影响人们的社会经济活动。

在市场经济高度发展的今天,人们对土地资源的需求欲望更为强烈。人们要想搞建设求发展,除有足够的资金、技术、人员等生产要素外,更重要的是离不开最基本的生产要素——土地,作为经营和发展的基础。同时,随着市场经济的发展,人们的投资理念也在不断地转变,国家、集体、单位、个人之间的土地资产与土地资产、土地资产与资金之间也在不断地进行转换或置换。假如人们想要转让或流转、转换、置换自有拥有的土地或者用土地进行抵押贷款、投资入股等经济活动,就首先要了解自己的这块土地在市场上的合理价格;相反,要想获得某块土地,或作为银行要想知道抵押人的土地权利价格,也同样要事先估算该地块的价格。此时,就必须由具有专业技能的土地估价人员来对土地价格进行评估。

随着中国市场经济的快速发展及土地市场体系的逐步完善,土地估价扮演着重要角色。

一、建立和完善社会主义市场经济体制的需要

土地是一切人类活动尤其是经济生活的最基本的物质条件和基本的生产要素。在传统的计划经济体制下,土地使用者不得以买卖、出租、抵押、赠予、交换等方式将土地转给其他单位或个人使用。但自从改革开放以来,中国的国民经济发展从过去的计划经济体制逐渐向社会主义市场经济体制转变。1987 年,深圳特区率先进行土地使用权有偿出让和转让的试点改革。1987 年 11 月 29 日,上海市人民政府发布了《上海市土地使用权有偿转让办法》。

1988年4月12日,第七届全国人民代表大会第一次会议通过了《宪法》修正案,删除了宪法第十条第四款中不得出让土地的规定,改为"土地的使用权可以依照法律的规定转让",同年12月29日,《土地管理法》也作了相应的修改,修正后的该法规定:"国家依法实行国有土地有偿使用制度。"1990年5月19日,国务院发布了《城镇国有土地使用权出让和转让暂行条例》。自1995年1月1日起实行的《城市房地产管理法》确定了国家实行的五种基本管理制度,其中有四项是与房地产估价有关的,即"国家实行国有土地有偿、有限期使用制度"、"国家实行房地产价格估价制度"、"国家实行房地产成交价格申报制度"、"国家实行房地产价格评估人员资格认证制度"。该法对房地产估价的要求也有一些具体规定,如第十二条规定:"采取双方协议方式出让土地使用权的出让金不得低于按国家规定所确定的最低价";第三十二条规定:"基准地价、标定地价和各类房屋的重置价价格应当定期确定并公布";从1995年到目前,中国的土地市场的框架已逐步完善和成熟。随着房地产开发量和交易量逐步扩大,国家对土地市场管理工作高度重视,1998年8月29日公布的新土地管理法对土地管理工作提出了更高的要求,此后,国家相关部门相继出台了一系列有关规范土地市场的法规,这一系列的法规,从宏观和微观方面对中国的国民经济发展起着极其重要的调控指导作用。土地作为一种有限资源和重要资产,是整个国民经济体系的重要组成部分,且在整个国有不动产的总价值中占有相当的比重。因此,土地估价是建立和完善社会主义经济体制的需要。

二、加强土地市场管理的需要

土地市场离不开管理,中国的土地市场管理从过去单一的物、量的管理逐步地向多元化的价值管理进行转变,作为管理者不仅要知道土地的数量、质量,更重要的是必须掌握反映市场状况的土地价格情况,对土地资产的市场价值有科学的评判,只有这样才能做到有效科学的市场管理,促进土地市场健康有序的发展。同时,有关法律、行政法规和政府部门对土地估价提出了相关的任务和要求,其中《城市房地产管理法》突出的方面如下。

(1)第十二条规定:"采取双方协议方式出让土地使用权的出让金不得低于按国家规定所确定的最低价"——如何确定最低价,需要估价。

(2)第十七条规定:"土地使用者需要改变土地使用权出让合同约定的土地用途的……相应调整土地使用权出让金"——如何确定相应的补偿金额,需要估价。

(3)第十九条规定:土地使用者依法取得的土地使用权"在特殊情况下,根据社会公共利益的需要,可以依照法律程序提前收回,并根据土地使用者使用土地的实际年限和开发土地的实际情况给予相应的补偿"——如何确定相应补偿金额,需要估价。

(4)第三十二条规定:"基准地价、标定地价和各类房屋的重置价格应当定期确定并公布"——如何确定基准地价、标定地价和各类房屋的重置价格,需要估价。

(5)第三十三条规定:"房地产价格评估,应当遵循公正、公平、公开的原则,按照国家规定的技术标准和评估程序,以基准地价、标定地价和各类房屋重置价格为基础,参照当地市场价格进行评估"。

(6)第三十四条规定:"房地产权利人转让房地产,应当向县级以上地方人民政府规定的部门如实申报成交价,不得瞒报或者作不实的申报"——如何知道是否作不实的申报,需要估价。

(7) 第三十九条规定:"以划拨方式取得土地使用权的,转让房地产时……依照国家有关规定缴纳土地使用权出让金";或"按照国务院规定将转让房地产所获收益中的土地收益上缴国家或者作其他处理"——如何确定应缴纳的土地使用权出让金数额,如何知道转让房地产所获收益中多少为土地收益,需要估价。

(8) 第四十三条规定:"以出让方式取得土地使用权的,转让房地产后,受让人改变原土地使用权出让合同约定的土地用途的……相应调整土地使用权出让金"——同第十七条一样如何调整土地使用权出让金,需要估价。

(9) 第五十条规定:"设定房地产抵押权的土地使用权是以划拨方式取得的,依法拍卖该房地产后,应当从拍卖所得价款中缴纳相当于应缴纳的土地使用权出让金的款额"——如何知道拍卖所得的价款中有多少为土地使用权出让金,需要估价。

(10) 第五十五条规定:"房屋所有权人将以划拨方式取得土地使用权的国有土地上建成的房屋出租的,应当将租金中所含土地收益上缴国家"——如何知道租金中含有多少土地收益,需要估价。

三、国家征收有关土地税费的需要

在中国现行税收体系中,涉及土地税收的课税项目主要有:土地增值税、耕地占用税、城镇土地使用税等。与土地税收相关的税种还有:房产税、契税、印花税等。为了保证税收的实现,并且避免税负不公平,防止偷税漏税,税务机关和纳税人都需要对房地产进行估价,为计税提供可靠的依据。《土地增值税暂行条例》第三条规定:"土地增值税按照纳税人转让房地产所取得的增值额和本条例第七条规定的税率计算征收。"土地估价是征收土地税费的基础,即使有些费用是按面积进行计算的,但它的最初来源还是以价值为基础进行计算的。

四、企业有关经济行为的需要

建立现代化的企业制度是中国加入世贸组织后企业发展的必由之路。国际国内的企业经济组织或集团,为了适应市场经济的激烈竞争趋势,企业及企业之间不断地进行对外投资、合资、合作、合并、分立、改制、资产重组、资产置换、买卖、租赁、托管经营、清算等经济行为。在这些经济活动过程中,企业的土地资产都必须进行估价。

(1) 企业对外投资是指企业以现金、实物、无形资产或者购买股票、债券等有价证券向其他单位投资的行为。

(2) 企业合资是指两个以上的企业共同出资成立另外公司并共享股权,以进行跟某些新产品、新技术或新事业有关的研发。

(3) 企业合作是指不同的企业之间通过协议或其他联合方式,共同开发产品或市场,共享利益,以获取整体优势的经营方式。

(4) 企业合并是指两个以上的企业合并为一个企业的行为,包括吸收合并和新设合并。吸收合并是指两个以上企业合并时,其中一个企业吸收了其他企业而存续,被吸收的且也解散;新设合并是指两个以上企业并为一个新企业,合并各方解散。

(5) 企业分立是指一个企业依法分为两个以上企业的行为。

(6) 企业改制是指国有企事业单位改建称为有限责任公司、股份有限公司或股份合作制等形式。

(7) 企业资产重组是指对不同企业之间或者同一企业内部的资产进行重新组合。

(8) 企业资产置换是指企业之间为调整资产结构,突出各自的主营业务或者出于其他目的而相互交换非货币性资产的资产重组方式。

(9) 企业买卖是指企业或企业内部独立核算的分厂、车间或其他整体资产产权的买卖行为。

(10) 企业租赁是指企业的所有者在一定期限内,以收取租金的形式,将企业法人财产的经营使用权转让给其他经营使用者的行为。

(11) 企业托管经营是指企业的所有者通过契约形式,将企业法人财产交由具有较强经营管理能力,并能够承担相应经营风险的法人进行有偿经营的一种活动。

(12) 企业清算是指企业违反法律、法规被依法关闭、出资人决定解散、依法被宣告破产、公司章程规定的营业期限届满或公司规定的其他解散事由出现等情况下的资产核算。

五、处理房地产纠纷的需要

需要进行土地估价的土地资产纠纷和案件通常有三类:一类是有关当事人对土地资产取得、转让、交换、抵押及征用等过程中,对土地资产的价格看法不一致而产生的纠纷;另一类是诸如遗产继承案、离婚案等案件的处理过程中涉及的土地资产的分配、共有财产分割等纠纷;第三类是对于土地违法案件的处理。为了正确地处理这些纠纷和案件,通常司法机关或当事人需要委托估价机构对其土地资产进行客观、公正、公平的价格评估。

六、房地产投资决策的需要

从2002年7月1日起实行的中华人民共和国国土资源部第11号令第四条规定:"商业、旅游、娱乐和商品住宅等各类经营性用地,必须以招标、拍卖或者挂牌方式出让。"2006年国务院颁发了《国务院关于加强土地调控有关问题的通知》(国发[2006]31号)要求工业用地必须采用招标、拍卖、挂牌方式出让。这样使土地出让市场由过去的以协议出让为主的方式转变为招、拍、挂的市场竞争的公平的方式,从而有效地增强了土地交易市场的透明度。在这样的背景下,房地产开发商或投资机构要想参与土地的招、拍、挂取得土地使用权,就得事先估算此宗地的标底或事先摸清类似地产的价格状况,或者对该宗地开发完成后的未来价格进行预测,以便于用合理的价格取得土地使用权。欲以最小的费用和成本进行开发,用最低的投资获取最大的收益,就需要对土地价格进行评估。

七、土地资产抵押业务的需要

《房地产管理法》、《担保法》、《城镇国有土地使用权出让和转让暂行条例》及国家国土资源管理部门都对土地使用权抵押的问题作了明确规定。由于土地资产具有位置固定、不可隐藏和保值增值的特性,银行从考虑贷款的风险出发,往往要求借款方以拥有的房地产作为抵押担保物,特别青睐用土地资产进行抵押,然而,贷款额度的大小主要取决于作为抵押担保物的土地价值的大小,这样银行就需要从抵押贷款的角度进行土地估价,以决定其贷款的数额和期限。

八、其他方面的需要

现实中对土地估价的需要,除了上面所列举的,还有许多。例如,设立公司时以土地作价出资;出国需要提供财产价值证明;在房地产强制拍卖(拍卖保留价)、抵债、土地征收征用补偿、城市房屋拆迁补偿、农村土地承包经营权及非农建设用地有偿流转、出现某一方对原估价结果有异议而要求对原估价结果进行复核或鉴定,所有这些都需要土地估价提供相关价值依据。

本章小结

本章是绪论,主要对土地、土地产权、土地市场等有关的基本概念作了详细阐述,并对土地估价的必要性作了简要论述,在全书中是起铺垫作用的一章。本章第一部分重点阐述了土地的概念、基本特性、功能及分类;第二部分着重阐明了土地产权的内涵、权能构成及其基本特性;第三部分详细阐述了土地市场的内涵、特点与功能,并论述了我国土地市场形成与发展的轨迹及土地市场体系;本章第四部分主要从若干方面论述了土地估价的必要性。通过本章,读者应该对土地估价的客体——土地与土地产权及其交易发生的场所——土地市场有一个总体认识和把握。

关键词

土地 土地产权 土地市场 土地估价 必要性

复习思考题

1. 什么是土地? 土地的特性和功能是什么?
2. 什么是土地产权? 土地产权的权能构成和基本特性有哪些?
3. 什么是土地市场? 土地市场的特点与功能是什么?
4. 我国土地市场体系是怎样的?
5. 为什么需要进行土地估价?

第二章 土地价格

 **学习目标**

通过对本章的学习,应该能够:

1. 掌握土地价格的内涵、特点及形式;

2. 理解土地价格基本理论;

3. 掌握土地价格的影响因素;

4. 了解土地价格管理的含义、目的与意义及作用;

5. 掌握我国土地价格体系及土地价格管理的政策与制度。

第一节 土地价格概述

一、土地价格的内涵

从劳动价值论的观点,对土地价格比较经典的解释是:"土地是自然物,而非人类创造,不包含人类的劳动价值,因而土地也就没有价值,当然不存在其价值的货币表现——土地价格。但是由于土地是一种垄断财产,土地的垄断是因为土地本身的稀缺性及其满足人类需要的特殊使用价值,所以土地有价格。"

土地能向人类永续提供产品和服务,即在一定的劳动条件下土地本身能产生纯收益,谁拥有了土地,也就拥有了土地纯收益,即地租。由于土地功能的永久性,这种地租也是一种恒久的收益流。随着土地权利的转移,这种收益流的归宿也发生转移。购买土地的权利,实际上是购买一定时期的土地收益。因而,土地收益现值的总和就表现为土地价格,亦称地价。可见,土地价格的内涵是若干年的土地纯收益即地租贴现值的总和。它具体包括由土地所有权垄断而产生的绝对地租以及由土地的生产条件好坏而产生的级差地租。

土地经过人类长期的开发,已经不再是纯粹的自然土地,而是在各个时期都凝结着人类的劳动。在现实经济运行中,土地在交换活动发生之前,土地所有者或土地开发商总是先对土地进行开发。那些为了改造土地性能的投资就转化为土地资本,它属于固定资本的范畴。这些固定资本投入必然要求收回,从而以折旧和利息的形式在租金里得到体现。正如马克思所说:"这种贡赋和真正的地租有一个共同点:它决定土地价格,如上所述,土地价格无非是出租土地的资本化的收入。"

有人认为,因为土地经过人类长期的改造凝结了人类长期的劳动,使得土地物质与土地资本难以分离,因而应特别规定只有最近一次投资才算是土地资本。其实,价值并不具有累积性,并非开发年代愈久价值愈高。土地资本属于固定资本范畴,到一定时候它必然折旧完毕而不存在任何价值。因此,人类长期的投资经过人类长期的利用而折旧完毕,只要它还未折旧完,不论它是最近一次还是以前的投资,都可以以折旧及利息的形式从土地价格中体现出来。

可见,土地价格的内涵包含以下三个部分。

(1) 真正的地租,即绝对地租和级差地租。

(2) 土地投资的折旧。

(3) 土地投资的利息。土地价格即以上三个部分之和的资本化。

2001 年我国颁发的《中华人民共和国国家标准城镇土地估价规程》(GB/T18508 - 2001)(简称《城镇土地估价规程》),规定我国城镇土地估价的价格内涵是:"在正常市场条件下,一定年期的土地使用权未来纯收益的现值总和。其权利特征是出让土地使用权。划拨土地使用权价格、承租土地使用权价格是其特殊形式,租赁权价格、地役权价格是其派生形式。"

二、土地价格的特点

由于土地的特殊性质,与市场上交换的一般商品不大相同,因而其价格也有独自的特点。

(一) 土地价格是土地的权益价格

土地是一种财产,能给人们提供恒久的产品和服务,而这种产品和服务的获得都伴随着土地权利的限定。因此,土地买卖实质上是一种财产权利的买卖,人们购买土地是购买获得土地收益的权利。土地权利是一束权利的集合,可分为土地所有权、土地使用权、土地租赁权和土地抵押权等等。购买土地,获得某项土地权利,就可获得某种程度的土地收益,因而,也就必须为获得这项权利付出代价。

(二) 土地价格不依生产成本定价

土地价格不是土地价值的货币表现,不依生产成本定价。一般商品,都是人类劳动的产品,具有价值,其交换价格是其价值的货币表现。同时,人们可以根据其生产成本确定其价格,因而比较客观。由于土地是一种自然物,不是人类劳动的产品,没有价值,也就无所谓生产成本,所以土地价格不以土地价值或生产成本为依据。这意味着,在土地估价中,估价人员的主观因素对土地价格的高低有很大的影响。

(三)土地价格主要由土地需求决定

一般商品的市场供给和需求,共同决定该商品的市场价格。然而,土地却不同。在宏观上,土地的自然供给是不能改变的,土地的经济供给弹性也很小。因此,相对于土地需求来说,土地供给的变动总是很小的。这样,土地市场价格就主要由土地需求决定。当社会人口增加、经济发展对土地的需求日益增大时,土地价格就不断上涨;反之,当社会或某一地区人口减少、经济衰落,人们对土地的需求减少时,土地价格就下跌。当然,从微观上看,在某一个具体地域性市场上,土地的供给是可变的,特别是对某一购买商而言,在某一价格水平下,它可以在众多的土地供给中选择自己所需的土地。

(四)土地价格呈上升趋势

随着社会经济发展,人口增加,人地比率不断增大,社会对土地的需求日益扩大,从而使地租有不断上涨的趋势。同时,社会经济的发展也就意味着高技术、高投资的产业日趋发达,工人的劳动总量在生产中的比重日趋缩小,整个社会的资本有机构成提高,使得社会平均利润率下降,从而导致利息率有下降的趋势。地租的上升和利息率的下降,决定了土地价格呈上升趋势。

(五)土地价格具有强烈的地域性

在理论上,我们可以说根据土地的供给和需求来确定土地的市场价格。但是,由于土地位置的固定性,它无法像其他产品那样可以到处流动,因而使土地市场具有强烈的地域性,不能形成统一的市场均衡价格,各地域性市场之间,土地价格很难相互影响。所以,土地价格一般是在地域性市场内根据其供求情况,交易双方当面论价成交。

三、土地价格的形式

从不同的角度分类,土地价格具有不同表现形式,它们之间会有所交叉,同一宗土地之上会赋有一种以上的价格形式。

(一)按土地权利分类

按土地权利分类,土地价格可分为所有权价格、使用权价格、租赁价格、抵押价格等。土地作为一种能带来永久收益的资产,其价格不是土地实物本身的价格而是土地权利的收益价格。土地权利是一束权利的集合,包括土地的所有权及使用权、租赁权、抵押权等。相应地,土地价格可以划分为所有权价格、使用权价格、租赁价格、抵押价格等。土地所有权价格是一种土地所有权转移价格。土地使用权价格,是在一定期限中持有土地的使用权、收益权所形成的一种价格,包括土地使用权出让价格(包括协议价格、招标价格、拍卖价格、挂牌价格)、土地使用权转让价格等。同样,租赁权和抵押权也分别会形成租赁价格和抵押价格。

（二）按土地价格形成方式分类

按土地价格形成的方式分类,土地价格分为交易价格和评估价格。交易价格是通过市场交易形成的土地成交价格。而评估价格是土地估价人员应用土地估价程序和方法评出的土地价格。如我们用市场比较法、收益还原法、成本逼近法、剩余法等对某块土地进行评估,所得的结果便是评估价格。它是交易价格的基础。土地在进行交易前,一般都要对土地进行价格评估,得出评估价,而后,买卖双方根据各自的评估价在市场中讨价还价,最后成交。因而,同一块土地利用不同的评估方法,有不同的评估价格,评估人员不同,其评估价格也不同,而交易价格也可能与评估价格相等或不相等。

（三）按政府管理手段分类

按政府管理手段分类,地价可以分为以下几类。

(1) 申报地价:由土地所有人或使用人向有关机关提出申报的地价。

(2) 公告(示)地价:是政府定期公布的地价。它一般是征收土地增值税和征用土地补偿的依据。

(3) 补地价:是中国所规定的原无偿划拨土地转为土地出让方式时必须由转让方向土地部门缴纳的地价,有些地方称为土地增值费,但它实际上只是土地市场购买价格中的一部分。

（四）按土地估价技术分类

按土地估价技术分类,土地价格可分为:土地总价、单价(单位土地面积价格)、楼面地价(单位建筑面积地价)等。

（五）按土地开发利用和估价目的分类

按土地开发利用和估价目的分类,地价可表示为熟地价格、生地价格、毛地价格。

第二节　土地价格基本理论

一、地租理论

（一）地租的概念

马克思主义认为,地租是直接生产者在生产中所创造的剩余生产物被土地所有者占有的部分,是社会生产关系的反映。任何社会,只要存在着土地所有者和不占有土地的直接生产者,后者在土地利用中有剩余生产物被前者所占有,就有产生地租的经济基础。奴隶社会、封建社会、资本主义社会都存在地租,社会主义社会也存在地租。当然,不同社会制度下土地所有权性质的不同,地租的性质、内容和形式也不同。

地租的出现与土地所有权的出现是紧密相连的。首先出现的是奴隶制地租,它体现为在条件优越的土地上进行生产的奴隶的较高的劳动生产率,因此尚有剩余生产物被奴隶主占有。同时,还表现在小农经济对奴隶主的各种赋役中。这一阶段的地租以劳役地租为基本形式。

进入封建制度社会,地租反映的是地主剥削农民的生产关系,它包括了直接生产者的全部剩余生产物。封建地租在前期以实物地租为主,后期出现货币地租。前资本主义地租(奴隶制地租、封建制地租)的共同特点是:土地占有者与生产者的直接对立;土地所有者占有直接生产者的全部剩余生产物,以至部分必要生产物。

资本主义地租的主要形式是货币地租,所反映的经济关系与封建地租有所不同,它体现的是土地所有者和产业资本家共同剥削雇佣工人的经济关系。资本主义地租不再是占有直接生产者的全部剩余生产物,而仅是其中的超额利润部分,平均利润部分由产业资本家占有。

社会主义社会虽然建立起土地公有制度,但由于仍然存在土地所有权的不同主体及其与土地使用权的分离,因此产生地租的经济条件仍然存在。然而社会主义地租反映的经济关系根本不同于奴隶制地租、封建地租和资本主义地租,它所反映的是在国家、集体和个人三者根本利益一致的前提下,对土地收益的分配关系,同时社会主义地租还是国家用于调节社会生产与分配的经济杠杆。

(二)马克思主义地租理论

马克思主义的地租理论特点在于指出了资本主义地租的本质是剩余价值的转化形式之一,阐明了资本主义地租的两种基本形式:级差地租和绝对地租。此外,还有垄断地租、矿山地租和建筑地段地租等形式。

1. 级差地租理论

(1)概念。级差地租是由经营较优土地而获得的归土地所有者占有的那一部分超额利润。

(2)形成原因。土地自然条件的差异是级差地租形成的自然条件或自然基础。马克思分析的土地自然条件的差异主要体现在两个方面:土地自然肥力和地理位置的差异。土地自然条件的差异是形成土地生产力差异的自然基础,从而是形成级差地租的自然基础。

土地的有限性所引起的土地经营上的垄断是级差地租产生的原因。或者说,只有当土地自然条件的差异同对土地经营权的垄断结合在一起时,才能形成级差地租。

(3)级差地租的两种形态。按形成条件不同,级差地租可分为两种形态:级差地租第一形态(级差地租Ⅰ)和级差地租第二形态(级差地租Ⅱ)。

级差地租Ⅰ是指投到相等面积、不同地块的等量资本,由于土地肥沃程度和位置不同,所产生的超额利润转化而成的地租。级差地租Ⅰ产生的两种情况:

第一,等量资本和劳动投在肥沃程度不同的土地上,就会产生不同的劳动生产率和农产品量,耕种优、中等地的劳动生产率和农产品量就高于劣等地的。在农产品的社会生产价格是由劣等地的个别生产价格决定的条件下,出售优、中等地的农产品,就会出现一个高于平均利润以上的超额利润,农业资本家把它交给土地所有者,就成了级差地租Ⅰ。

第二,土地位置差别也是形成级差地租Ⅰ的条件。由于不同地块距离市场、码头、车站的远近不同,交通运输条件不同,同量的农产品和农业生产资料所必需的运费也就不同。距离市场远或交通条件差的,所需运费就高;距离市场近或交通条件好的,所需运费就低。运费是农产品成本的一部分,运费不同,农产品的个别生产价格就不同。因此,在其他条件相同的情况下,经营土地位置较优的农场主,由于运费较低,其个别生产价格就低于社会生产价格(社会生产价格是由距离市场最远的农产品个别生产价格所决定的),就能获得超额利润,从而转化为级差地租Ⅰ。

级差地租Ⅱ是指在同一地块上连续追加投资形成不同劳动生产率所产生的超额利润转化成的地租。追加投资所带来的超额利润是级差地租Ⅱ的实体,这部分超额利润到底归谁所有,则取决于租地农业资本家和地主之间的斗争。一般说来,这部分超额利润产生在租约订立之后,因此在租约有效期内它归农业资本家占有。在租约期满后,重新续约或另行出租时,土地所有者就会考虑到追加投资的盈利而提高地租,于是这个超额利润将全部或部分地以地租形式归地主所有。

马克思的有关级差地租Ⅱ归属的合理性在于,在租约期内,农业资本家追加资本所带来的超额利润实际上是土地资本的利润,在租约期内理应归农业资本家所有。租约期满,实际上农业资本家已经把土地资本折旧完毕,并获得了应得的利润,这时级差地租Ⅱ就应归土地所有者所有。实际上,马克思提出级差地租Ⅱ的目的是为了区别因土地的位置和肥沃程度不同而带来的级差地租Ⅰ,而级差地租Ⅱ的存在意义一般应限定在租约期满之后。

马克思不仅分析了级差地租的两种形式,还分析了这两种形式之间的联系。级差地租Ⅰ是级差地租Ⅱ的出发点。从历史上看,在生产力低下、未开垦的土地较多时,资本家首先进行粗放经营,级差地租主要采取Ⅰ的形式。随着生产力发展和资本积累,土地大部分被开发时,资本家就主要进行集约经营,级差地租主要采取Ⅱ的形式。土地所有者在订立租约时,也是从级差地租Ⅰ出发,逐步追加到级差地租Ⅱ。

级差地租Ⅱ还会反作用于级差地租Ⅰ。如果在最劣等地(A级土地)上追加投资,以至A级土地的生产率发生变化,或者由于各级土地都追加投资,以至土地产品供过于求,使A等地的耕种成为多余,以至市场价格由B级土地产品的生产价格决定,这两种情况都使作为级差地租实体的计算基础发生变化,因而也使级差地租Ⅰ发生变化。

2. 绝 对 地 租

(1)概念。由于土地所有权的垄断,不管租种任何等级的土地都必须缴纳的地租就是绝对地租。马克思指出,土地所有者出租的土地无论优劣都要收取地租,否则,就意味着土地所有权的废除,即使不是法律上的废除,也是事实上的废除。所以租用劣等地的农业资本家必须缴纳地租。

(2)形成原因。从对级差地租的分析看,租用劣等地的资本家只得到了平均利润,如果让他从平均利润中拿出一部分缴纳地租,农业资本家就得不到平均利润,这是不行的。也就是说,绝对地租不是平均利润的一部分,而是农产品市场价格高于生产价格的余额。

农产品为什么可以不按生产价格而是按产品价格出卖呢?原因有二:

第一,农业资本有机构成低于工业资本有机构成,是绝对地租形成的条件。在相同的投资和相同剥削率的情况下,资本有机构成低的部门会比资本有机构成高的部门榨取到更多的剩余价值,从而使产品的价值高于生产价格。从社会生产的发展情况看,农业的资本有机构成一般低于工业,因而农产品的价值高于生产价格,使其按产品价值出售成为可能。

第二,土地所有权的垄断,是绝对地租形成的根本原因。工业中各生产部门之间的资本有机构成也有高低之分,资本有机构成低的生产部门也能创造出更多的剩余价值,但由于工业部门内部各生产部门之间的竞争和资本的自由转移,工业品只能按照平均的社会生产价格出售,使剩余价值平均化了,各资本家只能得到一个平均利润。而农业部门的情况则不同,土地是有限的,土地作为农业的主要生产资料,一旦被人占有后,别人就无法再去占有,土地所有者对土地所有权的垄断妨碍和排斥了其他部门的资本向农业生产部门的自由转移,从而阻碍了农业生产部门中的剩余价值参加利润的平均化过程,结果导致农产品的价格高于社会生产价格,而按照农产品的价值出售。这种价值大于社会生产价格的那部分超额利润,被土地所有者占有,就形成了绝对地租。

3. 垄断地租

(1) 概念。马克思把绝对地租和级差地租称为"正常形式"的地租。除此之外,还有一种被马克思称为特殊形式的地租,即垄断地租。垄断地租是由产品的垄断价格带来的超额利润所形成的地租。

(2) 形成原因。垄断地租的形成原因包括两个方面:一是土地所有权的垄断;二是某些土地具有的特殊的自然条件。

具有特别优越的自然条件的土地,能够生产出某种特殊名贵而又非常稀缺的产品。这种产品的生产者凭借对这种商品的垄断经营,使这些产品的价格不仅大大超过其生产价格,而且也超过其价值,从而形成垄断价格。生产者便可获得垄断价格与生产价格之间的差额,即垄断利润。在土地所有权的作用下,农业资本家将这部分利润交给土地所有者后,便形成了垄断地租。

就农业而言,垄断地租不是来自农业、工业创造的剩余价值,而是来自社会其他部门工人创造的价值。

4. 建筑地段地租

(1) 概念。建筑地段地租是指工商业资本家和房地产业资本家为了获得建造各种建筑物所需的土地,而支付给土地所有者的地租。建筑地段地租同样是土地所有权在经济上的实现形式,它来源于工人创造的剩余价值超过平均利润的余额。

(2) 特征。相对于农业地租而言,建筑地段地租具有如下特征:

第一,建筑地段地租是工商业资本家和房地产业资本家为了获得生产的场所和空间而支付的;

第二,建筑地段所处的位置对建筑地段地租起着决定性的影响;

第三,垄断地租占有显著的优势。垄断地租只存在于少量自然条件或地理位置特别优越或特别有利的土地上。例如,由于农村人口大量涌入城市以及城市人口的自然增长,都形成了对建筑地段的巨大需求。在这种情况下,土地所有者就凭借对土地所有权的垄断,尽量地提高建筑地段的地租。

5. 地价理论

(1) 概念。马克思指出:"土地不是劳动产品,从而没有任何价值。"但土地却具有价格。

这是因为资本主义土地能够自由买卖,因此它与一般商品一样,也可以用货币来表示它的价格。但土地价格并不是它的价值的货币表现,而是由于土地的稀缺性,土地所有权的垄断,垄断者可以凭借土地所有权得到一定的收入即地租。因此,土地价格并不是土地本身的购买价格,而是土地所能提供地租的购买价格,它不外是资本化的地租。

(2) 地价的决定因素。地价作为资本化的地租,是通过地租与利息率的比率确定的,即土地价格=地租/利息率。土地价格的高低首先取决于地租量的大小,而地租量的大小除了取决于土地所有者和土地经营者之间的竞争外,还取决于土地产品市场及土地产品供求关系的变化。土地所有者在决定出卖土地时,必须考虑当时银行利息率的水平,只有当他出卖土地所得的货币收入存入银行,能够带来和原来地租一样多的利息时,他才愿意出卖土地。

因此,土地价格的水平是由地租和利息率两个因素决定的,土地价格与地租成正比,与利息率成反比。

(三) 现代西方经济学地租理论

古典经济学以及 19 世纪上半叶有关地租的研究都是从生产关系的角度,主要对农业地租进行深入研究;而现代西方经济学则主要采取均衡分析、边际分析、供求分析和数量分析的方法,侧重研究地租量的形成、地租的作用等,并从市场和制度两方面入手,主要研究城市地租问题。

1. 胡佛的地租理论

胡佛(Edgar M. Hoover)是美国土地利用学派的代表人物之一,他是第一个建立竞价曲线理论的学者。早期的学者分析城市问题时,一般将住宅或商业等不同用途土地分开来处理,而胡佛则提出竞价曲线来说明不同使用者之间的关系。他从土地利用出发,建立土地供需函数,而土地供需函数是不同类型的城市土地使用者相互竞标的结果。因此,他最大的贡献在于其理论能同时处理许多不同类型土地使用的竞标。竞价曲线是需求曲线的一种,它表示买地者在任何一个位置上所愿意付出的代价(见图 2－1)。

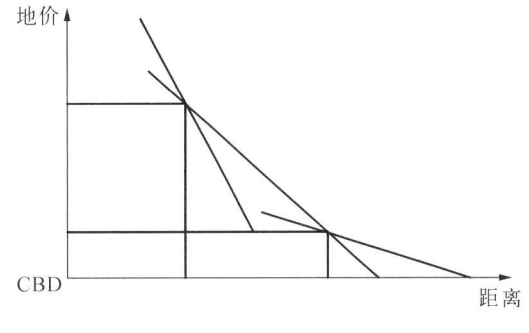

图 2－1 胡佛的竞价曲线

竞价曲线越陡峭表明土地使用者竞价能力越强,其选择区域越接近城市中心;竞价曲线越平缓表明土地使用者竞价能力较弱,其选择区域一般在城市中心的外围。一般来说,商业用途的竞价能力大于住宅用途的竞价能力。通过竞价曲线的设计和分析,胡佛认为,作为消费者,一般试图定居在生活安全、开支少、生活舒适的地方;作为生产者,他们则试图选择工作条件好、收入有保障的地方。

2. 阿隆索的地租理论

(1) 假设条件。阿隆索(William Alonso)的地租理论基于以下假设。

① 单核心城市坐落在均质的平原上,四周的土质都是一样的。

② 成为这个城市通勤者作用对象的产业活动,都集中在城市中心地区。

③ 买卖自由,市场发达,信息灵敏。

(2) 主要内容。当一家人要到城市定居时,最关心的问题可能是距离工作场所的远近和住宅或宅地面积之间的补偿关系,并且他们必须做出选择:在距市中心多远的地方,购买多大面积的住宅或宅地? 由于家庭收入是固定的,每个家庭都希望以一定的支出取得最大的效用。

假设家庭支出将用于土地投资(购买住房)、通勤费用和其他商品支出,那么,这个家庭的预算限制线就为

$$家庭收入 = 土地投资 + 通勤费用 + 其他商品支出$$

即

$$Y = R(X)Q + T(X) + Z$$

$$U(Z, Q, X) \rightarrow \mathrm{MAX}$$

式中:Y——家庭收入;

$R(X)$——地租(地价);

Q——土地面积;

$T(X)$——通勤费用;

X——距城市中心的距离;

Z——其他商品费用支出;

U——效用水平。

在对土地数量 Q、其他商品支出 Z 和距城市中心距离 X 之间的关系分析后,阿隆索指出,对于一个家庭来说,区位的平衡取决于这三者之间比例关系的确定。

阿隆索用竞价曲线(bid price curves)来表示地价与距离的组合。他将竞价曲线定义为一组家庭在不同的距离都有能力支付而又保证同等满意度的价格曲线。如果地价按此曲线变化,那么,家庭就不会计较具体的区位。相对于不同的满意度水平,就会有一组竞价曲线。竞价曲线的位置越低,其满意度越高(见图 2-2)。

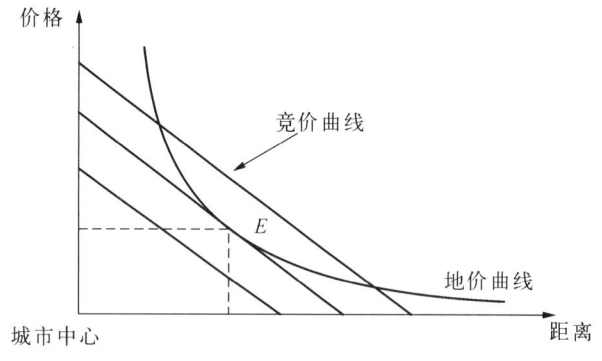

图 2-2 阿隆索竞价地租曲线

阿隆索将竞价曲线和地价曲线相叠加,得出如下结论:

家庭会选择一个满意程度最高,而又与地价曲线相吻合的区位,即图中竞价曲线和地价

曲线的相切处 E。

3. 萨缪尔森的地租理论

萨缪尔森(P. A. Samuelson)认为,土地不同于其他要素的一个特性,就是它的总供给是由非经济力量决定的。土地的数量通常不随价格提高而增加,也不随价格下降而减少,土地的供给具有固定性和完全无弹性的特征。

因此,土地的供给曲线是一条与横轴垂直的线(S),它与需求曲线(D)相交于 E 点,这一点相应的地租就是土地的均衡价格(见图 2-3)。

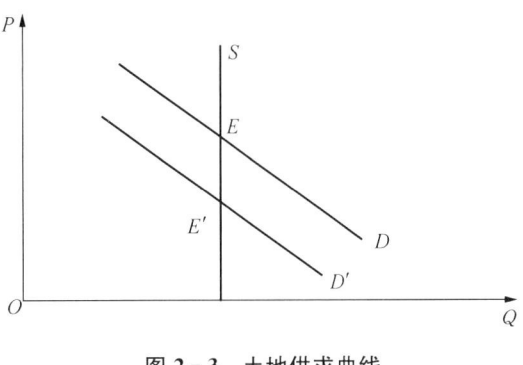

图 2-3 土地供求曲线

所以,土地价格的高低是由土地需求所决定的。

(四)地租与地价的关系

1. 地租与地价的联系

地租和地价都属于价格范畴,两者是相互补充的。在城市土地市场中,地租和地价往往是并存的,两种价格共存满足不同消费群体的需求。如地租可以满足交付能力低下或短期的消费需求,而地价满足了长期稳定的消费需求。这两种消费需求之所以能够在同一土地上并存,是因为两者之间相互协调达到了均衡解。但是,对于两者之间相互协调的原理是有争议的。一种观点认为土地的价格决定地租,城市土地价格上升将引起地租的上涨,从而导致居民生活成本和企业的生产成本上升;另一种观点认为地租决定了地价,也就是说土地利用未来收益的贴现值决定了土地长期的均衡价格,这种由市场基础条件决定的价格,日本土地经济学家称为理论地价。这两种观点中第二种更有说服力。首先,从地租地价理论的发展来看,地租理论的定性化分析为地价理论模型化与定量化分析奠定了基础。没有地租理论对地租的来源、性质和决定机制进行深入的定性分析,地价理论的定量化研究就失去了分析的逻辑起点。其次,当土地更多表现出资产属性的一面时,虽然受市场供求和投机因素的影响土地短期均衡价格可能会脱离从土地利用上获得的地租收益而存在,但是其长期均衡价格还是以土地利用未来收益为基础决定的。因此,从这两方面看,地租是决定地价的基础,而不是相反。

2. 地租与地价的差异

(1) 两种价格购买的内容不同。

在土地私有制的国家,地租购买的是土地的使用权,土地所有权没有发生转移,土地也并不构成使用者的财产;而地价购买的是土地的所有权,土地所有权发生转移,土地也成为购买者的财产。在土地私有制的国家土地使用权是债权,而土地所有权是物权,两者的差别明显。在中国,城市土地属于国家所有,国家是城市土地的唯一所有者,因此地租和地价购买的都是土地使用权的价格,但是地租一般是指按年支付的土地使用权价格,土地不是使用者的财产,这种条件下的土地使用权具有债权性质;而地价是对若干年土地使用权价格的一次性支付,虽然土地的所有者也没有改变,但此时法律赋予了土地使用权财产权的性质,使用者可以在市场上转让土地获利,也可以将土地使用权抵押融资,这种情况下的土地使用权具有物权的性质,从这个意义上说,在中国虽然地租和地价购买的都是土地的使用权,但是两者的内涵是有差别的。

(2)两者价格决定的机制不同。

地租的决定机制。对地租的决定机制,不同的学派有不同的理解。在马克思主义经济学里,地租是由土地的产品所提供的,而土地产品的价值是劳动创造的,因此,地租是劳动创造的剩余价值的转化形式。地租上涨受到以下几个方面因素的影响。

第一是与土地相关的生产的平均利润率下降了。

第二是由某种原因引起的社会资本系统的膨胀。

第三是资本(特别是公共资本)投入土地增加了地租。

而边际主义地租理论认为地租是土地服务的价格,在竞争性的要素市场上,它的决定机制与其他的生产要素相同,由系统共同决定,都受边际生产力规律的支配。在市场均衡的条件下,土地的边际收益产品(当产品市场为完全竞争的市场时为边际产品价值)等于土地的边际要素成本。短期内土地的供给是没有弹性的,地租的大小取决于对土地的需求因素,即决定于产品的需求因素,对产品的需求因素通过对产品销售价格的作用,决定土地的边际收益产品(或边际物质产品的价值)。长期内土地的供给和需求都是有弹性的,地租的大小不仅取决于土地的边际收益产品(或边际物质产品的价值),也取决于土地的边际要素成本,两者在市场的作用下达到均衡。

地价的决定机制。地价的决定机制随着对土地属性认识的变化而逐渐深入,在农业社会里,土地作为自然资源参与农业生产,主要表现出资源的属性;工业革命后,人与土地的有形联系被打破,土地更类似于商品,作为耐用性的商品,土地的资产属性逐渐显现出来。现在所说的土地,特别是城市土地,既是资源,又是资产。所以土地的价格既表现为资源的价格,又表现为资产的价格。但在人类具体的经济生活中,土地所表现出来的属性是不一样的。当土地购买者购买土地是为了供自己利用而获得土地资源的利用收益时,土地所表现的是资源性;当土地的购买者购买土地仅仅是为了将其作为商品进行交易而获取收益时,土地所表现的是资产性;有时土地的购买者购买土地后不立即交易,而是在一定时间内持有土地以获取土地利用收益,待时机成熟时再将土地转让而获取高额的转让利益,土地所表现的是其二重性(资源性和资产性)。

土地的二重性,决定了地价也具有二重性:即资源性地价和资产性地价。两者的决定机制是不一样的。资源性地价取决于土地资源利用未来的收益,其大小等于未来土地利用收益贴现值之和;资产性地价主要取决于土地资产转让收益,其大小等于未来土地转让收益的贴现值。虽然土地资源价格和土地资产价格都受到市场供求方面的影响,但是土地资产的价格更多受到预期投机因素的影响。土地投机的因素总是潜伏在市场中,一旦诱发土地投机因素的条件具备,市场对土地的需求就会偏离均衡时土地的需求量,由于在短期内土地的供给是缺乏弹性的,市场不可能对需求迅速做出反应,地价的波动不可避免,而地租总是与契约和现实的需求联系在一起,短期的波动不会很大,所以,土地价格的市场表现相对于地租来讲具有更为不稳定的因素。另外,土地价格的标定方法也加剧了其波动的表象。一般商品的价格是其实际交易价格,而土地的价格却不是这样。如中国城市每年交易的土地数量非常有限,但城市没有交易的土地仍以这些少数的交易案例的价格为基础而标定其价格。因此,在城市土地市场上,极少数投机者的投机行为便可以引起地价的大幅度波动。

二、区位理论

(一)区位概念及特征

1. 区位概念

区位是一个综合的概念,除了解释为地球上某一事物的空间几何位置外,还强调自然界的各种地理要素和人类社会经济活动之间的相互关系和相互作用在空间位置上的反映。概括而言,区位指某一经济事物或经济活动所占据的空间场所以及该场所与其周围事物之间的经济地理关系。

区位就是自然地理区位、经济地理区位和交通地理区位在空间地域上有机结合的具体表现。

2. 区位的特征

区位具有以下几个基本特征。

(1)区位概念的双重性。区位既是一个地理学概念,它以自然地理位置为依托;又是经济学概念,它以人类经济活动、经济联系以及人类对经济活动选择和设计为内容。

(2)区位的动态性。区位的自然地理位置是固定不变的,比如,一块土地的坐落方位若干年保持不变。但是,区位由于具有经济学内涵而处于动态变化之中,因为,构成区位的经济性因子(如交通)一直处于变化之中。比如,位于偏僻小镇的工厂由于铁路、公路等交通干线的修筑而使区位特征改变、区位等级提高;处于背街的一家商店会由于街道的改建而使其处于十字路口的位置上,其区位质量也可得到明显改善等。

(3)区位的层次性。从区位的选择与设计的内涵出发,可以将区位分为宏观区位和微观区位。宏观区位是指某项经济活动从宏观区域尺度上看,应当选择在哪个地方。如房地产商在选择哪个城市作为发展的基地时,他实际上是在作宏观区位的选择与设计。微观区位是指某经济活动拟在选定的区域或城市中的哪个地段展开。如房地产商若选定武汉市作为其房地产开发事业的基地,他下一步面临的问题就是选择武汉的哪个城区或地段作为投资的具体地点,这便是其微观区位决策问题。

(4)区位的等级性(差异性),即区位质量的等级性。区位质量是指某一区位对特定经济活动带来的社会经济效益的高低,是一个相对概念。区位质量的优劣往往由区位效益来衡量。区位效益则是指区位因素为某项经济活动带来的直接和间接的经济效果,简言之,是区位的经济贡献,其实质是经济活动对该区位所拥有的资源,包括土地、资本、劳力、技术、管理乃至信息等的利用效果。

在房地产经济学中常常用级差收益来衡量这种区位效益。所谓区位等级性,是指对某一类经济活动而言,区位效益的好坏,进而区位质量的高低呈现出因地点不同而不同的差异性。比如,对于商业区位,随着与市中心的距离由近至远的变化,区位质量一般会发生由高到低的递次分异。

(5)区位的稀缺性。区位的稀缺性是指对某一类经济活动或是不同的经济活动而言,对优良区位的供给总是小于对它的需求,因而说它是稀缺的。区位的稀缺性是导致区位需求者之间进行激烈的区位竞争的根本原因,对商业区位来说尤其如此。

(6)区位的相对性。有两层含义:首先,对某一类经济活动有利的所谓优良区位,随时间的推移会发生区位质量的变化,因而是相对的;其次,同一区位会因区位经济活动类型的差异而产生不同的区位效益,因而区位质量的好坏亦具有相对性。如位于城市郊区风景优美的山地是别墅式住宅开发的优良区位,但对商业活动而言却是一个劣等区位。

(7)区位的设计性。以上谈到了区位的动态性和相对性,这两点均指明了某一经济活动所附着的区位随区位构成因素的变化而变化的特点,具有自发性的一面。区位的设计性则是讲区位的被动性,即区位具有典型的人为设计色彩。换言之,从理论上讲,人类可以根据自身经济活动的需要,发挥主观能动性,在不违背生态和经济规律的前提下改善区位质量、提高区位效益。典型的例子是:为提高住宅的区位质量,政府可以兴修通往市区的便捷的公路,以有效降低通勤成本;建造小区花园和文化娱乐设施以提高住宅小区的美学价值和文化品位,这些措施均可以提高住宅区位质量。

(二)区位的分类

在探讨区位的层次性时,其实已经阐明了一种区位分类方法,即区位的空间分类法。此处,重点从房地产经济研究的角度谈谈区位的产业分类法,也就是以人类主要的区位经济活动内容为标准作区位的分类。

(1)农业区位:以农业经济活动为基本内容或以土地的农业利用为特征的区位。

(2)工业区位:以工业经济活动为基本内容或以土地的工业利用为特征的区位。

(3)商业区位:以商业经济活动为基本内容或以土地的商业利用为特征的区位。

(4)住宅区位:以住宅的开发经营活动为基本内容或以土地的住宅利用为特征的区位。

(5)其他区位:包括金融业、保险业、通讯服务业、教育文化事业、政府服务业、交通运输业等经济性产业区位。

(三)区位因子

所谓区位因子,是指构成区位或者影响区位经济活动的诸种因素,又称作区位因素。不同类型的区位其区位因子的组合不同;同一区位因子对不同的经济活动的区位决策的重要性不同。

但从总体上来看,主要的区位因子大致有以下几类。

(1)自然因子,主要指影响区位质量的自然资源或自然条件。例如,对农业经济活动来讲,土地的自然地理位置和土地的肥力状况构成了农业区位的主要的自然因子;对工业经济活动来讲,矿产资源的赋存状况则构成了工业区位的自然因子。

(2)劳动因子,包括劳动力数量、质量、组合以及地区工资水平。

(3)基础设施因子,包括电力的供应及其价格、供排水条件、交通运输便捷程度等。这是构成并影响区位质量的普遍性因子。

(4)地价因子,对工业、商业和住宅业区位均有很大影响,但就承受能力而言,商业活动因其赢利水平较高而承受地价的能力也相对较强;工业和住宅业的承受力较弱。

（5）集聚因子,主要指产业布局的区域集聚规模及其发展趋势。这是决定工业区位质量的一个重要因子。

（6）科学技术因子,指科技发展水平及其发展趋势。科学技术的发展可以大大扩展人类经济活动对区位选择的范围,提高区位决策的灵活性。

（7）制度因子,包括经济制度(如土地制度、税收制度)、政治制度和法律制度等。

（8）市场因子,包括决定区域市场规模、结构、分布及其发展潜力的诸多因素,特别是决定区域市场规模的居民收入水平及其分布特征。

（9）文化行为因子,指区域文化观念、风俗习惯和行为偏好。

（10）资金因子,指影响区位经济活动的资金供给条件。

（11）信息因子,搜集区位经济活动所需的各种信息的成本会直接影响区位经济效益,进而影响经济主体对区位质量的评价与选择。相对地,工商业区位经济活动对信息因子更为敏感。

（四）区位论

1. 区位论的概念

区位论是关于人类社会经济活动的场所及其空间经济联系的理论。它主要研究人类经济活动的空间选择与设计的基本法则,探索一定空间内经济活动分布、组合以及区位演化的基本规律。

2. 区位论的类型

与区位的分类相对应,关于经济活动的区位理论主要有农业区位论、工业区位论、商业区位论、住宅区位论等。

3. 区位论的产生

按照产生的时间先后排列,依次为农业区位论—工业区位论—商业区位论—住宅区位论。

（1）农业区位论。近代区位论发端于19世纪20年代的德国,以农业经济学家杜能的《孤立国同农业和国民经济的关系》(以下简称《孤立国》)为代表。《孤立国》的问世标志着以农业经济社会为背景的农业区位理论的建立。

（2）工业区位论。当人类社会进入到工业经济时代以后,适应工业经济活动区位决策的实际需要,工业区位理论于20世纪初叶产生并得到了迅速的发展。古典工业区位理论以德国经济学家韦伯的《工业区位论:区位的纯理论》为代表。

（3）商业区位论。随着工业化进程的推进,社会生产活动开始更多地受到市场因素的直接制约,市场作为区位决策的一个重要的变量也开始在区位经济决策中受到格外的关注。适应这种需要,不仅工业区位论得到进一步的完善和发展,以研究商业经济活动区位特征与决策的商业区位论也应运而生。

（4）住宅区位论。20世纪20年代开始,由于城市化进程的迅速推进,伴随着城市人口的急剧增加,住房问题日益得到各国政府的重视,住宅业作为一个独立的经济增长点得到了快速发展。在这种社会经济背景下,产生了揭示城市住宅区位形成、变化规律、探讨住宅区位决策依据的住宅区位理论。

20世纪40年代以来,随着经济活动范围的不断扩大,人类判别经济活动成败的价值标准亦发生了很大的变化,区位理论研究和区位决策实践都出现了许多新的特点。比如,单一的经济性因子已不能完全和准确的刻画区位决策的现实,非经济性因子在各类区位质量评价与区位经济决策实践中日益得到重视;区位决策的目标函数已不仅仅是经济收益的最大化,次优化思想开始在区位分析中得到应用。区位理论由此开始了由古典区位论向现代区位论的转变,使区位理论朝着解释能力更强、应用价值更高的方向发展。

三、劳动价值论

(一)欧洲古典经济学劳动价值论

在经济学说史上,认为商品的价值是由劳动创造的观点,是由在英国古典经济学家亚当·斯密(A. Smith,1723—1790)以前早期的经济学家约翰·洛克和威廉·配第等人提出来的。约翰·洛克(J. Locke,1632—1704)是英国经济学家,1688年英国革命刚过后,在1689年和1690年,写了他的两篇《政府论》,他在《政府论》中批判保皇派费尔默把帝王神权看作一种自然权利,可以支配其臣民的生命和财产的观点时,提出了他的劳动神权和财产自然权利学说。当时他是以耕地和荒地的差别来论证劳动创造价值观点的,他举例1亩土地种了烟草和小麦,而另一亩地则不加耕作而任其荒芜,两者之间的区别和差别就表现着劳动所创造的价值。他并且由此得出结论:对人类生活有用的产品中99%是由劳动创造的,只有1%是天然的。

威廉·配第(W. Petty,1623—1687)是英国资产阶级古典经济学创始人,他认为,如果有人能从秘鲁地下获得1盎司白银带到伦敦来,所用时间和他生产1蒲式耳谷物所需要时间相等,白银就是谷物的"自然价格"。由此可见,配第明确地认识到了"劳动被看作价值的源泉,商品决定于它所包含的劳动时间的观点"。由于洛克和配第所处的时代是封建社会后期,他们所说的劳动大体上是农业时代小私有制条件下的劳动,劳动者大都是忙碌而节俭的农户和小商品生产者,是以个人劳动和产品私人占有为基础的生产活动。在这种条件下对劳动和劳动价值问题的理论概括具有明显的直观性特点,是关于劳动价值理论的初级形式。尽管如此,他们还是透过种种表面现象,抓住了劳动创造价值财富的本质,发现了人类主要不是依靠自然的恩赐,而是靠劳动的创造来维系自身的生存和发展,因而最早揭穿了在人类财富来源问题上的种种假象,为科学的劳动价值论的产生奠定了最初的坚实基础。

第一次提出"任何生产部门的劳动都是国民财富源泉"这一观点的是英国古典经济学家亚当·斯密。他在《国富论》这本书中,以资本主义商品生产为研究对象,鲜明地站在产业资本家立场上,一方面批判了重商主义认为对外贸易是财富来源的错误观点;另一方面又矫正重农主义者所坚持的只有农业劳动才创造财富的偏见。他在区分了商品的使用价值和交换价值之后,从"分工意味着每个人都是为别人工作"这个基本的逻辑关系出发,引申出了"商品交换是不同生产者之间的劳动的交换"的观点,进而提出"劳动是衡量一切商品交换价值的真实尺度"这一观点。可以看出,斯密对关于劳动和价值之间内在关系和联系的探讨已经更倾向于概括和抽象,他已经不满足于直观和表面的种种现象和假象,试图揭示那些隐藏在深层和背后的内在关系和联系。但是在探讨商品价值源泉时,他认为在没有私有制的初期野蛮社会,是劳动决定价值,而在出现资本积累和土地私有的"进步社会",劳动产品不再全部属于劳动者,而是要与资本家和土地所有者共同分配。因而"工资、利润、地租,是一切收入和一切可交换的价值的三个根本源泉"。他的关于劳动和"三种收入"构成价值的观点,使其价值理论陷入混乱和自相矛盾中。斯密试图用抽象的方法来解决财富价值源泉的问题,然而他最终还是被那些表面现象所迷惑,还是没有走出古典经济学直观方法的藩篱。

李嘉图(David Ricardo,1772—1823)作为英国资产阶级古典经济学的完成者,他的劳动价值论是资产阶级发展所提供的可能的限度内做出的最好的分析。他始终坚持劳动时间决定商品价值的原理,排除了斯密价值多元论的错误;提出了使用价值是交换价值的前提条件,将生产不同种类商品的劳动之间质的差别归结为量的差别,指出商品价值量是由耗费在商品生产过程中的社会必要劳动时间所决定的。但由于他将资本主义生产方式看成是超历史的、永恒的观点,仍然没有看到一般劳动与资本主义劳动的本质区别,看不到在劳动力成为商品,劳动转化为雇佣劳动这个过程中劳动所发生的实质性的变化,因而就使他的劳动价值学说在说明资本主义利润时,遇到了资本和劳动按等价原则相交换,说明利润如何产生,以及不同企业部门资本有机构成不同与等量资本获取等量利润的两大矛盾,使他的劳动价值理论不能贯彻到底。

受特定时代的局限性,欧洲古典经济学关于劳动和劳动价值的论述始终不能摆脱对劳动关系进行直观描述的方法。然而他们的方法始终是正确的,他们从不同的侧面和角度揭示资本主义劳动关系的本质和实质,为马克思主义科学的劳动价值理论和剩余价值学说的产生奠定了坚实的思想前提和理论基础,成为马克思主义科学社会主义理论的重要思想理论来源。马克思在对资产阶级经济学家,尤其是欧洲古典经济学家的学说进行系统研究的基础上,批判地继承了前人的有益成果,并结合实践经验逐步地丰富、发展和完善它,最终才创立了科学的劳动价值理论和剩余价值学说。

（二）马克思价值理论的基本观点

在《资本论》中,马克思价值论基本内容主要表现在对劳动价值论中价值体、价值量和价值形式的分析上。

1. 关于价值体的分析

（1）商品的两个因素:使用价值和价值。

商品的使用价值。马克思指出:"商品首先是一个外界的对象,一个靠自己的属性来满足人的某种需要的物。"这种能满足人的某种需要的属性,叫做使用价值。马克思还指出:"物的有用性使物成为使用价值",商品体的这种性质,同人取得它的使用属性所耗费的劳动的多少没有关系。但是,由于"在我们所要考察的社会形式中,使用价值同时又是交换价值的物质承担者"。

价值的内容或实质是凝结在商品中无差异的人类劳动。他指出:"交换价值首先表现为一种使用价值同另一种使用价值相交换的量的关系或比例。"为什么不同的使用价值能按一定的比例相交换呢？这说明各种商品之间存在着使它们相等的共同的东西,这个共同的东西不可能是商品的使用价值,作为使用价值,商品存在着质的差别;而作为交换价值,商品只有量的差别,不包含任何一个使用价值的原子。如果把使用价值撇开,就把创造使用价值的劳动的具体形态也抽去了,各种劳动就不再有什么差别,都化为相同的人类劳动,即抽象的人类劳动。这种抽象的人类劳动的凝结,就是商品的价值。因此,价值是交换价值的内容,"形成价值实体的劳动是相同的人类劳动,是同一的人类劳动力的耗费"。

马克思强调指出商品是使用价值与价值的辩证统一物。要成为商品,必须既具有使用价值,又具有价值,才能成为商品,两者缺一不可,否则就不成其为商品。

(2)劳动的二重性。

具体劳动:生产使用价值的有用劳动。马克思指出了以下几点。

第一,所谓有用劳动,就是用自己产品的使用价值来表示自己的有用性的劳动。

第二,不同质的有用劳动,生产不同质的使用价值。因此,各种使用价值的总和,表现了同样多种的有用劳动的总和,即表现了社会分工。

第三,"劳动作为使用价值的创造者,作为有用劳动,是不以一切社会形式为转移的人类生存条件,是人和自然之间的物质变换即人类生活得以实现的永恒的自然必然性"。

第四,具体劳动只有同自然力结合起来才能创造使用价值。

抽象劳动:就是"把生产活动的特定性质撇开,从而把劳动的有用性质撇开,生产活动就只剩下一点:它是人类劳动力的耗费。……是人的脑、肌肉、神经、手等等的生产耗费"。正是这种抽象劳动形成了商品的价值,也就是说,"商品价值体现的是人类劳动本身,是一般人类劳动的耗费"。马克思还指出:"使用价值或财物具有价值,只是因为有抽象人类劳动体现或物化在里面。"这样,马克思就明确地指出价值实体就是一般人类劳动,即抽象劳动。

生产商品的劳动是具体劳动与抽象劳动的对立统一。这种对立统一主要表现在以下三个方面。

第一,"就使用价值说,有意义的只是商品中包含的劳动的质,就价值量说,有意义的只是商品中包含的劳动的量,不过这种劳动已经化为没有质的区别的人类劳动。在前一种情况下,是怎样劳动,什么劳动的问题;在后一种情况下,是劳动时间多长的问题"。

第二,劳动二重性的矛盾决定了使用价值与价值的对立运动。"随着物质财富的量的增长,它的价值量可能同时下降。这种对立的运动来源于劳动的二重性。因此,有用劳动成为较富或较贫的产品源泉与有用劳动的生产力的提高或降低成正比。相反地,生产力的变化本身丝毫也不会影响表现为价值的劳动。"

第三,劳动的二重性决定了商品的二重性。马克思总结:"一切劳动,从一方面看,是人类劳动力在生理学意义上的耗费;作为相同的或抽象的人类劳动,它形成商品价值。一切劳动,从另一方面看,是人类劳动力在特殊的有一定目的的形式上的耗费,作为具体的有用劳动,它生产使用价值。"

2. 关于价值量的分析

由于马克思揭示了商品价值的内容和本质,因而就能阐明商品价值量的决定问题。马克思指出,形成价值的抽象劳动是抽去了个别劳动的特殊性的一般人类劳动,因而商品价值量也就不能由个别劳动时间来决定,而只能由社会必要劳动时间来决定;同时,由于形成价值的抽象劳动,是用平均的简单劳动来衡量的,因而复杂劳动必须化为多倍的简单劳动。

马克思在《资本论》第三卷中,还结合市场竞争抽象地叙述了市场价值的确定问题。他指出,"价值不是由某个生产者个人生产一定量商品或某个商品所必要的劳动时间决定,而是由社会必要的劳动时间,由当时社会平均生产条件下生产市场上这种商品的社会必需总量所必要的劳动时间决定"。这就是说,两种意义上的社会必要劳动时间,共同决定商品的价值量。

3. 关于价值形式的分析

(1) 商品的价值形式。马克思将资本主义生产方式生产出的商品的价值形式表示为 $W = c + v + m$,其中 W 代表商品的价值;c 代表生产商品的不变资本;v 代表可变资本;m 代表剩余价值。

(2) 价值形式分析的意义。马克思关于价值形式的分析,科学地分析了商品的价值形式及其发展过程和结果,从而建立了科学的货币理论。

第一,通过分析价值形式的发展,进一步揭示了价值的本质,说明价值是一种社会生产关系,是商品的一种社会属性,它本身不能自我表现,只有通过与另一种商品相交换的办法,即通过价值形式才能相对地表现出来。所以,只有通过研究价值形式,才能完成对价值本身的研究。

第二,通过研究价值形式的发展,阐明了货币也是一种商品,不过是一种执行一般等价物职能的特殊商品而已。马克思对价值形式及其发展的分析,不仅进一步完善了劳动价值论,而且为创立科学的货币学说和资本学说建立了理论前提。

马克思关于价值形式发展的学说,是马克思的劳动价值论的重要内容。但价值形式并不是发展到货币形式就完结了,由于科学技术飞速发展和技术创新的影响,当代价值形式也有了新的变化,价值越来越以价值转移的形式表现出来。

四、供求理论

(一) 土地供给

土地供给就是指可利用土地的供给,即地球所能提供给社会利用的各种生产和生活用地的数量。土地供给与国民经济运行关系密切,而且在现代社会,土地不仅是作为"资源"、"场所"来发挥生产功能,而且作为一种"资产"、"财产"来发挥资本供给与社会稳定功能。因此,认识土地供给,既要认识到土地供给对于经济增长的贡献一面,又要认识到土地供给对于保障经济稳定与安全一面。土地的供给通常分为自然供给和经济供给。

1. 土地自然供给

土地的自然供给,是指地球供给人类可利用的土地的数量,它包括已利用的和未来可利用的土地资源。土地的自然供给是相对稳定的,就某一地区或全世界来说,是固定不变的,不受任何人为因素或社会经济因素的影响,因此它是无弹性的。虽然现在人类可以通过"填海造地"等方式来增加土地面积,但其数量十分有限,相对于整个地球的面积是十分微小的。在土地总面积不能增加的情况下,随着人口数量的增加,人均土地面积越来越小。

土地的自然供给受下列因素的影响。

(1) 适宜于人类生产和生活的气候条件。

(2) 适宜于植物生长的土壤地质和气候条件。

(3) 具有可资利用的淡水资源。

（4）具有可供人类利用的生产资源。

（5）具有一定的交通条件。

2. 土地经济供给

土地的经济供给，是指在土地自然供给与某些自然条件允许的范围内，各种土地的实际利用数量中可供某一种用途使用的土地数量。土地的经济供给是个变量，土地经济供给也是有效供给。天然的土地只有经过人类加工改造之后，才能满足人类需要，使土地从自然供给状态转变为经济供给状态。

土地的经济供给量是随着土地利用效益的变化而变化的，因而是有弹性的、动态的，不同用途的土地其经济供给的弹性是不同的。一般所谈的供给都是指经济供给，不仅包括建设用地供给，还包括农用地供给。在人类利用土地的过程中，随着人口的增加和经济的发展，扩大土地经济供给的活动持续不断地进行着，成为人类利用土地的重要目标。土地经济供给的增加不仅包括总量的增加，而且还包括某种土地随着利用效益的提高在数量上的增长，以及一定面积土地上产出的增长。前两者是土地经济供给的直接增加，后者是土地经济供给的间接增加。

土地的经济供给与自然供给既有联系又有区别，主要表现在以下几个方面。

（1）土地自然供给是土地经济供给的基础，土地经济供给只能在自然供给的范围内变动。

（2）土地的自然供给是针对人类的生产、生活及动植物的生长而言的，而土地的经济供给主要是针对土地的不同用途而言的。

（3）土地的自然供给是一定的、无弹性的，而土地的经济供给是变化的、有弹性的，并且不同用途的土地的供给弹性是不同的。

（4）人类难以或无法增加土地的自然供给，但可以在自然供给的基础上增加经济供给。

影响土地经济供给的因素很多，其中基本的因素主要有以下几个方面。

（1）各类土地的自然供给。某种用途的土地自然供给从根本上限定了该用途土地经济供给的变化范围，它是经济供给的基础和前提，土地经济供给只能在自然供给范围内变动。

（2）利用土地的知识和技能。随着人类利用土地知识和技能的逐步提高，可以更多利用原来未被利用的土地，或使原来利用效益不高的土地变为效益较高的土地，从而增加土地的经济供给。技术的发展使现有土地供给得到更充分利用，并使新资源的发展及开发更加容易。有时，技术发展还能提供替代品，从而减少对某些土地资源的需要，亦即相当于相对增加土地的经济供给。

（3）社会需求。社会需求的变化能促进土地利用方向的改变，从而影响各种土地经济供给的数量，如食物结构的变化会影响土地利用结构，间接影响土地的经济供给。

（4）产品价格。某类社会产品价格上升，会导致该类生产所使用的土地的价格上升，从而会增加这类土地的供给。

（5）土地利用计划。大多数关于增加土地经济供给的计划，要求开发和利用新的、生产力较低的、位置较为不利的和难以开垦的土地。现在各国都比较重视制定土地利用计划，这类计划的实施，必然会增加土地的经济供给。

（6）土地供给者的行为。一个明智的土地供给者可以根据上述的影响因素，结合当时当地的经济发展情况,理性地供给土地。

(7)人类虽然难以或无法增加土地的自然供给,但可以在自然供给的基础上增加经济供给。根据影响土地经济供给的因素,可以采取如下具体措施来增加土地经济供给。

(1)扩大土地利用面积。

(2)提高集约经营水平。

(3)建立合理的土地制度。

(4)调节消费结构。

(5)利用新技术。

(6)保护土地资源。

(二)土地需求

人类要生存和发展,就需要土地作为生存场所,需要土地提供粮食、衣料、住房等等。没有不需要土地的部门,也没有离开土地能够生存下去的人。所谓土地需求,即人类为了生存和发展而利用土地进行各种生产和消费活动的需求。

人们对土地的需求是由于人们对生活资料的需求而引起的。人类社会发展至今,已不再满足于生存的需要,怎样生活得更舒适已经成为人类所追求的目标。土地需求在人类生活中所起的作用更加复杂化。人类对土地的需求,包括农业用地需求和非农业用地需求两大类型。人类需要农业用地,就是需要农业土地的光、热、水、动物、植物、微生物及土壤等为人类提供食物、衣料及其他原料。其中最重要的是食物和衣料。关于非农业土地需求,人类为了生存和发展,除了要满足吃饭、穿衣的需求之外,还需要有作为主要生活空间的住房和主要生产空间的厂房,以及科学教育、文化娱乐等,而住房、厂房及各种生产生活活动都是在一定的土地之上进行的。满足这些需求也需要有一定的土地。随着人口的增长和社会经济发展水平的不断提高,建房、修路及各种设施用地也会大量增加。因为社会生产力水平提高的结果,人们对生活必要品的劳动比重将会减少,而相应地增加发展文化、娱乐等方面的劳动投入,前者引发的主要是对农业用地的需求;后者则主要是非农业用地需求。

土地需求是一种客观的经济现象,土地本身并不是需求的直接对象,土地需求是一种派生的、间接的需求,是由于对土地所提供的产品的需求所产生的,因此人类对土地的需求是一种引致性的需求,就是说人类对土地的需求是反映使用土地要素进行所需产品生产的要求。人类需要各种各样的物质财富,但各种各样的物质财富生产需要土地生产要素才能进行,所以,对物质财富的需求首先派生出对城市土地的需求。

(三)土地供需平衡分析

1. 一般商品的供求关系

供给是指一定时间内,生产者所提供的商品数量,它必须具备两个条件:一是生产者能接受的价格;二是在此价格条件下可供出售的商品数量,包括新提供的商品和已有的存货。一般情况下,价格越高,生产者愿意提供的商品就越多;相反,价格越低,提供的商品就越少。一般商品的供给曲线见图2-4。

按照西方经济学的观点,需求也有两个条件:第一,消费者愿意购买;第二,消费者有支付能力。

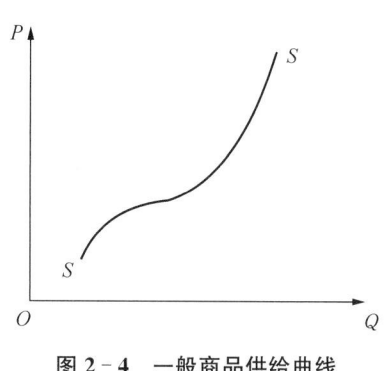

图 2-4 一般商品供给曲线

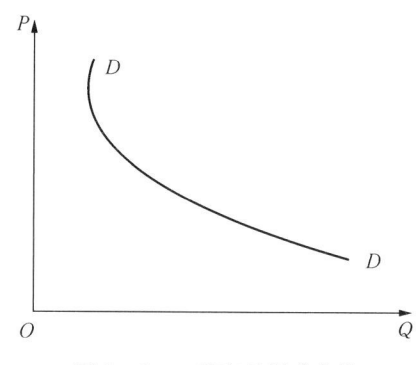

图 2-5 一般商品需求曲线

仅有第一个条件,只能被看成是欲望或需要,而不是需求;而仅有第二个条件,也对商品的价格不能产生影响,因为它未使购买行为发生。这两种情况在现实生活中都是存在的。第一种情况比较普遍,而第二种情况则比较少见。一般商品的需求曲线见图 2-5。一般商品的需求量,随着商品的价格上升而下降,随着商品价格下降而上升。

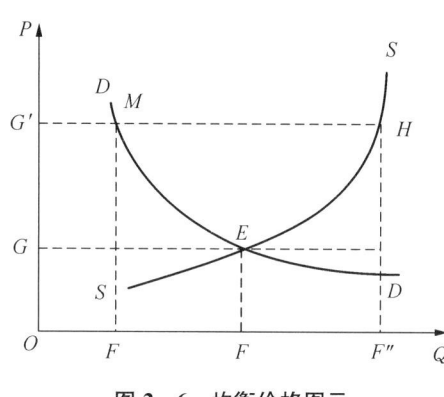

图 2-6 均衡价格图示

均衡价格是指一种商品的需求价格与供给价格相一致时的价格,也就是这种商品的市场需求曲线与市场供给曲线相交时的价格,如图 2-6 所示。

图中 SS 是供给曲线,DD 是需求曲线,E 点是供需均衡点。OP 表示商品价格,OQ 表示商品数量。$EF=OG$ 表示价格均衡,$EG=OF$ 表示数量均衡。数量小于 OF 如 OF',则表示供不应求。供不应求就会导致价格上升,供给增加,数量向 OF 靠拢;数量大于 OF 如 OF'',则表示供过于求,这时,商品价格下跌,供给量减少,也会向 OF 移动。商品的供求就是这样围绕着均衡点左右摇摆。

2. 土地的供求关系

土地作为一种特殊的商品,既受一般商品供求规律的制约,又有其他一般商品不同的特殊供求形式。由于土地自然供给的有限性和土地位置的固定性,土地的供求平衡是相对的、暂时的,而不平衡是绝对的。从实践看,土地供不应求是绝对的、普遍的,而供过于求是暂时的、个别的。正因为这样,地价总趋势是上升的。

中国改革开放以来,经济取得快速的发展,城市化的发展步伐也在加快。随着中国土地使用制度改革的深化,城市土地使用权已经逐步进入商品的行列,遵循着商品经济规律进行市场流转。当社会经济处于稳定发展状态时,土地尤其是城市土地的供求也遵循一般商品的供求规律,即地价上升,则供给增加,而需求下降;地价下降,则供给减少,需求增加。

然而土地作为一种特殊商品,在许多方面都有其特殊性:其位置固定不变,自然供给不变,经济供给弹性也是有限的,买卖双方不能自行决定土地的位置和用途,土地价格受当时社会和政治局势稳定与否及经济的繁荣与衰退等因素的影响极大。所以,土地尤其是城市土地有时又表现出供求的特殊性。

图 2-7 是特殊的土地供给曲线,它表明土地在一定范围内遵循一般商品的供给规律,即价格上升,土地的供给也增加。但土地自然供给总量是有限度的,超过这个限度,不管价格如何上涨,也不能再增加土地的供给。

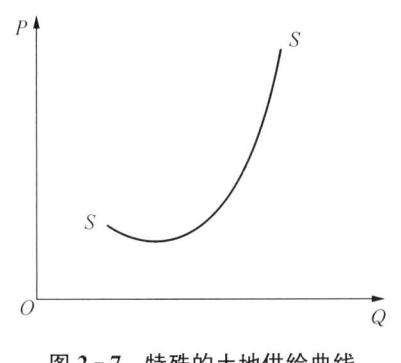
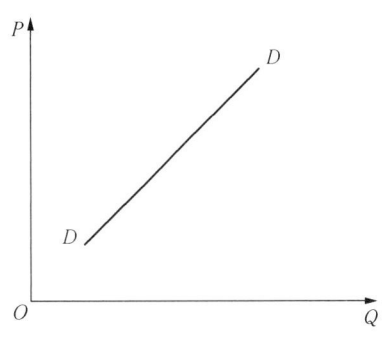

图 2-7　特殊的土地供给曲线　　　　图 2-8　特殊的土地需求曲线

图 2-8 所示的特殊的土地需求曲线是反映土地购买者是把土地当作投机现象,购买土地的目的是为了以后再卖出去,并能赚更多的钱。价格很低廉的土地,在短时期内难以再卖出好价钱,没有人买或者买者很少;相反,价格高涨的土地如市中心地段,容易卖得好价钱,尽管价格上涨幅度大于其他地区,只要经济持续稳定发展,也能获得很大利润,所以买者仍然很多。

土地供求关系的另一特殊形式就是有价无市,即只有土地供给及价格,没有需求者;或只有对土地的需求及地价,但没有土地供给。这两种情况,都不能实现土地交易,这在经济萧条时期是很常见的。

五、补偿理论

有关文献中所述的"补偿理论"可分为以下三大类。

(1) 经济角度:为保持经济正常持续的发展,而需对经济运行过程中,所耗费的经济要素进行补偿。如《资本论》中再生产理论中,要求对可变资本和固定资本的补偿;成本补偿等。

(2) 法律角度:是从法律公正、公平的角度,某一利益主体在行使自身利益时,对他方合法造成利益损害,而需进行的补偿。如行政补偿;国家补偿;农村集体土地征用过程中,对农村集体和农民的补偿等。

(3) 资源利用角度:补偿原理的一种发展,主要用来为确定资源价值提供理论依据,用于解决资源的保护、开发等。如水资源补偿理论;森林资源补偿理论。

在土地价格中,引入补偿理论,是为了在特定情况下,为确定土地价格提供理论依据。

从保证土地经济顺利运行的角度,补偿理论要求土地价格可以补偿在房地产开发过程中的各种耗费;从公平的角度,土地价格要补偿土地提供者的由于失去土地产权所带来的损失。

第三节　土地价格的影响因素

土地价格的影响因素很多,通常我们把这些因素分为一般因素、区域因素和个别因素三大类。然而,在具体的估价工作中,由于地价影响因素复杂,且各宗地价格的影响因素不同,估价人员一定要仔细调查,具体分析,不可千篇一律。

一、一般因素

一般因素是指影响土地价格的一般的、普遍的、共同的因素,它对土地价格的总体水平产生影响。主要因素有行政因素、人口因素、社会因素、经济因素和国际因素等宏观因素。

(一)行政因素

行政因素主要是指国家政策对土地价格的干预。国家从全社会利益和宏观经济发展角度出发制定有关政策,或推动土地的转移,或限制某类土地的利用等,从而达到提高土地总体利用效益的目的。这种干预,对土地的价格影响至关重大。

影响地价的行政因素主要有:土地制度、住房制度、城市规划、地价政策、税收政策、交通管制和行政隶属变更等。

1. 土地制度

土地制度包括土地所有制和土地使用制等。土地制度决定土地市场的形态、土地供给及利用方式等,因而决定地价。如实行土地私有制的美国、日本,其土地市场是一种较完全市场,土地的供给与需求由市场决定,价格也由市场决定。而实行土地国有制的一些英联邦国家,土地批租是土地初始供给的一种重要方式,政府较容易控制土地总供给,从而控制地价。中国实行社会主义土地公有制,改革开放前一直实行土地无偿划拨使用制度,土地没有市场、没有价格。目前,土地市场在逐步建立,但市场交换的客体和形式仍受土地制度的制约,这自然就影响地价。

2. 住房制度

新中国成立以来,中国传统的住房制度采用的是低租金的国家福利制度。房地产投资不能通过房地产自身的运营来回收,只能靠国家财政补贴来维持。因此,在这种情况下,一般的房租中不包含地租、地价。住房制度改革以取消补贴、实行住房商品化为目标,从而促进房地产投资的良性循环,推动了地价的合理实现。

3. 城市规划

土地因其用途和利用程度不同而具有不同的收益能力,而决定土地用途和利用程度的主要因素是城市规划。城市规划中,对土地用途、容积率和建筑密度的规定,对地价有重要的影响。同一宗土地,规划为商业用途,其地价水平一般高于居住用途;即使同一用途,规划容积率高的地价水平一般高于容积率低的地价。

4. 地价政策

地价政策对地价趋势的影响非常大。一般讲,高地价政策即政府放开对地价的管制,或采取某些措施引导地价上涨;低地价政策是指政府采取各种手段抑制地价的上涨,从而导致地价水平的下跌或停滞,如调整土地供给、实行限价、控制贷款、税收调节等,使地价水平下降。

5. 税收政策

税收负担的高低,无论是对个人还是对企业,其影响都关系重大。税赋增加则居民和企业的储蓄减少,从而减少社会投资,导致经济增长幅度降低。这时,各企业均无力或不想扩大投资,致使土地需求降低,土地价格降低。反之,税赋减少,则储蓄增加,土地价格上涨。

6. 交通管制

交通管制指政府交通管理部门对某些道路交通实行的限制性规定。交通管制的作用在于控制交通流量和分布,改变道路的通达度和便利度,增强安全感和改善环境,这些都将影响交通沿线及其周围一定范围内土地的价格。交通管制对土地价格的影响,主要看实行交通管制后的综合效果。例如,在住宅区内的道路上禁止货车通行,可以减少噪声和行人步行的不安全感,从而有利于提高住宅区的环境质量和安全水平,提高该区域土地的价格。但是,另一方面,如单行道规定使可接近性变差,站点变远,造成交通的不便利,这样又会降低该区域土地的价格。

7. 行政隶属变更

行政隶属变更一般都会引起当地土地价格的变动。行政隶属变更通常可分为以下两类:一是级别升格,如将某个非建制镇改为建制镇,或将县级市升格为地级市,省辖市升格为直辖市,无疑会扩大城市用地规模和人口规模,加快城市化进程,增加土地需求,从而使该地区土地价格上涨;二是级别不变,其管辖权由原地区划归另一地区。这种划归一般是将原属比较落后地区的地方划归另一较发达地区管辖,以利于经济均衡发展,因而会促进被划地方的土地价格上涨。

(二) 人口因素

人口状态是最主要的社会经济因素。人口因素对地价的影响与人口密度、人口素质和家庭人口构成密切相关。

1. 人口密度

人口密度提高,对土地的需求上升,导致地价上涨;但另一方面,人口密度过高又会导致生活和居住环境恶化,从而降低土地价格。

2. 人口素质

人口素质与人口教育程度和文化素质有关,一般对住宅用地价格影响较大。人口素质高的住宅区通常社会秩序安定,环境优美,从而在心理上给人们形成良好的印象,间接地引起对该类住宅区的需求增加,促使地价的上涨。

3．家庭人口构成

家庭人口构成反映家庭结构和家庭成员数量。随着生活方式的改变和城市化的影响，家庭结构会越来越小。传统的三代、四代同堂的大家庭逐渐被以夫妻为主的小家庭所替代，这种家庭人口构成的变化会使对住宅的需求相应增加，同时，对小面积套房和出租性住宅的需求也会增加，从而导致住宅用地的地价上涨，而且这种上涨的趋势越来越明显。

（三）社会因素

社会发展状况和安定状况对地价有很大的影响。归结起来，影响地价的社会因素有政治安定状况、社会安定状况、房地产投机和城市化状况等四个方面。

1．政治治安状况

政治治安状况是指国内政治局势的稳定情况。政治稳定，则房地产投资的运转渠道正常，风险小，资金可以按预期的目标在预期期限内得到回收并取得利润，从而投资者的投资信心增强，带动地价上升。反之，地价则会下跌。

2．社会安定状况

社会安定状况主要是指国内政治局面、国际环境特别是周边国际环境状况、社会治安状况等。一般情况下，一个国家如果政局稳定，社会安定状况比较好的，投资者就有一种安全感，愿意进行投资，地价水平就会随之上涨；反之，就下跌。

3．房地产投机

房地产投机是指投机者期望并利用房地产价格的变动获得超常利润的行为。这一因素对地价水平，特别是市场地价水平有突出的影响。当土地供不应求时，由于投机者的抢购而哄抬地价；当土地供大于求时，由于投机者的抛售而使地价下跌。

4．城市化状况

城市化指城市人口比例增加的过程。城市化速度快，就意味着人口向城市集中的速度越快，导致城市用地需求量的增大，引起地价上涨。例如，汉城、新德里，20世纪50—60年代，由于城市化速度加快，地价每年平均增长17％。菲律宾的马尼拉1940—1964年，城市外围地价上涨2 000倍，每年平均增加30％，中心城市内地价约增长100倍，平均每年增加12％。

（四）国际因素

地产市场的发育与完善是离不开国际环境的影响的。国际政治、经济状况对地价的影响是通过国内的政治、经济状况的影响而间接反映出来的。

1．国际政治状况

国际政治状况会直接影响到国与国之间的经济来往。一方面影响到国家之间的外贸进出口，从而影响外向型企业的供求关系及投资取向；另一方面也影响到国家之间人员往来和机构设置，以及资金流向，其结果也必然影响到对土地的需求。

2．国际经济状况

随着世界市场的进一步开放，国家之间的经济联系将更加密切，一个国家的经济状况常常影响到其他国家和地区。因此，国际经济状况如何，对地价有很大的影响。如果全球经济发展态势好,国际贸易活跃,往往会刺激国内扩大生产和增加出口,从而增加对土地的需求,刺激地价增长;反之,则会抑制人们对土地的需求,降低土地价格。

(五) 经济因素

经济情况的演变对国计民生及国际地位的影响有着重要的作用。在政府积极追求经济增长及经济稳定的过程中,一切民用物资均通过经济政策的影响而趋于稳定。

1. 经济发展状况

经济发展状况主要指经济发展速度、财政收支状况、储蓄投资水平、居民消费能力等。一个国家经济发展速度快,就会需要大量的土地投资建设工厂、道路、房屋等,从而引起地价上涨;相反,经济发展速度越慢,对土地需求量不大,从而使地价降低。例如,近年来,亚太地区的日本、新加坡、韩国、中国台湾省等地,经济高速增长,地价也相应大幅度上涨,自 1980 年至 1987 年,地价上涨率分别为 197%,135%,208%,203%。

2. 储蓄和投资水平

储蓄水平和投资水平是正相关的,即储蓄增长则投资也相应增长,即经济学中"储蓄、投资一致性"的原理。因此,分析储蓄和投资水平对地价的影响,就可以用分析储蓄水平对地价水平的影响来概括。资本积累要依赖于储蓄,而储蓄的多寡又由储蓄能力和储蓄意愿所决定。当储蓄能力愈大而且储蓄意愿愈高时,储蓄额越多,资本积累就越快。从资本积累的角度看,房地产价格比其他财产价格总量要高,因此,一般家庭购不动产时,必须经历一段较长时间的储蓄。所以,储蓄率水平的高低与家庭储蓄行为的循环过程与房地产市场的波动有密切的关系。一般地讲,一系列储蓄率高的时期往往是超额储蓄累积期;储蓄率在连续较高的情况下突然转为较低时则是房地产热潮期,此时地价会飞涨。

3. 财政收支与金融状况

财政与金融状况是国家综合经济实力的反映,而货币供给量是财政、金融状况的外在表现,因此在这里,我们主要分析货币供给量对地产市场的影响。货币供给量增加,则表示市面上的流通资金增加,即社会闲散资金增加。游资过剩会导致过多的货币,于是造成对房地产的需求增加,促使地价不断上涨。

4. 居民收入和消费水平

随着居民收入的增加,人们在解决温饱问题之后,对消费水平会有新的要求,表现在住宅上则是对房屋的质量、面积的要求会更高。所以从收入水平和消费水平变化中看不动产市场时,会得出以下的结论:一是高收入的家庭将住宅专供居住用的比率较高;二是高收入的家庭使用新建房屋的比率较高;三是高收入者有较高的自有住宅比率,与之相应的是租房者中收入水平略低;四是家庭人均住宅建筑面积与其人均收入水平成正比。

5. 物价变动

房地产越是在物价变动时期越能体现其保值性,因此物价变动对房地产市场的影响成正比,即:物价上涨率越高,房地产价格也越高,两者成"轮番"上涨趋势。需要说明的是,房地产价格上涨,只会发生在城市地区,乡村地区较少受影响,甚至在某些人口流动严重的地区地价还有下跌现象。这也从另一个方面说明了城市房地产市场供不应求对地价的影响。

6. 利率水平

房地产交易的主要特点之一,是巨额款项的往来,因此,投资或购置房地产与可运用的资金有关。由于一般投资者的收入不可能一次性地支付巨额款项,所以必须直接向银行贷款或是以房地产作抵押取得抵押贷款。因此,当贷款利率水平较高时,对土地的需求量减少,地价降低;反之,则地价上涨。

二、区域因素

区域因素是指对区域土地价格有总体影响的自然、社会、经济因素。主要包括区域位置、繁华程度、基础设施条件、规划限制、环境质量等。

1. 区域位置

区域位置是指该区域在市场中所处的经济区位,它用时间和空间距离来衡量。一般来讲,与正因素距离越近,地价就越高,反之就越低;距负效应越远,地价就越高,反之就越低。

2. 繁华程度

繁华程度主要是指商业服务业的规模等级及其对土地利用的影响程度。商业服务业的规模等级越高,土地利用的积聚效益越高;且土地效用随着距离商服中心距离的增加,呈现递减的变化趋势。

3. 基础设施条件

基础设施条件主要是指对内及对外交通、通水、通电等基础设施和医院、学校等公用服务设施的好坏和普及程度。这些投资,有的含在土地之中,对地价产生直接影响,有的则通过影响宗地周围的环境间接影响宗地的地价。

4. 规划限制

城市规划对地价的作用主要表现在区域的土地利用性质、用地结构、用地限制等方面。

5. 环境质量

环境质量主要指自然环境、社会环境和人文环境因素,包括地质、地势、人文、社会治安、人地比例、居民素质等。

三、个别因素

个别因素是指宗地本身的条件和特征对宗地的价格有影响的因素。因而又称为宗地因素。个别因素是决定同一均质地域内地块差异性的重要因素,是同一区域内地价差异的重要原因。个别因素主要包括宗地的面积、宽度、深度、形状、坡度、宗地基础设施条件、宗地临街情况、城市规划限制、土地使用年限等等。

1. 面积

宗地面积必须适宜,过大、过小都不适宜土地利用,从而影响地价。

2. 宽度

临街宽度过窄,影响土地使用,也影响展示效果和收益,从而影响地价。

3. 深度

宗地临街进深过浅、过深,都不适合利用,从而影响地价。

4. 形状

宗地形状以矩形为佳,其他如三角形、梯形、平行四边形、不规则形等都不便于利用,从而影响地价。

5. 坡度

坡度过大,不容易开发或使开发成本过高,从而影响地价。

6. 宗地基础设施条件

与宗地有关的市政设施是指与宗地直接相关的上下水、供电、供气、供暖、电讯设施等。这些设施的完备程度直接影响到地价的高低。

7. 宗地临街情况

宗地是否临街,前后均临街或街角地等,对宗地地价都有很大影响。

8. 城市规划限制

作为个别因素考虑的城市规划因素,主要有宗地容积率、建筑物高度、建筑密度、宗地用途等。

9. 土地使用年限

该因素决定了可以使用土地并获得收益的时间,从而直接影响地价。

第四节 土地价格管理

一、土地价格管理的含义

土地价格管理简称地价管理,是指政府为了规范土地市场的交易行为,保持土地市场的稳定和健康发展,保护土地交易者和国家等各方面的合法利益而采取的以土地价格为核心的各种调控、引导和管理措施。具体来说,包括以下三个方面的工作。

(1) 对土地价格及土地价格体系进行管理,调控地价水平。

(2) 对土地价格评估工作进行管理。

(3) 对土地市场中因土地价格引起的各种纠纷进行处理。地价管理对土地市场中的地价水平和地价标准有调控和引导的功能,地价管理,具有防止地价暴涨,防止土地投机,促进土地合理利用,规范交易双方行为、建立规范的土地市场,规范土地估价方法、提高土地价格精度,防止国有土地收益流失等重要作用。

二、土地价格管理的目的与意义

(一) 土地价格管理的目的

土地价格管理是土地管理的核心内容之一,其目的就是通过对土地价格进行调控和引导,使土地价格保持在合理、稳定的水平上,既有利于国民经济的发展,又有利于土地市场繁荣。

1. 通过地价管理,使土地价格合理化

根据马克思主义的土地价格理论,土地是一种特殊商品,没有价值;但存在价格,其价格是地租的资本化,也可以说是未来若干年土地纯收益贴现值的总和。以此,可以作为判断土地价格是否合理的标准,如果土地价格不合理,则需要对土地价格进行调控,使其重新恢复到合理的水平上。

2. 通过地价管理,使土地价格在一定时期内保持稳定

地价过高,易引发"泡沫经济",地价过低,又会导致国家收益流失,这两种情况均不利于土地市场和国民经济的持续稳定发展。土地价格在一定幅度内发生上、下波动等变化是正常现象,但是如果土地投机严重,造成地价忽高忽低,变动幅度过大,则会带来不利后果,不仅扰乱土地市场正常进行,而且由于土地价格是国民经济的基础价格,还会引起整个经济的震荡。因此,必须对土地价格进行调控和管理,减少地价变动幅度,保持土地市场稳定和繁荣。

3. 通过地价管理,使土地价格和国家地价政策一致

单纯依靠市场机制配制土地资源和调节地价水平往往只能体现短期的、局部的经济效益,生态、环境以及社会效益难以兼顾。为了克服市场机制不足,国家从社会效益、环境效益和宏观经济出发制定地价政策,对土地价格进行适当干预和调节。例如,对以营利为目的的用地,其价格通过评估方式依靠市场稳定,对公益事业和公共用途用地以及国民经济发展密切相关的基础设施和基础工业用地,其价格可以适当从低。

(二)土地价格管理的意义

土地价格管理的意义,主要体现在以下三个方面。

1. 宏观上来看,地价管理是国民经济健康发展的保证

土地是重要的生产资料,是国民经济各行业、各部门生产活动的基础,与人们生产活动直接相关。在中国实现土地有偿使用制度后,土地价格计入企业生产成本,其高低和稳定与否直接影响整个价格体系。当土地价格上涨时,将引起产品生产成本上升,产品价格也随之提高,从而使物价指数上升,通货膨胀压力增大。所以地价一旦失控,对整个经济市场带来的冲击是不容低估的。

2. 从中观上来看,地价管理是土地市场管理的核心

价格是市场的核心,对于土地市场上说,其本质是土地供求双方为确定土地交换价格而进行的一系列活动,因此,土地价格也是土地市场的核心。与此同时,地价管理成为土地市场管理的核心。另一方面,地价又是以经济手段调节土地市场的杠杆,地价管理对保持土地市场正常有序运转有重要意义。

3. 从微观上看,地价管理直接关系到土地产权交易双方的切身利益

所谓土地产权是指法律规定范围内土地财产关系的权利集合或权利束,包括土地所有权、使用权、租赁权、地上权、抵押权等。当土地产权交易双方进行交易时,他们的利益关系主要是通过土地产权价格加以体现和调整的。地价的高低和变化,对交易双方都是极为敏感的。通过地价管理,可以维护双方的利益,并保护国家利益不受损失。

三、土地价格管理的作用

(一) 调节土地供求关系,抑制土地投机

通过地价管理充分发挥地价调节土地供求关系作用,当土地市场中土地需求大于供给时,地价上升以抑制需求和刺激供给;当需求小于供给时,则地价下降,以刺激需求和抑制供给。另外,通过制定一系列地价管理措施和制度,防止囤积土地等待地价上涨以获取暴利的投机行为,必要时还可采取行政手段进行干预。

(二) 促进土地资源合理配置,充分有效利用土地

通过实行土地有偿使用制度,制定合理的土地价格,促使企业节约用地,以提高土地资源利用效率。与此同时,通过土地价差,引导用地者选择用途与经济效益相适宜的土地,促使地尽其利,合理配置,避免盲目争地、任意多占地、占好地的现象,迫使不能合理使用土地者将土地转让给能够发挥土地最大潜力的使用者使用。

(三) 为土地市场管理提供依据

在地价管理中,有了通过评估产生的基准地价体系,政府在对土地市场进行宏观调控时,就有了科学依据,参与土地收益分配也有了客观标准,基准地价也为了制定出让地价、确定地产抵押值、计算土地增值税和其他相关税费提供的依据。

(四) 规范土地市场中交易各方行为

在土地市场中,有的交易者为了逃避国家税费,采取隐瞒不报或少报地价的非法手段来进行交易活动。不仅给国家造成经济损失,也严重扰乱正常的土地市场运转。为此,通过制定规范的地价登记管理制度,保证交易者如实申报交易地价和缴纳税费,对瞒报、少报行为进行严惩,迫使土地交易双方依法交易,据实申报地价,逐步建立一个公开、公平、公正的市场。

(五) 规范土地估价方法,提高估价水平

通过建立地价评估制度,实行统一的估价方法和程序,可以保证估价结果的精度,减少估价工作的任意性以及不规范的估价行为。通过对土地估价机构进行资格审查和对估价人员进行资格认证,培养大批专业的估价人才,有利于提高中国土地估价水平。

(六) 防止国有土地收益流失

一方面,通过地价管理对国有资产中的土地资产进行评估登记,查清他们的数量和分布,可以有效防止划拨土地使用权的非法转让。另一方面,在对外出让土地时,对土地进行评估,制定合理的出让地价,可以避免国家利益受到损失。

（七）通过地价管理，合理分配社会财富

由于地域差异性（地理位置、自然条件等不同），在中国不同城市与地区之间存在级差地租。对于某一地区或城市，国家投资进行各项建设，改善交通条件和经济环境，由此产生级差地租。对于这部分级差地租，国家可以通过地价形式转归国有，进而在全社会、全国范围内进行分配，达到合理分配社会财富的目的。

四、土地价格体系

中国目前的地价体系是随着经济体制改革的深化形成的。根据中国土地管理制度的特点和《城市房地产管理法》的有关规定，结合国内外土地估价与地价管理的成功经验，中国的土地价格体系主要包括以下几种价格形式。

（一）基准地价

基准地价反映城镇及农村整体地价水平，作为政府对地价实行宏观管理和控制的标准。

城镇土地基准地价是指在城镇规划区范围内，对现有利用条件下不同级别的土地或者土地条件相当的地域，按照商业、居住、工业等用途，分别评估确定的某一时点上法定最高年期物权性质的土地使用权区域平均价格。

农用地基准地价是指县（市）政府根据需要针对农用地不同级别或不同均质地域，按照不同利用类型，分别评估确定的某一时点的平均价格。

（二）标定地价

标定地价反映宗地在一般市场条件下正常地价水平，作为政府对地价和土地市场进行管理的依据。

标定地价是政府根据管理需要，评估的具体宗地在公开市场和正常经营管理条件下某一期日的土地使用权价格。标定地价是宗地地价的一种，由政府组织或委托评估，并被政府认可，作为土地市场管理的依据，其评估方法与一般宗地估价方法相同。标定地价与基准地价一样，由政府定期公布。

（三）交易底价

交易底价反映宗地在不同市场条件和不同交换形式下的地价水平，供土地交易或交换各方作为交易最低价或期望价参考的交易底价或交易评估价。

（四）成交价格

成交价格反映具体宗地在土地市场交易或交换等活动中的现实价格，由土地交易双方认可并据此支付地价款的土地价格。

（五）其他价格

其他价格由以上四种类型的土地价格衍生和派生的供抵押贷款、土地税收、资产核算、土地出让等方面使用的土地价格。

上述五个地价系列相互影响,相互联系,共同构成了我国的土地价格体系,同时这五个地价系列也在地价体系中起到不同的作用,具有不同的地位,显示出各自不同的特点。从地价的性质看,基准地价、标定地价、交易底价以及由此衍生的其他宗地地价,是根据过去成交地价及土地收益情况评估的地价;而成交地价则是在土地市场交易中直接实现的现实价格。从地价的特点看,基准地价属于区域平均地价的一种,是目前我国最常见的区域平均地价形式;标定地价、交易底价及其他派生的地价都是对具体的宗地而言,故都属于宗地地价类型。若按各地价在地价体系中的作用和地位分析,基准地价和标定地价是政府为管理地价和土地市场而组织或委托评估的,对地价体系中的其他地价具有一定的导向控制作用,因而是我国地价体系的核心;标定地价、交易底价或交易评估价是土地市场中最常见、最大量发生的地价形式,因而是地价体系的主要成分;而成交地价反映的是土地市场的现实,故是地价体系内最关键的参照指标。

五、土地价格管理政策和制度

中国自1988年实施土地有偿使用制度以来,土地市场发展很快,但由于起步较晚,还未形成一套完善的运行和管理机制,土地价格方面的政策和制度主要根据实践工作需要而制定,借鉴国外的经验,逐步形成了中国的土地价格管理制度雏形,目前,中国法律、法规涉及土地价格管理的政策制度主要包括以下几个方面。

(一)中国土地价格管理政策

1. 国家对协议出让国有土地使用权采取最低限价

《城市房地产管理法》第十二条明确规定:"采取双方协议出让土地使用权的出让金不得低于国家规定所确定的最低价。"其意义在于:

(1)防止地方政府为了局部利益和短期利益,采取不正当竞争方式故意压低地价,造成国有土地收益的流失。

(2)增加土地使用权出让过程中的透明度,既有利于上级对下级政府进行监督,又保证了投资者公平竞争。

(3)便于土地使用者了解地价优惠政策,明确合理的投资方向。

2. 政府可以按经济和城市建设的需要,对单位和个人的土地使用权实行提前收回

《城市房地产管理法》第十九条规定:"国家对土地使用者依法取得的土地使用权不提前收回,但在特殊情况下,根据社会公众利益的需要,国家可以依照法律程序提前收回,并根据土地使用者已使用的年限和开发利用土地的实际情况给予相应补偿。"对土地使用权的提前收回的意义主要有:

(1)随着城市建设的发展,土地利用结构与方式将不断变化,过去合理的用地方式在将来一定时间可能变得不合理,影响整个城市经济的发展和城市用地效益的提高,故需重新调整土地利用方式,发挥土地资产的最佳效益。

(2)由于在计算补偿金额时只能以申报的地价为计算标准,土地交易受让人将承受交易

价格申报不实带来的损失,从而迫使交易者如实申报地价,防止隐报、瞒报地价。

3. 政府对土地使用权的转移有优先购买权

《城镇国有土地使用权出让和转让暂行条例》第二十六条规定:"土地使用权转让价格明显低于市场价格的,市县人民政府有优先购买权。"实行优先购买权的意义主要有:

(1) 可以保证因公共福利等建设需要的土地为政府所得。

(2) 防止土地在转移时,土地交易双方为少缴纳税费而虚报、瞒报地价,避免国家收益流失。因一旦政府对虚报、瞒报地价的地块按申报的地价优先购买,受损方将是土地转让人自己。

4. 政府对地价上涨可采取必要的行政手段进行干预

《城镇国有土地使用权出让和转让暂行条例》第二十六条规定:"土地使用权转让的市场价格不合理上涨时,市县人民政府可以采取必要的措施。"实行政府对地价上涨采取的行政干预手段的意义主要在于:

(1) 为了使地价上涨的速度与国民经济发展速度保持一致,避免地价过快上涨对国民经济造成冲击。

(2) 保持一个相对稳定、适度上涨的土地价格对于培育发展土地市场,促进土地合理流转,充分利用土地也有重要意义。

(二)中国土地价格管理制度

1. 建立土地估价制度

自 20 世纪 80 年代后期,原国家土地管理局在全国范围内逐步建立土地估价制度,要求各城市必须开展土地定级和基准地价评估,并对政府出让土地使用权进行交易地价评估。现在,土地估价已介入绝大多数土地交易,如企业股份制改造、土地抵押等,通过对城乡土地进行基准地价评估和标定地价评估,为地价管理部门制定地价管理政策和对地价交易价格进行宏观调控提供了依据。

2. 建立估价机构和评估人员的资格认证制度

开展土地价格评估,必须由专门的机构和专业的人员进行,为了确保土地估价结果的科学性,管理机关要求开展这一工作的机构和人员必须经过资格认证,估价人员要经过考试才能取得估价资格。估价人员要成为从业并能够在土地估价报告中署名的土地估价师,必须经过三个步骤:一是通过全国统一考试合格,并取得土地估价师《执业资格证书》;二是通过实践考核;三是进行执业登记。

3. 建立基准地价和标定地价定期公布制度

《城市房地产管理法》规定,基准地价和标定地价要定期公布。基准地价和标定地价是城市政府管理地价的基本参照地价,也是房地产投资者进行投资决策的主要依据,为了确保城市基准地价的科学性,国家土地管理部门还要求省会城市及计划单列市的基准地价成果要上报国土资源部进行审核与平衡。

4. 建立地价动态监测体系

国家为了更好地了解市场地价状况,制定地价政策,自 1999 年开始,国土资源部即着手在全国各城市建立地价监测体系,通过将各城市的地价变化情况及时通过该体系传输至国土资源部,国土资源部即可快捷准确了解各城市的地价状况,及时制定相应的地价管理政策,同时利用监测数据编制全国地价指数并定期发布。

5. 建立土地供应计划制度和土地储备制度

为了在宏观上调控土地价格,必须严格控制土地供应数量和区位。各级政府根据中国耕地少、房地产开发起步较晚的实际情况,建立土地供应计划制度和土地储备制度,要求每年进入一级土地市场的土地数量和时间要在政府计划的控制之下确定,同时,各城市土地管理部门还建立了土地储备制度以有效地调节土地供应。

6. 建立土地交易最低限价制度

《城市房地产管理法》及相关法律、法规规定,土地交易价格不得低于城市政府规定的标定地价,否则,政府有优先购买的权利。

7. 建立土地成交价格申报制度

稳定房价、地价,保障房地产市场健康持续稳定发展是房地产价格管理的重要任务。为规范土地市场交易秩序,营造公平的市场竞争环境及防止国有土地资产流失,《城市房地产管理法》规定,房地产权利人转让房地产,应当向县级以上地方人民政府规定的部门如实申报成交价,不得瞒报或者作不实的申报。对低于市场价成交的土地,政府可优先购买。

8. 建立土地增值税制度

为了规范土地及房地产市场的交易秩序,抑制土地投机,1994 年 1 月开始对转让国有土地征收增值税。对具有使用权及房地产并取得收入的单位和个人开征土地增值税。土地增值税实行四级超额累进税率,最低税率为 30%,最高为 60%,土地增值税的实行有效地控制土地价格的过快上涨。

 ## 本章小结

本章对土地价格、土地价格基本理论、土地价格的影响因素及土地价格管理进行了深入阐述。由于土地本身的特殊属性,土地价格是有特定的内涵的。本章阐述了土地价格的内涵和特征,并从土地权利、土地价格形成方式、政府管理手段、土地估价技术及土地开发利用和估价目的的角度阐述了土地价格的形式;对于土地价格的基本理论,详细阐述了地租理论、区位理论、劳动价值论、供求理论和补偿理论;对于土地价格的影响因素,从一般因素、区位因素和个别因素等三个大的层面进行了分析说明;在此基础上,论述了土地价格管理的含义、目的与意义、作用及我国土地价格体系和土地价格管理的政策与制度。

 ## 关键词

土地价格　地租理论　区位理论　劳动价值论　供求理论　补偿理论　土地价格影响因素　土地价格管理

复习思考题

1. 什么是土地价格？
2. 土地价格与一般商品价格相比较有何独特性？
3. 土地价格的形式有哪些？
4. 试论述土地价格的基本理论。
5. 试论述土地价格的影响因素。
6. 当前我国土地价格体系是怎样的？
7. 当前我国土地价格管理制度包括哪些？

第三章 土地估价概述

 学习目标

通过对本章的学习,应该能够:

1. 了解土地估价制度的内涵及其主要内容,比较分析国内外估价制度的具体内容;
2. 掌握我国土地估价的基本原则;
3. 了解几种主要的土地估价方法。

第一节 国内外土地估价制度

一、土地估价制度的内涵

土地估价制度是对土地估价机构和人员的行为加以某种规范和约束,并令其对所估价结果承担相应的责任,借以维持土地价格的正常秩序及土地相关者的权益而实行的一种制度。实行土地估价制度,可以规范土地估价机构和人员的行为,提高估价人员的道德和职业水准,合理评估土地价格,有利于加强土地估价市场的管理,有利于规范土地市场交易,有利于维护土地权利有关当事人的合法权益。

由于土地估价人员的估价结果会对土地市场价格水平产生重大影响,直接关系到估价委托人及其他相关者的利益,甚至关系到国家土地政策的制定,因此,实行土地估价制度的意义是不言而喻的。一般地,土地估价制度的内容主要包括如下四个方面。

(1)土地估价行业的管理。土地估价行业的管理主要是指对该行业进行管理的机构及其运行方式和职能等。

(2)土地估价组织的管理。土地估价机构是从事土地估价业务的组织,自然人不能单独从事这项业务。对土地估价组织的管理主要涉及该组织的登记注册管理、所具有的权利和义务、应承担的法律责任等内容。

（3）土地估价人员的管理。土地估价人员包括潜在的估价人员、一般估价人员和估价师（鉴定评价师或不动产鉴定师）等三种。对这些专业人员的管理主要是指不同资格获取的方式和程序、所具有的权利和义务、应承担的法律责任等。

（4）土地估价法规与准则。随着经济的发展和社会的进步，土地估价制度的重要性与日俱增，世界上许多国家和地区都有较为完善的估价师及估价制度，如美国、英国、加拿大、德国、日本、韩国及我国香港和台湾地区等。我国内地于 1995 年施行的《城市房地产管理法》也明确规定，房地产价格评估是国家的法定制度。

二、国外土地估价制度

（一）美国的土地估价制度

美国对土地估价行业的管理工作是由联邦政府及相关机构、全国性的估价学会和协会承担的。比较有声誉的学会和协会，如估价基金会和美国估价学会，可以对其会员的评估业务给予指导，也可以通过影响大学内相关专业的课程设置及授课内容，或者为从业人员提供在职培训来保证其会员的专业服务水准。联邦政府、各个州政府及相关政府部门可以通过相关立法来对评估师的工作进行管理。

1. 估价基金会

估价基金会（The Appraisal Foundation）是一个非营利性教育组织，于 1987 年由美国一些主要的专业组织发起成立的，致力于提高评估行业的水平。其职责包括：建立、完善并推行专业评估实务统一标准（USPAP）；建立评估师许可、注册和重新注册的教育资格标准和经历资格标准；向评估职业人员、州和联邦政府的机构、评估服务的使用者、相关行业和行业组织以及社会公众传播关于 USPAP 和评估师资格标准的信息；资助对评估师和评估服务使用者有益的相关活动。

估价基金会下设两个独立的委员会：一是估价标准委员会（ASB），负责制定可行的估价行业从业准则和估价标准；二是估价资格认证委员会（AQB），负责制定从业人员的最低教育水准和资格认证的标准。美国现行的 USPAP 是由估价标准委员会于 1989 年发布，其内容包括不动产估价、不动产估价报告、估价的复审、不动产咨询、不动产咨询报告、私人产业估价、商务估价、商务估价报告。估价资格认证委员会则发布估价师注册及资格、认证的参考标准，同时要求各州根据各自的注册法规建立对估价师的考核程序，但要经过估价标准委员会的认可，否则须遵守全美联邦标准。

2. 美国估价学会

美国估价学会是由不动产估价师学会（SREA，1935 年成立）和不动产估价师协会（AIREA，1928 年成立）于 1991 年合并成立的，现已成为住房和商业房地产评估教育、研究、出版和专业成员选派方面的公认权威，是评估基金会最大的成员。该学会的主要任务是：制定并实施严格的行业法规；向合格的不动产估价人员颁发专业资格称号；保持高水准的估价服务；推行高标准的估价教育课程与培训计划；提供有关不动产估价方面的出版物；加强和促进相关研究工作等。

估价学会有 20 000 多成员和 103 个地方分会。其成员都是符合严格标准的专家，教育水平和经历大都超出州的许可和注册标准。美国约 20% 的许可评估师或者注册评估师是评估学会的成员。要成为估价学会的成员,必须有足够的经历,合格完成高级课程,并提交一份证明个人拥有专业评估技能的优秀报告。估价协会按照评估师的专业水平和实践经验的高低,授予两种类型的专业资格称号:一是高级住宅估价师(residential appraisal members),即在居住用房地产估价中有经验的估价师;二是估价学会会员(general appraisal members),即在商业、工业、住宅或其他类型的不动产估价中有经验的估价师以及在不动产投资决策中提供咨询服务的估价师。

估价学会对高级住宅估价师的资格要求是:受承认的教育机构颁发的大学学位;通过"估价行业从业准则"课程;通过估价学会的住宅估价师委员会的 3 门以上(含 3 门)的课程考试;准备一份有关住宅产业的估价报告;3 000 个小时(基本上相当于 18 个月的工作)有关独户住宅、排屋和不超过四个单元的收益性居住物业的估价经验。

估价学会对学会会员的资格要求是:受承认的教育机构颁发的大学学位;通过"估价行业从业人员行为准则"、估价报告书写作和估价分析课程;通过估价学会的一般产业委员会的 7 门以上(含 7 门)的课程考试;提交一份估价报告;4 500 个小时的商业、工业、租售、农业和居住用房地产估价的实践经验。

除上述对不动产估价行业新进人员的素质和水平的严格要求之外,估价学会也非常重视对已从业人员的继续教育,如在由学会强制性推行的职业教育再培训计划中,要求学会会员在 3 年内参加 60 个学时的高级课程讲座和学术研讨等活动。

3.《金融机构改革、复兴和强化法案(FIRREA)》

在 20 世纪 80 年代,美国出现了储蓄和贷款协会危机,众多储蓄和贷款机构失去了偿付能力而致破产,商业银行、私人抵押贷款保险公司、抵押贷款二级市场也在这场危机中遭到重创。造成这次危机的原因是多方面的,但存在缺陷乃至欺诈的评估毫无疑问是一个重要的原因。这次危机促使联邦政府在 1989 年颁布了《金融机构改革、复兴和强化法案(FIRREA)》。

FIRREA 规定,在 1991 年 7 月 1 日后,如果不动产评估涉及与联邦相关的抵押贷款交易,必须使用州注册或者许可的评估师。如果使用非注册评估师或者非许可评估师会被罚款。由各联邦监管机构如联邦储备委员会(FED)、联邦存款保险公司(FDIC)、货币监理署(OCC)、储蓄监管办公室(OTS)以及国家信用合作社管理局(NCOA)为联邦相关交易的评估建立评估标准。所有标准必须与评估基金会的评估标准委员会建立的专业评估实务统一标准相一致,而各联邦监管机构可以为其监管的机构设立附加标准。

FIRREA 还区分了注册评估师和许可评估师,前者要求更为严格。法案将注册权和许可权交给各州。州注册机构必须建立注册要求,并且此要求应与评估基金会的评估师资格委员会建立的标准相符合。评估师资格委员会协助各州管理州的统一注册考试。为了监督州注册机构履行其评估师注册和许可职责,FIRREA 又建立了另一个政府监管机构:联邦金融机构检查委员会下的评估分委员会。联邦金融机构委员会负责监督各联邦监管机构,评估分委员会负责监督州注册委员会的注册活动。

(二) 英国的土地估价制度

英国对土地估价行业的管理主要是由全国性的特许测量师协会负责,如英国皇家特许测量师学会(RICS)和估价师、拍卖师联合会(SVA)。当然,该学会的权威性主要还是体现在三个方面:被世界大多数国家和地区所认同的 RICS 标准;遍及世界的会员;在相关政策制定和教育培训上的巨大作用等。

1. 英国皇家特许测量师学会

1792 年英国测量师会创立,接着土地测量师会及测量师协会分别于 1834 年和 1864 年成立。它们的会员都是在不动产估价、土地测量及工料测量业的从业者。

英国测量师学会创会于 1868 年,1881 年维多利亚女王授予该会"皇家特许"状,并于 1921 年获颁"皇家赞助"荣誉。而皇家特许测量师学会(The Royal Institution of Chartered Surveyor, RICS)的名称则是由 1946 年起沿用至今。

英国皇家特许测量师学会,分为 6 个部门。其中土地估价师和动产估价师是所谓的一般估价师(general practice valuer)。一般估价师往往有两个名称,一个叫 appraiser,另一个叫 valuer,在英国一般以 valuer 为主。英国的估价师法第一条对上述两者分别界定,这两者基本上是相同的,但 valuer 是专门评估价格的,而 appraiser 包括品质的鉴定。

英国皇家特许测量师学会里有土地估价师及动产估价师,另外还有中介及农业师、土地测量师、规划与开发师、预算师(工料测量师)等。其中土地估价师有 2.3 万多人。皇家特许测量师学会所有有关土地专业的师级人员共有 5.2 万多人,而英国的人口约为 5 700 万人,也就是说在土地专业方面近每千人就有 1 人来服务。

2. 英国估价师资格的取得

英国土地估价师资格的取得,是由英国皇家特许测量师学会主持,由该学会举办考试吸收会员。欲成为土地估价师有如下三个渠道。

(1) 取得 O level 成绩及有 2 年以上的估价实务经验,以此资格报考需参加第一到第三次考试。且通过第一次考试后才可参加第二次考试,通过第二次考试后才可参加第三次考试。

英国的学制是高中毕业后,再读一年,可取得 O level 成绩,即可以其成绩申请就读于理工学院,再续读一年则可取得 A level 成绩,即可以申请进入大学就读。

(2) 取得英国各大学与估价有关的学系的学士学位及有 2 年以上的估价实务经验,以此资格报考只要参加第三次考试。

英国亚伯丁(Aberdeen)、剑桥(Cambridge)、瑞汀(Reading)、优斯特(Ulster)4 所大学及牛津(Oxford)等 14 所理工学院的下列学系毕业者有资格参加估价师考试。

① 土地经济系。

② 不动产管理系。

③ 城市不动产管理系。

④ 环境经济系。

⑤ 土地管理系。

⑥ 估价系。

⑦ 土地行政系。

⑧ 城市土地行政系。

⑨ 土地管理与开发系。

⑩ 城市土地经济系等。

（3）年满35岁及从事有关估价专业工作超过15年者,以此资格只要参加第三次考试。

以上三者,除了具备第三种资格者可直接参加估价师考试外,其他两种资格者都必须在有关机关或公司经过相关专业训练2年以上,并提交训练日记,经审查通过,才准许参加估价师专业考试,取得估价师资格以执业。

3. 英国取得估价师资格的考试科目

第一次考试包括以下内容。

（1）估价:有关投资市场、不动产投资市场的角色,价值观念,影响土地与建筑物供给与需求的因素,估价方法及有关分析,复利理论,偿债基金理论,购买年观念应用于永久或暂时所得,估价表的使用与建立,抵押的计算等。

（2）法律:有关组织,公司与合伙,契约的形成,代理及侵权行为的一般原则。

（3）土地使用与开发:土地使用开发的目的,人类居住的发展,都市结构与市镇,农村结构及形成,过去100年来土地使用与开发的管制,现代城乡的发展,交通运输发展对居住的影响,人口特性及层次所带来的土地使用问题,规划的角色。

（4）经济学:基本的经济问题与解决工具,经济活动的特性,价格的功能与性质,生产理论,影响一般经济活动的因素,英国的一般经济组织。

（5）建筑:住宅用建筑方法,采光及舒适标准,排水及废物处理,建筑工程的估价与计算原则。

（6）数量方法:统计学,查勘及衡量。

第二次考试包括以下内容。

（1）估价:市场分析应用于不动产的估价,税对偿债基金理论与购买年的影响,资本成本的观念,有关结合价值(marriage value)的估算,租赁契约的租金,额外费用,延期或更新等的决定,都市及农村经常交易及租赁不动产的评估。

（2）法律:物权与债权,土地登记,地主与佃农的关系,有关商业、住宅及农地的租赁,仲裁制度与法律。

（3）城乡规划:中央、区域及地方规划机关,规划准则,中心地区的再开发与都市更新,农村地区的开发、更新与维护,土地分类,土地开发的申请,规划过程的公共参与,规划的上述与公听会等证据的收集。

（4）经济学:宏观经济方面,一般经济活动的决定,货币理论,利率理论,股票,不动产市场,利率与不动产市场,土地使用与投资理论,通货膨胀及其对不动产持有与买卖的影响。微观经济方面,市地利用——住宅与商业用地的区位理论及本益分析;区域经济——区位理论应用于区域经济,政府的区域政策;市地价值——决定市地价值的因素,地租、竞标地租及经济地租理论;都市结构及都市问题;土地市场的干涉——地税及管制法令;都市公共财政的理论与实务。

（5）建筑:建筑的原则与程序应用于住宅与商业建筑物,建筑的监工及报告,建筑契约的程序与估价。

（6）税收:中央税,税的原则,个人与公司对所得及财产纳税的性质与归宿,土地的资本利得与发展利得的性质。地方税,有关地方税的估价及其税赋的计算。

第三次考试包括以下内容。

（1）估价：在考虑现有法律的规定下，将估价原则与方法应用于住宅、商业及工业用地与建筑物的买卖权益设定的估价；保险及抵押的估价；特殊不动产的估价，包括加油站、旅馆、大饭店等；估价师在投资决策中的角色；政府政策与财政措施对投资决策的影响。此外还包括：补价与受益问题；土地征用补偿的估价，包括地价、损害、干扰等；计划决策的不利影响的补偿评估，发展价值的评估等。

（2）法律：地方政府的组织；有关土地与建筑物的公共卫生及安全的法令；土地使用计划与管制；土地征用的程序；土地法庭的功能；欧洲共同市场的构架，特别是有关土地的部分。

（3）市地开发：设计与布置；开发的评估，开发计划的财政分析与可行性决策及估价的剩余法与本益分析；政府政策与活动对投资的影响；投资与出租对开发的影响；长期与短期成本及收益的方法。

（4）不动产代理：市场调查：英国不动产市场的特性，市场问题的性质，代理办公室的管理，单一与连锁代理店的管理，市场调查计划，推销决策，市场调查原则应用于住宅、商业、工业及特殊不动产，国外市场调查的技术。管理：管理原则与技术运用于私有与公共部门的不动产，不动产管理的法律、社会、技术及财产因素，所有权与其他不动产权利的特性与选择，不动产的维护、整修、服务、保险、租赁及契约、管理记录与会计。

4. 英国土地估价师执业情况

英国的土地估价师可分为官方估价师与民间估价师。其中，民间土地估价师的从业范围包括：

（1）契约估价，包括土地买卖、土地租赁、土地金融、土地开发等。

（2）法定估价，包括土地买卖、土地规划影响的补偿、土地税课征的查估等。

官方土地估价师，可以分为：

（1）英格兰及威尔士土地估价师，包括主任估价师、副主任估价师、助理主任估价师、督察估价师、第一级估价师、资深估价师、高级估价师、估价师、初级估价师、估价助理员、矿务助理员等。

（2）区域办公室。

（3）地方区估价师。

（4）土地法庭，例如土地征用有争议时的处理。

遇到土地征用的情形，土地所有人可以委托民间估价师来估价，而征用机关则雇用官方估价师或任命区估价师来估价。如果双方估价师的估价结果无差异，当然没有问题。如果有差异，则他们可就专业知识来协调，即核对双方的估价书表，就差异部分进行协商。如果仍有争议，则上诉到土地法庭。土地法庭一般由 7 人组成，其中主席 1 人，估价师 3 人，律师 3 人。这 7 人的资格为：主席须曾任高等法院法官 7 年以上，估价师和律师必须是资深的。

（三）德国的土地估价制度

德国土地估价制度的特点，是通过制定一系列的法规来对土地估价的整个行业、组织和个人进行管理。这些法规主要有《联邦建筑法》、《城市建筑促进法》、《建设法手册》、《土地开发法》、《不动产交易底价评估条例》、《建设使用条例》等。

1. 德国土地评估委员会

按照规定,土地及其他财产价格的评估由估价委员会负责实施。德国的市(镇)、县都设有估价委员会,地区和州设有高级估价委员会,统一负责所辖范围内的土地估价工作。如有必要,几个行政区范围内可以设立高级估价委员会。

估价委员会的任务主要是:评估标准地价,评价土地交易底价,收集和整理土地交易资料,测算并确定与土地估价有关的数据。估价委员会应接受法律规定的申请人所提出的估价申请,这些申请人包括主管建设的部门,主管确定土地价格、土地补偿额或设置与土地有关的其他项权利的部门,土地权利人、土地权利人的代理人、他项权利人、有资格的土地继承人,法院和司法机构,依据法规其他有资格的申请人。估价委员会为此做出的估价结果一般只具有参考性而不具有约束力。

估价委员会的权限是:为确定小区改造费、补偿金额和征用补偿费,以及了解、比较土地的基本情况,估价委员会有权要求相关当事人出具有关文件和资料;土地权利人和他项权利人应允许估价委员会利用他们的土地交易资料和实地查勘他们的土地;在征得权利人同意后,估价委员会可以进入其住所内察看。估价委员会有权进行购买价格和其他估价所需数据的收集工作,登记或公证部门有义务将交易合同副本送交估价委员会。所有法院和各政府部门应给予估价委员会司法和官方协助和咨询。如果有人对估价委员会的估价结果有异议,而且法院已提出申请,高级估价委员会可作仲裁性评估。

为使每一个公民都能清楚了解土地市场的情况,德国各地的城市地区和行政区域都建立了独立的政府土地评估委员会,以便提供关于地方土地市场的详细情况。根据《联邦建筑法》,这些土地评估委员会有责任收集和分析所有土地和公寓楼的购买合同。除收集和分析土地价格外,这些委员会的主要任务还包括:针对投资申请编写独立评估报告;公布标准土地价值;获取评估所需的专门数据;出版房地产市场情况报告。

此外,德国还有许多持许可证的(私人)土地评估师,他们的业务是编写土地价值评估报告。这些报告常常也是以政府土地评估委员会公布的信息和出版物为依据的。

2. 德国土地估价员

根据相关章程,在德国,对土地估价员的资格要求是:毕业于土地经济学、建筑学、建筑工程学、测量学或其他相关专业,并已从事实际工作 5 年以上;如没有受过上述专业高等教育,则须在土地经济领域从事实际工作达 10 年以上。

德国对土地估价员的资格审查非常严格,土地估价员必须具备必要的职业知识,包括经济知识、技术知识、法律知识、估价理论与方法运用的知识,以及其他相关知识。

3.《不动产交易底价评估条例》

《不动产交易底价评估条例》规定了在评估不动产交易底价时,必须以评估基准日的不动产市场情况为准,并规定不动产交易底价的评估方法为比较法、收益还原法和成本法三种。

（四）加拿大土地估价制度

1. 加拿大评估协会

加拿大评估协会(The Appraisal Institute of Canada, AIC)是一个代表房地产评估师的

全国性专业组织,可以从事全国性的评估咨询服务,该协会负责绝大部分地区房地产专业性的评估。同时该协会负有提高房地产估价师的职业水平的责任,并承担了在本行业为估价师提供就职信息的任务。

加拿大评估协会负责授予那些具有职业道德、遵守评估规范、符合专业要求的会员由加拿大协会认证的评估师(Accredited Appraiser Canadian Institute, AACI)、职业评估师(Professional Appraiser, P. App)或者加拿大住宅评估师(Canadian Residential Appraiser, CRA)三类称号。该协会同时负责加拿大统一的职业房地产评估标准的更新和维护,以保证公众的利益,更好地服务于协会会员。

在完成以上职责的同时,加拿大评估协会还开展研究项目,出版相应的技术和专业性刊物等,以此来提高会员的技术水平。该协会与大不列颠哥伦比亚大学(University of British Columbia, UBC)合作,建立了职业培训项目,可申请房地产专业的学士学位,通过相应的课程和培训后可获得 CRA 或者 AACI,P. App 资格。在职业提高和继续教育方面,加拿大房地产评估协会提供了大量专业信息资源。

作为一个代表全国职业房地产评估师的全国性组织,该协会努力提高自身项目的知名度,同时保证提供高水平的职业房地产和相关的咨询,以服务于公众利益。

2. 加拿大土地评估师资格的取得

在加拿大,合法的房地产估价师必须有 AACI,P. App 或者 CRA 资格,该认证由加拿大评估协会授予。AACI 和 P. App 两种称号是加拿大评估协会承认的高级估价师,可以进行所有用途物业的评估,评估范围广泛,其中 P. App 只能授予那些已经取得 AACI 资格的专业人员。CRA 是加拿大住宅评估师,具有该称号的评估师可以评估未开发的住宅用地或者一次不超过 4 个单元的住宅。

在加拿大要成为一名房地产估价师,必须完成相关课程的学习。加拿大评估协会同位于温哥华的大不列颠哥伦比亚大学合作,建立了职业培训项目,可申请房地产专业的学士学位,通过相应的课程和培训后可获得 AACI,P. App 或者 CRA 资格。通常要完成相应科目和考试需要至少 3 年的时间。通过实地了解,一些从事该行业的人员通常是在评估公司从事工作的同时,进修相应的课程。因为单纯读课本很难做好评估师这一行。房地产评估需要经过相当长时间的理论学习与实际操作经历。这个课程的学习是通过网络进行的,学员可根据自己的时间和接受能力选择相应的课程,学习起来相当便捷。

目前,全加拿大的房地产估价机构总共有数千家,按业务来源可分为商业物业与民宅物业两类估价机构。估价机构并未按规模或业绩划分级别,每个估价机构只能按其信誉与自由竞争自行确立其市场份额。加拿大房地产估价机构基本上是个人合伙制及个人独资的公司。估价师依其估价业务按比例分成,其他的辅助人员工资基本固定。

3. 评估业相关标准

在加拿大进行房地产评估必须遵循加拿大职业评估统一操作标准(Canadian Uniform Standards of Professional Appraisal Practice)。加拿大职业评估统一操作标准起源于美国房地产估价行业的统一操作标准(Uniform Standards of Professional Appraisal Practice, USPAP),该标准是美国在 1989 年经国会通过的财政协会改革法案中强制规定执行的。加拿大评估协会于 1994 年 1 月 1 日正式采纳了这一评估操作标准。评估协会和房地产估价师都需严格遵守。该标准包括定义、序言、职业道德规定、执业资格规定、有关评估准则、合法原则、标准附加守则、分类标准及标准条文、标准的说明和附件等。该标准根据情况定期进行修订,并由评估协会发布。

(五)丹麦土地估价制度

丹麦的土地估价制度起源于 1903 年,其最早的土地估价规定见于 1922 年颁布的《土地税法》。从 1920 年至 1991 年,丹麦已对其土地进行了 12 次价值重估。现行的土地估价依据是 1991 年 6 月 9 日公布的《丹麦土地估价法》。在近一个世纪中,丹麦的土地估价制度不断完善,并在经济增长和城市建设中发挥着积极作用。

1. 丹麦土地估价的规则和适用范围

丹麦的土地估价制度规定,每四年必须对土地进行一次价值重估,但教堂、公墓、街道、停车场、火车站、机场、港口和自由港内的土地不在重估之列。在这 4 年期间,因土地买卖、变更用途等需要重新估价,只要业主提出申请随时都可以办理。4 年一次定期的土地重新估价主要是评估地产总价和土地价格。地产总价包括土地、建筑物的市价及土地未来的增值潜力,但不包括设备、仪器和家具等价值。当然,在评估地产总价时还须顾及城市规划的规定、租金控制以及建筑物的维护修理等相关因素,从而使地产总价更具有客观合理性。土地价格只是指不包含建筑物的土地市价。在评估土地价格时一般扣除土地所有人在其土地上对非建筑物(如排水管道、通道等)的投资,这部分投资可在未来 30 年内的地价税中予以抵扣。

丹麦的土地估价主要适用于以下方面:

(1)土地课税,包括地价税(课征对象为城镇或乡村公所管辖下价值已被估定的土地,税率为已估价值的 0.6%—2.4%)、土地增值税(对因土地变更用途所产生增值予以课税的税基,是该地块变更用途后第一次估定的地价和最近一次估定地价的差额,其税率为:差额低于 200 万丹麦克朗,税率为 40%;超过 200 万克朗,税率为 60%;税款可以分期缴纳,若取得土地后在 3 年内又转让获利,就被认为是投机性增值,对当事人买入和卖出之间的赢利额按 100%的税率课征土地增值税,但当事人每推迟 1 年转让即可减税 20%,如取得土地 8 年后转让则可免缴增值税)和土地取得税。

(2)其他课税,包括资产税、遗产和赠予税、资金税、自有住宅使用价值税。

(3)房地产抵押贷款业务的申请和办理,以及土地征用补偿,地方政府的建房或购房补贴。

(4)开发商的投资估算和成本效益分析。

2. 丹麦土地估价依据及程序

丹麦的土地估价主要依据有:有关法规,主要包括《规划法》、《城市建设法》、《土地估价法》、《土地税法》等;储存在"数据处理系统"和土地档案中的各种详细资料,其中有土地和建筑物目录和内容摘要、财产目录、出租房地产的租金记录、政府各部门以及信托公司和保险公司等机构向土地估价主管机构所提供的相关资料;由土地估价主管机构定期修订并颁布的供各种房地产交易参考的"标准地块地价"和"标准房屋价格"。

丹麦的土地估价工作主要由全国 224 个土地估价委员会承担。为了避免具体操作过程中出现不必要的失误或偏差,丹麦政府在充分借助电子计算机的基础上规定了以下估价程序。

(1) 估价委员会制作一张包括其整个估价范围的街道示意图和表格,并据此划分出不同的地价区段,以及确定区段的地价。一般每个区段的地价大致相同。

(2) 估价委员会的成员申报其所调查每一地价区段内各笔土地交易的价格,并输入计算机,由其根据最新资料计算出各地价区段内各块土地的价值,同时列出图表。

(3) 成员间取得上述图表后再依照其实地勘察的结果对每块土地的有关数据相互进行修正,并交计算机中心重新计算和修正图表。

(4) 计算机中心的最终图表和相关数据确定后,除储存外,一份交丹麦国家赋税署,另一份给土地估价委员会,再由土地估价委员会公告和书面通知业主。若业主对估价结果有异议可同估价委员会协商或到国家税务法院上诉。

3. 丹麦土地估价体系

丹麦的土地估价体系由两个层次构成,并形成由税务部领导、由土地估价委员会进行实际操作的运行机制。

丹麦国家赋税署主要根据国家土地估价咨询顾问团(主要由税务部、国会和工会指派的代表组成)所审核的估价规则来计划和审查土地估价事宜,同时对各地方土地估价机构进行书面或口头指导。如果土地估价主管机构的估价被上级驳回,它就必须主动澄清和修正。

在丹麦,地方土地估价主管机构共有 27 个,主要负责土地估价的前期准备工作,指导各土地估价委员会,监督其执行有关法规和规则的情况,帮助估价委员会解决困难。

土地估价委员会是土地估价的实际操作者,下设乡镇办事处。土地估价委员会的成员由地方议会推选的专家和居民代表组成,主席则由税务部长直接指定。它的具体职责就是执行各项有关土地估价的法规,办理估价业务。

国家税务法院是丹麦保证土地估价合理合法的重要申诉和仲裁机构。税务法院的成员由税务部和国会指定。业主对估价结果有不同意见,先可以向地方估价主管机构提出申诉,若不予受理则可上诉国家税务法院,由其依法裁定。

丹麦土地估价的最高权力机构是税务部。它的主要职能是制定或修订土地估价法、估价规则、土地税种、税率以及课税原则,等等。

（六）韩国土地估价制度

1972 年,韩国政府制定了《国土利用管理法》,并依照该法的有关规定设立了土地评价师制度。第二年韩国政府公布了《不动产估价法》,进而建立了公认鉴定师制度。1989 年韩国政府根据《地价公示与土地估价法》中的有关规定,将土地评价师和公认鉴定师两种估价资格正式统一为不动产鉴定师,由依据该法成立的韩国鉴定评价业协会负责不动产鉴定师的行业管理。获得资格的不动产鉴定师可以独立承担评估业务。经过多年的发展,韩国已在土地估价的法律体系、估价机构设置、估价人员管理等方面形成了一套较为完备的土地估价制度。

1. 土地估价的法律制度

韩国土地估价的发展与其法律制度的不断完善是紧密联系在一起的。韩国的政府为了有效地控制土地利用,更好地规范土地市场,对土地估价实施了严格的管理,制定了一系列法律、法规,使土地估价有法可依。

韩国目前已初步形成了一个较为完善的土地鉴定评价法律体系,主要包括以下几个方面内容。

(1) 关于土地、不动产鉴定评价的一般性法律规定,主要有《不动产估价法》、《地价公示与土地估价法》及《国土利用管理法》等。这些法律主要是针对估价原则、估价方法、估价程序、地价管理、估价机构人员管理等进行了详尽规定。

(2) 关于特殊评估目的及评估特殊用地类型的法律、法规,如对于征地补偿的评估和补偿基准的相关规定,主要由《土地收用法》、《公共用地征得及损失补偿特例法》、《水产法》等作出了相应规定;对有关土地课税目的的法律、法规,主要依据有《所得税法》、《地方税法》及《资产再评价法》、《国有资产法》等中的相关内容。关于鉴定评价所必要的业务准则、操作手册等规定,主要由韩国鉴定评价业协会和韩国鉴定院开发、实施,例如韩国鉴定院的鉴定评价规程集(评价纲要、评价细则等),补偿评价准则(土地、营业损失、坟墓、渔业权等),物件类评价要领手册(主要是针对机械、企业、特殊土地、资产再评价等方面)。另外,还有竞买鉴定业务准则、新建筑物单价表、耐用年数表等业务操作手册。

2. 土地估价机构与估价人员的管理

在韩国,获得资格的不动产鉴定师可以从事所有领域的估价业务,评估对象除土地外,还包括房屋和其他资产等。所以韩国的估价机构除官方估价机构韩国鉴定院以及少数公司制法人机构以外,以不动产鉴定师个人成立的评估事务所占绝大多数。1999 年韩国土地鉴定评价法人机构 17 个,合同制或个人事务所则达到 221 个。

韩国土地估价机构的业务范围包括以下两方面。

(1) 为政府服务的业务,如标准地公示地价的调查、评价,个别公示地价的验证,公共用地的补偿评价,国有与公有地取得价格的评价等。

(2) 为市场服务的业务,如诉讼、竞买、转让、抵押等对土地的鉴定评价以及与鉴定评价相关的咨询业务等。不同类型估价机构的业务大致相近,由不动产鉴定师对承担的业务负责。在不同业务范围中,地产估价占主要部分。

韩国鉴定院由于政府扶持,资金雄厚,设备先进,人才济济,在韩国的鉴定评价业中始终处于垄断地位。该院下设 7 部 4 室,1 个培训中心,45 个分支机构,1 个海外事务所。其主要职能是进行不动产及相关业务的调查、发布地价信息、调查特殊用地、研究地价动向、及时向政府提供情况或研究报告、土地估价、国有资产估价鉴定以及金融担保业务、房地产咨询业务、提供房地产最佳利用方案、对不动产投资的调查分析及房地产情报业务等,其中与土地相关的业务是其全部业务的主要内容。多年来,韩国鉴定院的业务范围和业务量始终占据较大的市场份额,1999 年其业务量占到该国评价业市场总规模的 31%(792 亿韩元)。

(七) 日本的土地估价制度

日本称土地及房地产估价为不动产鉴定评价,简称不动产鉴定。日本的不动产鉴定业经历了三个发展阶段。

（1）不动产鉴定业务最初是由银行代理，主要满足公共用地和一部分私人买卖不动产的评估需求。

（2）二战后，不动产鉴定业务从银行业务中分离出来，不动产鉴定协会开始出现，鉴定业务的范围涵盖各个领域。

（3）20世纪60年代，日本的不动产鉴定评价制度正式诞生，并不断得到完善。

日本不动产鉴定业实行的是以不动产鉴定协会与政府共同管理的制度，协会负责组织不动产鉴定士的考试、在职人员的教育和培训，政府则负责组织相关法规的制定和鉴定士许可证的发放。与不动产鉴定相关的法规主要有《不动产鉴定评价法》和《不动产鉴定评价基准》。

日本对鉴定评价士资格的要求是：通过协会组织的国家统一考试，有2年以上的实务经验，并需完成1年的实务补习。国家统一考试每年至少举行一次，分三个阶段：第一阶段考试课程有国语、数学和论文，大专毕业或具有同等学力者可免除此次考试，直接进入第二阶段考试。第二阶段考试科目有会计学、经济学、不动产相关行政法规、不动产估价理论和民法；在大专院校讲授法律、经济学、商学等课程3年以上的教授或副教授可以免试其中一门科目的考试；考试合格且具有2年以上实务经验者，可以通过登记取得"不动产鉴定士补"资格。第三阶段考试科目是不动产评价实务，参加此次考试的人员需要具备"不动产鉴定士补"资格，并且接受过1年以上的实务补习；通过此次考试者，可以获得"不动产鉴定士"资格。不动产鉴定士的从业和不动产鉴定机构的开业，都需要在国土厅或所在地的都道府县登记；未按规定登记者，不得开展不动产鉴定业务。

三、我国土地估价制度

（一）香港地区的土地估价制度

香港将土地及房地产估价称为物业估价，实行的是行业协会与政府相结合的管理体制。除英国皇家特许测量师学会（RICS）香港分会外，1984年香港测量师学会（HKIS）成立；在1997年香港回归之后，这两个学会已相互承认，HKIS逐渐取代了RICS香港分会在香港的地位，成为唯一代表香港测量师专业的团体。1990年香港又设立了测量师注册管理局。香港注重对评估人员的管理，管人不管机构。评估人员的职业道德、专业水平都是由测量师学会自行进行管理和规定，评估人员的注册管理则由注册管理局负责，政府不直接进行行政干预。

香港测量师学会的专业会员都是已取得测量师专业资格的人士，可以分为资深会员（fellow）和会员（associate）；资深会员可以采用FHKIS名衔，会员则可以采用AHKIS名衔。测量师又分为土地测量师、工料测量师、产业测量师和建设测量师，其中产业测量师是专门从事物业价格评估的专业人员。产业测量师可以服务于两种估价机构：一种是政府部门或者隶属于政府部门的评估单位或部门，如房屋地政署（负责管理一切关于土地和屋宇发展的实务）、差饷物业估价署（负责为应征差饷之楼宇估价）、房屋委员会、土地审裁处、土地注册处等；另一种是非政府的评估机构，即测量师行，面向全社会服务。非政府的测量师行是独立的有限责任制公司和一般合伙制公司，其活动范围早已不再局限于香港，如香港仲量行、戴德梁行等均在我国内地设有分支机构。

香港对测量师学会会员的要求是：完成由学会认可的大学测量专业学位课程；在专业测量师指导下进行不少于 2 年的在职专业工作实习；考生可以在实习期满后报考学会组织的专业能力评价(assessment of professional competence，APC)。另外，学会会员必须严格遵守由学会制定的专业操守规则，每年参加专家讲座形式的在职培训若干小时。

按照《测量师注册条例》的规定，测量师必须经注册管理局注册，每次注册有效期为 12 个月，申请应于期满前 3 个月至 28 天内提出；若提出的申请未予批准或续期期间未提出申请，则申请者不再是注册专业测量师。

(二)我国内地的土地估价制度

我国内地的土地估价活动是随着土地市场的形成和发展而出现的。与前述发达国家和地区相比较，我国土地估价制度的建立起步较晚，但在我国行业管理部门和从业人员的努力下，通过借鉴国际成熟的经验，起点较高，发展迅速。

我国土地估价目前实行的是以政府为主、行业协会为辅的管理制度。政府及其相关部门通过颁布法规、组织考试、执业管理等方式，推动估价行业的快速、规范发展。行业协会则一方面负责制定行业执业标准、开展业务培训和估价师的再教育等工作；另一方面协助行政主管部门加强对行业的管理，其目的是不断提高土地估价人员的素质和整个行业的服务水平。

1. 我国土地估价的相关法律、法规和部门规章

改革开放后，我国土地估价的相关法制建设的内容主要表现在如下四个方面。

(1) 确立了土地估价的法律地位。《城市房地产管理法》第 33 条规定："国家实行房地产价格评估制度"，第 58 条规定："国家实行房地产价格评估人员资格认证制度。"这两条规定是土地估价成为国家法定制度的依据。

(2) 实行对土地估价师执业资格取得和对土地估价机构资质认定制度。按照《中华人民共和国行政许可法》(2003 年主席令第 7 号)和《国务院对确需保留的行政审批项目设定行政许可的决定》(2004 年国务院令第 412 号)的规定，"价格评估机构资质认定"和"价格评估人员执业资格认定"都是予以保留行政许可项目。这就意味着只有土地估价师资格和土地估价机构才能从事估价业务，由执业土地估价师签名和土地估价机构出具的评估报告才具有法律效力。

(3) 制定了土地估价标准和指导意见。2001 年 11 月 12 日国家质量监督检验检疫总局发布了《中华人民共和国国家标准城镇土地估价规程》(GB/T 18508 - 2001)，统一了土地估价程序和方法，介绍了城镇土地估价的范围、引用标准、总则、估价原则及价格影响因素、基本估价方法、基准地价评估方法、宗地地价评估方法、主要用途及其他权利的土地价格评估方法等。同时，为服务城镇土地估价及开展农用地估价，国家先后发布了《中华人民共和国国家标准城镇土地分等定级规程》(GB/T 18507 - 2001)、《中华人民共和国国土资源行业标准农用地分等规程》(TD/T 1004 - 2003)、《中华人民共和国国土资源行业标准农用地定级规程》(TD/T 1005 - 2003)、《中华人民共和国国土资源行业标准农用地估价规程》(TD/T 1006 - 2003)。2006 年建设部、人民银行、银监会三部门联合制定了《房地产抵押估价指导意见》，对房地产抵押估价的价值标准及其内涵、估价主体资格、估价报告的使用、相关责任的

划分等内容进行了明确的规定,旨在规范房地产抵押估价行为,保证房地产抵押估价质量,维护房地产抵押当事人的合法权益,防范房地产信贷风险。

（4）实行了土地估价师执业资格全国统一考试制度。我国土地估价师资格考试始于1993年。1993年,原国家土地管理局发布实施的《土地估价师资格考试暂行办法》,设置土地估价师资格,并确立了2年一考、一次通过的土地估价师资格考试制度。随着土地估价行业的改革与发展,该考试制度已不适应新时期的新要求。自2006年度起,考试从原来的2年一考、一次通过,调整为每年举行一次,报考人员自由选择报考科目的种类和数目,考试合格成绩在连续三个考试年度内滚动有效,全部考试科目合格者,获得国土资源部统一颁发的《中华人民共和国土地估价师资格证书》,取得土地估价师资格。随后,国土资源部于2006年11月22日颁布了《土地估价师资格考试管理办法》（2007年1月1日开始实施）规定:"国家实行土地估价师资格认证制度。"

2. 中国土地估价师协会

中国土地估价师协会经原国家土地管理局批准、民政部审核登记,于1994年5月在北京正式成立。现业务主管部门为中华人民共和国国土资源部,同时接受中华人民共和国民政部的监督管理。中国土地估价师协会是由具有土地估价资格和从事土地估价工作的组织和个人自愿结成,依法登记成立的、全国非营利性的行业自律性社会团体法人。协会的宗旨是联合全国土地估价组织和土地估价人员,进行自律管理;引导从业人员遵守国家的法律、法规,遵守土地估价执业道德,执行专业守则和估价规范,规范从业人员执业行为;促进土地估价师专业知识及专长技能的发展和深造;保障从业人员独立、客观、公正执业,维护支持中国土地估价师独特的专业特点、地位及利益;增进行业交流;调解执业中产生的争议;维护国家、企业和个人在土地方面的权益,为社会主义市场经济服务。

中国土地估价师协会工作职责主要有:搞好会员自律,配合行政主管部门落实行业管理;根据全国土地估价师资格考试委员会的决策,具体组织实施土地估价师资格考试、实践考核及执业登记工作;引导机构发展,规范机构管理;扩大协会规模,提供会员服务;研究技术理论,制定专业指引;净化估价环境,拓展新的业务领域;开展国际合作,提升社会影响;加强协同配合,联系同业协会共同发展。

3. 土地估价师的执业资格取得、实践考核及执业登记

按照规定,一般估价人员要成为从业的土地估价师,必须经过三个步骤:一是通过全国统一考试合格,并取得土地估价师《执业资格证书》;二是通过实践考核;三是进行执业登记。

土地估价师执业资格考试每年举行一次,考试内容包括土地管理基础知识、土地估价理论与方法、土地估价相关经济理论与方法、土地估价实务。具体考试科目包括《土地管理基础与法规》、《土地估价相关知识》、《土地估价理论方法》、《土地估价实务基础》、《土地估价案例与报告》五门,全部实行闭卷考试。

凡中华人民共和国公民,具有完全民事行为能力,遵纪守法,并具备下列条件之一的,可以报名参加土地估价师资格考试。

（1）取得大专学历且从事相关工作满两年。

（2）取得本科学历且从事相关工作满一年。

（3）取得博士学位、硕士学位、第二学士学位或者研究生班毕业。

（4）不具备上述国家承认的学历或学位要求，但具有国家认可的中级以上相关专业技术职称。

取得土地估价师资格并在土地估价机构执业的土地估价师，应当通过实践考核，并进行执业登记。土地估价师实践考核分为专业实践和专业考核。土地估价师的专业实践期不少于2年。专业实践人员在实践期间应按下列要求进行专业实践。

（1）遵守法律、法规和行业管理规定。

（2）尊重指导人员，遵守职业道德。

（3）应用估价理论解决实际问题，不断提高估价水平。

（4）认真记录专业实践活动，做好评估日志。

（5）参加中国土地估价师协会计划内的、每年不少于20学时的继续教育活动。

专业实践人员应在专业指导人员的督导下开展实践活动。一名指导人员指导的专业实践人员不超过四名。专业实践人员可自主选择指导人员；请求帮助的，土地估价行业协会有义务协助专业实践人员联系指导人员。具有土地估价资格并在土地估价行业协会注册的评估中介机构均可作为专业实践单位。其他专业实践单位的认定和管理由中国土地估价师协会另行规定。实践单位负责安排专业实践人员的专业实践活动。

专业考核是指考评专家依据实践考核标准，通过审读专业实践人员提交的各项材料，对专业实践人员进行专业技能、执业操守等方面综合能力的考查与评定，需要时专业考核可采用面谈方式进行。专业实践人员实践期满参加专业考核，需有两名推荐人向中国土地估价师协会推荐，其中专业实践指导人员为主推荐人，实践单位负责人为第二推荐人。参加专业考核人员提交以下材料。

（1）专业考核申请表。

（2）专业考核推荐函。

（3）专业实践总结。

（4）反映本人专业技术能力和执业操守的案例分析2篇，或在正式出版发行刊物上公开发表的论文1篇。

（5）专业实践期内参与评估项目，或其他相关科研、教学成果的清单。

（6）要求提交的其他材料。

专业考核工作按如下程序进行。

（1）成立专业考核委员会。

（2）划分考评小组。

（3）考评专家审读考评人员资料。

（4）考评小组依据实践考核标准提出综合专业能力评审意见。

（5）召开专业考核委员会会议，交流各考评小组考评情况。

（6）专业考核委员会对有争议的考评人员进行投票表决，形成是否通过实践考核最终意见。

（7）专业考核委员会提交实践考核工作报告。

实践考核合格的土地估价师，可向中国土地估价师协会申请执业登记。申请执业登记的土地估价师须在一家土地估价中介机构执业。经执业登记后的土地估价师称为执业土地估价师。执业土地估价师应成为中国土地估价师协会个人会员。予以执业登记的土地估价师名单,由中国土地估价师协会报国土资源行政主管部门备案后向社会公布。予以执业登记的土地估价师由中国土地估价师协会统一编发执业登记号。执业土地估价师执业情况及执业登记内容变更,按中国土地估价师协会有关规定办理。

经过执业登记的土地估价师方能在土地估价报告上签字,承担法律责任。实践考核和执业登记由中国土地估价师协会具体实施。

4. 土地估价机构管理

我国土地估价机构实行注册制度。中国土地估价师协会和省、自治区、直辖市土地估价行业协会负责办理土地估价机构的注册。凡在中华人民共和国境内从事土地估价中介业务的评估机构,应进行注册,领取土地评估机构注册证书。经注册的土地估价机构名单向社会公布。

具有7名以上(含7名)注册土地估价师和50万元以上注册资本、具备在全国范围内从事土地估价业务能力的机构,向中国土地估价师协会注册。名单在国土资源部网站上公布。其他土地估价机构向省、自治区、直辖市土地估价行业协会注册,由省、自治区、直辖市土地行政主管部门向社会公告。新设土地估价机构应在省、自治区、直辖市土地估价行业协会注册,从业1年后,可向省、自治区、直辖市土地估价行业协会提出申请,符合在全国范围内从事土地估价业务条件的,由省、自治区、直辖市土地估价行业协会向中国土地估价师协会推荐注册。

第二节　土地估价原则

一、土地估价的内涵

土地估价是指估价人员依据土地估价的原则、理论和方法,在充分掌握土地市场交易资料的基础上,根据土地的经济和自然特性,按土地的质量、等级及其在现实经济活动中的一般收益状况,充分考虑社会经济发展、土地利用方式、土地预期收益和土地利用政策等因素对土地收益的影响,综合评定出某块土地或多块土地在某一权利状态下及某一时点的价格的过程。

从土地估价的概念可以看出土地估价具有以下几个方面的内涵。

(一)土地估价必须依据土地估价的原理和方法

土地虽然像商品一样可以交易,但由于它不是人类劳动的产品,因此不具商业价值,其价格受到经济、社会和自然等许多因素的影响,有别于一般商品的价格。这就决定了土地估价具有自己独特的理论和方法;只有遵循土地估价的原则,依据土地估价理论,正确选择土地估价的方法,充分考虑各种因素对土地价格的影响,才能正确评估出土地价格。

(二) 土地估价必须依据充足的土地市场资料

土地价格的形成最终取决于土地交易双方。也就是说,土地价格形成于市场,不充分掌握土地市场的交易情况,不了解土地的供求情况,不把握土地市场的过去、现在和未来的发展趋势,也就不能评估出公正、客观、合理的土地价格。

(三) 土地估价必须考虑政府土地政策的影响

政府的城镇规划对地价可产生巨大影响。同一块土地,规划可使之一夜之间身价百倍,也可以使之无人问津。如果不考虑政府的政策,地价评估结果很难称得上公正、合理。

(四) 土地估价要充分了解估价对象地块的各种权利状况

同样一块土地,不同的权利,其价格可能相差很大。因此在地价评估之前,必须通过查阅土地登记资料进行现场勘察,弄清评估对象土地的各种权利状况。

(五) 土地估价所评估出的地价是该地块某一时点的价格

因为地价随着社会经济的发展变化也在不断涨落和变化。如果不明确所评估的价格是哪个时点的价格,那么所评估出的价格就毫无意义。

二、土地估价原则

土地价格是由其效用、相对稀缺性及有效需求三者相互作用、相互影响所形成的。而这些因素又经常处于变动之中,土地估价必须要对此做细致分析并正确判断其变动趋向,了解土地价格组成的各项因素及各因素之间的相互作用,才能作出正确的估价。同时,由于土地的位置固定性、面积有限性及差异性等特性,土地市场是一个不完全竞争市场即不充分市场,土地价格通常依交易要求个别形成,受许多个别因素影响。因此,估价师的评估对市场的判断,是科学方法和经验判断的结合。估价师在进行估价活动时,首先要掌握土地估价的基本原则,以此为指南,认真分析影响土地价格的因素,灵活使用各种土地估价方法,对土地价格作出最准确的判断。土地估价应遵循以下基本原则。

(一) 替代原则

根据市场运行规律,在同一商品市场中,商品或提供服务的效用相同或大致相似时,价格最低者吸引最大需求,即有两个以上互有替代性的商品或服务同时存在时,商品或服务的价格是经过相互影响与比较之后才决定的。土地价格也同样遵循替代规律。某块土地的价格,受其他具有相同使用价值的地块,即同类型具有替代可能的地块价格所牵制。换言之,具有相同使用价值、有替代可能的地块之间,会相互影响和竞争,使价格相互牵制而趋于一致。因此,土地估价中的替代原则可概括为:

(1) 土地价格水平由具有相同性质的替代性土地的价格所决定。

(2) 土地价格水平是由最了解市场行情的买卖者按市场的交易案例相互比较后所决定

的价格。

（3）土地价格可通过比较地块的条件及使用价值来确定。

根据上述原则,在土地估价时,就可以通过对土地条件即土地使用价值的比较来评估土地价格。如在同一市场供需圈内,可以通过调查近期发生交易的、与待估地块有替代可能的地块的地价和条件,通过与待估地块进行比较来确定待估地块价格,即在土地估价中经常采用的市场比较法是以替代原则为基础的。应当注意的是,由于土地的不可移动性、个别性及交易量少的特点,在土地估价时很难寻找到像一般商品那样性质、条件完全相同的替代品。因此,一般都要进行时间和土地条件修正后,才能按替代原则,采用市场比较法确定待估地块价格。

替代原则实际上与收益还原法也有较深的渊源关系。因为某地块的价格,如有替代可能,则可迅速确定与该地块产生同等纯收益的其他地块的投资额和价格。可见,替代原则是表示合理经济行为的基本原则之一。它适用范围广,是估价原则的中心内容之一。

在我国目前的土地估价工作中,基准地价评估是先评定土地使用价值,进行分等定级,把土地条件基本一致的土地归为同一等级,在此基础上再测算其平均价格;而基准地价系数修正法评估宗地价格时,则是在基准地价基础上,通过待估宗地条件与区域内一般条件的比较,对基准地价进行系数修正,评估出宗地价格。由此可以看出,这实际上都是替代原则在估价实践中的具体运用。

（二）预期收益原则

对于价格的评估,重要的并非是过去,而是未来。过去收益的重要意义,在于为推测未来的收益变化动向提供依据。因此,商品的价格是由反映该商品将来的总收益所决定的。土地也是如此,它的价格也受预期收益形成因素的变动所左右。所以,土地投资者是在预测该土地将来所能带来的收益或效用后进行投资的。这就要求估价者必须了解过去的收益状况,并对土地市场现状、发展趋势、政治经济形势及政策规定对土地市场的影响进行细致分析和预测,准确预测该土地现在以至未来能给权利人带来的利润总和,即收益价格。

预期收益的估算必须是客观合理的。它要求估价人员必须对价格的形成因素认真分析,并对将来的变动趋势作客观合理的预测,应排除脱离现实的使用或因投机及违法使用土地所获收益的预测。

预期收益原则,对土地估价中的地区分析、交易实例价格的检查、纯收益及还原利率的确定非常重要。在土地估价实践中,收益还原法估价及剩余法估价中土地收益确定,都是预期收益原则的具体应用。

（三）最有效使用原则

由于土地具有用途的多样性,不同的利用方式能为权利人带来不同的收益量,且土地权利人都期望从其所占有的土地上获取更多的收益,并以能满足这一目的为确定土地利用方式的依据。所以,土地价格是以该地块的效用作最有效发挥为前提的。一般情况下,现在城市内的土地应处于最有效使用状态,但事实并非如此。许多城市土地的利用并不一定合理,尤其是我国的一些城镇,由于过去长期无偿无限期使用制度,这种现象就更为普遍。

根据土地价格以其最有效使用为前提的原则进行估价时,就不应该受现实的使用状况所限制,而应对何种情况下才能最有效使用作出正确的判断。例如,市区的农田,其最佳利用方式并非农业而可能是居住用地,对此地块就不能用农田的估价方法来估价格。

判断土地是否为最有效使用时,应考虑的因素是:该地块的最佳利用方式是什么;目前的利用方式是否为最有效使用;如果不是,转换为最有效使用的可能性如何;最有效使用方式能持续多久等。其中最有效使用方式持续性的判定至关重要,因为这直接影响将来的使用方式及收益量,与预测原则相关连。

总之,最有效使用应当以预测原则和变动原则为基础,就过去、现在以至将来作长远的考虑后予以确定。

(四)报酬递增、递减原则

经济学中的边际效益递减原则,是指增加各生产要素的单位投入量时,纯收益随之增加;但达到某一数值以后,如继续追加投资,其纯收益不再会与追加的投资成比例增加。

土地投资同样遵循这一原则。假设在某地段建设高层楼房,随着楼层增加,纯收益相应增加,当超过某一层数之后,收益就很难成比例增加,这个收益达到最高的层数,在经济上是最有利的。为了确定这一点,必须就不同结构、不同高度建筑物的必要成本、预计收入、经营支出等加以组合进行计算,以寻找总收益上升和下降的转折点。利用这一原则,就可找出土地的边际使用点,即最大收益点,也可称为最有效使用点。因此这一原则与最有效使用原则密切相关。实际上,在任何给定的条件下,土地、劳动力、资金、管理水平之间都存在着一定的最优组合,超过一定限度,每一要素的继续增加,其收益却不会相应成比例增加。这一原则说明成本的增加并不一定会使土地价格增加。

(五)供需原则

在完全的自由市场中,一般商品的价格,取决于供给与需求关系的均衡点。需求大于供给,价格随之提高;反之,供给大于需求,价格随之下降,这就是供求均衡法则。其成立条件是:

(1)供给者与需求者各为同质的商品而进行竞争。

(2)同质的商品随价格变动而自由调节其供给量。土地也是一样,其价格也是由需求与供给的互相关系而定。但因为土地不同于一般商品,具有一些人文与自然特性,使得它除了遵循上述供求均衡以外,也遵循其特有的供求规律。

由于土地具有位置的固定性、面积有限性、差异性等特性,使土地价格独占性较强,需求与供给都限于局部地区,供给量有限,竞争主要是在需求方面进行。即土地不能实行完全竞争,其价格的独占倾向性较强。这主要是因为:

(1)需求与供给方都不容易了解何处有供给或需求信息;

(2)替代性有限:由于成为交易对象的土地具有个别性,各个地块都有独特的价格,因此其替代性也有限。

因此,土地不能仅根据均衡法则来决定价格。尤其在我国城市土地属国家所有,市场中能够流动的仅是有限年期的土地使用权,土地供给主要由国家控制,这一因素对地价具有至关重要的影响。在进行土地估价时,应充分了解土地市场的上述特性。此外,在进行供求分析时,应考虑时间因素,作动态分析。因为现在的供求状况,常常是在考虑将来发展状况而形成的,即从现在思考将来,因此供需原则是以预期收益原则及下述的变动原则和竞争原则为基础的。

(六)竞争和超额利润原则

一般商品的竞争是在供给和需求双方发生的,价格正是在供需关系均衡点上的竞争结果,所以竞争原则是供需原则的前提,两者有密切关系。商品竞争的结果是供需双方均不能企望得到合理利润之外的超额利润。

土地因为具有不动性、不增性、个别性等特点,尤其在我国土地一级市场供给量由政府控制,所以在供给方面不容易引起竞争。竞争主要是在需求者之间进行。需求者之间的竞争,又是在该地块价格明显低于其收益的情形下发生的,即利用土地能获取平均利润之外的超额利润时,该土地的需求将增加、竞争加剧,超额利润又会随土地需求增加、地价上涨而消除。这种竞争,对替代性较小的土地来讲,价格更有提高的倾向。如商业用地,可供给量少,替代性小,竞争比住宅等用地剧烈,价格上涨也快。因此,竞争原则与替代原则也密切相关。

对于前述的最有效使用原则来讲,竞争原则也是其基础之一。因为最有效使用是指一定时期内能从土地上获取最大纯收益的利用方式,所以最有效使用应根据其收益量判定。而竞争原则可说明土地外部竞争程度如何,对收益大小影响至关重要,因此可成为判定最有效使用的一项原则。

竞争原则也是收益还原法估价的基础之一。因为该方法中的纯收益是在对将来一定时期土地市场的竞争关系及供求关系作出正确判断的基础上预测出来的。

(七)贡献原则

按经济学中的边际收益原则,衡量各生产要素的价值大小,可依据其对总收益的贡献大小来决定。对于土地估价,这一原则是指不动产的总收益是由土地及建筑物等构成因素共同作用的结果。其中某一部分带来的收益,对总收益而言,是部分与整体之间的关系。就土地部分的贡献而言,由于地价是在生产经营活动之前优先支付的,故土地的贡献具有优先性和特殊性,评估时应特别考虑。估价时,可以利用收益还原法分别估算土地、建筑物价格,进而评估整个不动产价格;也可根据整个不动产价格及其他构成部分的价格,采用剩余法估算土地价格。因此,贡献原则是关于部分收益递增递减原则的应用,也是收益还原法和剩余法估价的基础。

同时,这一原则还可用于土地或建筑物的追加投资、不动产的部分改良、改造等。它可根据对不动产整体价格的贡献大小,判断追加投资是否适当;又可应用这一原则判断最有效使用的上升程度,即将现在的最有效使用与投资后的最有效使用互相比较,以确定纯收益最大点。

(八)变动原则

一般商品的价格,是伴随着构成价格的因素的变化而发生变动的。土地价格也有同样情形。它是各种地价形成因素相互作用的结果。而这些价格形成因素经常处于变动之中，所以土地价格是在这些因素相互作用及其组合的变动过程中形成的。

在土地估价时，必须分析该土地的效用、稀缺性、个别性及有效需求，以及使这些因素发生变动的一般因素、区域因素及个别因素。由于这些因素都在变动之中，因此应把握各因素之间的因果关系及其变动规律，以便根据目前的地价水平预测未来的土地价格。因此变动原则与预测原则密切相关。在土地估价中，不仅要对将来的地价变动作出准确预测，同时也要对所采用的地价资料按变动原则修正到估价期日的标准水平，才能准确合理地估价。

（九）协调原则

土地总是处于一定的自然与社会环境之中，必须与周围环境相协调。因为土地能适应周围环境，则该土地的收益或效用能最大限度地发挥，所以分析土地是否与所处环境协调，即可判定该地块是否为最有效使用。因此，在土地估价时，一定要认真分析土地与周围环境的关系，判断其是否协调，这直接关系到该地块的收益量和价格。例如，在低级商业中心内开设高档用品专业商店，因其与周围环境不协调，就很难获取高的收益。

（十）合法原则

合法原则要求对土地的估价应以估价对象的合法权益为前提来展开。合法权益包括合法产权、合法使用、合法处分等方面。

在合法产权方面，应以土地权属证书、权属档案的记载或者其他合法证件为依据，如现行的土地权属证书，包括国有土地使用证、集体土地所有证、集体土地使用证和土地他项权利证书。

在合法使用方面，应以符合城市规划、土地用途管制等使用管制为依据，如城市规划中对某块宗地用途、建筑高度、容积率、建筑密度的规定，就应是对该块土地进行估价的前提。只有在估价过程中始终符合使用管制的要求，由此评估出的价值才能得到社会的承认。

在合法处分方面，应以法律、法规或合同等允许的处分方式为依据。土地处分方式包括转让、租赁、抵押、典当、抵债、赠予等，这些处分方式依次受到法律、法规和合同的限制，即存在抵触的情况下，法律、法规的效力高于合同，合同的效力高于无合同。

遵循合法原则，还意味着评估出的价格必须符合国家相关的价格政策，在我国，房改售房和新建经济适用房都是实行政府定价或政府指导价的房地产，对其进行估价就应遵循政府关于诸如此类房地产价格的测算或构成、对利润率的限定等方面的要求；农地征收和城市房屋拆迁的估价也要符合政府有关农地征收和城市房屋拆迁补偿的法律、法规。

另外值得注意的一点是，任何产权性质的土地都可以成为估价对象，关键是合法产权的土地就应作为合法产权的土地来估价，不合法产权的土地就应作为不合法产权的土地来估价。在实际估价实践中，有这样一些权益不同的土地应区别对待：集体土地与国有土地，划拨土地使用权与出让土地使用权，违法占地与合法占地，临时用地与长久用地，权属有争议的土地与权属无争议的土地，手续不全的土地与手续齐全的土地，部分产权的土地与完全产权的土地，共有的土地与独有的土地，等等。

以上对土地估价原则作了概略说明。应当注意的是，这些原则都不是孤立的，相互之间都有直接或间接的联系。因此,土地估价时,除应充分了解各项原则外,还应掌握彼此之间的关系,综合运用,才能正确把握土地的价格。

第三节 土地估价方法概述

由于地价的形成受多种因素的影响,土地本身又具有独特的性质,因此,评估地价方法也是多种多样,不同方法依据的经济原理也不太相同。为了使具有个别特性的地块价格估得更为准确,在实践中应该根据评估地块的条件与特点合理选用多种方法分别评估,将不同方法得出的结果互相校核,确定地块最终的估定价格。尤其在我国现实土地市场发育尚不成熟的情况下,土地交易中地价随意性更大,更应将多种方法综合使用,以求得更加合理的地价。当前,国内外关于土地估价的方法比较多,其中基本的方法有市场比较法、收益还原法、成本逼近法、剩余法和基准地价系数修正法和路线价法。

一、市场比较法

市场比较法是将待估土地与在近期已经发生了交易的同类型土地加以比较对照,从已经发生了交易的类似土地的已知价格,修正得出待估价土地价格的一种估价方法。

市场比较法的基本原理是替代原理。根据经济学理论,在同一市场上,具有相同效用的物品应具有相同的价格,即具备完全的替代关系。这样,在同一市场上,两个以上具有替代关系的商品同时存在时,商品的价格就由这种有替代关系的商品相互竞争、相互牵制,最终趋于一致。所以,在土地估价中,当待估土地与比较的实例土地之间具有相关性和替代性,且比较的实例土地是近期市场上发生的案例,此时待估土地若在市场上出售,就应具有类似的市场反应,从而推算出待估土地的价格。市场比较法的公式为

待估土地价格＝比较交易实例价格×交易情况修正系数×交易日期修正系数

×区域因素修正系数×个别因素修正系数×容积率修正系数

×使用年期修正系数

市场比较法的特点是：首先,市场比较法利用近期发生的与待估对象具有替代性的交易实例作为比较标准,修正推算待估土地的价格,能够反映近期市场行情,也使测算的价格具有较强的现实性,容易被接受;其次,以替代关系为原理,所求得的价格为"比准价格",由于是以价格求价格,理论基础欠缺;再次,运用市场比较法需要对交易情况、交易日期、区域因素及个别因素等一系列项目进行比较修正,这就要求估价人员具备多方面的知识和丰富的经验,以提高估价结果的精度;最后,市场比较法是由实践中产生的实用可行的方法,应用范围广,但方法的理论性尚不完善。

市场比较法可应用于各种类型、各种性质、各种经济目的土地的估价,而且最能为市场所接受。但由于市场比较法的应用基础是发达的土地市场及非常翔实的交易实例资料,所

以仅适用于有大量交易案例的地区,并且交易案例与待估案例有较强的相关性和替代性,交易案例甚少或无交易案例的地区则不适用。

二、收益还原法

收益还原法是土地估价常用方法之一,它是对土地或其他具备收益性质资产进行估价的基本方法。此法在用于土地估价时,把获取土地作为一种投资,投入的资本即为购买未来若干年土地收益的地价款。因此,收益还原法是在估算土地未来若干年预期纯收益的基础上,以一定的还原利率,将评估对象未来收益还原为评估时日收益总和的一种方法。

收益还原法基于预期收益原理,即土地未来收益权利的现在价值。收益还原法的一般计算公式为

$$待估土地价格＝未来各年纯收益折现值之和$$

当纯收益和还原利率每年都相同,且土地收益年限为无限期时,则

$$待估土地价格＝纯收益÷土地还原利率$$

收益还原法的特点如下。

(1) 具有理论基础,生产要素分配理论是收益还原法的理论依据。土地、劳动、资本三大生产要素组合产生收益,要素投入的多少将决定与之相关的收益的大小,土地利用产生的收益是总收益中扣除劳动工资、资本利息及经营报酬后剩余的收益,以一定的还原利率将土地收益还原即可求得土地的价格。

(2) 所求价格为"收益价格"。收益还原法以收益途径测算价格,土地收益是土地利用所产生的超额利润,将因土地所有权的存在而转化为地租,地租是土地所有者凭借土地所有权而得到的收益,是土地所有权借以实现的经济形式,土地收益和地租两者在量上具有一致性,对土地使用者而言,称为土地收益,对土地所有者而言,称为地租。将地租进行资本化所得到的价格就是土地收益价格。

(3) 还原结果准确度取决于纯收益和还原利率的准确度。土地纯收益的测算是否正确,还原利率的确定是否合适,将直接影响到收益价格的计算结果,尤其是还原利率,其微小的变化将对结果产生较大的影响。

收益还原法是以求取土地纯收益为前提条件的估价方法,因此,该方法最适合于以获取收益为目的的土地的估价。它对于商业性经营、租赁或有潜在收益的土地的估价最为适合,而对于那些没有收益土地的评估不太适用。此外,土地纯收益应该是经常性的、稳定的收益,对现实收益不正常的土地应以其客观收益来计算收益价格。

三、成本逼近法

成本逼近法,又叫成本法,是以开发类似土地资产所耗费的各项费用之和为基础,再加上正常的利润和应缴纳的税金、费用来确定待估土地资产价格的一种估价方法。

从经济学理论上看,成本逼近法与收益还原法是从两个迥然不同的角度对土地价格作出的估计:一个是基于土地的"生产费用";另一个是基于土地将产生的效用。其理论基础,前者可以说是生产费用价值论,后者可以说是效用价值论。另外,成本逼近法的理论依据,从买方的角度看,是替代原理。即买方愿意支付的价格,不能高于他所预计的重新开发该土地资产所需花费的代价,如果高于该代价,他还不如自己开发。从卖方的角度看,是前述的生产费用价值论。即卖方愿意接受的价格,不能低于他为开发该土地资产已花费的代价,如果低于该代价,他就要亏本。成本逼近法的计算公式为

$$估价对象价格＝土地取得费用＋土地开发费用＋相关税费$$
$$＋利息利润＋土地增值收益$$

成本逼近法的特点有:适用范围的限制性,一般适用于新开发的土地,对已开发成熟的土地不太适应;当土地市场狭小,缺乏足够数量的交易资料和收益资料时,成本法可弥补收益还原法与市场比较法的不足;成本法以成本累加为途径,但成本高并不意味效用与价格高,因此,其评估结果只是一种"算术价格",而对土地的实际效用与市场有效供需均未有所考虑,这成为成本法的一大缺陷;成本法可为投资者衡量投资效益,进行不动产可行性研究提供重要依据。

成本逼近法有其特殊的用途,特别适用于既无收益又无较多交易的土地的估价,尤其适合于新开发土地的估价,像成片开发的工业园区、技术开发区等。在运用此法时应区分实际成本与客观成本,同时考虑市场供求状况,然后确定估价值。成本逼近法还适合于没有经济效益或没有潜在效益的土地资产的估价,如政府用地、军事用地、宗教用地等等。

四、剩余法

剩余法是在估算开发完成后土地正常交易价格的基础上,扣除建筑物建造费用和与建筑物建造、买卖相关的专业费、利息、利润、税收等费用后,以剩余之数来确定估价对象土地价格的一种方法。

剩余法的理论依据类似于地租原理,只不过地租是每年的租金剩余,假设开发法是一次性的价格剩余。其计算公式为

估价对象价格＝开发价值－建筑费与专业费－投资利息及利润－销售费用－税费

剩余法法有如下特点。

(1) 剩余法是从开发商的角度分析、测算其所能支付的最高场地购置费。其可靠性如何取决于以下几点:一,是否根据最有效使用原则合理确定土地最佳利用方式;二,是否正确掌握了地产市场行情及供求关系,并正确判断了开发完成后的物业总价值;三,是否正确确定了土地开发费用和正常利润等。

(2) 剩余法以一定的假设或限制条件为前提。剩余法通常设定以下方面的假设:假设估价中涉及的开发总价、租金和成本数据在开发期间不发生不规则的变化;假设在开发期间各项成本的投入是均匀或分段均匀投入的。

（3）剩余法有动态与静态两种计算方式。所谓静态与动态之分主要是有没有考虑到资金的时间价格。静态计算不考虑时间因素，即不需要对发生在不同时点的费用进行贴现。而动态计算则要将所有不同时点发生的费用全部贴现到地价发生的时点，由于考虑了时间的因素，因而包含了利息的概念，利息就不需再单独计算，这一点与静态计算法要单独计算利息不同。

从剩余法的计算公式和特点可以看出，剩余法主要适用于下列几种类型的土地估价。

（1）待开发土地的估价。

（2）待拆迁改造的再开发房地产的估价，这时公式中的建筑费还包括拆迁费用。

（3）仅将土地或房产整理成可供直接利用的土地或房地产的估价，此时公式中的开发价值为整理后的土地价格，建筑费为整理费用。

（4）现有新旧房地产中地价的单独评估，即从房地产价格中扣除房屋价格，剩余之数即为地价。

五、基准地价系数修正法

基准地价系数修正法，是利用城镇基准地价和基准地价修正系数表等评估成果，按照替代原则，就待估宗地的区域条件和个别条件与其所处区域的平均条件相比较，并对照修正系数表，选取相应的修正系数对基准地价进行修正，从而求取待估宗地在估价期日价格的方法。

基准地价系数修正法实际上是市场比较法的一种特殊情况，此时，市场比较法中的实例价格变成了基准地价。其基本计算公式为

估价对象价格＝某类用地某一级别的基准地价×（1＋影响因素总修正值）

×年期修正系数×估价时点修正系数×容积率修正系数

基准地价系数修正法适用于各类土地价格的估算。

六、路线价法

路线价法是在特定的街道上设定标准临街深度，从中选取若干标准临街宗地求取平均价格，将此平均价格称为路线价，然后再配合深度指数表和其他修正率表，用数学方法算出临街同一街道的其他宗地地价的一种估价方法。

路线价估价法与市场比较法类似，只不过以路线价取代了市场比较法中的可比实例价格，以深度等差异修正取代了区域因素和个别因素等的修正，其基本原理是替代原理和区位论的具体运用。其技术思路为——基于类似土地的市场交易价格来衡量其价值。

路线价法实质上是一种市场比较法，是市场比较法的派生方法，主要适用于城镇街道两侧商业用地的估价，特别适用于房地产税收、市地重划（城镇土地整理）、城市房屋拆迁补偿或者其他需要在大范围内同时对大量土地进行估价的情形。运用路线价法估价的前提条件是有可供使用的科学合理的深度指数表和其他各种修正率；有完善的城市规划和系统完整

的街道；土地排列比较整齐。

本章小结

　　本章介绍了土地估价的制度、原则和主要方法。本章首先概要介绍了世界上几个典型国家和地区——美国、英国、德国、加拿大、丹麦、韩国和日本及我国香港地区的估价制度，然后详细阐述了当前我国内地土地估价制度的基本内容；紧接着，在阐述土地估价基本内涵的基础上，深入论述了土地估价应遵循的十大基本原则，即替代原则、预期收益原则、最有效使用原则、报酬递增递减原则、供需原则、竞争和超额利润原则、贡献原则、变动原则、协调原则和合法原则；最后，从方法的定义、理论依据、技术路线、适用的对象和条件等对土地估价的主要方法——市场比较法、收益还原法、成本逼近法、剩余法和基准地价系数修正法和路线价法作了简要介绍，以便从总体上把握土地估价方法。

关键词

　　土地估价制度　　土地估价师　　土地估价原则　　土地估价方法

复习思考题

　　1. 什么是土地估价制度？土地估价制度的内容有哪些？
　　2. 试谈谈国外土地估价制度对我国土地估价制度发展的启示。
　　3. 我国与土地估价有关的法律、法规有哪些？
　　4. 我国内地土地估价师资格如何获得？
　　5. 土地估价的基本内涵是什么？
　　6. 土地估价的原则有哪些？
　　7. 土地估价的主要方法有哪些？

第四章 市场比较法

 **学习目标**

通过对本章的学习,应该能够:

1. 理解市场比较法的基本概念、理论依据及其特点;
2. 掌握市场比较法的适用范围和条件;
3. 掌握市场比较法的估价步骤及计算公式;
4. 熟练运用市场比较法评估土地价格。

第一节 市场比较法的基本原理

一、市场比较法的概念

市场比较法(market comparison approach),即在求取一宗待评估土地的价格时,根据替代原则,将待估土地与在较近时期内已经发生交易的类似土地(类似土地是指土地所在区域的区域特性,以及影响地价的因素和条件均与待估土地相类似的土地)交易实例进行对照比较,并依据后者已知的价格,参照该土地的交易情况、期日、区域以及个别因素等差别,修正得出待估土地的评估时点地价的方法。其实质是将估价对象与在估价基准日近期有过交易的类似土地进行比较,对这些类似土地的已知价格作适当的修正,以此估算估价对象的客观合理价格或价值的方法。市场比较法的本质是以土地的市场交易价格为导向求取估价对象价格,所得的估价结果称为"比准价格"。

市场比较法,又称比较法、市场法、交易实例比较法、买卖实例比较法、市场资料比较法、市价比较法、现行市价法等,是土地估价方法中最重要、最常用的基本方法之一,也是国外通用的经典估价方法之一。

由于是利用已被市场验证的类似土地的成交价格来求取待估土地价格,可见,市场比较法是一种最直接、最具有说服力的估计方法,其估价结果也最容易被人们理解和接受。

二、市场比较法的理论依据

市场比较法的理论依据是经济学上的替代原理。经济主体在市场上的一切交易行为总是要追求利润最大化,即要以最少的费用求得最大利润,因此在选择商品时都要选择效用高而价格低的,如果效用与价格比较,价格过高,均会敬而远之。这种经济主体的选择行为结果,在效用均等的商品之间产生替代作用,从而使具有替代关系的商品之间在价格上相互牵制而趋于一致。这就是替代原理,市场比较法就以这一原理为理论依据。

替代原理是合乎理性的经济行为的基本原理,故广泛应用于一般市场行为中,也同样构成了土地交易和土地估价必定理循的基本原理。在这一原理下,待估土地或待交易宗地的价格,必然要受到同种类型具有替代关系的其他宗地价格的影响,并在相互竞争的市场动态中使价格在某种程度上趋于一致。因而待估土地价格可以由具有相似性质的替代性土地价格来决定,即利用具有替代性的已成交的真实市场价格,来求取待估土地价格。从市场交易过程来看,替代原理也总是在发挥作用的。交易者总会在搜集市场信息基础上,经过比较市场上同类土地的成交价格来决定按什么样大致合理和可接受的价格来交易,因此市场交易与估价在这点上是一致的。

市场比较法是以替代原则为理论基础,因此具有现实性并富有说服力。同时,只要有类似的土地买卖案例就可以适用,不仅可以评估土地价格,还可以利用相应的租赁实例,测算土地的租金,这就是租赁实例比较法。当然,市场比较法要求土地市场发育较好,可以获得足够的比较实例。因此它更适宜于市场比较发育地区的经常性交易的土地价格的评估。

三、市场比较法的适用范围和条件

市场比较法以替代原理为理论基础,在合乎市场交易规律、交易人理性行为和贴近市场价格变动基础上,具有很强的说服力和市场敏感性,因此,只要存在公开、均衡、发达且相对稳定的土地交易市场,市场比较法就有广泛适用性,不论是商业、住宅还是工业用地都普遍使用市场比较法,适用范围广泛。不仅在土地使用权出让、转让定价中适用,而且还常被应用于商品房买卖估价,以及用于评估土地或房地产的租金和其他估价方法中有关参数的求取,如经营收入、成本费用、空置率、资本化率、开发经营期等。

然而,适用范围广并不代表市场比较法在应用中可以没有任何限制和条件约束。市场比较法的应用首先要求存在一个发育健全的土地市场,这是一个基本前提条件。发育健全市场的标志是要存在大量的买者和成交案例,市场供需状况的变化要能充分、灵敏地反映在价格信号上。因为个别市场交易者行为可能因各种原因导致交易价格与市场正常形成的均衡价格有所偏离,只有市场群体行为的合成结果才能较恰当反映市场常态。因此,要求市场上要有足够的成交案例以防止个别误差。对于我国目前土地市场发育状况而言，一个突出的特点是市场发育不平衡。在土地市场不发达地区，如农村土地交易案例很少，则不适用这种方法进行估价。同时某些交易实例很少的特殊用地，如寺庙、纪念堂等也不适用这种方法估价。

具体来看，市场比较法还应具备以下适用条件。

（一）要有足够数量的比较案例

在国外不动产发达的国家如德国，一般至少要求选择 10 个可比较的交易案例。我国土地市场处于发展阶段，市场资料不够充分，在利用市场比较法估价时，要求市场比较交易案例至少 3 个。

（二）交易案例资料与待估土地具有相关性和替代性

充足的市场交易案例固然很重要，但是这些交易案例还必须与待估土地具有相关性，如地块所处区位条件、用途、交易时间、交易情况等，通常情况下这种相关程度越大，评估的结果就越具有真实性。

（三）交易资料的可靠性

交易案例资料的可靠性是提高市场比较法评估结果精确程度的保证，所以，运用市场比较法进行土地估价时：一要保证资料来源的可靠性；二要对交易案例资料的数据信息进行充分的查实和核对，包括交易案例的交易情况、交易价格、权属和实体状况、是否有附加条件的交易以及各种影响因素的条件等资料，都必须是准确可靠的。

（四）交易资料的正常性

交易案例必须是正常交易，而不是非正常情况下的交易，如破产拍卖、协议出让等。所谓正常交易应当是当事人在完全了解相关信息的条件下，经过充分的竞价和时间的考虑，达成相互自愿，诚实无欺的交易。

（五）交易资料的合法性

利用市场比较法评估地价时，不仅要排除不合理的土地市场交易资料，而且要注意研究有关法律的规定，如城市规划法对土地的用途、容积率等的限制性规定，必然引起交易地价的变动，造成地价的显著差异。所以，用市场比较法估价时，应注意选择与待估土地的法律规定相似的交易案例资料作为分析、比较的依据。

四、市场比较法的特点

（一）接近市场行情，现实性较强

市场比较法具有现实性，有较强的说服力。市场比较法利用近期发生的与待估土地具有替代性的交易实例作为比较标准，通过各项修正推算待估土地的价格，能够反映近期市场的行情,也使测算的价格具较强的现实性,容易被接受。

(二)以替代关系为途径,所求得的价格称"比准价格"

市场比较法是通过已发生的交易实例的价格,利用其与待估土地之间的替代关系,通过比较估算待估土地的价格,所以也称比准价格。

(三)以价格求价格,在不正常市场条件下难以与收益价格相协调

采用市场比较法评估土地价格,是以市场交易实例为基础,通过对交易实例价格的修正求取评估对象价格,虽然反映市场规律,但如果在不正常市场条件下,如市场低迷或市场过度投机、出现"泡沫"经济等,会使得估价结果易偏离土地资产的本身特征,无法与收益价格相协调。

(四)需要估价人员具有较高素质

应用市场比较法需要进行市场情况、交易日期、区域因素及个别因素等一系列项目的比较修正,这就要求土地估价人员要具备多方面的知识和丰富的经验,否则难以得到客观准确的结果。

(五)正确选择比较实例和合理修正交易实例价格是关键

市场比较法以替代原则为基础,正确选择比较实例和合理修正交易价格是保证评估结果准确性的关键。因此要求估价人员要全面而准确地调查市场资料,合理选择比较实例,并将比较实例与估价对象进行全面、细致的比较,确定适当的修正系数,以保证评估结果的准确性。

第二节 市场比较法的估价步骤

市场比较法整个评估过程可以归纳为收集交易实例,确定比较交易实例,建立价格比较修正的基础,在此基础上进行交易情况、交易日期、区域因素、个别因素、容积率及使用年期修正,通过分析与调整,综合计算比准价格。

一、收集交易实例

市场比较法估价立足于"比较",拥有充裕的可供比较的交易实例是前提。只有拥有了大量真实的交易实例,才能把握正常的市场价格行情,并据此评估出客观合理的价值。

收集交易实例,其内容一般包括土地坐落、用途、面积、形状、交通条件、交易价格、成交日期、交易双方基本情况以及交易市场状况等。具体可参照"交易案例调查表"(见表4-1)。

表4-1 交易实例调查表

交易实例名称			
基本状况	坐落		
	用途		
	权利状况		
交易情况	交易形式		
	交易日期		
	交易价格		
	交易双方基本情况		
	付款方式		
	其他交易情况		
建筑物概况	权益状况		
	实物状况		
区域因素	距商业服务中心距离	市级	
		区级	
		小区级	
	距公共设施距离	文体设施	
		公用设施	
	道路状况	级别	
		宽度	
		车流量	
	公交状况	线路数	
		线路流量	
	距对外交通设施距离	火车站	
		汽车站	
		码头	
		机场	

续　表

交易实例名称			
区域因素	基础设施状况	给、排水	
		供电、供热	
		供气、电讯	
	规划限制条件		
	使用限制条件		
	其他区域状况		
个别因素	地形地貌及地质条件		
	面积、宽度及深度		
	临街状况		
	容积率		
	其他个别因素		
备注			

调查人员：　　　　　　　　　　　　　　调查日期：　　年　　月　　日

　　为了保证资料的准确性,提高估价的精度及可信度,估价师对于收集的每个交易实例都要认真查证,以保证资料的准确性。

　　收集交易案例的可能途径有多种,一般有：查阅政府有关部门的房地产交易资料;查阅各种报刊有关房地产交易的消息;查访房地产交易经办人,了解各种信息;通过市场调查,直接调查交易双方;查阅当地估价机构所掌握的交易资料;其他途径搜集。对于以上渠道收集来的资料,价格的种类是多种多样的,其中如地价税、土地税、土地征用、抵押等估价额,法院公证登记估价额,标售拍卖价格,房地产销售说明书的价目,广告刊登的价格等,都不是正常价格,即不是实际交易价格,价格中含有特殊因素。如利用这些资料进行参考,须慎重分析其内容及其与市场价格相差的比率,判断他们与正常价格的区别。

　　交易资料收集是估价机构的一项十分重要的基础工作,要实现估价机构的可持续发展,除了要求估价人员自身不断学习、进步外,机构要将一手的、基础的市场资料及时、准确地收集和积累,建立房地产交易实例库、资料库,形成良好的运行机制。这是从事土地估价的一项基础性工作。交易实例库的建立,可通过制作交易实例卡片,分门别类存放,或将收集到的交易实例分门别类的存入计算机数据库中,这样有利于保存和在需要时查找、利用。

二、确定比较交易实例

　　比较交易实例又叫可比实例。比较交易实例的选择,是针对具体要评估的对象的条件,众多的市场交易实例中选择符合条件的实例,进行比较参照。比较实例选择是否合适,直接影响市场比较法评估的结果,所以这一步也是重要的基础工作。

经选取的可供比较的交易实例具有下列性质:

(一)物质的同一性或类似性

物质的同一性和类似性体现在以下几个方面。

1. 与待估土地的用途相同

不同用途的土地价格相差很大,所以首要的是应选取用途相同的实例。这里的用途指具体的利用方式,如办公楼(写字楼)、酒楼、零售店铺、旅馆、住宅、仓库等。

2. 与待估土地的价格类型相同

即比较交易实例的权利性质与待估土地权利性质相同,如:待估土地需评估其出让价格,就不能选取抵押价格的土地交易实例做比较。

3. 与待估土地的交易类型与估价目的相吻合

交易类型主要有土地使用权协议出让、一般买卖、租赁、征用、抵押等,应选取相对应的交易类型的交易实例作为比较交易实例。

(二)地点及宗地个别条件的同一性和类似性

地点及宗地个别条件的同一性和类似性指比较交易实例与待估土地所处地区的区域特性及宗地的个别条件要相同或相近。由于市场比较法是以替代原理为理论依据的,所以用来比较的交易实例应与待估土地具有替代关系。用来比较的交易实例应与待估土地处于具有相同特性的同一地区,越近越好,如果同一地区内没有可选取的实例,可以在同一供需圈(同一供需圈是指与待估土地能形成替代关系,对待估土地价格产生显著影响的其他土地所在的区域)内的类似地区选取,且其宗地的个别条件应相近。这是为了消除区域及个别因素对土地效用及价格的影响。如:要评估北京王府井地区的商业用地,最好选择的交易实例也在王府井,若王府井区域内没有可供选择的交易实例,可选择东单、西单、前门等临近的地区或同等级别的商业区的实例。

(三)时间的接近性

交易时间与待估土地的估价期日应接近或可以进行比较修正。估价期日是指决定待估土地价额的基准日期。一般情况下,如果市场比较稳定,比较的有效期可以延长,即可以选择几年前的交易实例用于比较。如果市场变化较快,则比较的有效期要缩短。一般应选择2年内成交的不动产交易实例,最长不超过3年。

(四)交易情况正常性

收集的交易实例必须为正常的交易或可修正为正常的交易。

所谓正常交易,是指交易应当是公开、平等、自愿的,即在公开市场、完全竞争、信息畅通,交易双方平等自愿,没有私自利益关系的情况下的交易。

此外,选取的比较交易实例数量从理论上讲越多越好,但是如果要求选取的数量过多,可能由于交易实例的数量有限而难以实现,另外后续进行修正、调整的工作量大。因此一般选取 3—10 个比较交易实例即可。

三、建立价格比较修正的基础

选取了比准实例后,应先对这些比准实例的成交价格进行换算处理,使其成交价格之间的口径一致、相互可比,为进行后继的比较修正建立共同的基础。

建立价格可比基础具体包括下列 4 个方面。

(一)统一的付款方法

由于土地价值量大,通常有分期付款的方式,在估价中为了便于比较,价格应以一次性付清所需支付的金额为基准,所以,需要将分期付款比较实例的成交价格折算为在其成交日期时一次性付清。具体方法是货币的时间价值中的折现计算。

例 4－1 某土地交易总价款为 30 万元,其中首付款 10 万元,余款 20 万元于半年后一次性付清。假设月利率为 1％,则在其成交日期时一次性付清的价格为

$$10 + \frac{20}{(1+1\%)^6} = 28.84(万元)$$

(二)统一采用单价

将所选取的比较实例均统一为单位面积价格,用于比较修正计算。例如:土地除了单位土地面积上的价格,还可以为单位建筑面积上的价格——楼面地价;建筑物通常为单位建筑面积、单位套内建筑面积或者单位使用面积上的价格。在这些情况下,单位面积是一个比较单位。

(三)统一货币种类和货币单位

不同的货币种类不仅名称不同、货币单位不同,而且币值也不相等,它们之间经常需要换算或兑换。不同货币种类的价格之间的换算,应采用该价格成交时对应日期(不一定是估价期日)的市场汇价。但如果先按照原币种的价格进行交易日期调整,则对进行了交易日期调整后的价格,应采用估价基准日的汇率进行换算。汇率取值一般采用国家外汇管理部门公布的外汇牌价的卖出、买入中间价。

(四)统一面积内涵与单位

有些实例的土地单价是用楼面价表示的,有些不动产如车库按车位个数为单位,都需要统一内涵再进行比较。它们之间的换算公式如下。

$$建筑面积下的价格 = 套内建筑面积价格 \times \frac{套内建筑面积}{建筑面积}$$

$$建筑面积下的价格 = 使用面积下的价格 \times \frac{使用面积}{建筑面积}$$

$$套内建筑面积下的价格 = 使用面积下的价格 \times \frac{使用面积}{套内建筑面积}$$

在面积单位方面,中国内地通常采用平方米(土地面积单位除了平方米,有时还采用公顷、亩),中国香港地区和美国、英国等习惯采用平方英尺,中国台湾地区和日本、韩国一般采用坪。

$$1\ hm^2(公顷) = 10\ 000\ m^2(平方米)$$

$$1\ 亩 = 666.67\ m^2$$

$$1\ ft^2(平方英尺) = 0.092\ 903\ 04\ m^2$$

$$1\ 坪 = 3.305\ 79\ m^2$$

四、交易情况修正

交易实例的成交价格可能是正常的,也可能是不正常的。对比较实例成交价格进行的修正称为交易情况修正。交易情况修正是排除掉交易行为中的一些特殊因素所造成的交易价格偏差。

(一)造成成交价格偏差的原因

由于土地市场的特殊性质,如交易物的不可移动性、市场的不完全性等,其交易价格是随个别交易物形成的,往往容易受当时的一些特殊因素的影响形成偏差,不宜直接作为比较对象。因此,运用市场比较法评估土地价格时,必须进行交易情况的比较、分析。造成成交价格偏差的原因主要有以下几个。

(1)有利害关系的人们互相之间的交易。例如:父子之间、兄弟之间、亲友之间、母子公司之间、有利害关系的公司之间、公司与其员工之间的交易。

(2)急于脱售或购买的以及不了解市场行情的交易。例如:欠债到期或者抵押房地产拍卖清偿等急于出售房地产来偿还,交易价格往往偏低;急于购买情况下的成交价格往往是偏高的。

(3)交易双方或一方有特别动机或偏好的交易。例如:买方或卖方对买卖的房地产有特别的爱好、感情,成交价格往往偏高。

(4)受债权债务关系影响的交易。例如:设立了抵押权、典权或有拖欠工程款的交易。

(5)相邻地块的合并交易。土地价格受土地形状是否规则、土地面积是否适当的影响。形状不规则或面积过小的地块,价格通常较低,但这类土地如果与相邻地块合并后,效用通常会增加。因此当相邻地块的产权人欲取得该地块时,该地块的产权人通常会索要高价,而相邻地块的产权人往往也愿意支付较高的价格。所以相邻地块合并交易的成交价格往往高于其单独存在、与其不相邻交易时的正常市场价格。

(6)交易税费非正常负担的交易。正常成交价格是指在买卖双方各自缴纳自己应缴纳的的交易税费下的价格,即在此价格下,卖方应缴纳卖方的税费,买方应缴纳买方的税费。但在实际的交易中,往往出现本应由卖方缴纳的税费,买卖双方协议由买方缴纳如:契税本由买方负担,却转嫁给了卖方;交易手续费本应由双方各负担一部分,却转嫁给了其中的一方。

(7) 特殊交易方式的交易。特殊的交易方式包括拍卖、招标、哄抬或抛售等。通常来讲,正常的成交价格是交易双方经过充分讨价还价的协议价格。拍卖、招标等方式容易受现场气氛、情绪的影响而使价格失常。但我国大陆目前的土地使用权出让是例外,拍卖、招标的价格较能反映市场行情,而协议价格往往偏低。

(二)交易情况修正方法

上述特殊交易情况的交易实例一般不宜选为可比实例,但当可供选择的交易实例较少而不得不选用时,则应对其进行交易情况修正。交易情况修正需要估价人员具有丰富的经验,对市场行情有充分的了解,所以能否准确地进行交易情况修正,很大程度上依赖于估价人员的经验。

一般的交易情况修正程序为:

(1) 剔除非正常的交易实例。即要将那些已不属于或已超出可以进行修正范围的实例排除掉。

(2) 测定各种特殊因素对正常土地价格的影响程度。即要分析在正常情况下和这些特殊情况下,土地价格可能产生的偏差的大小。测定方法可以利用已掌握的交易资料分析计算,确定修正系数。由于缺乏客观、统一的尺度,这种测算有时非常困难,因此在哪种情况下应当修正多少,只有由估价人员凭经验判断。作为估价人员平常就应收集征集交易实例,并加以分析,在积累了丰富经验的基础上,努力把握适当的修正系数。

(3) 修正具体的交易实例。

$$交易情况修正后比较实例价格 = 比较实例成交价格 \times 交易情况修正系数$$

$$交易情况修正系数 = \frac{待估土地交易情况或正常交易情况指数}{比较实例交易情况指数}$$

例 4-2 某宗土地使用权转让交易,转让双方在合同中规定,受让付给转让方 2 325 元/m²,转让中涉及的税费均由受让方负担。按相关规定,土地使用权转让交易中应由转让方缴纳的税费为正常成交价格的 7%,应由受让方缴纳的税费为正常成交价格的 5%,试求该宗土地的正常成交价格。

【解】该宗土地的正常成交价格求取如下:

$$正常成交价格 = \frac{转让方实际得到的价格}{1 - 应由转让方缴纳的税费比率} = \frac{2\ 325}{1 - 7\%} = 2\ 500(元\ /m^2)$$

例 4-3 某城市在一估价中经调查分析,确定需进行交易情况修正的主要因素是交易形式修正,即要剔除比较交易实例和待估土地之间因具体交易形式(协议、招标、挂牌、拍卖等)不同造成价格差别,该城市利用市场价格调查结果,确定修正系数,如表 4-2 所示。

表 4-2　交易情况修正系数表

交易形式	协议	招标	挂牌	拍卖
修正系数	0.5	0.75	0.8	1

若选样的某交易实例为协议方式的交易,成交价每平方米 500 元,而待估土地则要求评估拍卖成交价格,这样需对交易实例进行交易情况修正。

【解】交易实例拍卖交易价格求取如下:

$$交易情况修正后交易实例价格 = 交易实例价格 \times 交易情况修正系数$$

$$= 500 \times \frac{1}{0.5}$$

$$= 1\,000(元/m^2)$$

五、交易日期修正

(一)交易日期修正的含义

比较案例的成交价格是其成交日期时的价格,是在其成交日期时的土地市场状况下形成的。要求评估的待估土地价格是估价基准日的价格,是指在估价基准日的土地市场状况下形成的。交易实例的交易日期与待估土地估价期日是有差异的,一般前者发生在先,后者发生在后。如果两者间隔不大(比如不到半年),同时在这期间土地市场发展平衡,土地市场价格波动不大,则可以不进行期日修正,否则一般要进行期日修正,以使交易实例的价格符合估价期日的实际市场状况。

(二)交易日期修正的方法

在交易实例的成交日期至估价基准日期间,随着时间的推移,土地价格可能发生的变化有三种情况:平稳、上涨、下跌。在判定土地价格水平为稳定发展时,可不进行交易日期修正。而当土地价格上涨和下跌时都必须进行交易日期修正。

关于交易期日修正,可以采用地价指数的变动率来分析计算,将交易价格修正为估价期日的价格。其中,地价指数是指运用一定的统计方法将特定区域一定时期内的地价水平换算成相对于某一基准日期地价水平相对百分比。

采用地价指数的变动率来进行交易日期的计算公式如下。

比较实例在估价基准日时的价格=比较实例在成交日期时的价格×交易日期修正系数

$$交易日期修正系数 = \frac{待估土地估价时点的地价指数}{比较实例成交日期时点的地价指数}$$

地价指数按基期不同又分为定基指数和环比指数。

定基指数是以某一时点为基期建立的。环比指数基期是不固定的,通常以上一个统计时点为基期。基期的价格指数通常定义为 100,具体示例见表 4-3 和表 4-4。

例 4-4 某宗土地 2002 年的价格为 1 600 元/m²,现需要将其调整到 2005 年,已知该区域类似土地的定基价格指数和环比价格指数如下表所示(以 2001 年为 1),试求该宗土地 2005 年的价格。

表 4-3 定基价格指数示例

时间(年)	2001	2002	2003	2004	2005
价格指数	100	98	102	105	106

表 4-4 环比价格指数示例

时间(年)	2001	2002	2003	2004	2005
价格指数	100	98/100=98	102/198=104	105/102=103	106/105=101

【解】

该宗土地 2005 年的价格计算如下:

$$利用定基价格指数计算:1\ 600 \times \frac{106}{98} = 1\ 731(元/m^2)$$

利用环比价格指数计算:

$$1\ 600 \times \frac{102}{98} \times \frac{105}{102} \times \frac{106}{105} = 1\ 600 \times 104 \times 103 \times 101 = 1\ 731(元/m^2)$$

若已知环比指数,需换算成定基指数,进行地价指数修正。

国家统计局每季度发布的土地出让价格指数,就是以上一年同季度为基期的指数。除用价格指数修正方法外,还可以通过大量交易案例,分析地价随时间的变动规律,测定地价的变动率,并以此对交易实例进行修正。如可以利用长期趋势法的基本原理,建立地价与时间的相关关系,求取相关系数,以修正交易实例。

六、区域因素修正

区域因素是指对区域土地价格有总体影响的自然、社会、经济因素。主要包括区域位置、繁华程度、基础设施条件、规划限制、环境质量等(具体内容见本书第二章第三节土地价格的影响因素)。

区域因素修正的目的,就是要通过修正,将交易案例土地与待估土地由于地区特性不同产生的价格差异剔除掉。因此,区域因素修正是市场比较法中的一个基本修正,也是市场比较法的难点和重点之一。

市场比较法中的区域因素修正可按以下几个步骤进行。

1. 确定比较因子

即根据具体的评估对象,选择确定区域因素中的比较因子内容(比较因子可参见表4－1)。

2. 评价各因子的比较修正系数

对区域因素的比较修正,在确定了比较因子内容后,必须把各因子条件转化为可比的定量指数,进而计算区域因素修正系数。一般来说,定量确定各比较因子定量指数的方法有以下几种。

(1) 利用距离为比较尺度。如比较距商业服务中心的距离,距某公共设施的距离等,以距离为依据进行比较。

(2) 利用数学公式或经验公式计算的影响分值为比较尺度。即利用一定的公式计算因素的影响分值,并以分值为比较依据。(详见本书第九章的相关内容)

(3) 在地价和各影响因子相关关系分析的基础上,总结出各因子条件量化标准和规律,在具体估价时,根据各因子指标条件对照上述规律和标准,并借助估价人员的经验,应先确定各因子的条件指数和修正系数,编制出区域因素修正系数表,如表4－5所示。

3. 利用计算出的区域因素修正系数,进行区域因素修正

其计算公式如下。

$$区域因素修正后比较实例价格 = 比较实例价格 \times 区域因素修正系数$$

根据因子条件指数确定的途径,采用两种方式确定区域因素条件指数。

(1) 若区域因素的各因子条件指数是采用单因子与地价相关关系分析后确定的,则应采用积算的方式确定待估土地和比较实例的因素条件指数后比较确定相应的修正系数,即有

$$区域因素修正系数 = \frac{待估土地区域因素条件指数}{比较实例区域因素条件指数}$$

$$= \frac{\prod_{i=1}^{n} 待估土地区域因子条件指数}{\prod_{j=1}^{n} 比较实例区域因子条件指数}$$

式中:n 表示区域因素中所包含的因子数。

(2) 若区域因素中的各因子条件修正系数是在确定因素修正总幅度的基础上进行因子分解后确定,则应采用因子修正系数加和的方式确定因素修正幅度,进而确定因素条件指数和因素修正系数,即有

$$区域因素修正系数 = \frac{待估土地区域因素条件指数}{比较实例区域因素条件指数}$$

$$= \frac{1 + \sum_{i=1}^{n} 待估土地区域因子条件指数}{1 + \sum_{j=1}^{n} 比较实例区域因子条件指数}$$

式中:n 表示区域因素中所包含的因子数。

例4-5 某城市住宅用地区域因素各影响因子项目确定（如表4-5所示），并主要采取以距离、保证率等指标为比较尺度。

表4-5 某城市区域因素修正系数表

交通状况	道路级别	条件	>20 m	10—20 m	<10 m
		修正系数	1.00	1.00	0.9
	距公交站点距离	条件	<200 m	200—500 m	>500 m
		修正系数	1.00	0.97	0.95
距商服中心距离	距市级商服中心	条件	<1 000 m	1 000—2 000 m	>2 000 m
		修正系数	1.05	1.00	0.95
	距区级商服中心	条件	<1 000 m	1 000—2 000 m	>2 000 m
		修正系数	1.06	1.00	0.94
基础设施状况	供水保证率	条件	>95%	80%—95%	<80%
		修正系数	1.00	0.95	0.90
	供电保证率	条件	>95%	80%—95%	<80%
		修正系数	1.00	0.95	0.90
	排水保证率（下水道密度）	条件	>85 m/hm²	60—8 585 m/hm²	<60 m/hm²
		修正系数	1.05	1.00	0.95
距对外交通设施距离	距中小学、医院、影剧院、集贸市场	条件	距4个设施<200 m	距3个设施<200 m	距2个设施<200 m
		修正系数	1.10	1.05	1.00
环境条件	绿化率	条件	>35%	20%—35%	<20%
		修正系数	1.05	1.00	0.95

资料来源 邱华炳：《土地评估》，中国财政经济出版社2003年版，第171页。

【解】假定经选择确定的比较交易实例价格为1 000元/m²（单位土地面积价格），将各因子条件与区域因素条件指数表对照确定相应的各项条件指数，运用积算方式计算得出，比较实例各区域因子修正系数之积为1.025，而待估宗地的各个区域因子指标指数之积为0.985，则经区域因素修正的价格为

$$1\,000 \times \frac{0.985}{1.025} = 961(元/m^2)$$

七、个别因素修正

个别因素是指宗地本身的条件和特征对宗地的价格有影响的因素,因而又称为宗地因素,主要包括宗地的面积、宽度、深度、形状、坡度、宗地基础设施条件、宗地临街情况、城市规划限制、土地使用年限等等(具体内容见本书第二章第三节土地价格的影响因素)。由于规划限制条件中的容积率及土地使用年期对土地价格影响的重要性和影响幅度较大,一般在进行土地估价时单独做修正。

个别因素修正的目的,就是要通过修正,将待估宗地与比较实例宗地之间由于个别因素差异而产生的价格差别剔除掉,以便准确评估待估宗地的价格。

个别因素修正的步骤包括以下三步。

(1) 确定比较因素。

(2) 评价各因素的比较修正系数。

(3) 利用比较修正系数表评估土地价格。

以上各程序及计算公式基本同于区域因素的修正方法。然而,由于个别因素对土地利用影响有其相应的特点,评价各因子比较修正系数的方法,与区域因素的评价方法不完全相同。除可以采用经验判断打分为比较尺度以外,还可采用进行个别因素中各因子与地价相关关系分析的方法,确定个别因素对地价影响系数,编制出城市或区域的个别因素修正系数表。

在进行个别因素及区域因素修正时,各因素及因子的选定及权重因用途不同而异,例如商业用地的繁华度、临街等权重比区域环境、宗地面积等重要,住宅用地的交通、景观(江景、山景等)比临街、形状等重要,工业用地的集聚度比区域环境重要等。

八、容积率修正

容积率是指建筑物的总建筑面积与整个宗地总面积之比。一般城市规划对城市不同地区的容积率有一定的规定和限制。容积率的大小直接影响土地利用程度的高低。一般来说,容积率越大,土地利用程度越高,土地利用效益就越高,从而地价也就相应地提高。所以要进行容积率的修正,以便消除由于容积率不同造成的地价差异。

由此可见,地价实质上应是在一定容积率条件下的土地价格。因此,在比较修正过程中容积率修正是十分重要的。容积率修正同样采用修正系数来修正计算。有些城市在公布城市规划区内基准地价时,同时公布容积率修正系数,这样可以为估价获得方便。在没有官方公布容积率修正系数情况下,则需要估价人员自己通过调查,分析容积率与地价水平间的相关关系,编制修正系数表。一般可以通过以下步骤进行。

(1) 收集资料,主要了解城市规划关于容积率的规定标准,以及容积率现状水平(可利用土地登记资料查询)。

(2) 测算修正系数,进行容积率与地价水平的相关分析,依据容积率与地价的相关系数制定容积率修正系数。

（3）利用容积率修正系数修正地价。

需要注意的是,容积率在城市总体规划上同一区域虽有一定限制,但在现实的土地利用结构中,不同区域、不同用途的情况下容积率变化较大。容积率修正体系的建立应针对不同情况,作出相应的分析。关键是要具体问题具体分析,分用途作出容积率是否修正的判断和方法。

容积率修正系数表的编制,通常采用区域平均容积率按容积率区间进行计算赋值修正建立容积率修正体系的做法。但这种运行做法并不完全适用于每个地方。所以,有时候对于特定城市,可以采取从各个均质区域选取典型样点,对容积率变动与典型样点地价变动之间的关系作出分析,建立容积率变动与样点地价变动幅度的关系图,并尽可能从关系图中得出容积率变动与样点地价变动幅度间的连续函数关系,从而以之为修正系数表来指导容积率修正。

例 4−6 根据某城市容积率的现状水平及城市规划的具体规定和容积率与地价水平的相关分析,制定该城市容积率修正系数表(表 4−6)。

表 4−6　容积率修正系数表

容积率	≤0.1	0.1—0.4	0.4—0.7	0.7—1.0	1.0—1.1	1.1—1.3	1.3—1.7	1.7—2.0	>2.0
修正系数	0.5	0.6	0.8	1.0	1.1	1.3	1.7	1.8	2.0

如果确定比较实例宗地地价每平方米为 1 000 元,容积率为 2.0,待估宗地规定容积率为 1.7,则比较实例容积率修正计算如下。

$$容积率修正后比较实例价格 = 1\,000 \times \frac{1.7}{1.8}$$

$$= 944\,(元\,/m^2)$$

九、土地使用权年期修正

土地使用权年期是在符合法律规定前提下土地交易中契约约定的土地使用权年限。土地使用权年期的长短,直接影响可利用土地并获得相应土地收益的年限。如果土地的年收益确定以后,土地的使用期限越长,土地的总收益越多,土地利用效益也越高,土地的价格也会因此而提高。因此,通过土地使用权年期修正,可以消除由于使用期限不同所造成的价格上的差别。

使用权年期修正方法应采用年期修正系数来进行,计算公式为

$$使用权年期修正后比较实例价格 = 比较实例价格 \times 使用权年期修正系数$$

$$使用权年期修正系数 = \frac{1 - 1/(1+r)^m}{1 - 1/(1+r)^n}$$

式中:r 为土地还原利率;m 为待估宗地使用权年期;n 为比较实例的使用权年期。

例 4-7　经选择的某比较交易实例转让交易价格为 2 000 元/m²(商业用途),其出让年期为 40 年,出让日期为 2000 年 12 月 31 日,转让交易日为 2005 年 12 月 31 日。现待估宗地(商业用途)出让年期为 40 年,土地还原利率取 8%,则土地使用年期修正如下。

$$使用年期修正后比较实例价格 = 比较实例价格 \times \frac{1-1/(1+r)^m}{1-1/(1+r)^n}$$

$$= 2\,000 \times \frac{1-1/(1+8\%)^{40}}{1-1/(1+8\%)^{35}}$$

$$= 2\,046\,(元/m^2)$$

十、综合求取比准价格

(一) 求取某个比较实例对应的比准价格

通过对所选择的市场交易实例分别进行交易情况修正、交易日期修正、区域因素修正、个别因素修正、容积率修正和土地使用权年期限修正等因素调整后,即可得出待估土地的试算比牌价格。

市场比较法根据实际中比较基准的不同,可以分为直接比较分析和间接比较分析。直接比较是以待估土地的状况为基准,把各交易实例与其逐项比较,然后将比较的结果转化为修正价格。间接比较是以一个标准宗地(标准宗地是指一定区域内设定的,具备的条件在一定范围内有相应的代表性,可起示范及比较标准作用的若干宗地)或条件俱佳的土地为基准,把交易实例和待估土地均与其逐项比较,然后将结果转化为修正价格。

1. 直接比较修正公式

比准价格＝比较实例价格×交易情况修正系数×交易日期修正系数×区域因素修正
　　　　　系数×个别因素修正系数×容积率修正系数×土地使用权年期修正系数

2. 间接比较修正公式

如果城市中已设定标准宗地,也可以利用标准地块为比较基准,确定待估土地的价格。这时如果收集的比较交易实例正好为标准宗地,则修正仍按直接比较修正形式进行,只是不需进行标准化修正;如果比较实例不是标准宗地,则要先进行标准化修正,然后再用以比较确定待估土地价格。通常情况下,这种方法采用的少。

间接比较修正公式为

比准价格＝比较实例价格×交易情况修正系数×交易日期修正系数×标准化修正
　　　　　系数×区域因素修正系数×个别因素修正系数×容积率修正系数×土
　　　　　地使用权年期修正系数

式中,标准化修正系数的计算公式为

$$标准化修正系数 = \frac{标准宗地条件评价系数}{比较实例宗地条件评价系数}$$

直接及间接比较修正中的有关指数,如设比较实例或待估土地的某因素条件指数为基值 100,然后利用经验判断,若待估土地或比较实例的该因素条件较优,则其条件指数大于 100;若待估土地或比较实例该因素条件较劣,则其条件指数小于 100;然后根据地价影响因素的作用规律,确定各条件指数的准确值后,代入直接或间接比较修正公式计算即可。这样可以得到比准价格的计算公式可以用以下三种形式表示。

(1)第一种形式。

$$比准价格 = 比较实例价格 \times \frac{100}{(\quad)} \times \frac{(\quad)}{100} \times \frac{100}{(\quad)} \times \cdots \times \frac{100}{(\quad)}$$

式中第一项分子 100,表示以正常交易情况或待估土地情况指数为 100 时,要确定比较交易实例发生时的交易情况指数;第二项分母 100,表示以交易当时的价格指数为 100 时,要确定估价期日的价格指数;其余各项分子为 100,表示以待估土地其余各项因素条件指数(如区域因素条件指数、个别因素条件指数等)为 100 时,要比较确定比较实例相应因素条件指数。

(2)第二种形式。

$$比准价格 = 比较实例价格 \times \frac{100}{(\quad)} \times \frac{(\quad)}{100} \times \frac{(\quad)}{100} \times \cdots \times \frac{(\quad)}{100}$$

式中第一、第二项含义同第一种形式,其余各项分子为 100,表示以比较实例其余各项因素条件指数(如区域因素条件指数、个别因素条件指数等)为 100 时,要比较确定待估土地相应因素条件指数。

(3)第三种形式。

$$比准价格 = 标准宗地价格 \times \frac{100}{(\quad)} \times \frac{(\quad)}{100} \times \frac{(\quad)}{100} \times \cdots \times \frac{(\quad)}{100}$$

式中第一、第二项含义同以上两种形式,其余各项分子为 100,表示以标准宗地的条件指数为 100 时,要比较确定待估土地相应因素条件指数。

(二)将多个比准实例价格综合成一个最终比准价格

每一个比较实例的成交价格经过上述各项修正后,都会相应地得出一个比准价格,如有三个比较实例,经过各项修正后,会得到三个比准价格,但这些比准价格可能是不一致的,最后需要将它们综合成一个比准价格,以此作为比较法的估算结果。方法通常有下列四种:平均数;中位数;众数;其他方法。其中,平均数又分为简单算术平均和加权算术平均;中位数是把修正出的各个价格按从低到高或从高到低的顺序排列,当项数为奇数时,位于正中间位置的那个价格为综合出的一个价格;当项数为偶数时,位于正中间位置的那两个价格的简单算术平均为综合出的一个价格。众数是一组数值中出现次数最多的数值。

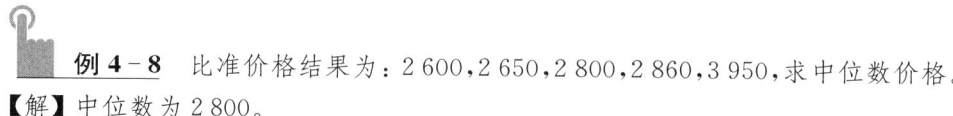

例 4 - 8 比准价格结果为:2 600,2 650,2 800,2 860,3 950,求中位数价格。
【解】中位数为 2 800。

例 4 - 9 比准价格结果为:2 600,2 650,2 800,2 860,求中位数价格。

【解】中位数为(2 650+2 800)/2=2 725。

其他方法将修正出的多个价格综合成一个价格,如去掉一个最低价和一个最高价,将余下的拿来简单算术平均。此外估价人员也根据自身经验,以某一个比准价格为主,参考其他比准价格最终确定价格。在实际估价中,最常用的是平均数,其次是中位数,很少用众数。

第三节 市场比较法的应用

例 4-10 某城市有一宗住宅用地,需要评估其土地使用权价格。经调查收集到以下资料:

(1) 与待估宗地处于同一供需圈、相同用途、相同交易类型的四宗土地交易案例,待估宗地与各交易案例的条件以及各交易案例的区域因素和个别因素修正情况如表4-7所示,其中区域因素和个别因素的修正皆是与待估宗地相比较,表中修正系数为正数的,表示交易案例的条件优于待估宗地,表中系数为负数的,表示交易案例条件比待估宗地差。

表4-7 待估宗地与交易案例的比较

项目用地	宗地成交价格(元/m²)	交易时间	土地使用权年期(年)	容积率	区域因素修正系数(%)	个别因素修正系数(%)
A	1 200	2005 年 10 月 1 日	70	2	+3	−11
B	1 560	2005 年 8 月 1 日	70	3.0	−5	−2
C	1 650	2005 年 12 月 1 日	50	3.0	−5	−2
D	1 400	2006 年 5 月 1 日	40	2.5	−6	−3
待估宗地		2006 年 10 月 1 日	70	2		

(2) 土地还原率为7%。

(3) 该市住宅地价指数以2005年1月1日为100,以后平均每月上涨1个百分点。

(4) 该市住宅地的容积率修正系数见表4-8。

表4-8 住宅地的容积率和修正系数

容积率	1.0	2.0	2.5	3.0	4.0	5.0
修正系数	1.0	1.8	2.1	2.4	2.9	3.3

113

请根据上述资料,采用市场比较法估算出待估宗地于 2006 年 10 月 1 日土地使用年限为 70 年的单位土地面积价格。

【解】

(1)计算公式:

比准价格 = 比较实例价格 × 交易日期修正系数 × 区域因素修正系数

　　　　　　　× 个别因素修正系数 × 容积率修正系数 × 土地使用年期修正系数

(2)交易日期修正系数为

　　　比较实例 A＝121/109

　　　比较实例 B＝121/107

　　　比较实例 C＝121/111

　　　比较实例 D＝121/116

(3)区域修正系数为

　　　比较实例 A＝100/(100＋3)＝100/103

　　　比较实例 B＝100/(100－5)＝100/95

　　　比较实例 C＝100/(100－5)＝100/95

　　　比较实例 D＝100/(100－6)＝100/94

(4)个别因素修正系数为

　　　比较实例 A＝100/(100－11)＝100/89

　　　比较实例 B＝100/(100－2)＝100/98

　　　比较实例 C＝100/(100－2)＝100/98

　　　比较实例 D＝100/(100－3)＝100/97

(5)容积率修正系数为

　　　比较实例 A＝1

　　　比较实例 B＝1.8/2.4

　　　比较实例 C＝1.8/2.4

　　　比较实例 D＝1.8/2.1

(6)土地使用年期修正系数为

　　　比较实例 A＝1

　　　比较实例 B＝1

　　　比较实例 C＝$[1－1/(1＋7\%)^{70}]/[1－1/(1＋7\%)^{50}]＝1.026$

　　　比较实例 D＝$[1－1/(1＋7\%)^{70}]/[1－1/(1＋7\%)^{40}]＝1.062$

(7)计算比准价格

　　　比准价格 A＝$1\,200×(121/109)×(100/103)×(100/89)×1×1$

　　　　　　　＝1 453.158(元/m²)

比准价格 B ＝ 1 560×(121/107)×(100/95)×(100/98)×1×(1.8/2.4)
　　　　　＝ 1 421.143(元/m²)

比准价格 C ＝ 1 650×(121/111)×(100/95)×(100/98)×1.026×(1.8/2.4)
　　　　　＝ 1 486.638(元/m²)

比准价格 D ＝ 1 400×(121/116)×(100/94)×(100/97)×1.062×(1.8/2.1)
　　　　　＝ 1 457.920(元/m²)

将上述三个比准价格的简单算术平均数作为市场比较法的估算结果,则有

待估土地单价 ＝ (1 453.158＋1 421.143＋1 486.638＋1 457.920)/4
　　　　　　＝ 1 454.71(元/m²)

本章小结

市场比较法是土地价格评估的基本方法之一。本章主要是介绍市场比较法的基本理论和估价步骤。第一节介绍了市场比较法的概念、理论依据以及适用范围和条件及其特点,其中市场比较法的理论依据、适用范围和条件是重点;第二节重点介绍了市场比较法的估价步骤,属于本章应重点掌握的内容;第三节是市场比较法应用举例,通过土地价格评估的实例介绍了市场比较法的实际应用。

关键词

市场比较法　替代原理　比较交易实例　交易情况　交易日期　区域因素　个别因素容积率　土地使用年期　比准价格

复习思考题

1. 市场比较法的理论依据、适用范围是什么?
2. 试论述市场比较法的估价步骤。
3. 收集交易实例时应搜集哪些内容? 收集交易实例的途径主要有哪些?
4. 运用市场比较法估价时一般要进行哪些修正?
5. 市场比较法的综合修正计算公式及其含义是什么?
6. 计算题

评估某块城市规划确定的住宅用地且土地总面积为 1 500 m²。

(1) 收集有关资料:共调查了 A,B,C 三宗土地买卖实例作为比较实例。

(2) 比较实例的成交价格见表 4－9。

表 4-9 比 较 实 例

	比较实例 A	比较实例 B	比较实例 C
成交价格(元/m²)	1 200	1 150	1 380
成交日期	2007 年 2 月 20 日	2007 年 4 月 20 日	2007 年 7 月 20 日
交易情况	正常	比正常价格低 3%	比正常价格高 5%

（3）该类土地 2007 年 1 月至 9 月的价格变动情况如表 4-10 所示。

表 4-10 价格变动情况

月份	1	2	3	4	5	6	7	8	9
价格指数	100	100.3	98.5	102.6	101.3	102.8	103.5	103.3	103.8

注：表中的价格指数为环比价格指数，均以上个月为 100。

（4）区域因素的比较判断结果，如表 4-11 所示。

表 4-11 区域因素的影响

区域因素	权重	估价对象	比较实例 A	比较实例 B	比较实例 C
因素 1	0.4	100	95	92	106
因素 2	0.35	100	105	96	109
因素 3	0.25	100	110	98	97

试运用上述资料估算该土地 2007 年 9 月 20 日的正常市场价格。

第五章 收益还原法

 学习目标

通过本章的学习,应该能够:
1. 理解收益还原法的基本概念、理论依据及其特点;
2. 掌握收益还原法的适用范围和条件;
3. 掌握收益还原法的计算公式及估价步骤;
4. 理解还原利率的概念、种类及实质,掌握土地还原利率的确定方法;
5. 熟练运用收益还原法评估土地价格。

第一节 收益还原法的基本原理

一、收益还原法的概念

收益还原法(income capitalization approach),是将待估土地在未来每年的预期纯收益,以一定的还原利率还原为估价基准日收益总和的一种估价方法。

收益还原法又称收益法、收益资本化法、收益现值法等,是土地估价中最常用的方法之一,是对土地和其他具有收益性质资产评估的基本方法。收益还原法的本质是以土地的预期未来收益为导向求取待估土地价格,所得的估价结果称为"收益价格"。

二、收益还原法的理论依据

收益还原法是以地租理论和预期原理为基础的。地租是土地价格的基础。由于土地具有位置固定性、面积有限性、个别性及功能永久性等特性,使用者在占有某块土地时,土地不仅能提供现时的纯收益,而且还能期待在未来年间源源不断地继续取得。当将此项随时间

延续而能不断取得的纯收益,以适当的还原利率折算为现在价值的总额时,它即表现为该土地的实质价值,也是适当的客观交换价值,这就是收益还原法的原理。此外,收益还原法是基于未来收益权利的现在价值的,即决定土地当前价格的,重要的不是过去的因素而是未来的因素。具体地说,土地当前的价格,通常不是基于其历史价格、开发所花费的成本或者过去的市场状况,而是基于市场参与者对其未来所能带来的收益或者能够得到的效益(如满足、乐趣)的预期,即预期原理。因此,收益还原法的理论依据是地租理论及预期原理。

收益还原法的基本思想,首先可以粗略地表述如下:由于土地的寿命长久,占有土地不仅现在能够获得收益,而且可以期望在未来持续获得收益。因此,可以视为一种投资。投资者获取土地,不是为了土地本身,而是取得土地未来能够产生的收益,是以现在的一笔资金去换取未来的一系列资金。这样,对于投资者来说,将资金用于投资土地而获取收益,与将资金存入银行获取利息所起的作用是相同的。于是,一宗土地的价格就相当于这样一笔资金,如果将该笔资金存入银行,也会带来与该宗土地所产生的收益相等的一笔收入。形象一点讲,如果

$$某笔资金×利率=土地的净收益$$

那么,这笔资金就是该宗土地的价格。将上述等式变换一下便得到

$$土地价格=土地的净收益/利率$$

例如,某人拥有的土地每年可产生 2 万元的纯收益,此人另有 40 万元的资金以 5% 的年利率存入银行每年可得到 2 万元的利息,对某人来说,该宗土地与 40 万元的资金等价,即值 40 万元。

上述收益还原法的基本思想,是一种形象的、简明的、便于理解的表达,严格来说还不很确切。在后文中我们将看到,它是净收益和还原利率每年均不变,获取收益的年限为无限年,并且获取土地收益的风险与获取银行存款利息风险相同的情况下的收益还原法情形。如果纯收益每年不是一个固定数,例如不是始终为 2 万元,而是有时为 2 万元,有时为 1.8 万元,那么就很难用一笔固定的资金(这里的 40 万元)和一个固定的利率(这里的 5%)与它等同;如果在利率也变化的情况下,例如有时为 5%,有时为 8%,那么就更不能简单地把这 40 万元说成是土地的价格;如果再加上获取收益的期限为有限年的情况,例如,土地是通过有偿出让方式取得有限期的使用权,或许由于其他原因造成获取收益的期限为有限年,如某宗土地预计 30 年后将会被海水淹没或荒漠化,则问题就更加复杂。

考虑到上述种种情况,我们可以将普遍适用的收益还原法原理表述如下:将估价基准日视为现在,那么在现在取得一宗土地,预示着在其未来的收益期限内可以源源不断地获取纯收益,如果现有一笔资金可与这未来一定期限内的纯收益的现值之和等值,则这笔资金就是该宗土地的价格。

三、收益还原法的计算公式

(一)最一般的公式

收益还原法最一般的计算公式如下

$$P = \frac{a_1}{1+r_1} + \frac{a_2}{(1+r_1)(1+r_2)} + \cdots + \frac{a_n}{(1+r_1)(1+r_2)\cdots(1+r_n)}$$

$$= \sum_{i=1}^{n} \frac{a_i}{\prod_{j=1}^{i}(1+r_j)}$$

式中:P——土地的收益价格,通常又称为现值;

　　n——土地的收益期限,是从估价基准日开始未来可以获得收益的持续时间,通常为收益年限;

　　$a_1, a_2, \cdots, a_n$——分别为待估土地相对于估价时间而言的未来的第1期,第2期,$\cdots$,第n期末的纯收益;

　　$r_1, r_2, \cdots, r_n$——分别为待估土地相对于估价时间而言的未来的第1期,第2期,$\cdots$,第n期末的还原利率。

说明:

(1) 此公式实际上是收益还原法基本原理的公式化,是收益还原法的原理公式,主要用于理论分析。

(2) 当公式中a, r, n变化时可以导出下述各种公式。

(3) 该公式及在此基础上进行形式变换得到的其他公式均是假设土地纯收益相对于估价基准日发生在期末。在实际估价中,如果土地纯收益发生的时间相对于估价基准日不是在期末,例如在期初或期中,则应对纯收益或者对公式做相应的调整。

(4) 公式中a, r, n的时间单位是一致的,通常为月、季、半年等。在实际中,如果a, r, n之间的时间单位不一致,例如a的时间单位为月而r的时间单位为年,则应对纯收益或者还原利率或者对公式做相应的调整。

(二) 土地年纯收益不变的公式

纯收益每年不变的公式具体有两种情况:一是收益期限为有限年;二是收益期限为无限年。

1. 收益期为有限年的公式

收益期为有限年的公式如下。

$$P = \frac{a}{r}\left[1 - \frac{1}{(1+r)^n}\right]$$

公式原型为

$$P = \frac{a}{1+r} + \frac{a}{(1+r)^2} + \cdots + \frac{a}{(1+r)^n}$$

此公式的假设前提(也是应用条件,下同)是:

(1) 土地纯收益每年不变为a;

(2) 还原利率不等于零为r;

(3) 收益期限为有限年n。

上述公式的假设前提是公式推导上的要求(后面的公式均如此),其中还原利率 r 在现实中是大于零的,因为还原利率也表示一种资金的时间价值或机会成本。从数学上看,当 $r = 0$ 时,$P = a \times n$。

2. 收益期限为无限年的公式

收益期限为无限年的公式如下。

$$P = \frac{a}{r}$$

公式原型为

$$P = \frac{a}{1+r} + \frac{a}{(1+r)^2} + \cdots + \frac{a}{(1+r)^n} + \cdots$$

此公式的假设前提是:

(1)纯收益每年不变为 a;

(2)还原利率大于零为 r;

(3)收益期限 n 为无限年。

(三)土地纯收益在若干年内有变化的公式

土地纯收益在若干年内有变化的公式具体有两种情况:一是收益期限为有限年;二是收益期限为无限年。

1. 收益期限为有限年的公式

收益期限为有限年的公式如下

$$P = \sum_{i=1}^{t} \frac{a_i}{(1+r)^i} + \frac{a}{r(1+r)^t} \left[1 - \frac{1}{(1+r)^{n-t}} \right]$$

式中:t 为土地纯收益有变化的期限。

公式原型为

$$P = \frac{a_1}{1+r} + \frac{a_2}{(1+r)^2} + \cdots + \frac{a_t}{(1+r)^t} + \frac{a}{(1+r)^{t+1}} + \frac{a}{(1+r)^{t+2}} + \cdots + \frac{a}{(1+r)^n}$$

此公式的假设前提是:

(1)纯收益在未来的前 t 年(含第 t 年)有变化,分别为 $a_1, a_2, \cdots, a_t$,在 t 年以后无变化为 a;

(2)还原利率不等于零为 r;

(3)收益期限为有限年 n。

2. 收益期限为无限年的公式

收益期限为无限年的公式如下。

$$P = \sum_{i=1}^{t} \frac{a_i}{(1+r)^i} + \frac{a}{r(1+r)^t}$$

公式原型为

$$P = \frac{a_1}{1+r} + \frac{a_2}{(1+r)^2} + \cdots + \frac{a_t}{(1+r)^t} + \frac{a}{(1+r)^{t+1}} + \frac{a}{(1+r)^{t+2}}$$

$$+ \cdots + \frac{a}{(1+r)^n} + \cdots$$

此公式的假设前提是:

(1) 纯收益在未来的前 t 年(含第 t 年)有变化,分别为 $a_1, a_2, \cdots, a_t$,在 t 年以后无变化为 a;

(2) 还原利率不等于零为 r;

(3) 收益期限 n 为无限年。

(四) 土地纯收益按一定数额递增的公式

土地纯收益按一定数额递增的公式具体有两种情况:一是收益期限为有限年;二是收益期限为无限年。

1. 收益期限为有限年的公式

收益期限为有限年的公式如下。

$$P = \left(\frac{a}{r} + \frac{b}{r^2}\right)\left[1 - \frac{1}{(1+r)^n}\right] - \frac{b}{r} \times \frac{n}{(1+r)^n}$$

式中: b 为纯收益逐年递增的数额,其中,纯收益未来第 1 年为 a,未来第 2 年为 $(a+b)$,未来第 3 年为 $(a+2b)$,依此类推,未来第 n 年为 $[a+(n-1)b]$。

公式原形为

$$P = \frac{a}{1+r} + \frac{a+b}{(1+r)^2} + \frac{a+2b}{(1+r)^3} + \cdots + \frac{a+(n-1)b}{(1+r)^n}$$

此公式的假设前提是:

(1) 纯收益未来第一年为 a,此后按数额 b 逐年递增;

(2) 还原利率不等于零为 r;

(3) 收益期限为有限年 n。

2. 收益期限为无限年的公式

收益期限为无限年的公式如下。

$$P = \frac{a}{r} + \frac{b}{r^2}$$

公式原型为

$$P = \frac{a}{1+r} + \frac{a+b}{(1+r)^2} + \frac{a+2b}{(1+r)^3} + \cdots + \frac{a+(n-1)b}{(1+r)^n} + \cdots$$

此公式的假设前提是:

(1) 纯收益未来第一年为 a,此后按数额 b 逐年递增;

(2) 还原利率不等于零为 r;

(3) 收益期限 n 为无限年。

（五）土地纯收益按一定数额递减的公式

纯收益按一定数额递减的公式只有收益期限为有限年一种，其公式为

$$P = \left(\frac{a}{r} - \frac{b}{r^2}\right)\left[1 - \frac{1}{(1+r)^n}\right] + \frac{b}{r} \times \frac{n}{(1+r)^n}$$

式中，b 为纯收益逐年递减的数额，其中，纯收益未来第 1 年为 a，未来第 2 年为 $(a-b)$，未来
第 3 年为 $(a-2b)$，依此类推，未来第 n 年为 $[a-(n-1)b]$。

公式原型为

$$P = \frac{a}{1+r} + \frac{a-b}{(1+r)^2} + \frac{a-2b}{(1+r)^3} + \cdots + \frac{a-(n-1)b}{(1+r)^n}$$

此公式的假设前提是：

（1）纯收益未来第一年为 a，此后按数额 b 逐年递减；

（2）还原利率不等于零为 r；

（3）收益期限为有限年 n，且 $n \leqslant \dfrac{a}{b} + 1$。

$n \leqslant \dfrac{a}{b} + 1$ 和不存在收益期限为无限年公式的原因是：当 $n > \dfrac{a}{b} + 1$ 时，第 n 年的净收
益 <0。这可以通过令第 n 年的净收益 <0 推导出，即

$$a - (n-1)b < 0$$

得到

$$n > \frac{a}{b} + 1$$

此后各年的净收益均为负值，任何一个"经济人"在 $\dfrac{a}{b} + 1$ 年后都不会再经营下去。

（六）土地纯收益按一定比率递增的公式

纯收益按一定比率递增的公式具体有两种情况：一是收益期为有限年；二是收益期为无
限年。

1. 收益期为有限年的公式

收益期为有限年的公式如下。

$$P = \frac{a}{r-s}\left[1 - \left(\frac{1+s}{1+r}\right)^n\right]$$

式中：s 为纯收益逐年递增的比率，其中，纯收益未来第 1 年为 a，未来第 2 年为 $a(1+s)$，未来
第 3 年为 $a(1+s)^2$，依此类推，未来第 n 年为 $a(1+s)^{n-1}$。

公式原型为

$$P = \frac{a}{1+r} + \frac{a(1+s)}{(1+r)^2} + \frac{a(1+s)^2}{(1+r)^3} + \cdots + \frac{a(1+s)^{n-1}}{(1+r)^n}$$

此公式的假设前提是:

(1)纯收益未来第一年为 a,此后按比率 s 逐年递增;

(2)纯收益逐年递增的比率 s 不等于还原利率 $r\left[\text{当} s=r \text{时}, P=a\times\dfrac{n}{(1+r)}\right]$;

(3)收益期限为有限年 n。

2. 收益期为无限年的公式

收益期为无限年的公式如下。

$$P=\frac{a}{r-s}$$

公式原型为

$$P=\frac{a}{1+r}+\frac{a(1+s)}{(1+r)^2}+\frac{a(1+s)^2}{(1+r)^3}+\cdots+\frac{a(1+s)^{n-1}}{(1+r)^n}+\cdots$$

此公式的假设前提是:

(1)纯收益未来第一年为 a,此后按比率 s 逐年递增;

(2)还原利率 r 大于纯收益逐年递增的比率 s;

(3)收益期限 n 为无限年。

此公式要求 r 大于 s 的原因是,从数学上看,如果 s 大于或等于 r,P 就会无穷大。但这种情况在现实中是不可能出现的:原因之一是任何土地纯收益都不可能以极快的速度无限递增下去;原因之二是较快的递增速度通常意味着较大的风险,从而要求提高风险报酬。

(七)土地纯收益按一定比率递减的公式

纯收益按一定比率递减的公式具体有两种情况:一是收益期为有限年;二是收益期为无限年。

1. 收益期为有限年的公式

收益期为有限年的公式如下。

$$P=\frac{a}{r+s}\left[1-\left(\frac{1-s}{1+r}\right)^n\right]$$

式中:s 为纯收益逐年递减的比率,其中,纯收益未来第1年为 a,未来第2年为 $a(1-s)$,未来第3年为 $a(1-g)^2$,依此类推,未来第 n 年为 $a(1-s)^{n-1}$。

公式原型为

$$P=\frac{a}{1+r}+\frac{a(1-s)}{(1+r)^2}+\frac{a(1-s)^2}{(1+r)^3}+\cdots+\frac{a(1-s)^{n-1}}{(1+r)^n}$$

此公式的假设前提是:

(1)纯收益未来第1年为 a,此后按比率 s 逐年递减;

(2)还原利率不等于零为 r;

(3)收益期限为有限年 n。

2. 收益期为无限年的公式

收益期为无限年的公式如下。

$$P = \frac{a}{r+s}$$

公式原型为

$$P = \frac{a}{1+r} + \frac{a(1-s)}{(1+r)^2} + \frac{a(1-s)^2}{(1+r)^3} + \cdots + \frac{a(1-s)^{n-1}}{(1+r)^n} + \cdots$$

此公式的假设前提是:

(1) 纯收益未来第一年为 a,此后按比率 s 逐年递减;

(2) 还原利率大于零为 r;

(3) 收益期限 n 为无限年。

(八) 预知未来若干年后的土地价格的公式

预测土地未来 t 年的纯收益分别为 a_1, a_2, $\cdots$, a_n,第 t 年末的价格为 P_t,则其现在的价格为

$$P = \sum_{i=1}^{t} \frac{a_i}{(1+r)^i} + \frac{P_t}{(1+r)^t}$$

公式原型为

$$P = \frac{a_1}{1+r} + \frac{a_2}{(1+r)^2} + \cdots + \frac{a_t}{(1+r)^t} + \frac{P_t}{(1+r)^t}$$

此公式的假设前提是:

(1) 已知待估在未来第 t 年末的价格为 P_t;

(2) 已知待估土地未来 t 年(含第 t 年)的纯收益(简称为期间收益);

(3) 期间收益和期末转售收益具有相同的还原利率 r。

如果纯收益每年不变为 a,则上述公式变为

$$P = \frac{a}{r}\left[1 - \frac{1}{(1+r)^t}\right] + \frac{P_t}{(1+r)^t}$$

如果纯收益按一定数额递增,则上述公式变为

$$P = \left(\frac{a}{r} + \frac{b}{r^2}\right)\left[1 - \frac{1}{(1+r)^t}\right] - \frac{b}{r} \times \frac{t}{(1+r)^t} + \frac{P_t}{(1+r)^t}$$

如果纯收益按一定比率递减,则上述公式变为

$$P = \left(\frac{a}{r} - \frac{b}{r^2}\right)\left[1 - \frac{1}{(1+r)^t}\right] + \frac{b}{r} \times \frac{t}{(1+r)^t} + \frac{P_t}{(1+r)^t}$$

如果纯收益按一定比率递增,则上述公式变为

$$P = \frac{a}{r-s}\left[1 - \left(\frac{1+s}{1+r}\right)^t\right] + \frac{P_t}{(1+r)^t}$$

如果纯收益按一定比率递减,则上述公式变为

$$P = \frac{a}{r+s}\left[1 - \left(\frac{1-s}{1+r}\right)^t\right] + \frac{P_t}{(1+r)^t}$$

如果难以预测未来的价格,但能预测未来的价格相对于当前价格的变化率(即相对价格变动),例如增值率为,即 $P = P_t(1+\Delta)$,并假设纯收益每年不变为 a,则上述公式变为

$$P = \frac{a[(1+r)^t - 1]}{r[(1+r)^t - (1+\Delta)]} = \frac{a}{r - \Delta\dfrac{r}{(1+r)^t - 1}}$$

$$= \frac{a}{r - \Delta\varepsilon}$$

式中: ε 为偿债基金系数。

公式原型为

$$P = \frac{a}{r}\left[1 - \frac{1}{(1+r)^t}\right] + \frac{P(1+\Delta)}{(1+r)^t}$$

预知未来若干年后的价格的公式,一是适用于待估土地目前的价格难以知道,但根据发展前景比较容易预测其未来的价格或未来价格相对于当前价格的变化率 Δ,特别是在某地区将会出现较大改观或房地产市场行情预期有较大变化的情况下。二是对于收益期限较长的土地,有时不是按其收益期限来估价,而是先确定一个合理的持有期,然后预测持有期间的纯收益和持有期末的价格,再将它们折算为现值。

四、收益还原法的适用范围和条件

收益还原法是以求取土地纯收益为途径评估土地价格的一种方法,其适用范围只能是有收益或潜在收益的土地和建筑物,或房地产的估价,如有租金收入的租赁性用土地、农用地等或有收益的商业服务业的房地产。它不限于待估土地本身现在是否有收益,只要待估土地现在所属的这类土地有获取收益的能力即可。由于收益还原法具有理论依据而应用广泛,但对于无收益的土地估价则不适用,如对于机关、学校、公园等公用、公益性用地的估价,收益还原法大多不适用。

收益还原法评估出的价格,取决于人们对未来的预期,那么错误和非理性的预期就会得出错误的评估结果。因此,收益还原法适用的条件是待估土地未来的收益和风险都能较准确地量化,也即准确求取待估土地的纯收益及适当的还原利率。对未来的预期通常是基于过去的经验和对现实的认识作出的,必须以广泛、深入的市场调研为基础,充分把握一般的经济运行行情和工商企业以及房地产市场的发展、变化的影响。

五、收益还原法的特点

(一) 理论基础充分

市场比较法是通过比较实例与待估土地的比较修正得到待估土地的价格,是以价格求

价格,虽然比较符合人们的现实经济行为,但没有说明价格形成的依据。而收益还原法是以地租理论和预期原理为理论基础的。土地、劳动、资本等生产要素组合产生的收益,应由各要素分配。归属于土地的收益应是地租和利用土地资产带来的纯收益。它可以采取从总收益中扣除其他生产要素产生的收益后得到,然后,将土地的收益以一定的还原率还原,即为土地的价格。

(二)以土地纯收益为途径

收益还原法以收益途径评估价格,求得的价格称为"收益价格"。收益还原法将土地的价格视为一笔货币额,如将其存入银行,每年可以得到一定的利息,这个利息可相当于土地的纯收益。所以,从确定土地收益入手,即可求得土地价格。

(三)求取土地的纯收益及还原率是关键

收益还原法评估结果的准确度,取决于土地的纯收益及还原率的准确程度。土地纯收益测定是否准确,还原率选择是否合适,直接影响土地价格的评估结果。所以求取土地收益及确定还原率是收益还原法的关键。

第二节　收益还原法的估价步骤

从收益还原法估价的基本原理和公式来看,收益价格的估算涉及纯收益、还原利率、使用年限等因素。因此其估价程序和方法就与这些因素的确定和计算有关,并由这些计算步骤和影响因素所构成。一般而言,收益还原法的估价程序由以下步骤构成。

(1)收集相关资料。

(2)估算年总收益。

(3)估算年总费用。

(4)确定土地纯收益。

(5)确定土地还原利率。

(6)确定收益年限。

(7)计算收益价格等。

一、收集相关资料

运用收益还原法估算土地价格需要收集的资料主要包括以下几个方面。

(1)待估土地和与待估土地特征相同或相似的土地用于出租或经营时的年平均总收益与总费用资料等。

(2)出租性土地及房屋的宗地应收集 3 年以上的租赁资料。

(3)经营性土地及房屋的宗地应收集 5 年以上的营运资料。

（4）直接用于生产的土地应收集过去 5 年中原料、人工及产品的市场价格资料。

以上所收集的资料应是持续、稳定的资料，能反映土地的长期收益趋势。在资料调查与收集的基础上，应根据收集资料的类别和特点分级归档。对于应用收益还原法估价时，应根据待估土地的位置和特点，选择同一级别相同或相似性质的适宜调查样本作为下一步计算的依据。

二、估算年总收益

（一）土地收益的概念

总收益是指以收益为目的的土地及与此有关的设施、劳力及经营等要素相结合而产生的年收益。具体地说，总收益是指待估土地按法定用途和最有效用途出租或自行使用，在正常情况下，合理利用土地应取得的持续和稳定的年收益或年租金。估算总收益时，首先应分析可能产生的各种收益，然后按客观、持续及稳定等原则来确定土地的总收益。

土地收益可以分为实际收益和客观收益。实际收益是在现状下实际取得的收益。因为具体经营者的经营能力等对实际收益影响很大，如果将实际收益进行还原，就会得到不切实际的结果。一般来说实际收益不能直接用于估价。客观收益是排除了实际收益中属于特殊的、偶然的、个别的因素之后所能得到的一般正常收益，一般来说只有这种收益才可以作为估价的依据。对于有租约限制的，租赁期限内的租金应采用租约约定的租金（简称租约租金，又可称为实际租金），租赁期限外的租金应当采用正常客观的市场租金。因此，租约租金高于或低于市场租金，都会影响土地的价格。从投资角度来说，当租约租金高于市场租金时，土地价格就要高一些；相反，当租约租金低于市场租金时，土地价格就要低一些。当租约租金与市场租金差异较大时，毁约的可能性也比较大，这对土地价格也有影响。

土地收益也可以分为有形收益和无形收益。有形收益是由土地带来的直接货币收益。无形收益是指土地带来的间接利益，如安全感、自豪感、提高个人的声誉和信用、增强企业的融资能力和获得一定的避税能力等。在求取土地收益时不仅要包括有形收益，还要考虑各种无形收益。无形收益通常难以货币化，因而在计算土地收益时难以考虑，但可以通过选取较低的还原利率来考虑无形收益。同时值得注意的是，如果无形收益已通过有形收益得到体现，则不应再单独考虑，以免重复计算。

（二）土地收益的估算

在估算收益价格时，应根据一定原则全面分析各种收益，确定合理的客观收益。确定客观收益一般要考虑以下条件。

（1）从客观上看，土地的总收益是由具备良好素质反正常使用能力者使用而产生的收益。

（2）收益必须是持续且有规律地产生的收益。即采用长期可以固定取得的收益。

（3）收益是安全可靠的收益。必须符合国家规定和批准的经营项目所产生的收益，那些未经批准的，甚至是违法的经营项目收益不能作为估算客观收益的依据。

根据土地参与生产经营过程的形式和业主以土地取得收益的方式不同，总收益产生的形式有以下几种情况。

（1）土地租金，指直接通过土地出租，每年获得租金收入，包括土地租赁过程中承租方所交纳的押金或担保金的利息。

（2）房地出租的租金，指土地和房屋一起出租过程中，出租方从承租方取得的租金及有关收益。一般根据实际的租赁合同金额和当地的房地产租赁市场状况，确定客观收益水平。

（3）企业经营收益，指企业在正常的经营管理水平下每年所获得的客观总收益。在分析企业经营的客观收益时，首先可以根据企业的财务报表进行分析，客观的财务报表是企业经营状况的基本反映，但是由于企业在经营过程中往往会受到经营管理水平、不合理的人为干预等偶然因素的影响，造成企业财务报表不能客观地反映企业经营状况和土地及有关资产的收益能力，因此在利用企业财务报表进行企业经营收益分析时，应进行适当调整，调整为正常经营管理水平下的客观收益；其次还可以根据企业的经营项目，按照其生产的产品或提供的服务项目及其相应的市场价格，分析估算其客观总收益。

在估算总收益时，还应准确分析测算由评估对象所引起的其他衍生收益，如租赁过程中承租方所支付押金的利息收益、企业经营生产过程中的副产品销售收益等，确定的原则是只要由评估对象所产生的并为其产权主体所取得的收益均应计入总收益之中。

另外，还应充分考虑收益的损失，如出租房屋的闲置，一般以出租率或空房损失率调整总收益。

三、估算年总费用

总费用是指利用土地进行经营活动时正常合理的必要年支出，或者说是为取得收益所投入的直接必要的劳动费用与资本费用。总费用在不同情况下，所包含的项目也有所不同。因此，估算总费用，首先要分析可能的各种费用支出，然后在全面分析的基础上，估算加总一般正常合理的必要年支出，即得总费用。

根据实际情况和土地利用的不同方式，土地年总费用的估算也分为以下几种情况。

（一）土地租赁中总费用的估算

一般这种单纯的土地租赁时，发生的总费用包括以下几项。

（1）土地使用税，指因土地使用和租赁发生的，由所评估的待估土地负担的税赋。如我国的城镇土地使用税等。

（2）土地管理费，指管理人员的薪水及其他费用。不论是出租还是自用土地，管理费是直接用于土地的必要的费用。一般以年租金额的3%计算。

（3）土地维护费及其他费用，指维护土地使用所发生的费用，如给排水及道路的修缮费等。

（二）房地出租中总费用的估算

依据房地出租中租金的构成因素分析，计算土地纯收益时的总费用包括以下几项。

(1) 管理费,指对出租房屋进行的必要管理所需的费用。分为两部分:一是出租经营过程中消耗品价值的货币支出;二是管理人员工资的支出。管理费的计算有两种方法:一是依管理面积平均计算;二是依年总收益或租金的一定比例计算,通常以年总收益或租金的2%—5%计。

(2) 维修费,指为保证房屋正常使用每年需支付的修缮费。它的计算方法比较复杂,一般有造价比例法、定期轮修法、经验估计法等,为计算方便,通常可按建筑物重置价的1.5%—2%计算。(其中房屋重置价也称房屋重置成本,是根据估计时点的人工和建筑材料价格,并按照目前的材料、标准与设计、建造功能相同的建筑物所需的建造成本,一般根据当地同类建筑物的建造成本进行分析计算。)

(3) 保险费,指房产所有人为使自己的房产避免意外损失而向保险公司支付的费用。一般可按房屋重置价或现值乘以保险费率计算。我国房屋的保险费率是 1.5‰—2‰。

(4) 税金,指房产所有人按有关规定向税务机关缴纳的房产税和营业税等。关于税收标准,国家及各城市均有规定。一般月租金在 120 元以下者只缴纳 12% 的房产税。月租金在 120元以上者除缴纳房产税外,还要按租金额缴纳营业税 5%、附加城建税 0.35%、教育税 0.05% 等。

(5) 房屋折旧费,折旧费是指房屋在使用过程中因损耗而在租金中补偿的那部分价值。其计算公式为

$$年折旧费 = \frac{房屋重置价 - 残值}{耐用年限}$$

$$= \frac{房屋重置价 \times (1 - 残值率)}{耐用年限}$$

式中房屋重置价、耐用年限和残值是随房屋结构及等级不同而变化的,一般各城市均有相关规定标准。

如果房屋耐用年限超过了出让的土地使用权年限,即土地使用者可使用土地的年期小于房屋耐用年限,根据《城市房地产管理法》第 21 条"土地使用权出让合同约定的使用年限届满,土地使用者为申请续期或者虽申请续期但依照前款规定未获批准的,土地使用权由国家无偿收回。"和《城镇国有土地使用权出让和转让暂行条例》第 40 条"土地使用权期满,土地使用权及地上建筑物、其他附着物所有权由国家无偿取得"的规定,土地使用者可使用房屋和土地的年限不能超过土地使用权出让年期。这样,当房屋耐用年限超过土地使用权出让年期时,按土地使用权出让年限调整确定房屋可使用年限,在计算年折旧费时也不应考虑残值。相应的计算公式为

$$年折旧费 = \frac{房屋重置价}{房屋可使用年限}$$

$$房屋可使用年限 = 土地出让前房屋已使用年限 + 土地出让年限$$

(三)企业经营费用的估算

企业经营费用是指在企业经营过程中为获取经营收益而必须支付的一切费用。通常包括原料费、运输费、折旧费、工资、税金、应摊提费用以及其他应扣除的费用。

根据企业生产经营的方式不同,一般可分为经营性企业(如宾馆、饭店、商场等商业服务业企业)和生产性企业(如工厂、矿山等工业企业)两大类。经营性企业在经营过程中的总费用主要包括销售成本、销售费用、经营管理费、销售税金、财务费用和经营利润等;生产性企业在经营过程中的总费用主要包括生产成本(包括原材料费、人工费、运输费等)、产品销售费用、产品销售税金及附加、财务费用、管理费用等。

企业生产经营费用的估算通常有以下两种方法。

1. 根据企业的财务报表进行分析调整计算

客观的企业财务报表是企业生产经营过程的基本反映,因此,可根据企业财务报表中的损益表及有关财务资料分析计算企业经营总费用,但需要详细分析企业生产经营和管理的整个过程,扣除不正常的生产经营和管理费用,计算客观的生产经营费用。

2. 根据企业生产经营或服务的项目计算

如工业企业可根据其生产的各种产品的平均成本计算总成本。采用这种方式估算总费用,需要详细了解企业的生产经营过程和各种成本费用的支出状况。

四、确定土地纯收益

土地纯收益按总收益扣除总费用计算。一般以年为计算单位。土地纯收益是在总纯收益中扣除非土地因素所产生的纯收益后的剩余额。土地纯收益的计算,应根据具体评估对象的土地利用方式的不同,采取不同的方法进行计算。

(一)土地租赁中的土地纯收益计算

$$土地纯收益=年租金总收益-年总费用$$

(二)房地出租中的土地纯收益计算

$$土地纯收益=房地纯收益-房屋纯收益$$

$$房地纯收益=房地出租年总收益-房地出租年总费用$$

$$房屋纯收益=房屋现值×建筑物还原利率$$

$$房屋现值=房屋重置价×房屋成新度$$

$$=房屋重置价-房屋总折旧额$$

房屋成新度是指房屋建筑物在估价基准日的新旧程度;房屋总折旧额是指房屋建筑物在已使用年限内由于物理、经济和功能等因素引起的房屋折旧总额,通常采用平均折旧法计算,其计算公式为

$$房屋总折旧额=房屋年折旧额×已使用年限$$

(三)企业经营中的土地纯收益计算

$$企业经营纯收益=企业年经营总收益-年经营总费用$$

土地纯收益＝企业经营纯收益－非土地因素纯收益

（四）自用或待开发土地的纯收益计算

自用土地或待开发土地的纯收益可采用类似于市场比较法的估价原理进行求取，即比照类似地区或相邻地区有收益的相似土地的纯收益，经过区域因素、个别因素等因素的比较修正，求得土地纯收益。

五、确定土地还原利率

（一）还原利率的概念与种类

土地还原利率是用以将土地纯收益还原成为土地价格的比率。在采用收益还原法评估土地价格时确定适当的还原利率，是准确估算土地价格的非常关键的问题。

在运用收益还原法评估不动产的价格时，按照评估对象的不同（单纯的土地估价、建筑物的估价或房地产的估价），可以将还原利率分为以下三类。

1. 综合还原利率

综合还原利率是求取土地及其地上建筑物合为一体及房地产的价格时所使用的还原利率。即如果运用收益还原法评估的是土地及建筑物合为一体的价格，所使用的纯收益必须是土地及建筑物合为一体所产生的纯收益，同时，所选用的还原利率，必须是土地及建筑物合为一体的还原利率，即综合还原利率。

2. 建筑物还原利率

建筑物还原利率是求取单纯建筑物价格时，所使用的还原利率。这时所对应的纯收益是建筑物本身所产生的纯收益，不包括土地产生的纯收益，因此选用的还原利率，也应是建筑物还原利率。

3. 土地还原利率

土地还原利率是求取纯土地价格时，所应使用的还原利率。这时对应的纯收益，是由土地所产生的纯收益，这个纯收益不应包括其他因素带来的部分。所选用的还原利率，是相应的土地的还原利率。一般情况下，土地还原利率比建筑物还原利率低2—3个百分点。

综合还原利率、建筑物还原利率、土地还原利率三者虽有严格区分，但又是相互联系的。若知道其中两个还原利率，便可求出另一个还原利率。计算公式为

$$r = \frac{r_1 L + r_2 B}{L + B} \quad 或 \quad r = \frac{r_1 L + (r_2 + d)B}{L + B}$$

式中：r 表示综合还原利率；r_1 表示土地还原利率；r_2 表示建筑物还原利率；L 表示土地价格；B 表示建筑物价格；d 表示建筑物的折旧率。前一个公式适用于建筑物折旧后的纯收益的情况，后一个公式适用于建筑物折旧前的纯收益的情况。

运用上述计算公式时必须确切知道土地价格和建筑物价格是多少，然而，在实际操作中有时可能难以做到。但如果能知道土地价格占总房地产价格的比率，建筑物价格占总房地产价格的比率，也可以找出综合还原利率、建筑物还原利率和土地还原利率三者的关系，其

公式如下。

$$r = r_1 x + r_2 y \quad 或 \quad r = r_1 x + (r_2 + d)y$$

式中：r, r_1, r_2, d 的含义同前；x 表示土地价格占总房地产价格的比率；y 表示建筑物价格占总房地产价格的比率。同样，前一个公式适用于建筑物折旧后的纯收益的情况，后一个公式适用于建筑物折旧前的纯收益的情况。

(二) 还原利率的实质

在还原利率确定上，各种主张众说纷纭。主要观点包括以下几类。

(1) 以资金的社会平均利润率作为还原利率，其主要理论依据是马克思的"等量投资应获取等量利润"的社会平均利润率形成的观点。

(2) 以不动产业投资利润率为还原利率。其理论根据主要是西方投资学中关于收益与风险匹配理论，即不同行业由于风险差异导致行业投资利润率的差异。

(3) 以实质利率为还原利率。所谓实质利率，是以银行 1 年期定期存款为基础，并用物价指数调整后，再扣除一定的所得税得到的利率。台湾林英彦教授认为，这个利率可直接作为土地还原利率，若是建筑物的还原利率，则由此再加 2%。

获取土地可以看成是一种投资，这种投资所投入的资本将获得的收益，就是土地每年将产生的纯收益。因此，还原利率实质上是一种资本投资的收益率。就通常情况来说，收益率的大小与投资风险的大小成正比，风险大者收益率也高，反之则低。这是因为高风险需要高收益来获得风险补偿或称风险溢价。例如，将资金存入银行，风险小，但利率相应的也低；而将资金投入股票市场等高收益的领域，投机性所带来的风险大。任何投资不过是在盈利性和安全性之间的权衡并取得一个恰当的平衡点而已。

认识到还原利率实质上是一种投资的收益率。实际上，这就在观念上把握住如何决定还原利率的方法。收益还原法中所采用的还原利率，应等同于与获取土地所产生的纯收益具有同等风险的资本收益率。因此，在确定还原利率时需要考虑以下因素。

(1) 个别性。土地的固定性和差异性，使得任何土地的价格都不尽相同，这也从另一个角度证实了，不可能存在一个统一的还原利率。因此确定还原利率时，可以以地产行业的投资利润率为基础，并考虑待估土地的风险等特点，分别计算。

不同用途、不同性质、不同区域、不同时间的土地投资的风险性不同，还原利率也应是不尽相同的。因此，在估价中也不应存在一个统一不变的还原利率。

(2) 风险性。风险与收益是成正比的，由于地产投资的风险大，因此，从外部看，土地的还原利率应高于资金的社会平均利润；从内部看，建筑物的还原利率应高于土地的还原利率。

(三) 土地还原利率的确定方法

1. 土地纯收益与价格比率法

本法采用市场上相同或相似土地的纯收益与价格的比率。为避免偶然性，常常需要考察多宗土地(一般至少三宗)，求其纯收益与价格比率的平均值。具体方法是：选择三宗以上最近发生的,且在类型、性质上都与待估土地具有相似特点的交易案例,以案例的纯收益与其价格的比率的均值作为土地还原利率。

例 5 - 1　通过交易实例调查,算出比较交易实例土地纯收益与其价格的比率,得到五个与待估土地交易类型相似的实例的还原利率分别为 6%,6.2%,6.1%,6.5%,5.8%,运用算术平均法,估算待估土地的还原利率为

$$r = (6\% + 6.2\% + 6.1\% + 6.5\% + 5.8\%)/5$$
$$= 6.12\%$$

例 5 - 2　通过调查,得到五个与待估土地交易类型相似的交易实例,其土地纯收益与价格如表 5 - 1 所示。

表 5 - 1　交易实例土地纯收益与价格情况

交易实例	1	2	3	4	5
纯收益(万元/年)	7	7.5	11	15	30
价格(万元)	100	110	160	210	420
还原利率	7%	6.8%	6.9%	7.1%	7.1%
权重	10%	25%	30%	20%	15%

则待估土地的还原利率为

$$r = 7\% \times 10\% + 6.8\% \times 25\% + 6.9\% \times 30\% + 7.1\% \times 20\% + 7.1\% \times 15\%$$
$$= 7\%$$

2. 安全利率加风险调整值法

本法的还原利率＝安全利率＋风险调整值。所谓安全利率是指无风险的资本投资利润率,可以选用同一时期的一年期国债年利率或一年期的银行定期存款利率为安全利率。风险调整值应根据待估土地所处区域的社会经济发展和土地市场等状况对其影响程度而确定。

3. 投资风险与投资收益率综合排序插入法

具体的方法是将社会上各种类型的投资(如银行存款、贷款、国债、债券、股票等)收益率按其大小从低到高排序,然后根据经验判断所要待估土地的投资收益率与风险应该落在哪个范围,从而确定所要求取的还原利率的具体数值。

在确定土地还原利率时,还应注意不同土地权利、不同土地使用权年期、不同类型及不同级别土地之间还原利率的差别。还需指出,尽管有以上一些确定还原利率的方法,但这些方法不是十分客观和精确无误的,其确定过程都含有某些主观选择和某种经验判断。只不过这种主观性和经验判断是建立在科学基础之上的力求客观的真实反映,而并非人为任意估计。

六、收益年限的确定

收益年限是估价对象自估价基准日起至未来可以获得收益的时间。收益年限应在估价对象房地产自然寿命、法律规定(如土地使用权法定最高年限)、合同约定(如租赁合同约定的租赁期限)等的基础上,结合房地产剩余经济寿命来确定。在一般情况下,估价对象的收益年限为其剩余经济寿命,其中,土地的收益年限为土地使用权剩余年限。

对于单独土地和单独建筑物的估价,应分别根据土地使用权剩余年限和建筑物剩余经济寿命确定收益年限,选用相应的收益还原法公式进行计算。

对于土地与建筑物合成体的估价对象,建筑物经济寿命晚于或与土地使用年限一起结束的,应根据土地使用权剩余年限确定收益年限,选用相应的收益年限为有限年的公式;建筑物经济寿命早于土地使用年限结束的,可先根据建筑物剩余经济寿命确定收益年限,选用相应的收益年限为有限年的公式进行计算,然后加上建筑物经济寿命结束之后的剩余年限土地使用权在估价基准日的价格。

七、计算收益价格

在土地纯收益确定以后,可以根据收益变化状况和土地使用权年限等条件,选择适当的土地还原利率和公式,即可计算得到待估土地的收益价格。

若要用收益还原法评估不动产价格,则应选用综合还原利率对房地产纯收益进行还原而求取。

通常选取多个可行的还原利率,计算得到几个收益价格,并从中比较分析确定可能的价格水平。同时,也应根据具体情况,在可能的条件下,采用其他的估价方法,例如采取市场比较法估算的比准价格作为评估结果的验证。

第三节　收益还原法的应用

一、土地价格评估

例 5 - 3　某公司于 2003 年 11 月以竞拍方式取得 A 地块 50 年使用权,并于 2004 年 11 月在此地块上建成建筑物 B,当时造价为 1 200 元/m²;其耐用年限为 55 年,目前该类建筑物重置价为 1 500 元/m²,残值率为 10%。A 地块面积 450 m²,建筑面积为 400 m²。目前该建筑全部出租,每月实收租金为 10 000 元。据调查,当地同类建筑出租租金一般为 30 元/月·m²,土地及房屋还原利率分别为 5% 和 6%,每年需支付的土地使用税及房产税为每建筑平方米 20 元,需支付的年管理费为同类建筑年租金的 4%,年维修费为重置价的 2%,年保险费为重置价的 0.2%。根据上述资料估算 A 地块在 2007 年 11 月的土地使用权价格。

估价过程如下。

(1) 选择估价方法。该宗地与房屋出租,有经济收益,适宜采用收益还原法进行估价。

(2) 估算房地产年总收益。收益应采用客观收益,即 30 元/月·m^2。

$$年总收益 = 30 \times 400 \times 12 = 144\,000(元)$$

(3) 估算房地产年总费用。

① 年税金:

$$年税金 = 20 \times 400 = 8\,000(元)$$

② 年管理费:

$$年管理费 = 30 \times 400 \times 12 \times 4\% = 5\,760(元)$$

③ 年维修费:

$$年维修费 = 1\,500 \times 400 \times 2\% = 12\,000(元)$$

④ 年保险费:

$$年保险费 = 1\,500 \times 400 \times 0.2\% = 1\,200(元)$$

⑤ 房屋年折旧额:房屋年折旧额应根据房屋重置价、耐用年限、残值率等进行计算。但本案例中土地使用权出让年限,即土地使用者可使用土地的年限小于房屋耐用年限。然而根据相关规定,使用者可使用房地产的年限即收益年限不能超过土地出让年限。对本案例而言,房屋可使用年限为 50−1=49(年)。这样,房屋的残值在使用期满时也并不能由产权人取得。因此,整个房屋重置价必须在收益年限内全部收回,以回收整个投资。因此,本案例中房屋年折旧额为

$$房屋年折旧额 = 房屋重置价 / 可使用年限$$
$$= 1\,500 \times 400/49$$
$$= 12\,245(元)$$

⑥ 年总费用:

$$年总费用 = (1) + (2) + (3) + (4) + (5)$$
$$= 39\,205(元)$$

(4) 估算房屋年纯收益。

① 房屋现值:

$$房屋现值 = 房屋重置价 − 房屋年折旧额 \times 已使用年限$$
$$= 1\,500 \times 400 − 12\,245 \times 3$$
$$= 563\,265(元)$$

② 房屋年纯收益：

$$房屋年纯收益 = 房屋现值 \times 房屋还原利率$$

$$= 563\ 265 \times 6\%$$

$$= 33\ 795.9(元)$$

（5）确定土地年纯收益。

$$土地年纯收益 = 房地产年纯收益 - 房屋年纯收益$$

$$= 房地产年总收益 - 房地产年总费用 - 房屋年纯收益$$

$$= 144\ 000 - 39\ 205 - 33\ 795.9$$

$$= 70\ 999.1(元)$$

（6）确定 2007 年 11 月的土地使用权价格。根据过去的收益变动情况，判断未来的纯收益基本上每年不变，且因收益期限为有限年，故选用的具体计算公式为

$$P = \frac{a}{r}\left[1 - \frac{1}{(1+r)^n}\right]$$

上述公式中的收益期限 n 年等于 46 年（土地使用年限从 2003 年 11 月起计为 50 年，2003 年 11 月到 2007 年 11 月为 4 年，此后的收益期限为 46 年）；土地还原利率为 5%。因此，

$$土地使用权价格 = \frac{70\ 999.1}{5\%}\left[1 - \frac{1}{(1+5\%)^{46}}\right]$$

$$= 1\ 269\ 469(元)$$

二、房地产价格评估

例 5 - 4 估价对象概况：本估价对象是一幢出租的写字楼；土地总面积 12 000 m²，总建筑面积 52 000 m²；建筑层数为地上 22 层、地下 2 层，建筑结构为钢筋混凝土结构；土地使用年限为 50 年，从 2002 年 5 月 15 日起计。

估价要求：需要评估该写字楼 2007 年 5 月 15 日的购买价格。

估价过程如下。

（1）选择估价方法。该宗房地产是出租的写字楼，为收益性房地产，适用收益还原法估价，故选用收益还原法。计算公式为

$$P = \sum_{i=1}^{n} \frac{a_i}{(1+r)^i}$$

（2）搜集有关资料。通过调查了解，搜集的有关资料和情况如下。

① 租金按净使用面积计。可供出租的净使用面积总计为 31 200 m²，占总建筑面积的 60%，其余部分为大厅、公共过道、楼梯、电梯、公共卫生间、大楼管理人员用房、设备用房等

占用的面积。

② 租金平均为 35 元/月·m²。

③ 空房率年平均为 10%，即出租率年平均为 90%。

④ 经常费平均每月 10 万元，包括人员工资、水、电、空调、维修、清洁、保安等费用。

⑤ 房产税以房产租金收入为计税依据，税率为 12%。

⑥ 其他税费（包括城镇土地使用税、营业税等）为租金收的 6%。

（3）估算年总收益。

$$年总收益 = 31\,200 \times 35 \times 12 \times 90\%$$
$$= 1\,179.36（万元）$$

（4）估算年总费用。

① 经常费：

$$年经常费用 = 10 \times 12 = 120.00（万元）$$

② 房产税：

$$年房产税 = 1\,179.36 \times 12\% = 141.52（万元）$$

③ 其他税费：

$$年其他税费 = 1\,179.36 \times 6\% = 70.76（万元）$$

④ 年总费用：

$$年总费用 = (1) + (2) + (3) = 120.00 + 141.52 + 70.76$$
$$= 332.28（万元）$$

（5）计算年纯收益。

$$年纯收益 = 年总收益 - 年总费用 = 1\,179.36 - 332.28$$
$$= 847.08（万元）$$

（6）确定还原利率：在调查市场上相似风险的投资所要求的报酬率的基础上，确定综合还原利率为 10%。

（7）计算房地产价格：根据过去的收益变动情况，判断未来的纯收益基本上每年不变，且因收益期限为有限年，故选用的具体计算公式为

$$P = \frac{a}{r}\left[1 - \frac{1}{(1+r)^n}\right]$$

上述公式中的收益期限 n 年等于 45 年（土地使用年限从 2002 年 5 月 15 日起计为 50 年，2002 年 5 月 15 日到 2007 年 5 月 15 日为 5 年，此后的收益期限为 45 年），因此，

$$P = \frac{847.08}{10\%}\left[1 - \frac{1}{(1+10\%)^{45}}\right]$$
$$= 8\,354.59（万元）$$

估价结果：根据计算结果，并参考估价人员的经验，确定本估价对象于 2007 年 5 月 15

日的购买总价为 8 355 万元,约合每平方米建筑面积 1 606.73 元。

 ## 本章小结

收益还原法是土地价格评估的基本方法之一。本章主要是介绍收益还原法的基本理论和估价步骤。第一节介绍了收益还原法的概念、理论依据、适用范围和条件及其特点,以及不同状态下收益还原法的计算公式,其中收益还原法的理论依据、适用范围和条件及计算公式是重点;第二节重点阐述了收益还原法的估价步骤,尤其强调了各个参数的确定方法和注意事项;第三节是收益还原法的应用举例,通过土地价格评估及房地产价格评估的两个具体案例介绍了收益还原法的具体应用。

 ## 关键词

收益还原法　地租理论和预期原理　土地收益　客观收益　实际收益　年总收益　年总费用　土地纯收益　还原利率　收益年限　收益价格

 ## 复习思考题

1. 收益还原法的理论依据、适用范围是什么?

2. 试论述收益还原法的估价步骤。

3. 运用收益还原法进行土地估价时需要收集哪些资料?

4. 试论述还原利率的概念、种类及土地还原利率的确定方法。

5. 计算题

现有一宗占地面积为 1 000 m² 的城镇建设用地,使用者先以行政划拨方式取得,后于 2000 年 11 月 1 日通过补办出让手续取得该宗地 50 年期的土地使用权,同时建成一座总建筑面积 2 500 m² 的办公楼,现全部用于出租。2005 年 11 月 1 日进行的市场调查情况如下。

(1) 在当地,规模档次相同办公楼的月租金收入一般为 30 万元,月平均费用 15 万元,此外出租时每年可收取押金 60 万元,押金收益率为 5%。

(2) 该办公楼耐用年限为 50 年,残值率为 0,建筑重置价为每建筑平方米 4 000 元。

(3) 土地还原率为 6%,建筑物还原率为 8%。

试根据上述资料,评估该宗土地于 2005 年 11 月 1 日的市场价格。

第六章 成本逼近法

 学习目标

通过本章的学习,应该能够:
1. 理解成本逼近法的概念、理论依据及其特点;
2. 掌握成本逼近法的适用范围和条件;
3. 掌握成本逼近法的计算公式及估价步骤;
4. 掌握各项成本(费用)的内容及其计算方法;
5. 熟练运用成本逼近法评估土地价格。

第一节 成本逼近法的基本原理

一、成本逼近法的概念

成本逼近又称为成本法(cost approach),是以开发土地所耗费的各项费用之和为主要依据,再加上一定的利润、利息、应缴纳的税金和土地增值收益来推算土地价格的估价方法。

市场比较法和收益还原法除了可应用于单独的土地估价外,还可以应用于一般的房地产估价,而土地估价中的成本逼近法与一般房地产估价中的成本法是不同的。一般房地产估价中的成本法亦称原价法、承包商法、合同法或加法,是以建筑物或建筑改良物重新建造的费用,经减折旧后求得建筑物价格,然后加上土地价格,最终得到整个房地产的价格。可见,一般房地产估价中的成本法实际上是假设地价为已知。土地估价中的成本逼近法却是用来推算未知土地价格的,由各项成本费用及其对应收益累加以实现向真实价格靠拢的方法,类似于一般商品价格构成和定价标准,所以形象地称为成本逼近法。因此,两者的实际运用范围和估价程序、方法有很大差别。

二、成本逼近法的理论依据

成本逼近法的基本思路,是把对土地的所有投资包括土地取得费用和土地开发费用两大部分作为"生产成本"(其中包括税费),运用经济学等量资金应获取等量收益的投资原理,求得"生产成本"这一投资所应产生的相应利润和利息,由成本和收益组成土地价格的基础部分,同时根据国家对土地的所有权在经济上得到实现的需要,予以在土地增值收益中得以体现。因而,由成本、收益加上土地增值收益来求得土地价格。

可见,成本逼近法的理论依据可用生产费用价值论来解释。从卖方的角度来看,土地价格是基于其过去的"生产费用",重在过去的投入,具体一点讲,是卖方愿意接受的最低价格不能低于他为开发该土地已花费的代价,如果低于该代价,他就要亏本。从买方的角度来看,买方愿意支付的最高价格,不能高于他预计重新获取尚未开发的类似土地并进行开发所需要花费的代价,如果高于该代价,他还不如自己进行开发建设。

由上可见,一个是不低于开发建设已经花费的代价,一个是不高于预计重新获取尚未开发的类似土地并进行开发所需要花费的代价,买卖双方可以接受的共同点必然是正常的代价(包含正常的费用、税费和利润)。因此,估价人员可以根据重新获取尚未开发的类似土地并进行开发所必需的支出和应获得的利润为基础来求取待估土地的价格。

三、成本逼近法的计算公式

用成本逼近法评估土地价格必须分析地价中的成本因素。土地本身是一种稀缺的自然物,但由于土地所有权的垄断,使用土地本身必须支付地租,同时由于开发土地投入的资本及利息也构成地租的一部分,因此,地价包括地租的资本化和土地投资的折旧及利息两部分。

因此采用成本逼近法评估土地价格的计算公式为

土地价格＝土地取得费用＋土地开发费用＋税费＋利息＋利润＋土地增值收益

土地取得费用是政府为取得土地所有权或使用权而向原土地所有者或使用者支付的费用。作为土地所有者的国家,取得土地的方式有两种:一是征用集体土地使农业用地变为国有建设用地;二是回收原属于国家所有的土地使用权。为此,政府必须支付征地拆迁等费用,给原土地所有者或使用者以补偿。

土地开发费用是为使征用土地或收回的土地成为适合建筑使用的建设用地所投入的开发成本,如进行"三通一平"、"五通一平"甚至"七通一平"等基础设施建设以及其他配套建设。这些开发投入的资金成为开发土地的成本。土地取得费用和土地开发费用是政府或土地开发企业预先投入的成本,在土地使用权出让或转让时,政府或土地开发企业必须回收这项成本,因此土地开发费用成为地价的重要构成部分。

税费是在土地取得和土地开发过程中必须支付有关税收和费用,如耕地占用税、土地管理费等。

　　由于土地开发需要一定的周期,因此在评估土地价格时应考虑资金(包括土地取得费用、土地开发费用及税费)的时间价值,即利息。

　　利润是投入土地的成本的回报,等于土地取得费用与土地开发费用及税费之和乘以一定的利润率,该利润率应是土地开发的社会平均利润率。

　　为了改变土地性能而进行土地资本的投入,实际上无法以独立的形态出现,只能依附于土地并以改良后的土地形态出现,因此,当土地所有者出让或土地开发企业转让经开发投资建设的土地时,土地增值收益必然要通过土地价格回收。

　　上述土地取得费用、土地开发费用及利润的确定要以地价评估基准日取得与待估土地相同或相近的土地的取得费用、开发费用和行业平均利润率计算。

四、成本逼近法的适用范围和条件

　　成本逼近法一般适用于新开发土地的估价,特别适用于土地市场不发育、土地成交实例不多、无法利用市场比较法等方法进行估价时采用。同时,对于既无收益又很少有交易实例的机关、学校、公园、公共建筑、公益设施等公用、公益性以及化工厂、钢铁厂、发电厂、油田、码头、机场等特殊性的土地估价也比较适用。

　　成本逼近法的优点是“成本”能让一般人看得见,看似有“依据”,特别是在有“文件”规定土地价格构成、费用标准等的情况下。但运用成本逼近法估价时值得注意的是:在现实中,土地的价格直接取决于其效用,而非花费的成本,成本的增加一定要对效用增大有作用才能构成价格;换一个角度讲,土地成本的增加并不一定能增加其价值,投入的成本不多也不一定说明其价值不高。价格等于“成本加平均利润”是在长时期内平均来看的,而且需要具备两个条件:一是自由竞争(即可以自由进退的市场);二是该种商品本身可以大量重复生产。但对于社会客观平均开发成本而言,成本已为社会接受,应在价格中得到相应的体现。所以,尽管成本逼近法在土地估价中的应用受一定限制,且有一定的争议,但仍不失为推算土地价格的方法之一。

　　运用成本逼近法估价时要注意要区分实际成本和客观成本。实际成本是企业实际取得和开发利用土地时的实际花费,客观成本是按照估价基准日的有关规定和物价水平确定土地取得费和土地开发费的计费项目和取费标准估算的一般花费。在估价中应采用客观成本,而不是实际成本。

五、成本逼近法的特点

　　成本逼近法具有以下几个方面的特点。

　　(1) 成本逼近法一般适用于新开发土地估价,不适用建成区域已开发土地估价。

　　(2) 成本逼近法适用于工业用地估价,对商业及住宅用地则多不适应。

　　(3) 成本逼近法一般仅用于土地市场狭小,缺乏交易实例,无法采用其他方法进行估价的土地。

　　(4) 成本逼近法以成本累加为途径,而成本高并不一定表明效用和价值高,因此,其评估结果只是一种"算术价格",对土地的效用、价值及市场需求方面的情况未加考虑,这也正是成本逼近法的缺陷和限制。

(5)成本逼近法虽有缺陷和限制,但可作为投资者衡量投资效益、进行土地开发可行性分析等的重要方法,同时也是估算土地成本价格的一种途径。

第二节　成本逼近法的估价步骤

从成本逼近法估价的基本原理和公式来看,土地价格的估算涉及土地取得及开发投入的成本及收益等因素。因此其估价程序和方法就与这些因素的确定和计算有关,并由这些计算步骤和影响因素所构成。一般而言,成本逼近法评估土地价格的程序一般包括以下几个方面。

(1)计算土地取得费用。

(2)计算土地开发费用。

(3)计算税费。

(4)计算投资利息。

(5)计算投资利润。

(6)确定土地增值收益。

(7)计算土地价格等。

一、计算土地取得费用

土地取得费用是为取得土地而向原土地所有者或使用者支付的费用。土地取得有两种方式,征地或拆迁。

国家征用集体土地,而支付给农村集体经济组织的费用,包括土地补偿费、安置补助费以及地上附着物和青苗的补偿费。由于土地补偿费与被征地原有收益有关,故可认为其中包含一定的级差地租。安置补助费是为保证被征地农业人口在失去其生产资料后的生活水平不致降低而设立的,因而也可以看成具有从被征土地未来产生的增值收益中提取部分作为补偿的含义。地上附着物和青苗补偿费是对被征地单位已投入土地而未收回的资金的补偿,类似地租中所包含的投资补偿部分。

关于征地费用的各项标准,《土地管理法》规定:

(1)征用耕地的土地补偿费,为该耕地被征前3年平均产值的6—10倍。

(2)征用耕地的安置补助费,按照需要安置的农业人口计算。需要安置的农业人口数,按照被征用的耕地数量除以征地前被征地单位平均每人占有耕地的数量计算。每一个需要安置的农业人口的安置补助费标准,为该耕地被耕地被征前3年平均产值的4—6倍。但是,每公顷被征用耕地的安置补助费,最高不得超过该耕地被征前3年平均产值的15倍。

(3)征用其他土地的土地补偿费和安置补助费标准,由省、自治区、直辖市参照征用耕地的土地补偿费和安置补助费的标准规定。

(4) 被征用土地上的附着物和青苗的补偿标准,由省、自治区、直辖市规定。

(5) 按照以上规定支付土地补偿费和安置补助费,尚不能使需要安置的农民保持原有生活水平的,经省、自治区、直辖市人民政府批准,可以增加安置补助费。但是,土地补偿费和安置补助费标准的总和不得超过土地被征前3年平均产值的30倍。

在特殊情况下,国务院根据社会经济发展水平,可以提高被征用耕地的土地补偿费和安置补助费标准。

另外,《土地管理法》规定,国家实行占用耕地补偿制度,即非农业建设经批准占用耕地的,按照"占多少,补多少"的原则,由占用耕地的单位负责开垦与所占用耕地的数量和质量相当的耕地;没有条件开垦或者开垦的耕地不符合要求的,应当按照省、自治区、直辖市的规定缴纳耕地开垦费,专款用于开垦新的耕地。这笔费用对土地取得者来说,也是为取得土地而必须支付的费用,一般称为造地费,应按照开垦耕地所需要的投入费用进行计算。

对于市内国有土地拆迁情况,关键是搞清当地拆迁费用项目和标准。由于成本的增加并不一定提高效用和价值,尤其是对单宗地而言,征地、拆迁等土地取得费用是对原土地使用者失去原土地收益的补偿,而不是依据新土地用途和未来土地收益的高低确定的。征地、拆迁等土地取得费用高并不表明该宗地的效用和价格高。因此,征地、拆迁等取得土地的费用资料应从测算待估土地所在区域平均土地取得费用入手进行计算。

土地取得费各项费用的计算应以当地正在执行的征地补偿费和拆迁安置补助费的有关规定标准计算。

二、计算土地开发费用

(一)土地开发费用的内容

获得土地后,对其开发的费用涉及基础设施配套费、公共事业建设配套费和小区开发配套费。

1. 基础设施配套费

对于基础设施配套常常概括为"三通一平"和"七通一平"。"三通一平"指通水、通路、通电和平整地面。"七通一平"指通上水、通下水、通电、通讯、通气、通热、通路,平整地面。作为工业用地"三通一平"只是最基本的条件,还不能立即上工业项目。只有搞好"七通一平",项目才能正常进行。因此,作为基础设施配套费应以"七通一平"为标准计算。

2. 公共事业建设配套费用

这与项目大小、用地规模有关,各地情况不一,不便作统一规定,各地视实际情况而定。

3. 小区开发配套费

同公共事业建设配套费类似,各地根据用地情况确定合理的项目标准。

(二)土地开发费用的计算

在计算土地开发费用过程中,首先必须准确确定土地开发程度。所谓土地开发程度,是指土地的基础设施建设和开发的状况。一般包括道路、供电、供水、通讯、排水、通气、供暖和场地是否平整等,这就是通常所说的"七通一平"。"七通一平"的说法实际上最早来源于房地产开发和开发区的土地开发,比如在开发区的开发建设过程中,政府或开发商通常应实现开发区内的"三通一平"、"五通一平"或"七通一平"等,但这种开发程度对开发区来说,是指区内的"通"和"平",而具体对于开发区内某一块地(宗地)来说,各种设施一般只建设到宗地红线外,而宗地内若还没有建成房屋等建筑物的话,一般来说是不通的,但通常应达到平整。这是指在正式的开发区内,土地开发程度一般来说比较容易分析,而在一般地区,尤其是独立工矿区的土地开发程度设定通常就比较困难了。在实践中确定土地开发程度,主要应注意如下两方面问题。

1. 准确区分宗地内和宗地外的开发程度

对于一般地区来说,由于有关土地开发设施不是由专门的开发商进行开发建设的,因此,许多开发设施并没有真正建设到宗地红线,有的可能距离几十米,有的距离几千米、十几千米,甚至几十千米。在这种情况下,一般企业要进行生产和建设,通常由企业自行将这部分没有到达宗地红线的设施建设到红线及红线内。在这种情况下,一般可以根据投资主体的不同区分宗地内外的设施状况,由市政投资建设的应属于宗地外,由企业投资建设的应属于宗地内。

2. 宗地红线内外的开发程度不一致

由于在土地估价中设定土地开发程度应区分宗地红线内外,因此经常出现宗地红线内外开发程度不一致的现象,尤其是独立工业(矿)区。通常有以下几种情况。

(1) 红线外开发程度比红线内低。这种情况主要是由于有的设施是企业自建,如供水设施为企业自建的水井,而宗地所处区域又没有供水设施,这就使得宗地内有供水,而宗地外无供水。

(2) 红线外开发程度比红线内高。这主要是宗地所处区域(红线外)有各种设施,但该宗地内没有用,如煤矿的矸石山,其红线外可能有通讯、供水设施,但矸石山不用,内部也没建设。

(3) 某种设施红线内有,红线外也有,但宗地内的设施并不是依赖于红线外的设施建的,如某位于北方城市市中心区的大酒店,该酒店为了满足经营的需要,其供暖设施是企业自建的,而该宗地所处区域也有市政供暖设施,可是红线内外就是不搭界,在这种情况下,按照客观估价的原则,应确定宗地红线内外均有该设施。

确定了土地开发程度后,应根据土地开发程度状况和当地有关土地开发费用标准,合理确定土地开发费用。

这里需要注意的是土地开发费用的分摊问题。如道路不是只让某个项目使用,其他行业可能也会受益,绿地、公园使周围的单位和个人共同受益,因此要根据实际受益程度作必须的费用分摊。分摊的基本原理为:应分摊费用=受益程度×设施总费用。

三、计算税费

税费是指在土地取得和土地开发过程中所必须支付的有关税收和费用。根据有关法律或法规规定,在土地取得和开发过程中税费主要有耕地占用税、新菜地开发建设基金、土地管理费等,耕地占用税只对占用耕地征收,新菜地开发建设基金只对占用城市郊区的蔬菜基地征收。另外,部分省、市、自治区还规定收取教育附加、南水北调费等等。在估价过程,税费项目和标准的确定,应依据国家和地方的有关规定确定,应有明确的法律和文件依据。

四、计算投资利息

计算投资利息就是在评估土地价格时要考虑资金的时间价值。资金的时间价值,简单的理解就是将资金存入银行,经过一段时间会产生利息或者将资金投向某行业经过资金周转循环,最后产生利润。也就是说,资金经过一段时间的周转产生了增值。这一增值就是资金的时间价值。在土地估价中,投资者贷款,需要向银行偿还贷款利息,利息应计入成本;投资者利用自有资金投入,等于将自己的银行存款取出,损失了利息,从这种意义上看,也属投入,也应计入成本。

成本逼近法中,投资包括土地取得费用、土地开发费用和有关税费。由于各部分资金的投入时间和占用时间不同,土地取得费用及其税费在土地开发动工前即要全部付清,经历整个开发期,在开发完成销售后方能收回;土地开发费用及其税费在开发过程中逐步投入,销售后方收回。因此各部分资金的时间价值也不同。具体各部分资金的时间价值分析和计算可参见本书第七章剩余法中有关利息计算的分析。目前常见做法是:土地取得费用及其税费利息是以整个取得费用为基数,计息期为整个开发期;开发费用及其税费利息可采用两种方法计算,一是以整个开发费为基数,计息期为开发期(或资金投入期)的一半;二是以开发费用的一半为基数,计息期为整个开发期。

另外,如果开发费用是以当地收取的基础设施配套费标准计算的,由于基础设施配套费一般需在土地开发前一次性支付,因此这一部分开发费用的计息期也应是整个开发期。

土地开发周期一般根据开发土地的面积规模和开发的难易程度确定;利息率可选用估价基准日的银行贷款利息率。如果土地开发周期超过 1 年,通常还应考虑计算复利。

五、计算投资利润

投资的目的是为了获取相应的利润,作为投资的回报。对土地投资,当然也要获取相应的利润。

成本逼近法中利润计算的基数包括土地取得费用、土地开发费用以及税费。利润计算的关键是确定利润率或投资回报率。土地开发投资回报率的确定,应综合考虑以下三方面因素。

1. 开发土地的利用类型

一般商业用地开发利润率较高,住宅用地开发次之,工业用地开发利润率最低。因此,如果是某一个宗地的单一利用类型的开发,应考虑该利用类型的投资回报率状况,如果是区域性的开发,有多种利用类型,应综合考虑各种利用类型的投资回报率状况,确定一个综合的回报率。

2. 开发周期的长短

一般开发周期越长,占用资金时间也就越久,总的投资回报率也就应该高一些。

3. 开发土地所处地区的政治经济环境

一般经济发达地区的投资回报率较高,有地区性特殊优惠政策的土地开发投资回报率也较高。

投资利润的计算公式为

$$投资利润=(土地取得费用+土地开发费用+税费)×投资回报率$$

六、确定土地增值收益

一般情况下,政府出让土地除收回成本外,同时要使国家土地所有权在经济上得到实现,即获取一定的增值收益。根据成本逼近法的计算公式,以上前五项之和为成本价格,成本价格乘以土地增值收益率即为土地增值收益。土地增值收益率理论上应等于“增值地租”在总地价的比例,或出让价格与成本价格差值占成本价格的比例。

土地增值收益计算公式为

$$土地增值收益=(土地取得费用+土地开发费用+税费+投资利息+利润)$$
$$×土地增值收益率$$

七、计算土地价格

根据上述各步的计算结果,采用下列公式计算土地价格。

$$土地价格=土地取得费用+土地开发费用+税费+利息+利润+土地增值收益$$

以上计算的土地价格,并非待估土地最终价格。还应根据待估土地的具体情况和评估目的,考虑是否进行以下几个方面的修正,并最终确定估价结果。

（一）个别因素修正

成本逼近法的内在缺陷之一就在于是以成本定价,但土地价格最终源于收益而非成本。因而估价过程中往往可能存在的问题是,在一相邻甚或相同区域内,开发难度相对大但区位条件相对差的土地价格反而高。所以在估价实践中,可以由估价人员根据待估土地在区域内的位置和宗地条件,进行个别因素修正,特别是在对相同或相近区城内多宗地同时进行估价时更显必要,以提供一个各宗地间相对合理的价格排序和比例。当然,这种修正除了估价师的经验和技巧外,更多地要有一些客观现实的依据。

（二）成熟度修正

由于土地开发程度通常设定为宗地红线外的开发程度,而对宗地红线内的开发状况没有考虑,因此对于宗地内的开发和建设状况也应进行适当修正。当然,这种宗地内的开发和建设,对于出让土地来说,应是由出让方的开发和建设引起的宗地开发程度的改善。

（三）可出让土地比率修正

如果采用成本逼近法测算的是某一小区或开发区的平均土地价格,还应考虑小区或开发区的土地利用率或可出让土地的比率,进行公共设施的占地面积和公用面积的分摊,因为这些公共设施的占地面积(如道路、公共绿地等)是不能单独出让的,其土地价格和有关土地开发的投资成本应分摊到可出让的土地上。计算公式如下。

可出让土地的平均价格＝土地总平均价格/可出让土地比率
＝土地总平均价格×土地总面积/可出让土地面积

（四）年期修正

运用成本逼近法估算有限年期的土地使用权价格时,应进行土地使用权年期修正。其年期修正的公式为

$$K = 1 - \frac{1}{(1+r)^n}$$

式中：K 为年期修正系数;r 为土地还原利率;n 为土地使用权年限。

是否进行年期修正要具体分析：

(1) 当土地增值收益是以有限年期的市场价格与成本价格的差额确定时,年期修正已在增值收益中体现,不再另行修正。

(2) 当土地增值收益是以无限年期的市场价格与成本价格的差额确定时,土地增值收益与成本价格一并进行年期修正。

(3) 当待估土地为出让土地时,应进行剩余使用权年期修正。

根据上述各步的修正调整后,最终确定成本逼近法的评估结果。

此外,需注意的是,这种方法算出的土地价格是从土地所有者的角度得到的,而土地使用者(受让人)能否接受此价格,需要土地使用者分析预期的土地收益或同已发生的交易价格比较后,确定自己对该宗地价格的认同标准。因此,成本逼近法计算出价格后,还需通过市场资料进行比较修正,使其接近实际水平。

第三节　成市逼近法的应用

例 6-1　估价对象概况：某市市郊工业路上有一临街工业用地,土地开发程度已实现"七通一平"。

估价要求：采用成本逼近法估算该宗地资产价格。

【解】估价过程如下。

1．计算土地取得费用

该宗地在开发成建设用地前,其地类为旱地。根据目前当地有关规定确定各项参数的取值,并按照该宗地周围一般征地费用水平及有关税费的征收情况进行测算,其土地取得费用及有关税费合计为74 223元/亩,具体情况详见表6-1。

表6-1　宗地征收费用

序号	名　　　称	金额(元/亩)
1	土地补偿费	15 000
2	安置补助费	10 000
3	地上附着物及青苗补偿费	5 000
4	征地管理费	(1+2+3)×3‰=900
5	耕地占用税	8×666.67=5 333.3
6	耕地专项开发基金	2 000
7	公路配套费	5 000
8	城市配套费	30 000
9	粮食平议差价	990
10	合计	74 223

2．计算土地开发费用

土地开发费用是指在宗地内进行"七通一平"开发所投入的费用。根据该宗地的具体开发情况及周围区域的一般开发费用水平进行测算,其土地开发费用(含税费)为30 000元/亩。

3．计算利息

根据待估土地的用地规模及开发难易程度,其土地开发周期一般情况需1.5年,年利率以10.08％计,则

$$利息 = 74\,223 \times [(1+10.08\%)^{1.5}-1] + 30\,000 \times [(1+10.08\%)^{1.5/2}-1]$$
$$= 13\,741(元/亩)$$

4．计算利润

工业用地的土地开发利润率以行业基准收益率15％计,则

$$利润 = (74\,223+30\,000) \times 15\% = 15\,633(元/亩)$$

5．确定土地增值收益

根据当地的有关规定,采用当地的级差地租作为土地增值收益,确定该宗地的增值收益为20 000元/亩。

6. 计算土地价格

待估宗地单位土地价格 $= 1+2+3+4+5 = 74\,223+30\,000+13\,741+15\,633+20\,000$

$$= 153\,597(元/亩)$$

例 6 - 2 某高新技术开发区土地总面积为 $5\,km^2$，现已完成了"七通一平"开发建设，开发区内道路、绿地、水面及其他公共和基础设施占地 $1.5\,km^2$。该开发区现拟出让一宗工业用地，出让年限为 50 年，土地面积 $10\,000\,m^2$。根据测算，该开发区每亩征地费平均为 5 万元，完成 $1\,km^2$ 的开发需投入 2 亿元。一般征地完成后，"七通一平"的开发周期为 2 年，且第一年的投资额占总开发投资的 40%，全部土地投资回报率为 20%，土地出让增值收益率为 20%，当年银行年贷款利息率为 10%，土地还原利率确定为 7%。试估算出让该宗土地的单位面积价格和总价格。

【解】该宗地价格的估算适用成本逼近法，估价步骤如下。

1. 土地取得费用

$$土地取得费用 = 5\,万元/亩 = 75\,元/m^2$$

2. 土地开发费用

$$土地开发费用 = 2\,亿元/km^2 = 200\,元/m^2$$

3. 利息

利息 $= 75\times[(1+10.08\%)^2-1]+200\times40\%\times[(1+10.08\%)^{1.5}-1]$

$\qquad +200\times60\%\times[(1+10.08\%)^{0.5}-1]$

$\qquad = 15.75+12.3+5.86$

$\qquad = 33.91(元/m^2)$

4. 利润

$$利润 = (75+200)\times20\% = 55(元/m^2)$$

5. 土地增值收益

$$土地增值收益 = (75+200+33.91+55)\times20\% = 72.78(元/m^2)$$

6. 计算土地价格

单位面积土地价格 $= 1+2+3+4+5 = 75+200+33.91+55+72.78$

$$= 436.69(元/m^2)$$

7. 进行可出让土地比率修正

由于开发区内道路、绿地、水面及其他公共和基础设施占地是无法单独出让的，因此这些土地的地价要分摊到可出让土地的地价中，即需进行可出让土地面积比率修正。

可出让土地的平均价格 $=$ 土地总平均价格/可出让土地比率

$\qquad\qquad\qquad\qquad = 土地总平均价格\times开发区土地总面积$

/（开发区土地总面积 − 不可出让的土地面积）

$$= 436.69 \times 5/(5-1.5) = 623.84(元 /m^2)$$

8. 进行年期修正

50 年土地使用权价格 $= 623.84 \times [1-1/(1+7\%)^{50}] = 602.66(元 /m^2)$

即待估宗地的单位面积土地价格为 602.66 元/m²

9. 计算土地总价格

土地总价格 $= 602.66 \times 10\,000 = 6\,026\,600(元)$

 ## 本章小结

成本逼近法是土地价格评估的基本方法之一。本章主要是介绍成本逼近法的基本理论和估价步骤。第一节介绍了成本逼近法的概念、理论依据、适用范围和条件及其特点，以及成本逼近法的计算公式，其中收益还原法的理论依据、适用范围和条件及计算公式是重点；第二节重点阐述了成本逼近法的估价步骤，尤其强调了土地取得费用、土地开发费用、税费、投资利息、投资利润、土地增值收益等各项成本费用的内容及其确定方法和注意事项；第三节是成本逼近法的应用举例，通过土地价格评估的两个具体案例介绍了成本逼近法的具体应用。

 ## 关键词

成本逼近法　生产费用价值论　土地取得费用　土地开发费用　税费　投资利息　投资利润　土地增值收益

 ## 复习思考题

1. 成本逼近法的理论依据、适用范围是什么？
2. 试论述成本逼近法的估价步骤。
3. 土地取得费用的内容包括哪些？
4. 试论述土地开发费用的内容及其确定方法。
5. 如何计算投资利息？
6. 如何计算投资利润及土地增值收益？
7. 计算题

某开发区土地开发完成后，需评估出让土地的底价。该开发区土地开发程度达到"七通

一平"，可供出让的土地面积占开发区总土地面积的 80%。出让土地使用年限为 50 年。开发区所在地的土地取得费（含税费）为 15 万元/亩；土地开发费为 10 万元/亩，在开发期内均匀投入，土地开发周期 20 个月，贷款月利率为 1‰，按月计算复利；土地开发的投资回报率要求达到 20%，土地增值收益率要求达到 10%，土地还原率取 8%。请根据以上资料评估出该开发区出让土地的底价。

第七章　剩　余　法

 学习目标

通过本章的学习,应该能够:

1. 理解剩余法的概念、理论依据及其特点;
2. 掌握剩余法的适用范围和条件;
3. 掌握剩余法的计算公式及估价步骤;
4. 熟练运用剩余法评估土地价格。

第一节　剩余法的基本原理

一、剩余法的概念

剩余法(residual method),又称为假设开发法、预期开发法、倒算法、残余法或余值法,是在估算开发完成后房地产正常交易价格的基础上,扣除预测的未来建筑物建造费用及与建筑物建造、交易有关的专业费用、利息、利润、税收等费用,根据此价格余额来确定待估土地价格的一种方法。其本质是以待估土地的预期开发后的房地产价值为导向来求取其价格,所得的估价结果一般被称为"剩余价格"或"倒算价格"。

二、剩余法的理论依据

剩余法是一种科学实用的估价方法,它的理论依据是地租理论和价格构成理论。

从地租理论来讲,土地价格实质上就是资本化的地租。我们知道,地租是土地使用者为了获得土地使用权而向土地所有者支付的经济代价。其数额是土地的使用者根据土地的实际情况决定,是从土地的"生产物"份额中扣除有关成本费用及普通利润后的

余额。

从价格构成理论的角度来讲,任何商品的销售价都是由成本、税金和利润构成,房地产价格也同样如此,只不过其成本构成要比一般商品复杂而已,可以表示为

$$房地产价格 = 房地产开发建设成本 + 税金 + 利润$$

式中:

(1) 房地产开发建设成本由土地成本、建筑物成本和期间费用构成。土地成本可分解为土地取得费用和土地开发费用;建筑物成本包括前期工程费用、房屋等建筑物的建筑安装工程费用和公共配套设施费用等;期间费用则由筹资费用、管理费用和销售费用等费用构成。

(2) 税金由土地使用税和经营税金及附加构成。

(3) 利润即为进行房地产开发建设所应该取得的正常的利润或行业平均利润。

因此,从上述公式中,我们不难得出

$$土地价格 = 房地产市场交易价格 - 除土地价格外的房地产开发建筑成本 - 税金 - 利润$$

为了便于理解,我们通过下面的例子来进一步说明。

例 7 - 1　假如一个房地产开发商,面对一块可供开发利用的土地,自己将愿意出多少钱来购买这块土地呢? 很明显,该房地产开发商购买这宗地的目的并不是供自己使用,而是通过开发出售后赚取利润。但同时,其他开发商也想得到这一宗地,进行开发赚取利润,面对公开的经营性用地招、拍、挂竞争土地市场,他不能期望从这一地块中得到超乎寻常的利润,但同时他希望从这一地块中得到的利润也不能低于别人希望得到的平均利润,否则他宁愿把这笔资金投到其他方面。也就是说,该开发商希望能从这一地块开发中获取社会上房地产开发的一般利润即可。而为了获取这一地块,开发商首先要仔细研究待开发地块的内外条件,如坐落位置、面积大小、形状、周围环境、规划限制条件等,以便分析该地块在规划许可范围内最适宜的用途和最大开发程度;然后根据目前的房地产市场状况,预测建筑完成后价值,以及为完成这一开发所需花费的建筑费、设计费、相关税费、各类预付资本的利息和开发商应得到的正常开发利润。有了上述的分析和测算,开发商也知道了他可能为这块地所支付的最高价格是多少。很明显,这个最高价等于开发完成后的房地产价值扣除开发成本及相应利息、利润、税收等之后的余额。值得一提的是由于房地产的开发周期比较长,对有些项目的估价可能要求考虑各项投入费用的时间价值,以便更准确地揭示土地价格,这是可以借鉴折现现金流量的方法计算。

正如亚当·斯密在《国民财富的性质和原因的研究》一书中所说的那样:"作为使用土地代价的地租,自然是租地人按照土地实际情况所支付的最高价格,在决定租约条件时,地主都设法使租地人所得的生产物份额,仅足以补偿他用以提供种子、支付工资、购置和维持耕畜与其他农具的农业资本,并提供当地农业资本的普通利润,这一份额,显然是租地人在不亏本的条件下所愿意接受的最小份额,而地主决不会多给他。"

三、剩余法的计算公式

根据剩余法的概念及其理论依据,利用剩余法评估土地价格的基本公式是

$$P = A - B - C - D$$

式中:P 为待估土地的价格;A 为开发完成后的土地或房地产总价值;B 为整个开发项目的开发成本;C 为开发商合理利润;D 为购买待估土地时应缴纳的税费。

在实际工作中,常用的一个具体计算公式为

土地价格=开发完成后房地产总价值-建筑总成本-利息-税费-利润

或土地价格=开发完成后房地产总价值-建筑费-专业费-利息-税费-开发商利润

根据剩余法的基本公式,按估价对象的状况,我们可以将公式具体细化为以下几种。

(一) 生地价格的公式

所谓生地是指已完成土地使用批准手续(包括土地使用权出让手续)可用于建筑的土地,该建筑用地无基础设施,或者有部分基础设施,但尚不具备完全的"三通"(通路、通水、通电)条件,同时地上地下待拆除的房屋、构筑物尚未拆迁,如荒地、农地等。估算生地价格有以下两种情形。

1. 适用于在生地上建房屋的公式

生地价格=开发完成后的房地产价值-由生地建成房屋的开发成本-专业费用
　　　　　-投资利息-销售税费-开发利润-买方购买生地应付担的税费

2. 适用于将生地开发成熟地的公式

生地价格=开发完成后的熟地价格-由生地开发成熟地的开发成本-专业费用
　　　　　-投资利息-销售税费-土地开发利润-买方购买生地应付担的税费

(二) 毛地价格的公式

所谓毛地是指已完成土地使用批准手续(包括土地使用权出让手续),具有"三通"或者条件更完备的基础设施,但未进行拆迁的可用于建筑的土地。估算毛地价格有以下两种情形。

1. 适用于在毛地上建房屋的公式

毛地价格=开发完成后的房地产价值-由毛地建成房屋的开发成本-专业费用
　　　　　-投资利息-销售税费-开发利润-买方购买毛地应付担的税费

2. 适用于将毛地开发成熟地的公式

毛地价格=开发完成后的熟地价格-由毛地开发成熟地的开发成本-专业费用
　　　　　-投资利息-销售税费-土地开发利润-买方购买生地应付担的税费

（三）求熟地价格的公式

所谓熟地是指具有完善的基础设施，且地面平整，可用于建筑的土地。其公式为

熟地价格＝开发完成后的房地产价值－由熟地建成房屋的开发成本－专业费用

－投资利息－销售税费－开发利润－买方购买熟地应付担的税费

四、剩余法的适用范围和条件

（一）适用范围

剩余法与其他估价方法一样，有其最适宜的应用范围。一般来说，剩余法的具体适用范围有如下几个方面。

（1）待开发土地的估价。

（2）待拆迁改造的再开发房地产的估价。

（3）仅将土地或房屋开发或改造成可供直接利用的土地或房地产的估价，此时开发完成后的房地产市场交易价格为开发后的土地价格。

（4）现有新旧房地产中地价的单独评估，即从房地产价格中扣除房屋价格，剩余之数即为地价。

（5）房地产开发项目的财务状况评估，主要为投资者提供三方面的数据资料：确定试图获取的土地开发地块的可接受的最高价格；确定开发项目的合理预期利润；确定开发过程中可能发生的费用的最高限额。

需指出的是，在第四种情况下，即在土地或建筑的价格依其他方法不能明确把握时，剩余法是有效的方法。例如，要对附有建筑物的土地进行估价时，虽然依交易实例市场比较法可求得空地价格，但对于因附有建筑物而使得土地价值降低的情况，究竟应该减价多少，这时仅依靠交易实例确实难以获得正确答案，而运用剩余法，则可求得附有建筑物的土地价格。比较新且处于最有效使用状态时，剩余法才是最有效的方法。

在剩余法估价中，由于包含了较多的可变因素，因此，不同的估价人员对同一宗地的估价结果有时相差很大。这便体现了经验与资料的重要性。就目前的土地市场来看，当土地具有开发或潜在开发价值时，剩余法不失为一种可靠、实用和重要的估价方法。

（二）适用条件

在应用剩余法估价时，还需要注意以下几个假设和限制条件。

（1）尽管开发完成后房地产总价或租金的取得以及各项成本的支付都发生在将来，但剩余法估价中采用的所有房地产总价、租金和成本数据都是根据当前数据来确定未来的数据。这是因为作为估价师很难准确预测未来的成本和租金、价格水平的细微变化，在开发期间，不但租金和售价会上涨（下降），各类开发成本也会上涨（下降），因此，剩余法估价隐含着这样一个假设：剩余法估价中涉及的这些关键变量在开发期间不会发生大的变化。当然，若采用剩余法进行项目可靠性研究和投资决策分析，也可通过周密的市场调查和分析，对预期租

金、售价及成本数据作出预测,或采用更准确考虑支出或收益变化的现金流量法或贴现现金流量法进行评估。

(2)假设租金或房地产交易价格在开发期间不会下降,并且不考虑物价上涨的影响。

(3)假设在开发期间各项成本的投入是均匀投入或分段均匀投入。

以上这些假设条件在国外的剩余法估价中表现得更为明显。国内一些估价人员则往往混淆了估价与项目可靠性分析的区别,因而常常忽视了这些假设与限制条件。

五、剩余法的特点

剩余法的运用,是以有关数据的预测为条件的。而这些数据的测算,又取决于以下因素:

1. 土地最佳开发用途的确定

根据土地估价的合法原则和最有效使用原则,结合土地的用途、容积率以及建筑高度等方面的规划控制,对土地的最佳利用方式及建筑物的用途、风格、层数以及内部布局等进行科学规划、合理设计。

2. 房地产市场行情的判断

根据国民经济形势和房地产业发展的变化,正确判断未来房地产市场的行情,正确判断与预测开发完成后房地产总价值。

3. 各项开发成本费用的估算

根据现有的国家标准及经验数据,准确确定或预测开发费用、建筑成本、期间费用、税费及合理的开发利润。

第二节 剩余法的估价步骤

根据剩余法的概念、理论依据、计算公式及适用范围与条件,可将剩余法的运用归结为下列主要估价步骤。

一、调查待估土地的基本情况

这是土地估价的基本步骤之一,是运用任何一种估价方法估价时都必须做的。这里需要强调的是,在运用剩余法进行估价时,勘察待估土地的基本目的是为合理确定待估土地的最佳开发利用方式、预测未来房地产开发价值与费用等奠定基础。调查的基本情况主要有以下几类。

(一)弄清宗地的位置情况

宗地的位置情况主要包括:

（1）土地所在城市的性质。

（2）土地所在城市中的具体坐落位置。

（3）土地所在城市中的区域的性质，查清待估宗地周围的土地条件和利用状况。

通过查清上述内容，为选择最佳的土地利用方式提供依据。

（二）弄清宗地的地面情况

宗地的地面情况主要包括：

（1）土地面积的大小。

（2）土地的形状。

（3）土地的平整状况。

（4）土地的地质状况。

（5）基础设施状况。

通过查清上述内容，为估算建筑费用提供依据。

（三）弄清政府的规划限制情况

政府规划限制情况主要包括：

（1）对宗地用途的规定。

（2）对容积率、覆盖率的限制。

（3）对建筑高度的限制。

通过查清上述内容，为确定建筑物的规模、造型等服务。

（四）弄清该宗地的权利状况

宗地的权利情况主要包括：

（1）宗地的权利性质。

（2）宗地的使用权年限。

（3）宗地能否续期。

（4）对宗地的转让、出租、抵押等有关规定。

查清这些权利状况，主要是为确定开发完成后的房地产价值、售价及租金水平等服务。

（五）掌握房地产市场状况

通过市场调研，弄清房地产市场的宏观环境并对其发展趋势作相关分析，尤其要把握与待估土地相关的市场信息，如待估土地的市场供求关系、发展前景以及社会购买力等，为确定待估土地的最佳开发利用方式提供科学、可靠的市场资料。

二、确定待估土地的最佳开发利用方式

最佳开发利用方式的确定是投资商在竞标过程中重要的环节。所谓最佳，是指能适应市场发展需要的，可获取最大盈利的开发方式。选择何种开发方式，将直接关系到开发成

本、市场销售及开发项目的最终盈利状况。

由于剩余法是以待估土地开发后的预期价值为基础的,因此,确定最佳开发利用方式、正确预测未来开发完成后的房地产价值显得尤为重要。确定待估土地的最佳开发利用方式主要包括用途、建筑容积率、覆盖率、建筑式样、建筑装修档次等的确定,这些内容的确定都要在政府城市规划所许可的范围内选取,也可以说在这个许可范围内的为最佳。

在选择最佳的开发利用方式中,最重要的是要选择最佳的土地用途。土地用途的选择,要考虑到土地位置的可接受性及这种用途的现实社会需要程度和未来发展趋势,也就是说,要分析当地市场的接受能力,究竟市场在项目建成这段时间里,最需要什么类型的房地产。例如,某一块土地,政府规定的用途为兴建宾馆、公寓或办公楼,但实际估价时应该选择哪种用途?这就首先需要调查比较该块土地所在的城市和地区对宾馆、公寓、办公楼的供求关系及其走向。若社会对宾馆、办公楼的需求开始趋于饱和,表现为客房入住率、办公楼出租率呈下降趋势,但希望能租到或买到公寓住房的人逐渐增加,而近年能提供的数量又较少时,则可以选择该土地的用途为兴建公寓。

三、估计开发经营期

估算开发经营期的目的,是为了预测开发完成后的房地产售价或租金,把握开发成本、管理费用、销售税费等发生的时间和数额,以及各项收入和支出的折现或计算投资利息等。

开发经营期是指从取得待估土地一直到未来开发完成后的房地产经营结束这一段时间。开发经营期可分为开发期和经营期。开发期又可称为开发建设期、建设期,其起点与开发经营的起点相同,即取得待估土地的日期,也即估价基准日,终点是预计待开发房地产竣工的日期。若在土地上进行房屋建设,则开发期又可分为前期和建造期。前期是从取得土地使用权到动工开发的这段时间,建造期是从动工开发到房屋竣工的这段时间。

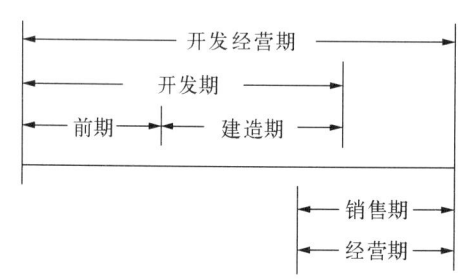

(a) 销售(含预售)的情况

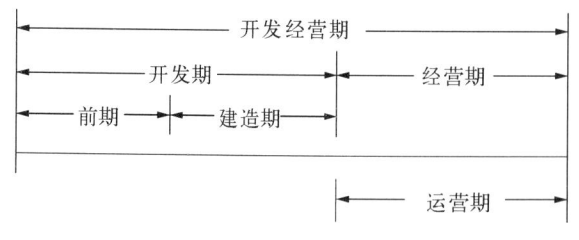

(b) 出租、营业或自用的情况

图 7 - 1　开发经营期示意

未来开发完成后的房地产的经营使用方式,主要包括销售(包括预售)、出租、营业、自用。据此,经营期相应地可以具体化为销售期(针对销售这种情况)和运营期(针对出租、营业、自用这些情况)。销售期是从开始销售已开发完成或未来开发完成的房地产到将其全部销售完毕的这段时间。在有预售的情况下,销售期与开发期有重合。运营期是从待估土地开发完成到开发完成后的房地产经济寿命结束的这段时间。

开发经营期中各种时期间的关系可用图 7 - 1 来表示。

估计开发经营期的方法通常参考各地的工期定额指标,可采用类似于市场比较法的方法,即根据其他相同类型、同等规模的类似开发项目已有的正常开发经营期来估计确定。开发期一般能较准确地估计,但现实中因某些特殊因素的影响,可能会引起开发期延长。例如,筹措的资金不能按期到位,某些建筑材料的短缺,恶劣气候的影响,政治经济形势发生突变,劳资纠纷引起工人停工,或者基础开挖中发现重要的文物等一系列因素,都可能导致工程停下,以致使开发期延长,由于建设期延长,开发商一方面要承担更多的贷款利息,另一方面要承担总费用上涨的风险。但这类特殊的非正常因素在估计开发期时一般不考虑。经营期特别是销售期,通常是难以估算的,在估算时应充分考虑未来房地产市场的景气状况。

四、预测开发完成后的房地产价格

开发完成后的房地产价格(或土地价格),是指开发完成时的房地产(或土地)状况的市场价格。该市场价格所对应的日期,通常也是开发完成时的日期,而不是在购买待开发土地或开发期间的某个日期,但在市场较好时考虑预售和市场不好时考虑延期租售的是例外。开发完成后的房地产价格,可通过两个途径取得。

(一)对于出售的房地产

对于出售的房地产,应按当时市场上同类用途、性质和结构的房地产的市场交易价格,采用市场比较法确定开发完成后的房地产总价格,并考虑类似房地产价格的未来变动趋势,或采用市场比较法与长期趋势法相结合,即根据类似房地产过去和现在的价格及其未来可能的变化趋势来推算。

例7-2　已知某类公寓2001—2005年的每平方米销售价格分别为3 550元、3 680元、4 200元、4 500元、4 800元,则2006年该类公寓的每平方米销售价格,根据加权平均法计算,应该为4 367元。即

$$(3\,550 \times 1 + 3\,680 \times 2 + 4\,200 \times 3 + 4\,500 \times 1 + 4\,800 \times 5) \div (1+2+3+4+5)$$
$$= 4\,367(元/m^2)$$

(二)对于出租和营业的房地产

对于出租和营业的房地产,如写字楼和商店等商业房地产,估算期开发完成后的房地产价格,可根据当时市场上同类用途、性质、结构和装修条件下的房地产的租金水平和出租费用水平或经营收入水平和经营费用水平,再采用收益还原法将出租纯收益或经营纯收益还原为房地产价格。

具体确定时需要估计以下几个要素。
(1)单位建筑面积月租金或年租金。
(2)房地产出租费用水平。
(3)还原利率。
(4)可出租的净面积。

五、估算各项开发成本费用

开发成本是项目开发建设期间所发生的一切费用的总和。在土地开发项目中,整个开发项目的开发成本包括购地税费、将土地开发为熟地的开发费用、管理费用、投资利息和销售税费;在房地产开发项目中,整个开发的开发成本包括购地税费、房屋建造成本、管理费用、投资利息和销售税费。

(一)估算开发建筑成本费用

开发建筑成本费用(包括直接工程费、间接工程费、建筑承包商利润及由发包商负担的建筑附带费用等)可采用比较法来推算,即通过当地同类建筑当前的平均或一般建筑费用来推算,也可采用建筑工程概算的方法来估算。建筑成本费用往往通过总建筑面积和单位建筑面积成本计算出来。

(二)估算专业费用

专业费用包括建筑师的建筑设计费、预算师的工程概预算费用等,一般采用建筑费的一定比率估算。

(三)估算不可预见费

剩余法估价中为保证估价结果的安全性,往往预备有不可预见费,一般为总建筑费和专业费之和的 2%—5%。

(四)估算税费

税金主要指建成后房地产销售的营业税、工商统一税、印花税、契税等,应根据当前政府的税收政策估算,一般以建成后房地产总价的一定比例计算。

(五)估算开发完成后的房地产租售费用

租售费用主要用于开发完成后房地产销售或出租的中介代理费、市场营销广告费用、买卖手续费用,一般以房地产总价或租金的一定比例计算。

六、估算预付资本利息

地价款、土地开发费用或房屋建造成本、管理费用和购地税费等全部预付资本要计算利息。销售税费一般不计利息。利息的计算要充分考虑资本投入的进度安排。为了正确地估算预付资本的利息,估价人员在估价时应把握好以下六个方面。

(一)应计息的项目

剩余法中应计息的项目一般包括:

（1）待开发土地的价格。

（2）投资者购买待开发土地应负担的税费。

（3）开发建筑费、专业费和不可预见费。

销售费用和销售税费一般不计息。

（二）计息方式

计息方式有单利计息和复利计息两种方式,通常以复利计息为主。单利计息是指每期均按原始本金计算利息,即只有本金计算利息,本金所产生的利息不计算利息。在单利计息的情况下,每期的利息是常数。复利计息是指以上一期的利息加上本金为基数计算当期的利息。在复利计息的情况下,不仅本金要计算利息,利息也要计算利息,即通常所说的利滚利。如果 P 表示本金;i 表示利率;n 表示计息周期数;I 表示总利息;F 表示计息期末的本利和,则有:

单利计息下的总利息、本利和为

$$I = P \times i \times n$$
$$F = P \times (1 + i \times n)$$

复利计息下的总利息、本利和为

$$I = P[(1+i)^n - 1]$$
$$F = P(1+i)^n$$

（三）计息期

计息期是某项费用应计息的时间的长短。房地产开发的各项预付资本,在整个建设过程中投入的时间是不同的,因此不同的费用其计息期各不相同。某项费用计息期的起点是该项费用发生的时间点,终点通常是开发期结束的时间点(不考虑预售和延迟销售的情况)。在此,需要格外注意的是某些不是发生在某个时间点的费用的利息计算。当费用不是发生在一个时间点,而是在某个时间段(如开发期或建造期)内连续发生,计息时通常将其假设为在所发生的时间段内均匀发生,具体视为发生在该时间段的期中。如开发成本的计息期应以其实际投入期的中间时点至整个开发期或建造期末为止。

例如,地价款及购地税费是取得土地使用权的代价,在取得土地使用权时即要付出;开发费、专业费及不可预见费则是随着工程动工开始投入,并随着工程建设进度逐步投入、工程竣工,这部分费用停止投入。这部分费用可以理解为在建筑期内均匀投入或在开发期内分段均匀投入。这些预付资本都是在租售完毕才全部回收,因此,这些费用在开发建设过程中所占用的时间长短也各不相同。在确定利息额时,必须根据地价款及购地税费、开发费用、专业费用等的投入额、各自在开发过程中所占用的时间长短和当时的贷款利率高低进行计算。

由于预付地价款及购地税费的资金占用时间为整个开发建设周期,所以其利息额应以全部预付地价款及购地税费按整个开发建设周期计算。

由于开发建筑费、专业费在建筑期内的占用时间不等,所以其利息的计算分为以下两种情况。

（1）若开发建筑费、专业费在建筑期内均匀投入，则以全部开发建筑费、专业费按建筑期的一半计算或以全部开发、专业费的一半按全部建筑期计算；

（2）若开发建筑费、专业费在开发期内分段均匀投入，有分年度投入数据，则可进一步细化，开发建筑费、专业费在建筑竣工后的空置及销售期内应按全额全期计息。

例 7-3 建筑期 2 年，销售期 1 年，在建设中第一年的投资为总建筑费和专业费的 30％，第二年投资为总建筑费和专业费的 70％。由于销售期 1 年，所以开发周期共 3 年，则第一年资金投入部分的计算期为两年半，第二年投入部分的计息期为一年半。其公式为

单利时：利息 ＝（建筑费＋专业费）×30％×2.5 年×年利息率＋（建筑费＋专业费）

×70％×1.5 年×年利息率

复利时：利息 ＝（建筑费＋专业费）×30％×[(1＋年利息率)$^{2.5}$－1]＋（建筑费

＋专业费）×70％×[(1＋年利息率)$^{1.5}$－1]

（四）利率的大小

资金的时间价值是同量资金在两个不同时点的价值之差，用绝对量来反映为"利息"，用相对量来反映为"利率"。利率有单利利率和复利利率两种。选用不同的利率，应选用相对应的计息方式，反过来，选用不同的计息方式，应选用相对应的利率，不能混淆。利率是用百分比表示的单位时间内增加的利息与本金之比，即

$$利率 ＝ \frac{单位时间内增加的利息}{本金} × 100\%$$

（五）计息周期

计息周期是计算利息的单位时间。计息周期可以是年、半年、季、月、周或天等，但通常为年。

（六）名义利率和实际利率

在复利计息的情形下，当利率的时间单位与计息周期不一致时，例如，利率的时间单位为 1 年，而计息周期为半年、季、月、周或天等，就出现了名义利率和实际利率的概念。假设名义利率为 r，一年中计息 m 次，则每次计息的利率为 r/m，至 n 年末时，在名义利率下的本利和为

$$F ＝ P (1＋r/m)^m$$

关于名义利率和实际利率之间的关系，可以通过令一年末名义利率与实际利率的本利和相等来解决。在名义利率下的一年末本利和为

$$F ＝ P (1＋r/m)^m$$

假设实际利率为 i,则在实际利率下的一年末本利和为

$$F = P(1+i)$$

令一年末名义利率与实际利率的本利和相等,即

$$P(1+r/m)^m = P(1+i)$$

由此等式可以得出名义利率和实际利率的关系如下。

$$i = (1+r/m)^m - 1$$

名义利率与实际利率的关系,还可以通过利率的计算公式得出,即

$$i = \frac{F-P}{P} = \frac{P(1+r/m)^m - P}{P}$$

$$= (1+r/m)^m - 1$$

七、估算合理开发利润

开发商的合理利润一般以房地产总价或预付总资本的一定比例计算(按预付总资本的一定比例计算利润,该比例通常称作投资回报率),比例高低随地区和项目类型不同而有所不同。在实际测算过程中,要特别注意开发利润计算基数与利润率的相互对应关系,不可混淆。

八、确定待估土地价格

计算时,通常是将以上已估算得到的数据直接代入计算公式中进行计算,即

地价款 = 开发完成后的房地产价格 − 开发建筑成本 − 专业费用 − 不可预见费

− 利息 − 租售费用 − 销售税费 − 合理开发利润

此时,虽然公式右边的利息也含有地价未知数,利润若按投资回报率或按年利润计算,则会含有地价未知数,但等式中只有地价这一未知数,因此,并不影响地价额的计算。在剩余法估价中,也可采用另一种方式计算,以避免出现等式两边都含有未知数的情形。即在计算利息时考虑建筑开发费和专业费、不可预见费的利息,地价的利息暂不计,然后将各项数据代入上式即可得到地价额,只不过这一地价额是房地产开发完成时的地价额,只需将这一数额贴现即可得到当前的地价值。

按照上述公式测算出的剩余值是开发商当前取得待开发场地所能支付的最大费用。由于开发商在取得场地使用权时除了支付地价款外,还要支付取得土地使用权的相关法律手续费用、土地估价费用及登记发证费用等。因此,必须从计算出的剩余值中扣除上述费用,才能得到所估土地价格。这样待估土地价格的计算公式变为

待估土地价格=开发完成后的房地产价格−开发建筑成本−专业费用−不可预见费

−利息−租售费用−销售税费−合理开发利润

一买方购买待估土地应付担的税费

上述扣除费用,一般以未知地价的一定比例计算。例如,根据剩余法计算得到的剩余值为 1 000 万元,取得土地使用权的法律、估价及土地使用证书等费用估计为地价款的 2%,则可得到待估土地价格为:1 000 万元/(1+2%)=980.4 万元。最后,再根据测算得到的待估土地价格,结合估价师的经验和其他因素,综合确定估价额。

最后,需要说明的是,在估算建筑费、专业费、利息、租售费用、税费和利润等项目时,不必死套上述建筑费、专业费用等的划分,要根据当地房地产价格的实际构成来分项计算。

第三节 剩余法的应用

一、待开发土地价格评估

例 7 - 4

1. 估价对象概况

待估对象为已达到"七通一平"的待开发土地,土地总面积为 10 000 m²,形状规则;允许用途为商业、居住;规划容积率为 7,允许建筑覆盖率为≤50%;土地使用权年限为 50 年,出让时间为 2007 年 9 月。

2. 估价要求

评估该土地在 2007 年 9 月出让时的价格。

3. 估价过程

(1) 实地勘察待估土地(略)。

(2) 确定最佳开发利用方式。

通过调查研究,确定该土地最佳开发利用方式如下。

用途为商业、居住混合用途;建筑容积率为 7;建筑覆盖率为 50%;建筑总面积为 70 000 m²,建筑物层数为 14 层,各层建筑面积为 5 000 m²;地上一层至二层为商业用途,建筑面积共 10 000 m²;地上三层至十四层为住宅用途,建筑面积共 60 000 m²。

(3) 预计开发期(或建造期)。预计该房地产的开发期为 3 年,即 2010 年 9 月全部完成,并投入使用。土地使用权的法律、估价及登记费为土地价格的 2%。

(4) 预计开发完成后的楼价。估计该房地产建造完成后,商业用途部分可全部售出,其平均售价为 4 500 元/m²;住宅用途部分的 30% 在建造完成后即可售出,50% 在半年后才能售出,其余的 20% 一年后售出(假设在期末售出),其平均售价为 2 500 元/m²。

(5) 估计开发成本及开发商利润。估计总建筑费为 5 000 万元,其中第一年投入总建筑费的 20%,第二年投入 50%,第三年投入余下的 30%;专业费为建筑费的 8%,投入时间与建筑费投入时间相同;1 年期年利息率为 8%,2 年期年利息率为 10%,3 年期年利息率为 12%

（按单利计息）；销售费用为楼价的 3％；税费为楼价的 6％，即建成出售时所需由卖方承担的那部分营业税、印花税、交易手续费等，其他类型的税费已考虑在建筑费之中；投资利润率为直接投资资本的 25％。

在未来 3 年的开发建设期内，假定开发费用的投入再投资年度范围内在时间、强度上均匀、相同。在上述假定情况下，各投资年度内的投入可视集中在各投资年度内的年中投入。

（6）待估土地价格测算。根据上述开发费用，采用的估价公式如下。

$$地价款 = 开发完成后的房地产价格 - 开发建筑成本 - 专业费用$$
$$- 利息 - 租售费用 - 销售税费 - 合理开发利润$$

① 开发完成后房地产总价 $= 4\,500 \times 10\,000 + 2\,500 \times 60\,000 = 19\,500$（万元）

② 开发建筑成本 $= 5\,000$（万元）

③ 专业费用 $= ② \times 8\% = 400$（万元）

④ 总利息 = 地价款利息 + 开发成本利息

　　　　　= 地价款利息 +（总建筑费利息 + 总专业费利息）

　　　　　$= P \times 12\% \times 3 + (② + ③) \times 20\% \times 12\% \times 2.5$

　　　　　　　　　$+ (② + ③) \times 50\% \times 10\% \times 1.5$

　　　　　　　　　$+ (② + ③) \times 30\% \times 8\% \times 0.5$

　　　　　$= 0.36P + 793.8$（万元）

⑤ 销售费用 $= ① \times 3\% = 585$（万元）

⑥ 销售税费 $= ① \times 6\% = 1\,170$（万元）

⑦ 开发商利润 $= (P + ② + ③) \times 25\% = 0.25P + 1\,350$（万元）

⑧ 地价款计算

$$P = ① - ② - ③ - ④ - ⑤ - ⑥ - ⑦$$

得，$P = 6\,336.15$（万元）

⑨ 估价结果。从地价款中扣除土地使用权的法律、估价及登记费即为待估土地价格，即

$$待估土地总价 = 6\,336.15/(1 + 0.02) = 6\,212（万元）$$

$$单位地价 = 总地价/土地总面积 = 6\,212（元/m^2）$$

$$楼面地价 = 单位地价/容积率 = 887（元/m^2）$$

二、现有旧房地产价格的评估

 例 7 - 5

某旧厂房的建筑面积为 5\,000 m²。根据其所在地点和周围环境，适宜装修改造成商场出售，并可获得政府批准，但需补交土地使用权出让金等 400 元/m²（按建筑面积计），同

时取得 40 年的土地使用权。预计装修改造期为 1 年,装修改造费按建筑面积计算为1 000 元/m²;装修改造完成后即可全部售出,售价按建筑面积计算为 4 000 元/m²;销售税费为售价的 8%;购买该旧厂房买方需要缴纳的税费为其价格的 4%。目前资金贷款年利率为 8%,装修改造平均利润为直接投资的 15%。试利用上述资料估算该旧厂房的正常购买总价和单价。

【解】令该旧厂房的正常购买总价为 P(万元),且在装修改造期间,装修改造费的投入是均匀的。

1. 计算该旧厂房装修改造后的总价值及装修改造的各项成本费用

(1)装修改造后的总价值 = 4 000 × 5 000 = 2 000(万元)

(2)装修改造总费用 = 1 000 × 5 000 = 500(万元)

(3)购买该旧厂房承担的税费总额 = $P × 4\% = 0.04P$(万元)

(4)需补交土地使用权出让金等的总额 = 400 × 5 000 = 200(万元)

(5)总利息 = $(P + 0.04P + 200) × 8\% + 500 × [(1 + 8\%)^{0.5} - 1] = 0.083\ 2P + 35.62$(万元)

(6)销售税费总额 = 2 000 × 8% = 160(万元)

(7)装修改造利润 = $(P + 0.04P + 500 + 200) × 15\% = 0.156P + 105$(万元)

2. 计算该旧厂房的正常购买总价

$$P = (1) - (2) - (3) - (4) - (5) - (6) - (7)$$

$P = 2\ 000 - 500 - 0.04P - 200 - (0.083\ 2P + 35.62) - 160 - (0.156P + 105)$

得,$P = 781.25$(万元)

3. 估算结果

旧厂房正常购买总价 = 781.25(万元)

旧厂房正常购买单价 = 总价/建筑面积 = 1 562.5(元/m²)

三、房地产开发项目预期利润评估

例 7 - 6

1. 估价对象概况

某开发商已经取得某宗地 70 年土地使用权,该宗地为"七通一平"空地,面积 2 000 m²,土地价格 600 万元,取得土地使用权过程中所支付的法律、估价及登记等费用为地价的 2%。城市规划规定该地块用途为住宅,最大容积率为 4。估算该开发公司在该项目开发建设中的预期利润。

2. 评估过程

(1)该宗地为待开发空地,适宜采用假设开发法估价。

(2) 根据规划要求,该宗地最佳开发利用方式为修建住宅,容积率为 4。

(3) 根据该开发商的市场调查和项目可行性研究,该项工程在取得土地使用权后 3 个月即可动工,建筑时间为 2 年,建成后即可全部售出。根据目前的市场行情,住宅售价预计为 3 000 元/m²,建筑费和专业费预计为 1 000 元/m²,在建筑期间的投入情况为:第一年投入 40%,第二年投入 60%,目前资金贷款年利率为 12%,房地产销售的税费为房地产总价的 6%。

(4) 测算开发商预期利润。

① 开发完成后房地产总价 $= 3\,000 \times 2\,000 \times 4 = 2\,400$(万元)

② 土地取得成本 = 土地价格 + 土地取得所支付的法律、估价等费用

$$= 600 + 600 \times 2\%$$

$$= 612(万元)$$

③ 建筑费及专业费总额 $= 1\,000 \times 2\,000 \times 4 = 800$(万元)

④ 总利息

= 土地取得成本利息 + 建筑费及专业费利息

$= 612 \times [(1+12\%)^{2+3/12} - 1] + 800 \times \{40\% \times [(1+12\%)^{1.5} - 1] + 60\% \times [(1+12\%)^{0.5} - 1]\}$

$= 265.03(万元)$

⑤ 销售税费 = ① $\times 6\% = 144$(万元)

⑥ 开发商利润 = ① - ② - ③ - ④ - ⑤ = 578.97(万元)

由以上计算可得

$$利润占开发完成后房地产总价的百分比 = \frac{578.97}{2\,400} = 24.12\%$$

$$利润占开发总成本的百分比 = \frac{578.97}{612 + 800 + 265.03 + 144} = 31.79\%$$

可知,该项目的投资回报良好,预期利润可观,项目可行。

四、建筑费及专业费最高控制标准的评估

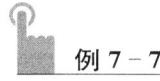 例 7 - 7

1. 估价对象概况

某开发公司已取得某宗地 50 年土地使用权,该宗地为"七通一平"空地,面积 10 000 m²,地价及相关的法律、估价等费用为 300 万元,城市规划规定该宗地用途为工业厂房,最大容积率为 1。确定该开发公司在该项目中的建筑费及专业费的最高控制标准。

2. 评估过程

(1) 该宗地为待开发空地,适宜采用假设开发法进行估算。

(2) 根据该开发公司的市场调查和项目可行性研究,该项工程在取得土地使用权后即可开工,建筑时间为 2 年,建成后即可全部售出,根据目前的市场行情,同类工业厂房的售价预计为 1 300 元/m²,开发资金的投入为均匀投入,当地目前贷款年利率为 12%,开发商要求的利润为开发完成后房地产总价的 18%,房地产销售的税费为房地产总价的 6%。

(3) 估算建筑费及专业费的最高控制标准。假设建筑费及专业费的最高控制标准为 P(万元)。

① 开发完成后房地产总价 = 1 300 × 10 000 × 1 = 1 300(万元)

② 地价及相关的法律、估价等费用 = 300(万元)

③ 总利息 = 地价及相关的法律、估价等费用利息 + 建筑费及专业费利息

$$= 300 \times [(1 + 12\%)^2 - 1] + P \times [(1 + 12\%)^1 - 1]$$
$$= 76.32 + 0.12P(万元)$$

④ 开发商利润 = ① × 18% = 234(万元)

⑤ 销售税费 = ① × 6% = 78(万元)

⑥ 根据假设开发法的计算公式可得

建筑费及专业费的最高控制标准 P = ① - ② - ③ - ④ - ⑤

$$= 1 300 - 300 - (76.32 + 0.12P) - 234 - 78$$
$$= 611.68 - 0.12P$$

可得,P = 546.14(万元)

单位面积建筑费及专业费最高控制标准为

$$\frac{546.14}{10\ 000 \times 1} = 546.14(元/m^2)$$

 # 本章小结

剩余法是土地价格评估的基本方法之一。本章主要是介绍剩余法的基本理论和估价步骤。第一节介绍了剩余法的概念、理论依据、适用范围和条件及其特点,以及不同状态下剩余法的计算公式,其中剩余法的理论依据、适用范围和条件及计算公式是重点;第二节重点阐述了剩余法的估价步骤,尤其强调了运用剩余法估价过程中涉及的土地最佳开发利用方式、开发经营期、开发完成后房地产(土地)价格、各项开发成本费用、预付资本利息及合理开发利润等各项参数的内容及其确定方法和注意事项;第三节是剩余法的应用举例,通过待开发土地价格评估、现有旧房地产价格评估、房地产开发项目预期利润评估和建筑费及专业费最高控制标准评估的四个具体案例介绍了剩余法的具体应用。

 关键词

剩余法　地租理论和价格构成理论　最佳开发利用方式　开发经营期　预付资本利息
开发利润　剩余价格

 复习思考题

1. 剩余法的理论依据、适用范围是什么？

2. 何谓生地、毛地、熟地？在这三种不同的土地状态下,剩余法的计算公式是怎样的？

3. 试论述剩余法的估价步骤。

4. 运用剩余法估价时应对待估土地的哪些基本情况进行实地调查？

5. 如何确定待估土地的最佳开发利用方式？

6. 如何估计开发经营期？

7. 如何确定各项预付资本的计息期？

8. 计算题

某市现有一宗面积为 2 000 m² 的住宅用地,某开发公司拟建造一栋塔式住宅楼,预计开发建设期 2 年,建成后即可全部售出。根据当地同类住宅市场行情,平均售价可达 3 800 元/m² ;开发建设过程中,建筑费、专业费和不可预见费可控制在 1 500 元/m²,第一年投入 40%,第二年投入 60%,并在各年内均匀投入。贷款年利息率为 5.85%,销售税费为房地产总价的 6%。若开发公司要以不高于 700 万元的代价取得该宗地 70 年期的土地使用权,实现相当于房地产总价 18% 的利润率,请计算建筑容积率最低应为何值。

第八章　基准地价系数修正法与路线价法

 学习目标

通过对本章的学习,应该能够:

1. 理解基准地价和基准地价评估的含义;
2. 掌握城镇用地的估价思路和技术路线;
3. 掌握基准地价系数修正法的基本原理和估价步骤;
4. 掌握路线价估价法的基本原理和估价步骤;
5. 熟练应用基准地价系数修正法和路线价估价法进行具体宗地的估价。

第一节　基准地价概述

一、基准地价的概念、特征和作用

(一)基准地价的概念

基准地价是指在宗地估价的基础上,评估出的各个级别或各个均质地域不同用途的土地使用权,在某一估价基准日法定最高年期的平均价格。它是目前区域平均地价的最常见形式,包括城镇用地基准地价和农用地基准地价。

(二)基准地价的特征

1. 区域性

基准地价是区域性的价格,它是以某一个区域为单位进行评估的。这个区域一般有级别区域、区片和区段三种形式,相应地,基准地价通常有三种表现形式:级别基准地价、区片基准地价和区段基准地价。所以,基准地价不是一种宗地价格,它是与一定的区域相联系

的,对于该区域的地价具有指示作用。

2. 不同用途土地基准地价的差异性

在同一区域中,不同用途的土地价格水平不同,相应地,就有不同的基准地价标准。城镇基准地价通常包括三大类:即商业用地基准地价、住宅用地基准地价和工业用地基准地价。有些城镇根据其特殊情况,还包括其他用途的基准地价,如旅游用地基准地价等。农用地基准地价主要包括耕地基准地价、园地基准地价、林地基准地价、水域基准地价和荒草地基准地价。

3. 平均性

基准地价反映的是某地区土地等级、特定用途、一定时间内的平均价格,反映的只是各区域各类用地的平均价格水平。在某一区域中,具体某一宗地的价格可能稍高于或稍低于此平均价格。

4. 期限性

基准地价是土地使用权的价格,土地使用权是一种有时间限制的产权,所以说基准地价是有限年期的价格。就城镇而言,不同用途土地使用权的出让最高年限不同,不同用途基准地价的年期也不同。一般而言,各用途基准地价的年期应以各用途的最高出让年期为准。就农用地而言,目前还没有一个明文的规定,一般取 30 年为农用地基准地价的年期。

5. 时效性

基准地价反映的只是一定时期内地价的总体水平及其空间变化规律。随着社会、经济和环境发展的影响,地价会产生波动,基准地价也会发生相应变化。基准地价作为一种价格标准,必然有一定的时效性。因此,为了保证基准地价的有效性和现时性,客观反映地价的市场变化,必须每隔一定时期对基准地价进行更新。

6. 控制性

基准地价不是土地的市场交易价格,是国家对土地市场进行宏观调控的一种价格。

7. 权威性

基准地价一般由政府组织有关专家组成的专门估价机构进行估算,并由政府审定、认可和定期公布,因而具有权威性。

(三) 基准地价的作用

基准地价作为一种具有指导性作用的土地价格标准,其作用主要表现在以下几个方面。

1. 为政府宏观调控土地市场提供依据

科学合理的基准地价反映了土地市场的地价水平和变动趋势,政府借以掌握土地市场价格水平的变化、调节土地的供需、促进土地有效配置和土地市场健康发展,并制定土地市场管理措施。

2. 国家征收土地使用税的依据

根据国外经验,土地税都是从价征税。我国目前由于缺乏价格标准,仍未达到这一步,土地使用税征收的税额偏低,且不能体现土地收益级差,远不能达到利用土地使用税这一经济杠杆调节土地利用和级差收益的目的。因此,科学、合理、公开的基准地价可为科学征收土地使用税等提供依据。

3. 合理调整土地利用方式和结构的经济杠杆

在市场经济中,土地价格直接影响土地利用。政府定期评估并公布基准地价,可以使投资者和土地使用者及时了解不同地段、不同用途的地价水平和变动趋势,从而根据自身需要和支付地租地价的能力调整土地利用方式和结构,最终通过经济手段实现土地合理利用的目的。

4. 进一步评估宗地地价的基础

基准地价反映了某一区域或级别内宗地的平均价格,该区域或级别内各宗地的地价都围绕基准地价上下波动。因此,根据宗地条件对基准地价进行修订,即可方便地得到具体宗地的地价。

5. 制定出让国有土地使用权最低价的依据和参考标准

基准地价是城市内不同部分土地利用的收益差异较公正、客观的反映,是制定协议出让国有土地使用权底价的依据和标准。根据基准地价,政府可以确定土地使用权的出让价格。

二、基准地价评估

(一)基准地价评估的含义、原则和原理

1. 基准地价评估的含义

基准地价评估是指在对有收益的土地或发生交易的土地进行估价的基础上,按照一定程序、原则、方法对各级土地或各区域土地的平均价格进行的评估工作。基准地价评估是为建立基准地价定期公布制度而进行的,是一项涉及社会、经济、城市规划以及生态环境等多方面的复杂的系统工作。

我国基准地价评估分为城镇用地基准地价评估和农用地基准地价评估(有关农用地基准地价评估的内容请见第十章第四节)。

2. 基准地价评估的原则

(1)评估时土地用途以现状为主,适当考虑规划。基准地价的市场导向性等作用,要求评估出的基准地价以目前实际存在的土地利用现状为主,据此反映现实土地收益的高低和支付地租、地价的能力。

对于某些城市规划实施或社会经济发展可能造成地价上涨的局部区域,在没有达到规划的土地条件时,仍应按原用途评估基准。但考虑到成果的应用要求,可在按现状评估的基准地价的基础上,以其规划为参考,评估出规划实现后区域未来的基准地价标准。

(2)土地使用价值评定和土地价格测算相结合的原则。土地使用价值决定人们对某一类型或某一区位地块的需求程度,市场供求关系决定地价水平的高低。在正常的土地市场条件下,相同使用价值的土地,在同一市场供需圈内,应具有相同的价格水平。在目前我国土地市场不太成熟、土地使用权转移不很规范的情况下,宗地价格多是采用收益法评估得到的收益价格,土地使用权直接转移所形成的地价与真实价格(即收益价格)相差较大。因此,通过土地使用价值相同区域中收益价格的比较分析,可排除其他因素对地价的非正常影响,较好地评估出基准地价。

(3)各类用地分别评估,多种方法综合运用。由于各类用地的利用效益存在较大的差

异,各类用地价格的变化规律也不相同,所以城乡各类用地的价格应分别评估,不能以某种用地类型的价格代表其他用地类型的价格。另外,为了消除因资料收集途径的差异而产生的影响,应采用多种方法计算,使之相互比较、互为补充。

(4) 与社会经济水平相适合、相协调。经济发展水平决定了地价水平的高低,反过来,地价水平的高低又对经济发展产生很大的影响。在确定基准地价时,既要从土地的使用价值和价值出发,又要与城市社会经济发展水平相适合、相协调。因此,在评估基准地价时,既不让国家所有或集体所有的土地资产大量流失,也不影响城乡社会经济的发展。这就要求评估的基准地价不能太低,也不能太高,必须适应经济发展的形势,并在一定程度上促进城乡社会经济发展。

(5) 因地制宜选择估价技术路线。根据各地的具体条件和土地市场状况,选择相应的基准地价评估的技术路线。如对于地产市场不太活跃的地区,可选择"土地分等定级为基础,土地收益为依据,土地市场交易价格为参考"的技术路线;对于地产市场较为活跃的地区,可选择"在土地等级或均质区域划分的基础上,以市场资料为主进行评估"的技术路线。

3. 基准地价评估的原理

(1) 土地收益是基准地价评估的基础。地价是土地预期收益的资本化,市场交易价格是土地收益在土地市场中的直接反映,土地收益的高低直接决定了地价的高低。因此,正确测算土地收益高低是评估基准地价的基础。

(2) 土地位置差异给土地使用者带来不同的土地收益,是评估基准地价的依据。按照经济学理论和土地估价的要求,土地位置是决定土地收益和价格的最主要因素。土地位置的差异能给直接利用土地的使用者带来不同的超额利润。超额利润的大小,决定了土地所有者收取地租的标准,因此也决定了土地使用者支付地租的能力大小或土地购买者愿意支付地价购买预期收益的地价标准。影响土地位置差异的主要因素有商服繁华程度、基础设施条件、交通条件、生活环境、自然环境等。

(3) 各行业对土地质量的要求不同是形成不同行业、用地基准地价的基础。土地质量即土地的使用价值,土地质量的优劣是由土地自身条件和社会经济条件综合作用的结果。人类各种经济活动对土地质量的要求不同,其用地效益存在较大的差异,因此,所评估的不同行业、用地基准地价是不一样的。

(4) 不同用途的土地在空间地域上都有其最佳区位,使不同用地基准地价具有不同的空间分布规律。根据土地区位理论,区位是决定土地利用效益的主要因素。以城镇为例,由于土地区位的差异,同一行业在不同区位上所能获得的利用效益相差很大,不同行业在同一区位上的利用效益也存在明显的差异。而利用效益的大小,决定了土地所有者收取地租的多少,也决定了土地使用者支付地租能力的高低。在市场条件下,不同用地都会根据地租地价的高低,找到其最佳区位。因此,不同用地基准地价就具有不同的变化规律,在城镇中呈现出不同的空间格局。

(5) 土地利用结构在一定时期内的相对稳定性和长期趋势上的变化性是基准地价相对稳定和不断变化的前提。社会经济的发展,行业聚集效益和土地市场的发展,使不同土地利用类型分布大体合理、结构基本稳定,评估出的基准地价在一定时期内也相对稳定。随着城乡建设的加快、社会经济的发展、行业聚集效益和土地市场的变化,过去合理的土地利用格局,现在不一定合理,这就需要对不合理的土地利用格局进行调整。而基准地价主要是现实土地利用效益的体现,它将随着土地利用状况的变化而变化。

(二)城镇用地基准地价评估

1. 城镇用地基准地价评估的思路和技术路线

(1)城镇用地基准地价评估的思路。进行基准地价评估,首先应将城镇土地按影响土地使用价值优劣的土地条件和区位优势,划分为土地条件均一或土地使用价值相等的区域或级别,并进行不同区域归类。然后分级别或区域类别,从土地使用者已取得的土地超额利润、土地交易中成交的地租和市场交易价入手,测算出不同行业用地在不同土地级别或土地条件均质区域上形成的土地收益或地价,进而评估出基准地价。

对以土地级别为基础进行基准地价评估的,先分别计算各用途(商业、住宅和工业等)用地在不同级别上的土地收益、地价等,评估出各级内各类用途用地的基准地价。然后以土地利用中最佳用地类型的基准地价作为各级土地的基准地价,并综合估算出城镇的基准地价。在此基础上,对于一些对区位条件敏感的用地,分区段、街道评估路线价作为级别基准地价的补充。

对以土地条件均质区域为基础进行基准地价评估的,先进行区域归类,然后根据各类型区域中实际存在的土地用途和宗地土地收益、宗地交易地价等资料,评出各区域的基准地价。只有一种土地用途的区域,只评估出一种用途的基准地价;对于有多种用途的混合区域,应评估出各用途的基准地价。

在上述基础上,要分析基准地价同宗地地价和地价影响因素之间的关系,建立起依据基准地价评估宗地地价分用途的宗地地价修正体系。

(2)城镇用地基准地价评估的技术路线。根据国家颁布的《城镇土地估价规程》要求和实践,基准地价评估主要有以下两个技术路线。

① 以土地定级为基础,以土地收益为依据,以市场交易资料为参考评估基准地价。该技术路线又称为级差收益测算法或土地条件因素价值分析法,是在1985年上海市房地产研究会开创的运用生产函数计量模型测算土地级差收益法的基础上发展完善而成。一般先根据土地利用条件,采用多因素综合定级的方法划分土地级别,然后调查大量工商等企业生产收益和三因素(土地、资金、劳动力)数量资料,运用回归分析方法,建立反映不同级别土地利用净收益与生产因素之间数量关系的经济模型;再根据土地的边际收益系数,分别求出城市各个级别的土地收益估计值;将土地收益视同经营者交付地租的能力,再依测定的土地资本化率得出各级土地的基准地价。

② 用土地条件划分均质区域,用市场效果等资料评估基准地价。该技术路线又称为土地市场交易实例法,它一般首先以城市规划为主要依据划分均质区域(区段),或直接利用土地市场交易实例划分土地级别;然后通过大量的房地产市场案例调查,获得土地出让、转让及房地产经营的各种实际信息资料,并应用一些基本评估方法评估案例的正常市场地价;再计算各类用途、各区位、区段(包括路线价区段)的平均地价,最后根据地价修正或划分土地级别。

上述两者技术路线有其不同的特点和适用对象。前者较适用于测算土地的理论价格,在房地产市场不太发达但已完成土地定级的城镇,它是结合土地定级间接测算基准地价的一种可行的技术路线,但由于土地收益资料难以获得和其他资料并不准确,在实际运用中有一定的局限性。后一种技术路线具有简捷、准确、切合实际的特点,但由于目前我国大多数城镇的地产市场刚刚起步,交易案例较少,尚不具备充分的资料条件,因此该路线的应用范围受到了一定程度的限制。在实际应用,各城镇应根据自身的特点和基准地价的评估要求,选择其中一种测算方法为主、另一种方法为检验,或两种方法相结合的技术路线。

2. 城镇用地基准地价评估的程序

(1) 确定基准地价评估区域。确定基准地价评估的均质区域是当前城镇基准地价评估工作的基础,其标准是影响土地价格因素指标的相对一致性。目前划分基准地价评估区域的方法主要有两种:一种是利用影响土地使用价值或价格的因素的差异性和一致性划分土地级别;另一种是在城镇土地使用分区的基础上,按区域土地利用条件差异,划分不同的土地条件均质区域。

对已按国家《城镇土地定级规程》完成土地级别划分的城镇,可以用土地级别作为基准地价评估区域,也可以总分值相同的单元作为评估区域。若级别区域内部均质性较差,区域平均价与样点地价的差异超过30%,且在土地使用价值上有一定差异,样点分布或组团分布,则可以继续划分区域,分区域评估基准地价。

对没有划分土地级别,但土地市场发育良好,土地交易案例较为丰富、地租地价资料较充分,分布也较均匀的城镇,基准地价的评估可以不先评定土地级别。而是按照不同用途土地的地价影响因素,选择划分分区域的因素和标准,对各城镇现实用地类型,按土地开发程度、规划要求、自然条件等划分区域边界,确定出基准地价的评估区域。

(2) 基准地价评估资料的调查与收集。基准地价评估是根据已有的地价、地租及土地收益资料,综合评估各级别、区域分用途的平均价格,所收集资料的真实性和准确性将直接影响到基准地价的评估结果,因此,资料的调查与搜集工作是基准地价评估的重要环节。

在当前的市场条件下,基准地价的测算资料主要有:能反映出地租、地价的资料,如土地使用权出让、转让、出租、抵押等价格资料和土地征用、拆迁过程中涉及的各项费用资料;房地产交易、出租中包含的地价资料,如房屋买卖、出租、土地联营入股资料等;企业经营活动中利用土地的效益资料,如土地上的企业生产经营资料和土地出让、转让、地租等资料。

在调查收集资料之前,首先,应制定资料调查收集的范围、类型、人员和方法、组织等周密细致的计划,统筹安排调查搜集工作,必要时需进行业务人员的专门知识培训。同时,根据调查需要,确定调查、搜集对象,设计明确、全面的调查表格,使大部分信息资料的搜集以填写表格的形式进行。主要调查表格包括城镇各业用地效益调查表,土地使用权出让、转让价格调查表,土地使用权出租租金调查表,房屋买卖价格调查表,房屋出租租金调查表,柜台出租租金调查表,商品房出售价格调查表,土地联营入股资料调查表,联合建房资料调查表,以地换房资料调查表,以及征地、拆迁开发土地资料调查表等。

搜集到资料后,要逐表审查调查资料,将缺主要项目、填报数据不符合要求和数据明显偏离正常情况的样本剔除。然后,将初审合格的样本资料,分别按土地级别或均质地域、土地用途、土地使用权转移方式等进行归类,以便分类进行样点地价测算。

(3) 整理信息资料。在资料调查与审核的基础上,应根据样本资料的类别和特点,选择适宜的估价方法,具体测算各样点土地价格或土地收益,进而为评估基准地价服务。

① 土地市场交易资料整理。利用收集到的房地产市场交易、出租等资料,可采用收益法、成本法和剩余法等测算样点地价,然后对样点地价进行包括使用年期、交易时间和容积率等内容的修正,最后根据各城市划定的基准地价评估区域,对样点地价进行分类统计,编制样点地价分布图,建立样点信息数据库。

② 土地利用收益资料的整理。首先,根据城镇特点和不同土地利用类型获得的经济收益的差异进行土地类别划分。土地定级中的单元总分值和土地级别都是反映土地质量的标准,有时,为了在土地级别基础上,提高基准地价评估精度,可以将土地单元总分值转换为单元土地质量指数用于收益测算。单元土地质量指数计算公式如下。

$$X_{in} = \frac{f_i}{n}$$

式中:X_{in}——某单元土地质量指数;

    f_i——某单元总分值;

    n——土地级别数。

其次,企业标准资本额和企业合理工资量的计算。

第一,企业标准资本额。由于资本投入到不同企业会产生不同收益率,在造成的单位土地收益相同的情况下,支付地租、地价的能力仍有较大差别。因此,为保证不同行业的收益资料能用于基准地价测算,需将企业资本折算为统一可比的标准资本额。计算公式为

$$C_s = C_e \times K_{ci} \times K_{cs}$$

式中:C_s——企业标准资本额;

    C_e——企业实际使用的资本额;

    K_{ci}——某用地类型中的某行业或类别企业资本效益折算系数;

    K_{cs}——某行业或类别某一规模下的资本效益折算系数。

第二,企业合理工资量。只有在合理的劳动力数量下支出的工资量,才能给企业带来收益;多余的劳动力不仅不创造利润,还会增加企业不合理的支出。计算出企业合理的工资量,进而测算企业土地实际利用效益,并进行归类、汇总和建立信息数据库。计算公式为

$$L_{cs} = \frac{L_{ce} \times L_{ps}}{L_{pe}}$$

式中:L_{cs}——某企业在标准定员情况下应支出的工资额;

    L_{ce}——该企业实际支出的工资额;

    L_{ps}——同一技术水平下同等规模的企业应有劳动力的标准数量;

    L_{pe}——企业实际占有的劳动力数量。

(4) 检验样点数据。为了避免样点资料处理中可变参数选择造成地价水平的系统误差,要进行资料处理方法的检验。按照同一区域中不同方法处理的结果应服从同一总体样本、具有一致性的原则,一般采用检验法进行检验。当检验发现样本地价为不同总体的样本时,要考虑调整级别划分或地价计算方法来消除系统误差,直到检验符合要求为止。

另外,还要进行样本总体分布类型检验,即以土地级别或同类型均质区域为单位,对不同类型的样本数据分布类型进行总体检验。最常用的检验方法是 χ^2 检验,检验样本分布函数是否与理论分布吻合,以及符合什么特征。

最后,在样本总体分布属正态分布时,可用 t 检验法,对非正态分布特征的样本可采用均值—方差法进行检验,剔除样本数据的异常值。

(5) 基准地价评估

① 评估模型选择。用收集的宗地样点地价评估基准地价,应根据地价分布特点和影响地价的因素条件,分析各土地级别或均质区域内土地质量与地价的相关关系,建立合适的基准地价评估模型。

利用地价资料评估基准地价的常用模型主要有以下几种。

第一,指数模型。

$$Y_n = A\,(1+r)^{X_{1n}} \text{ 或 } Y_n = A\,(1+r)^{aX_{1n}}$$

式中:Y_n——第 n 级土地上样本每平方米土地的地价;

　　　r——地价级差系数;

　　　X_{1n}——第 n 级土地级别指数或单元土地质量指数;

　　　A——回归系数;

　　　a——模型待定系数。

对以均质地域为单位,采用指数模型进行不同区域基准地价评估的,模型中的 Y_n,X_{1n} 应分别为区域同一用途样本平均地价和质量指数。

第二,算术平均数模型。

$$Y = \sum_{i=1}^{n} \frac{X_i}{n} \text{ 或 } Y = \sum_{i=1}^{n} X_i S_i \Big/ \sum_{i=1}^{n} S_i$$

式中:Y——某均质地域或土地级别的平均地价;

　　　X_i——某均质地域或土地级别内可用样点 i 的单元面积地价;

　　　n——某均质地域或土地级别内可利用的地价样点数;

　　　S_i——样点 i 宗地面积。

利用土地利用收益资料评估基准地价的常用模型主要有以下几种。

第一,指数模型。

$$Y_n = A\,(1+r)^{X_{1n}} \text{ 或 } Y_n = A\,(1+r)^{aX_{1n}}$$

式中:Y_n——第 n 级土地上企业每平方米的土地年收益;

　　　r——级差系数;

　　　X_{1n}——第 n 级土地级别指数或单元土地质量指数;

　　　A——回归系数;

　　　a——模型待定系数。

第二,多元线性模型。

$$Y_n = b_0 + b_1 X_{1n} + b_2 X_2 + b_3 X_3$$

式中：Y_n——第 n 级土地上企业每平方米的土地年收益；

X_{1n}——第 n 级土地级别指数或单元土地质量指数；

X_2——每平方米土地上标准资金占用量；

X_3——每平方米土地上标准工资占用量；

b_0——大于零的常数；

b_1，b_2，b_3——土地、资金、劳动力的回归系数。

第三，生产函数模型（多元非线性模型）。

$$Y_n = A(1+r)^{X_{1n}} X_2^{b2} X_3^{b3}$$

式中：Y_n——第 n 级土地上企业每平方米的土地年收益；

r——级差系数；

X_{1n}——第 n 级土地级别指数或单元土地质量指数；

X_2——每平方米土地上标准资金占用量；

X_3——每平方米土地上标准工资占用量；

b_2，b_3——资金、劳动力的回归系数。

第四，分级回归模型。

$$Y_n = F(X_{1n}) + b_2 X_2 + b_3 X_3 + V$$

式中：Y_n——第 n 级土地上企业每平方米的土地年收益；

$F(X_{1n})$——某级土地上，土地给企业带来的利润，为自变量 X_{1n} 的未知函数；

X_{1n}——第 n 级土地级别指数或单元土地质量指数；

X_2——每平方米土地上标准资金占用量；

X_3——每平方米土地上标准工资占用量；

b_2，b_3——资金、劳动力的回归系数；

V——误差项。

上述模型各有特点和适用条件，在实际应用中需结合实际，通过分析和实践，具体选用其中的一种或几种同时试用，相互检验。

② 参数估计。在模型选择基础上，依据模型中的参数变量，确定是否进行参数估计。一般情况下，只要条件具备，最好能运用模型进行参数估计，通过数量统计分析，可以确定估价精度，检验资料处理中可能出现的一些系统误差；同时，利用模型中建立的土地质量与地价的相关关系，可以较好地处理无样点或样点较少区域的基准地价评估。目前多以普通最小二乘法（简称 OLS 法）进行参数估计。

③ 基准地价评估。其主要有以下两种评估方法。

第一，利用地价资料评估基准地价。利用指数模型评估基准地价时，确定地价测算模型中的各系数，并对系数估计值进行可靠性检验后，可按建立的不同用途地价测算模型，将土地级别或均质区域的土地质量指数，代入模型中，计算出各土地级别或均质区域中不同用途的基准地价。算术平均数模型一般适用于土地市场发育，土地使用权出让、转让、出租等样点地价资料多，分布范围广的城镇。

第二，利用土地利用收益资料评估基准地价。首先，根据选择的模型进行土地收益的计算;然后,结合土地市场的实际情况,确定土地的还原率;最后进行基准地价计算。

凡利用模型测算的是样点土地收益的,应以土地级别或区域为单位,先算出土地年收益的区域平均值,然后,再还原得到基准地价。

其计算公式为

$$I_n = \frac{\sum_{i=1}^{m} I_{ni}}{m}$$

式中:I_n——第 n 级土地或区域上不同行业平均的土地年收益;

　　I_{ni}——第 n 级土地或区域上样本单位面积的土地年收益;

　　m——第 n 级土地或区域上的样本数量。

在利用上式计算出不同级别或区域土地平均年收益的基础上,可用下式计算出各级别或区域的基准地价。

$$P_{lb} = \frac{I_n}{r_d}\Big[1 - \frac{1}{(1+r_d)^n}\Big]$$

式中:P_{lb}——某一用途土地在某一土地级上的基准地价;

　　I_n——某一用途土地在某一土地级上单位面积的平均收益;

　　r_d——土地还原率;

　　n——某一用途土地法定最高出让年限。

（6）基准地价的确定与公布。利用不同的资料、不同的方法测算的基准地价,其结果可能会有所差别。因此必须按照一定的原则,结合当地的实际情况,才能得到合理、适用的基准地价。

① 基准地价确定的原则。其基本原则如下。

第一,以实际测算结果为准,以比较评估的结果为辅。

第二,土地市场发达的城镇,以土地市场交易资料评估结果为主,利用级差收益测算结果进行修正。

第三,土地市场不发达的城镇,以级差收益测算结果为主,利用市场交易资料测算结果验证。

第四,要以评估结果为基础,充分体现政府土地管理的政策和市场发展方向。

② 基准地价的确定。按照基准地价确定的原则和不同方法评估的结果,采用以下方法确定城镇基准地价。

第一,只用一种方法测算城镇基准地价的,应该以该方法得到的级别或区域商业、住宅、工业基准地价和综合基准地价数据为依据,在适当考虑政府土地管理政策和城市规划等因素的基础上,对评估结果进行适当调整后确定基准地价。

第二,用两种以上方法测算城镇基准地价的,应以级别或区域为单位,利用不同方法的测算结果。根据当地土地市场状况和地价水平,确定用某一方法测算的基准地价或多种方法测算的均值,作为各级别或区域中各用途的基准地价。

③ 基准地价的公布。各城镇确定的基准地价成果,应定期公布,以引导土地市场的交易

活动和土地利用。一般来说,以土地级别为单位公布商业、工业和住宅三种用途的基准地价;没有划分土地级别的,公布区域基准地价。

3. 基准地修正系数表的编制

为了更好地发挥基准地价的作用,满足土地管理和土地交易活动等的现实需要,必须分析宗地地价影响因素与基准地价、宗地地价的关系。应用替代原理,编制出的基准地价在不同因素条件下修正为宗地地价的系数体系,以便能在宗地条件调查的基础上,按对应的修正系数,快速、高效、及时地评估出宗地地价。

影响地价的因素有一般因素、区域因素和个别因素。但由于在一个城市或城市中的某些区域,一般因素的变化只会引起整个城市地价水平的变化。因此,基准地价修正因素应主要选择影响宗地地价的区域因素和个别因素。对城市中不同用途土地,影响价格的区域因素及个别因素有很大不同。城市土地按用途分为商业用地、工业用地、住宅用地等,具体影响因素见表8-1。

表 8-1 不同用途宗地地价影响因素

宗地类型	地价影响因素	具 体 内 容
商业用地	商服中心繁华影响度	主要指不同类型的商业服务业中心自身等级规模和对其他商业服务业中心的影响程度
	交通便捷度	主要指顾客到达商业区的交通方便程度,包括对内和对外两个方面。对内方面,道路类型、宽度、路面状况、公交站点总数和密度、平均车流量等;对外方面,距火车站、港口、长途汽车站的距离、对外联系方便程度等
	环境优劣度	一是人文环境,即商业区周围的人口密度、收入水平等;二是自然环境,即商业区的地质状况有无地陷、定期地震、土地承压力、地形,有无洪水淹没威胁等
	规划限制	主要指城市规划对商业区土地种用提出的具体要求,包括土地的具体用途、建筑物高度、密度、容积率、道路宽度等
	其他因素	主要指不在以上影响因素中,但又确实对商业区土地价格产生较大影响的因素
	个别因素	主要指宗地的形状、临街状况、临街深度等
住宅用地	位 置	主要指距离城市中心和商服中心的距离、住宅区在土地级中的区位等
	交通便捷度	主要以购物和工作方便程度两个指标来衡量。通过从住宅地到达通往市级、区级商业服务区和工业区域的公交站点的距离来反映
	基础设施保证度	主要指直接为居住服务的供电、供水、供气、供暖等设施配置情况及运行状况
	公用设施完备度	主要是指为居住区域服务的公用设施完善的程度,包括学校、医院、邮电所、公园及游乐场所等的配置状况

宗地类型	地价影响因素	具　体　内　容
住宅用地	环境质量优劣度	一是人文环境,包括住宅区居民的就业结构、社会阶层、受教育程度等;二是自然环境,包括绿化状况、"三废"污染状况、地质条件等
	规划限制	主要指城市规划对住宅的高度、密度、建筑容积率、消防间距等提出的要求
	其他因素	主要指不在以上影响因素中,但又确实对住宅区土地价格产生较大影响的因素
	个别因素	主要包括宗地形状、面积、日照、采光、通风、坡度、地基承载力等
工业用地	交通便捷度	一是对内联系,包括区域内道路类型、道路宽度、路面状况、道路密度等;二是对外联系,包括工业区道路系统同对外公路、过境公路、铁路的联系状况,距火车站、港口、码头以及其他交通枢纽的距离和可利用情况
	基础设施完善度	主要指为工业服务的基础设施配置及运行能力。基础设施包括动力能源、供水能力及保证率、排水设施及能力等
	产业集聚规模	产业集聚规模因素主要包括工业区工业企业数目、企业规模大小等
	环境质量优劣度	主要指工业区内的地质状况、土地承压力、地形以及大气、噪声污染程度等
	规划限制	主要指城市规划对工业用地的高度、密度、建筑容积率、消防间距等提出的要求
	其他因素	主要指不在以上影响因素中,但又确实对工业用地土地价格产生较大影响的因素
	个别因素	主要包括宗地形状、面积、地质及地基承载力、宗地利用强度等

基准地价修正系数表分为级别或区域基准地价修正系数表的编制两类,其编制方法与步骤基本相同,这里简要介绍级别基准地价修正系数表的编制。

(1) 确定各土地级别内商业、住宅与工业用地的基准地价。

(2) 选择编制基准地价修正系数表的因素。

(3) 样点地价、土地收益资料的整理。以土地质量级为单位,将所收集到的样点地价、土地收益资料,按商业、住宅与工业用地分别归类。然后,将已选取的用于基准地价因素的有关因素,逐个列出,分别确定各样点地价、土地收益对应的因素条件。将价格和因素条件进行分类,并计算出各类地价和因素条件的平均值,按价格高低和条件优劣对样点地价和类型排序。对于异常样点,应予分析、剔除。

(4) 确定各级别土地中各用地类型的修正幅度。根据各土地的级别基准地价、选择的因素和地价与土地收益资料,建立各土地级别基准地价与样点地价、土地收益间的关系。从中选择同类可比较的五种正常收益标准。据此,将五个土地收益或地价标准分别确定为好、较好、一般、较劣和劣五个档次。在五个档次确定的基础上采用等分法,确定五个档次优劣于平均水平的程度,进而确定各档次相应的修正幅度。

(5)基准地价修正系数表编制与因素条件说明。在各土地级别、不同用地类型、优劣档次和相应修正幅度的基础上,即可编制基准地价修正系数表,并对各级别、各用地类型与相应档次的因素条件作相应的说明。

三、基准地价成果的应用和更新

(一)基准地价的应用

基准地价经政府审核批准后,将被应用于土地管理、土地评估和土地市场交易以及相关的多个领域。由于基准地价不同于一般土地价格标准的特点,为了充分发挥基准地价的作用,应注意以下两点。

1. 建立和完善基准地价定期公告制度

我国《城市房地产管理法》明确规定:基准地价、标定地价和房屋重置价应定期确定并公布。基准地价作为政府指导土地一级市场、控制土地二、三级市场的基础的和标准的价格,需要借鉴国内外土地市场管理的先进经验,建立和完善由政府向社会定期公布基准地价及其修正体系的公告制度,让社会公众了解基准地价水平,并且参与对基准地价实施的监督,有利于土地市场的健康发展。

2. 确立基准地价的权威性

基准地价作为级别土地的区域性指导价格,要起到政府调控土地市场的杠杆作用,就必须维护基准地价在各应用领域的权威性,确立其实施、执行的原则,严格执行。如确定土地一级市场的土地使用权出让价格、征收有关土地税(费)、对有资质的估价机构所评估的不同目的的宗地地价结果进行审查与确认等。

(二)基准地价的更新

地价是土地的某种权益在某一时点下的价格,它具有时效性。反映城乡地价总体水平及其空间分布规律的基准地价,同样具有时效性。随着市场经济的发展、城乡基础设施建设的加快和土地市场的逐步规范,基准地价必然会发生相应的变化。为了使基准地价这一基础的标准价格在土地管理与土地市场中发挥正常的作用,有必要根据城乡经济的发展和土地市场的变化等,及时调整和更新基准地价,使基准地价具有时效性。

以城镇基准地价为例,基准地价更新主要有以下几种技术路线,农用地基准地价更新可以参照这几种技术路线。

(1)以土地定级(或均质区域)为基础,以市场交易地价资料为依据,更新基准地价。

(2)以土地定级为基础,以土地收益为依据,以市场交易地价资料为参考,更新基准地价。

(3)以土地定级(或均质区域)为基础,以地价指数为依据,更新基准地价。

在上述三种技术路线中,第一种和第三种适用于房地产市场比较活跃,房地产交易案例较多的城镇;第二种适用于已完成土地定级,但房地产市场不太活跃,房地产交易案例较少的城镇。基准地价的更新要根据城镇的实际情况选择合适的技术路线。

进行城市基准地价监测与更新,应从监测机构的设立入手,确立职能和责任明确的城市基准地价动态监测机构,研究监测目标的选择与确定,监测信息的获取、管理与处理,基准地价的更新与改进等技术问题,尽快建立一个完善的城市基准地价动态监测体系。

第二节　基准地价系数修正法的基本原理与估价步骤

一、基准地价系数修正法的基本原理

（一）基准地价系数修正法的概念

基准地价系数修正法是一种评估宗地价格的方法。它是利用基准地价评估成果,按照替代原则,将待估宗地的区域条件及个别条件与其所在区域的平均条件进行比较,对照修正系数表选取相应的修正系数对基准地价进行修正,从而求取待估宗地于估价期日价格的方法。

（二）基准地价系数修正法的理论依据

基准地价系数修正法的理论依据是替代原理,即在正常的市场条件下,具有相似条件和使用价值的土地,在交易双方具有同等市场信息的基础上,应当具有相似的价格。基准地价是某一级别或均质区域内分用途的土地使用权平均价格,该级别或均质区域内该类用地的其他宗地价格在基准地价上下波动。基准地价相对应的土地条件,是土地级别或均质地域内同类用地的一般条件。因此,通过待估宗地条件与级别或区域内同类用地一般条件的比较,并根据两者在区域条件、个别条件、使用年期和估价基准日等方面的差异大小,对照因素修正系数表选取适宜的修正系数,对基准地价进行修正,即可得到待估宗地地价。

（三）基准地价系数修正法的特点与适用范围

（1）基准地价系数修正法,适用于完成基准地价评估地区的土地估价,即具备基准地价成果图和宗地价格修正系数体系成果的地区。

（2）基准地价修正系数法,是对一般比较法变形、量化及系统化后的一种估价方法,是在短时间内评估多宗土地或大量土地价格的有效手段,因此,可快速方便地进行大面积的数量众多的土地价格评估。

（3）基准地价修正系数法的估价精度取决于基准地价及其修正系数的精度,该方法一般在宗地地价评估中不作为主要的评估方法,只作为一种辅助方法。

（4）运用基准地价修正法估价的前提条件是具有基准地价成果及比较准确的基准地价修正体系。

二、基准地价系数修正法的估价步骤

（一）收集、整理当地的土地定级估价成果资料

定级估价资料是基准地价系数修正法估价的基础,在估价前必须收集当地的土地定级估价成果资料,主要包括:土地级别图、土地级别表、基准地价图、基准地价表、基准地价修正系数表和相应的因素指标条件说明表等,并根据估价的需要加以整理作为宗地估价的基础。

（二）确定待估宗地所处地段的基准地价

根据待估宗地的位置、用途、所处的土地级别,确定所对应的基准地价,相应的基准地价修正系数表和相应的因素指标条件说明表,该级别土地平均开发程度和基准地价内涵,以确定正确的基准和需要调查的影响因素项目。

（三）调查宗地地价影响因素的指标条件

按照与待估宗地所处级别和用途对应的基准地价修正系数表和相应的因素指标条件说明表,确定宗地条件的调查项目,调查项目应与修正系数表中的因素一致,明确待估地价的内涵和相应的土地开发程度。

（四）进行区域因素和个别因素修正

按调查结果,首先根据每个因素的指标值,查对各用途土地的基准地价影响因素指标说明表,确定因素指标对应的优劣状况;按优劣状况再查对基准地价修正系数表,得到该因素的修正系数。对所有影响宗地的因素都作同样的处理,即得到宗地的全部因素修正系数。待估宗地的总修正系数可按下式计算。

$$K = \sum_{i=1}^{n} K_i$$

式中：K——待估宗地所有地价影响因素总修正值;

K_i——待估宗地在第 i 个因素条件下的修正系数(%);

n——修正因素个数。

（五）进行土地使用年期修正

基准地价对应的使用年期,是各用途土地使用权的最高出让年期,而具体宗地的使用年期可能各不相同,因此必须进行年期修正,土地使用年期修正系数可按下式计算。

$$y = \frac{1 - \left(\frac{1}{1+r}\right)^m}{1 - \left(\frac{1}{1+r}\right)^n}$$

式中：y——土地使用年期修正系数;

r——土地还原利率;

m——待估宗地可使用年期；

n——该用途土地法定最高出让年期。

（六）进行期日修正

基准地价对应的是基准地价评估基准日的地价水平，随时间迁移，土地市场的地价水平会有所变化，因此必须进行期日修正，把基准地价对应的地价水平修正到宗地地价评估基准日。期日修正系数（T）可以根据地价指数的变动幅度进行，按下式计算。

$$T = \frac{宗地估价期日的地价指数}{基准地价评估期日的地价指数}$$

（七）进行容积率修正

基准地价对应的是该用途土地在该级别或均质地域内的平均容积率，各宗地的容积率可能各不相同，由于容积率对地价的影响极大，难以在编制基准地价因素修正系数表时考虑进去，因此，进行容积率修正非常重要。容积率修正系数按下式计算。

$$K_{ij} = K_i / K_j$$

式中：K_{ij}——容积率修正系数；

K_i——待估宗地容积率对应的地价水平指数；

K_j——级别或均质地域内该类用地平均容积率对应的地价水平指数。

（八）确定待估宗地地价

依据前面所求得的各项修正系数，对待估宗地对应的基准地价修正，即可求得宗地地价。计算公式化为

$$P_i = P \times (1 \pm K) \times Y \times T \times K_{ij}$$

式中：P_i——待估宗地的价格；

P——待估宗地所对应的级别基准地价；

K——待估宗地所有地价影响因素总修正值；

Y——年期修正系数；

T——交易时间修正系数；

K_{ij}——容积率修正系数。

第三节　路线价估价法的基本原理与估价步骤

路线价是基准地价的一种，实质是一种均质地域的基准地价，只是其均质地域为商业路线区段，而非面域范围。路线价估价法是一类大量宗地同时评估的土地估价方法，英、美早

已实行,尤其在美国,这种估价技术已相当完善。日本最初采用这种估价方法是在1923年。我国台湾在实施"平均地权"从事"规定地价"作业时,也应用路线价估价法。不过,在英、美、日本及我国台湾地区之间,这种方法的具体表现不完全相同,各有特色。

一、路线价估价法的基本原理

(一)路线价估价法的基本概念

路线价是通过对面临特定街道、使用价值相等的市街地,设定标准深度,求取在该深度上数宗土地的平均单价并附设于特定街道上,即得到该街道的路线价。路线价估价法(unit foot appraisal method)就是依据路线价,再配合深度指数表和其他修正率表,用数学方法算出临接同一街道的其他宗地地价的一种估价方法。

(二)路线价估价法的理论依据

路线价估价法是在各样点宗地价格的基础上,分析宗地地价与影响地价的临街深度等因素的相关关系,进而据此估算其他宗地地价的。路线价估价法认为城市内各宗土地(以商业用地为主)价格的高低,随其距离道路的远近程度,即临街深度的增加而递减;宗地越接近道路者利用价值越大,地价也越高;距离道路越远,利用价值越小,地价也越低。因此,路线价估价法与市场比较法类似,只不过以路线价取代了市场比较法中的可比实例价格,以深度等差异修正取代了区域因素和个别因素等的修正,其基本原理是替代原理和区位论的具体运用。

在正常市场条件下,具有相同使用价值的土地,在交易双方具有等量市场信息的基础上,应该具有同样价格,即替代原理。

可及性可以视为区位条件的一种表示,因此对于商业用地来讲,可及性是决定其使用价值的主要因素。同一街道,各宗土地价格的高低,随其离开街道的远近程度,即临街深度而递减;同一宗临街宗地,其接近街道部分地价高于离开街道的部分,越接近道路者利用价值越大,距离街道越远利用价值越小,价格越低;在一个城市中,按土地的可及性可划分不同的地价区段,每个区段表示不同的区域条件即使用价值的差异。

(三)路线价估价法的基本计算公式

路线价估价法的基本计算公式表现形式是

$$宗地总价=路线价×深度百分率×宗地面积$$

运用路线价估价法时,如果街道两边的土地另有特殊条件存在(例如属路角地、两面临街地、三角形地、梯形地、不规则形地、袋地等),则除了依上列的普通计算公式计算地价外,还要进一步作加价或减价修正,这种情况下的计算公式如下。

$$宗地总价=路线价×深度百分率×宗地面积±其他条件修正额$$

或

$$宗地总价=路线价×深度百分率×宗地面积×其他条件修正率$$

（四）路线价估价法的特点和适用范围

（1）路线价估价法的实质是一种土地的市场比较法。路线价是标准宗地的单位地价,而面临同一街道的各宗土地的单位地价,是以路线价为基础,再结合考虑地块的面积、深度、形状、位置、宽度等具体情况,进行各种适当修正的结果,评估结果的正确性取决于路线价、深度指数及各种修正率的正确运用。

（2）一般的土地估价方法,仅适用于单宗土地的估价,而路线价估价法则被认为是一种迅速快捷、省时、少时,适用于对大宗土地进行地价估算的好方法,特别适用于土地课税、土地重划、征地拆迁或其他需要在较大范围内对大宗土地进行评估的情况。

（3）运用路线价估价法的前提条件是：有可供使用的科学合理的深度指数表和其他各种修正率;有完善的城市规划和系统完整的街道;土地排列比较整齐。

（4）路线价估价法适用于市街地,主要适用于商业繁华区域土地价格的估算,对道路系统完整、道路两旁的宗地排列整齐的区域和城市,效果更佳。

（5）路线价估价法需要较多的交易案例,并且房地产市场比较规范。否则,计算结果将会存在较大误差,影响土地价格评估的精度。

（6）路线价估价法能够快速估算多宗土地的价格。由于路线价主要取决于宗地的临街深度,影响地价的因素较少,因此计算过程耗费的时间较少,速度较快。

（7）路线价估价法的精度与路线价及其修正体系密切相关。路线价的估算是先设定标准深度,求得宗地平均单价,然后用深度指数表等途径进行修正,因此,它的估价精度取决于路线价和修正体系。

二、路线价估价法的估价步骤

（一）划分路线价区段

以街道为单位,将宗地接近性大致相等,土地使用价值基本一致的地段作为路线价评估区域,此区域称为路线价区段,即可及性大致相等的地段。因此,在划分路线价区段时,可及性相当的地段应划分为同一路线价区段。原则上,可以地价有显著差异的地点作为路线价区段的分界点,如街道十字路口或丁字路口的中心,或其他明显地物点,两分界点之间的地段则为一路线价区段。一般情况下,一条等街道只设一个路线价。但对一些特别繁华、土地条件变化较大的街道,往往将同一个街区两路口之间的地段划分为几个路线价区段,分设路线价。而在住宅区、工业区或不太繁华的地区,同一路线价区段可延伸至数个路口,将多个街区合并为一个路线价区段。另外,在同一街道上,某一侧的繁华状况与对侧有显著差异时,同一路线价区段也可附设两种不同的路线价,以对应各侧街道上不同的繁华程度,这时在观念上视为两个路线价区段。

（二）设定标准深度

城市中,随着土地离道路距离的增加,道路对土地利用价值影响为零时的深度称为市街地的标准深度。标准深度是地价变化的转折点,由此向街道方向,其地价受街道的影响而逐渐增加;由此远离街道方向,其地价急剧下降。标准深度的设定,直接关系到路线价的确定和深度指数表的编制。设定的标准深度,通常是路线价区段内临街各宗土地的深度的众数。例如,某路线价区段的临街宗地大部分的深度为 16 m,则其标准深度应为 16 m。如果临街宗地普遍的深度为 20 m,则其标准深度也应为 20 m。如此才能使宗地地价的计算达到简化的目的。因为如果不以众数的深度为标准深度,由此制作的深度指数表将使以后多数宗地的地价计算,都要用深度指数加以修正,这不仅增加计算工作量,而且会使设定的路线价失去其代表性,降低评估精度。

(三) 评估路线价

运用路线价法进行估价的一个关键,就是路线价的确定。路线价是设定在路线价区段上的标准地价的具有代表性的平均单位地价。路线价的确定方法是先在同一路线价区段内选择若干标准宗地(城市的一定区域中,根据街道状况、公共设施的接近状况、房屋的疏密度等条件划分区域,从区域中沿主要街道的宗地中选定的深度、宽度、形状等在区域中属标准的土地称为标准宗地。),用市场比较法、收益法等估价方法,分别求出它们的单位地价,然后再求取这些标准宗地单位地价的众数或中位数、简单算术平均数、加权算术平均数,即得该路线价区段的路线价。

路线价的设定必须先确定标准宗地面积。标准宗地的面积大小,随各国而不同。标准宗地的选取,以美国为代表的西方国家,是以宽 1 ft,深 100 ft 的矩形地块作为标准宗地。在日本,过去是以宽 1 间(1.8 m),深 5 间(9 m)的矩形地块为标准,现在以深 16.36 m,宽 3.63 m 的长方形土地为标准宗地。我国台湾地区的标准宗地则取宽 1 m,深 18 m。

在计量单位表示方式上,美国、我国台湾地区均以绝对值货币额表示,即美元、新台币,这种表示方式较合常规和直观,易于理解和接受,但不能反映货币价值变动对价格的影响。日本以点数表示,这种表示方式易于求取地价上涨率,便于估算估价额前后的差额,也可以避免币值波动对价格的影响,但需要换算才能表示待估土地的金额。如 1 点 = 1.2 元,则 500 点 = 600 元。

(四) 制作深度指数修正表

以道路为基准,按距离道路的变化情况编制的地价变化表称为深度指数修正表。深度指数又称深度百分率,是随临街深度的差异而表现的地价变化的相对程度。土地使用价值同其与道路有密切关系。因此,依路线价对各临街进深不同的宗地进行深度修正,才能求得各宗地的合理价格。

1. 深度指数修正的原理

如图 8-1 所示,现在假设有一临街宽度为 m m,深度为 n m 的矩形宗地,平均价格为 A 元/m²,则此宗地的价格应为 $n \times n \times A$ 元。

沿平行道路的方向,将深度以 1 m 为单位加以区分成许多细条的土地,并从临街方向起,按顺序赋予 $a_1, a_2, a_3, \cdots, a_n$ 等符号,则越接近道路者,利用价值越大。依图 8-1 而言,a_{n-1} 大于 a_n,a_2 大于 a_3,a_1 大于 a_2,随着土地离道路越来越远,单位地价之差逐渐接近于零,深度指数修正表正是要揭示宗地的价值随其临深度递减的规律。

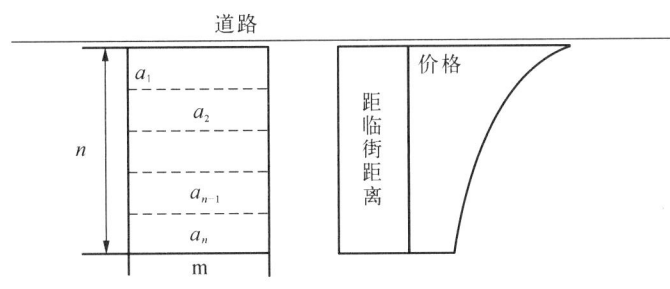

图 8 - 1 深度指数修正

2. 深度修正的各种方法介绍

路线价估价法很早就在英美流行,已有许多值得参考的深度指数的方法。如欧美的"四三二一"法则、苏慕斯法则(Somers rule)、霍夫曼法则(Hoffman rule)、哈柏法则(Harper rule)等。

(1) "四三二一"法则。该法则又被称为慎格尔法则。其含义是将标准深度为 100 ft (30.48 m)深普通临街地划分成与街区平行的 4 等份,每份为 25 ft(7.62 m)深,然后从临街方向开始,第一个 25 ft 土地的单位价格为路线价的 40%,第二个 25 ft 土地的单位价格为路线价的 30%,第三个 25 ft 土地的单位价格为路线价的 20%,第四个 25 ft 土地的单位价格为路线价的 10%。如果深度超 100 ft,则需运用"九八七六"法则补充,即超过 100 ft 的第一个 25 ft 土地的单位价格为路线价的 90%,第二个 25 ft 土地的单位价格为路线价的 8%,第三个 25 ft 土地的单位价格为路线价的 7%,第四个 25 ft 土地的单位价格为路线价的 6%。

(2) 苏慕斯法则。该法则认为深度为 100 ft 深的土地价值,前半临街 50 ft 部分占全宗地总地价的 72.5%;后半街 50 ft 部分占 27.5%;若再深 50 ft,则该宗地所增的价值仅为 15%。

(3) 霍夫曼法则。该法则认为深度为 100 ft 的标准宗地,将标准深度 4 等份的情况下,随着离道路距离的增加,每一等份的价值占全部地价的比例分别为 37.5%,29.5%,20.7% 和 12.3%。

后来,尼尔(Neil)对霍夫曼法则进行了修正和补充,从而创设了著名的霍夫曼-尼尔法则,见表 8 - 2。

表 8 - 2 霍夫曼-尼尔法则深度指数修正

深度(ft)	5	10	15	20	25	30	40	50	60
指数(%)	17	26	33	39	44	49	58	67	74
深度(ft)	70	75	80	90	100	130	150	175	200
指数(%)	81	84	88	94	100	112	118	122	125

(4) 哈柏法则。该法则认为土地的价值与其深度的平方根成正比。当标准深度为 100 ft,其深度指数是深度(英尺)平方根的 10 倍,即深度指数 $= 10 \times \sqrt{深度} \times 100\%$。

3. 深度指数修正表编制

(1) 深度百分率表制作原理。深度百分率表依下列三种百分率原理制作而成(如图 8-1 所示)。

① 单独深度百分率。

$$a_1 > a_2 > a_3 > \cdots > a_n$$

② 平均深度百分率。

$$a_1 > \frac{a_1 + a_2}{2} > \frac{a_1 + a_2 + a_3}{3} > \cdots > \frac{a_1 + a_2 + a_3 + \cdots + a_n}{n}$$

③ 累计深度百分率。

$$a_1 < a_1 + a_2 < a_1 + a_2 + a_3 < \cdots < a_1 + a_2 + a_3 + \cdots + a_n$$

(2) 制作深度百分率表的步骤。制作深度百分率表的步骤如下。

① 制定标准深度。标准深度——里地线(标准深度的连线)的确定,或以临街宗地的平均进深为准,或以临街宗地进深众数者为准。

② 确定级距。深度百分率表中级距的选定,应分析比较实例调查中地价变化的规律性,从而确定级距数、级距。

③ 确定单独深度百分率。

④ 选用累计或平均深度百分率制作深度百分率表。

下面我们通过"四三二一"法则说明深度指数表的制作过程。"四三二一"法则规定的标准深度为 100 ft,级距 25 ft,单独深度百分率为 40%,30%,20%,10%,9%,8%,7%,6%,如图 8-2 所示。

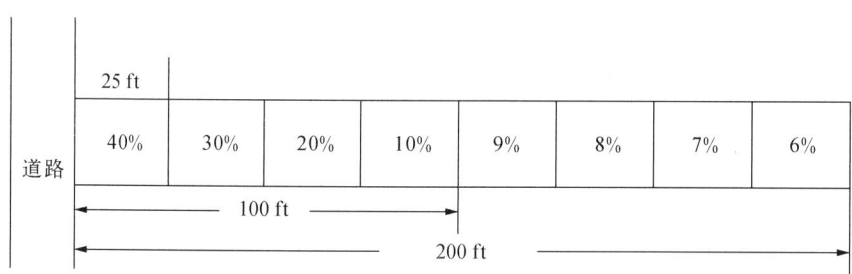

图 8-2 "四三二一"法则原理示意

单独深度百分率:40%>30%>20%>…>7%>6%。

平均深度百分率:40%>35%>30%>25%>…>17.7%>16.25%。

累计深度百分率:40%<70%<90%<100%<…<124%<130%。

再将平均深度百分率中标准深度 100 ft 的深度百分率 25% 转换成 100%,同时使各相对关系保持不变,因此在上述不等式各边同乘以 4,即可得

平均深度百分率:160%>140%>120%>100%>…>70.8%>65.0%,由此得出深度百分率,如表 8-3 所示。

表 8 - 3 深 度 百 分 率

深度(ft)	25	50	75	100	125	150	175	200
单独深度百分率	40	30	20	10	9	8	7	6
平均深度百分率	160	140	120	100	87.2	78.0	70.8	65.0
累计深度百分率	40	70	90	100	109	117	124	130

此时平均深度百分率与累计深度百分率的关系为

平均深度百分率＝累计深度百分率×标准深度/所给深度

日本和我国台湾地区的深度百分率表采用平均深度百分率方式制成,所以百分率呈递减现象。美国则采用累计深度百分率方式制成,所以百分率呈递增现象。

(五)编制其他修正系数表

在同一路线价区段内,虽然临接同一街道,但因各宗地的宽度、形状、面积、位置等不同,需要在深度修正的基础上,进行其他因素修正。

1. 宽度修正

对临街土地,特别是临街商业用地而言,如其临街宽度不同,则其地价也不相同。由于临街商店铺现的宽窄不一,商店对顾客的吸引力有所差异,进而影响到商店的营业额,进而影响到地价水平。所以在路线价估价中,应考虑进行宽度修正。其修正方法是收集在同一路线价区段内深度相同的样本,考虑在不同宽度情况下反映在土地价格上的变化情况,最后确定不同宽度条件下的修正系数。

2. 宽深比率修正

在一般情况下,大型的商业建筑物,进深较大,地价会随着宗地深度的增加,土地价值逐渐降低。另一方面,由于商店大,铺面宽度宽,外观醒目,同样会增加对顾客的吸引。因此,对大型商店单独采用宽度和深度修正,不符合实际,而且也难以操作。基于上述考虑,在估价中采用商店的宽度与深度的比率,即宽深比率系数来反映这种地价的修正情况。

3. 容积率修正

路线价只是代表一定容积率水平下的地价,随着容积率的增加,地价一般会上升。因此,在同一路线价区段内,抽查不同容积率水平下的平均地价,可得到容积率修正系数。

4. 出让、转让年期修正

土地出让是国家将一定年期内的土地使用权与土地使用者,土地转让是土地使用者将土地使用权再转移的行为。可根据下述地价计算公式计算出宗地的出让、转让年期修正系数。

$$P = \frac{a}{r}\left[1 - \frac{1}{(1+r)^n}\right]$$

式中：P——地价；

　　a——土地年地净收益；

　　r——资本化率；

　　n——出让、出租或转让、转租年期。

5. 朝向修正

就住宅用地而言,住宅的朝向对其销售价格产生一定程度的影响。从住宅售价中扣除成本等必要项目后剩余的地价,也因朝向不同而有所差别,需进行地块环境条件影响修正。

6. 地价分配率修正

地价分配率是将土地单价(或平面地价)调整、分摊到各楼层的比率。一般而言,随着楼层数的增高,地价分配呈递减趋势,当趋于某一临界值后,地价分配又呈增加趋势。为了评估需要,宜制订一个统一的地价分配率以反映各楼层之楼面地价在宗地总价值中所占的比例。

（六）计算宗地价格

根据确定的路线价、深度指数(表)和其他修正系数(表),即可由路线价估价公式计算各待估宗地的地价水平。

第四节　基准地价系数修正法与路线价法的应用

一、基准地价系数修正法的应用

（一）用基准地价系数修正法评估工业用地价格

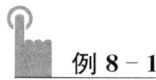 例 8 - 1

1. ××市工业用地基准地价的内涵

工业用地基准地价由征地费、城市土地开发费(指市政设施配套费)和土地出让金三部分构成的现状开发程度[根据调查,二、三级工业用地基准地价设定的开发程度为宗地红线内"五通"和宗地内涵地平整(通路、通电、通水、通排水、通讯及场地平整);四、五级工业用地基准地价设定的开发程度为宗地红线外"三通"和宗地内场地平整(通路、通电、通讯及场地平整)]条件下,基准日为 1998 年 10 月 30 日,法定最高出让年期 50 年的区域平均地价。

根据《城镇土地估价规程》,其基准地价系数修正法评估宗地地价的计算公式为

基准地价设定开发程度下的宗地地价 ＝ 宗地所在区域的级别基准地价

$$\times K_1 \times K_2 \times (1 \pm \sum K)$$

式中：K_1——期日修正系数；

$\quad K_2$——土地使用年限修正系数；

$\quad \sum K$——影响地价区域因素之和。

2. 确定待估宗地的土地级别及基准地价

根据 1999 年《××市中心城区土地定级与基准地价评估报告》，待估宗地位于××市二级地价区，该级别工业用地基准地价为 320 元/m²。

3. 确定期日修正系数（K_1）

调查分析（略），确定 $K_1 = 1.05$。

4. 确定土地使用权年期修正系数（K_2）

由于基准地价设定工业用地年限与设定待估宗地土地使用年限一致，则：$K_2 = 1.00$。

5. 确定影响地价区域因素及个别因素修正系数（$\sum K$）

根据《××市中心城区土地定级与基准地价评估报告》工业用地宗地地价影响因素指标说明、××市中心城区工业用地宗地地价修正系数表（表略）及道路通达度定级分值图、对外交通便利度定级分值图，按照待估宗地的区域因素，可建立待估宗地的地价影响因素说明、优劣程度和修正系数表，详见表 8-4。

表 8-4　待估宗地价影响因素说明、优劣程度及修正系数

影响因素	条件说明	优劣度	修正系数（%）
供电保证率（%）	略	优	1.250
供水保障率（%）	略	优	1.360
道路通达度	略	较优	0.544
对外交通便利度	略	较优	0.574
宗地形状	略	较优	0.408
宗地面积	略	优	0.712
工业布置限制状况	略	一般	0.000
未来土地利用类型	略	较优	0.278
合　　计			5.126

6. 计算待估宗地在基准地价设定开发程度条件下的土地价格

基准地价设定开发程度下的宗地地价 ＝ 宗地所在区域的级别基准地价

$$\times K_1 \times K_2 \times (1 \pm \sum K)$$

$$= 353.2 \ 元 / m^2$$

7. 计算待估宗地设定开发程度下的土地价格

此次评估设定宗地土地开发程度与基准地价设定开发程度一致,故无需进行修正。

(二)用基准地价系数修正法评估农用地价格

例8-2 ××省××市一农户将其承包地转让他人耕种,聘请某估价机构对其承包的进行评估。该地块为二级水田,面积为100 m²,承包期为30年,从2003年12月31日计起,估价期日为2005年12月31日。基准地价系数修正法是该估价机构所采用的方法之一,评估过程如下:

1. 收集估价对象所在地的基准地价及相应的宗地地价修正系数体系

估价对象为××市二级水田,其基准地价为16.82元/m²,相应的宗地地价修正系数表及说明表(略)。

2. 确定估价对象宗地价格影响因素的修正系数

通过评估人员实地勘察,得到估价对象宗地价格各影响因素的条件,并与宗地地价修正系数说明表进行比较,从而得到估价对象宗地价格影响因素的修正系数及总修正系数表,见表8-5。

表8-5 估价对象宗地价格影响因素的条件及修正系数

影响因素	估价对象宗地条件	优劣程度	修正系数
抗旱能力	50 d	劣	−0.206
坡度	0—1度	较优	0.044
坡向	平地	优	0.081
高程	75 m	一般	0
地貌	平原	一般	0
土壤质地	中壤	一般	0
耕层厚度	15 cm	劣	−0.104
有机质与全氮	有机质含量1%	劣	−0.104
全磷	全磷含量0.03%	一般	0
全钾	全钾含量0.5%	优	0.073
耕作制度	三熟	较优	0.072
农地连片程度	45亩	劣	−0.1
交通条件	道路平坦,农田在村边	一般	0
区位条件	村庄与邻近乡镇政府距离3 km	一般	0
土地利用集约度	每亩年投入成本1 000元	一般	0
排水条件	排水沟良好	较优	0.079
土壤障碍层	粗砂细石层	一般	0
总　修　正　系　数			−0.165

3. 采用基准地价系数修正法求取估价对象宗地的价格

估价对象在基准地价评估时点的地价为

$$16.82 \times (1 - 0.165) = 14.05(元/m^2)$$

由于该市农用地基准地价设定的是30年期的土地使用权价格,估价对象剩余年期为28年,因此需作年期修正(农用地资本化率为4.05%,年期修正系数为0.9639)。该市农用地基准地价评估时点为2005年6月30日。根据市场调查,2005年12月31日与2005年6月30日相比,地价水平基本一致,所以不必进行估价期日修正。因此,采用基准地价系数修正法评估所得到的结果如下。

$$14.05 \times 0.9639 = 13.54(元/m^2)$$

二、路线价法的应用

为方便起见,下面的应用举例中,深度指数采用下表的指数值。

 例 8 - 3

表 8 - 6　台湾法则之深度指数

临街深度(m)	≤4	4—8	8—12	12—16	16—18	≥18
深度指数(%)	130	125	120	110	100	40

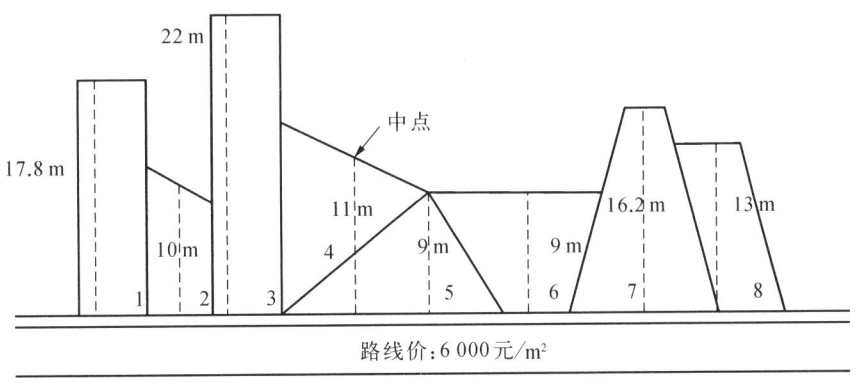

图 8 - 3　一面临街计算示意

(一)一面临街地

1. 矩形地

这是一类最简单的宗地,只要进行深度修正即可。如图 8 - 3 中宗地 1,临街深度为17.8 m,由深度指数表(见表 8 - 6),可知宗地 1 的单价为

$$6000 \times 100\% = 6000(元/m^2)$$

对于超过标准深度(里地线)的宗地,如图 8-3 中宗地区 3,则里地线以内,按标准宗地计算,里地(里地线与道路之间的区域称为临街地或表地,里地线以外的区域被称为里地。)部分的单价按路线价的 40% 计算。故宗地 3 的单价为

$$6\,000 \times 100\% \times 18/22 + 6\,000 \times 40\% \times 4/22 = 5\,345.45(元/m^2)$$

2. 平行四边形地

对于这类形状的宗地,如图 8-3 中宗地 8,可将其近似看作矩形地,按其深度测算。则宗地 8 的深度为 13 m,其单价为

$$6\,000 \times 110\% = 6\,600(元/m^2)$$

3. 梯形地

梯形地有两种,一种是平行边与街道平行的梯形,如图 8-3 中宗地 6 和宗地 7;另一种是平行边与街道垂直的梯形,如图 8-3 中宗地 2。

对于第一种情况,与平行四边形的计算一样,将其近似看作矩形地,按其深度测算,然后根据临街边的长短情况进行加价或减价修正。长边临街者加价(图 8-3 中宗地 7),短边临街者减价(图 8-3 中宗地 6)。一般加价或减价的修正幅度不超过原价的 20%。故宗地 7 的单价为

$$6\,000 \times 100\% \times (1 + 10\%) = 6\,600(元/m^2)$$

宗地 6 的单价为

$$6\,000 \times 120\% \times (1 - 10\%) = 6\,480(元/m^2)$$

对于第二种情况,即平行边垂直于街道的梯形地,可以其中位线的深度为临街深度,按矩形地计算。故宗地 2 的中位线深度为 10 m,其单价为

$$6\,000 \times 120\% = 7\,200(元/m^2)$$

4. 三角形地

对三角形地,可分为正三角形(底边为临街者)和逆三角形(顶点为临街者)两种。对于正三角形地,如图 8-3 中宗地 5,近似于一个具有与其同等临街宽度和面积的矩形地,故可按三角形顶点至街道距离的 1/2 为临街深度,按矩形地地价计算方法来计算。则宗地 5 的高度为 9 m,取其高度的一半(4.5)为临街深度,其单价计算如下。

$$6\,000 \times 125\% = 7\,500(元/m^2)$$

对于逆三角形地,如图 8-3 之宗地 4,以该顶点与底边中点垂直距离的 1/2 为起始深度,底边中点深度为迄深度,按袋地方法计算(见后)。

5. 不规则形宗地

对于不规则形宗地,有以下三种处理方式。

(1) 如果宗地可借助一些辅助线划分为规则宗地,将其分割为规则形宗地,然后分别求其规则形宗地的地价后相加。

(2) 对于宽度和深度大致均匀的不规则形宗地,承认其现实的临街宽度,并以其"面积/宽度"作为其临街深度,按规则矩形地计算。

（3）对宽度和深度不够均匀的不规则形宗地,按其近似的规则形地求其地价。

但是,对于不规则形宗地的估价,应根据其不规则程度,审慎确定是否要对其不规则的情况进行加价或减价修正。

（二）两面临街地

 例 8-4　两面临街地是指前后两面都临街的宗地,如图 8-4 之宗地 9。

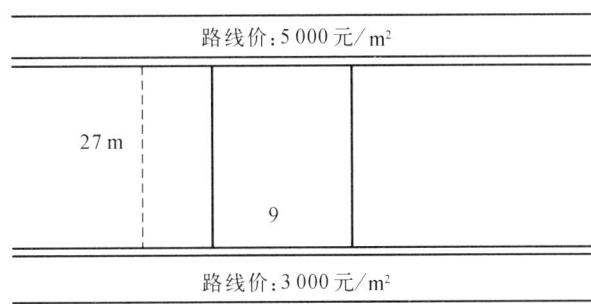

图 8-4　两面临街计算示意

对于这类宗地,应考虑不同路线价的街道对宗地地价的影响程度,即根据各街道的路线价在两条街道路线价总和的比重,确定两条街道影响深度的分界线,然后分别求其地价并加总。故宗地 9 的单价计算如下。

$$高价街影响深度 = \frac{高价街路线价}{高价街路线价 + 低价街路线价} \times 总深度$$

$$= \frac{5\,000}{5\,000 + 3\,000} = 16.875(m)$$

$$低价街影响深度 = 总深度 - 高价街影响深度$$

$$= 27 - 16.875 = 10.125(m)$$

故单价为

$$5\,000 \times 100\% \times 16.875/27 + 3\,000 \times 120\% \times 10.125/27$$

$$= 4\,475(元/m^2)$$

（三）路角地

 例 8-5　路角地是指宗地同时受两条相交街道影响的宗地。基地价的计算是先按宗地所面临街道中高路线价街道（正街）计算地价,再加因另一低路线价街道（旁街）而产生的地价的增加值。设标准深度为 18 m,旁街对路角地的影响深度以 4.5 m 为一级距,依据表 8-7 的规定予以加成。

表 8 - 7 路角地加成表

地区 \ 范围	正 旁 街 路 线 价		
省辖市	均未达 20 000	均为 20 000 以上	均为 40 000 以上
县辖市	均未达 15 000	均为 15 000 以上	均为 30 000 以上
乡 镇	均未达 10 000	均为 10 000 以上	均为 20 000 以上
加计旁街路线价	不超过一成	二成、一成	三成、二成、一成

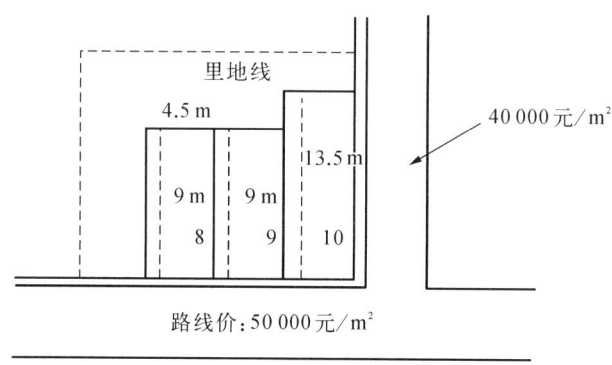

图 8 - 5 路角地计算示意

如图 8 - 5 中之 10、11、12 宗地为路角地,根据以上规划求单位地价如下。

$$宗地 10 的单位地价 = 50\,000 \times 110\% + 40\,000 \times 0.3$$
$$= 67\,000(元/m^2)$$

$$宗地 11 的单位地价 = 50\,000 \times 120\% + 40\,000 \times 0.2$$
$$= 68\,000(元/m^2)$$

$$宗地 12 的单位地价 = 50\,000 \times 120\% + 40\,000 \times 0.1$$
$$= 64\,000(元/m^2)$$

（四）袋地

 例 8 - 6 袋地是指不直接临街之土地。

（1）对于矩形袋地,包括梯形、平行四边形,如图 8 - 6 中宗地 13,14 和 15,其地价计算类似于一矩形临街地,只是其深度根据袋地的"起深度"和"迄深度"来确定。所谓起深度是指袋地距街道较近的一边与街道之间的距离,而迄深度则是距街道较远的一边与街道之间的距离。深度指数按专门的袋地深度指数(如表 8 - 8 所示)。

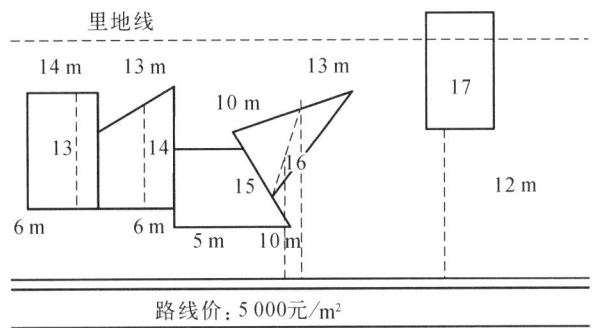

图 8‑6　袋地计算示意

表 8‑8　袋地深度指数

深度指数 起深度＼迄深度	<4 m	4—8 m	8—12 m	12—16 m	16—18 m
					60％
				66％	63％
			72％	69％	66％
		75％	74％	71％	68％
<4 m	78％	77％	75％	73％	70％

宗地 13 的起深度为 6 m，迄深度为 14 m，其单价为

$$5\,000 \times 71\% = 3\,550(元/m^2)$$

宗地 14 的起深度为 6 m，迄深度为 13 m，其单价为

$$5\,000 \times 71\% = 3\,550(元/m^2)$$

宗地 15 的起深度为 5 m，迄深度为 10 m，其单价为

$$10\,000 \times 74\% = 7\,400(元/m^2)$$

(2) 对于倒三角形地，不论其顶点是否临街，均按袋地计算，如图 8‑3 中宗地 4 和图 8‑6 中宗地 16。宗地 16 的起深度在三角形顶点与底边中点连线的 1/2 处，迄深度为 13 m，其单价为

$$5\,000 \times 69\% = 3\,450(元/m^2)$$

(3) 对于迄深度大于标准深度的袋地，应以里地线为界，划分为袋地和里地两部分，分别计算其地价并求和，如图 8‑6 中宗地 17。袋地部分面积占 3/4，其起迄深度为 8—12 m；里地部分面积占 1/4，该部分单价按路线价的四成计算。故该宗地单价为

$$5\,000 \times 63\% \times 3/4 + 5\,000 \times 0.4 \times 1/4 = 2\,862.5(元/m^2)$$

199

 **本章小结**

　　本章主要论述了基准地价系数修正法和路线价法两种评估方法。第一部分重点阐述了基准地价的概念、特征和作用,以及城镇用地基准地价评估的思路和技术路线。对城镇用地的基准地价主要介绍了两条技术路线:以土地定级为基础,土地收益为依据,市场交易资料为参考评估基准地价;用土地条件划分均质区域,用市场效果等资料评估基准地价。第二部分着重阐述了基准地价系数修正法的基本原理与估价步骤。第三部分着重阐述了路线价估价法的基本原理与估价步骤。最后,通过实际的案例介绍基准地价系数修正法和路线价法对具体宗地进行评估时的应用。

 **关键词**

　　基准地价　基准地价评估　城镇用地基准地价评估　样点地价平均法　定级指数模型法　基准地块评估法　基准地价更新　基准地价系数修正法　路线价　路线价估价法　标准宗地　标准深度　深度指数修正表　路线价区段　"四三二一"法则　苏慕斯法则　霍夫曼法则　哈柏法则

 **复习思考题**

　　1. 什么是基准地价? 基准地价的特点与作用有哪些?

　　2. 基准地价评估的原理与原则是什么?

　　3. 城镇用地基准地价评估的操作程序包括哪些?

　　4. 基准地价系数修正法的估价步骤是什么?

　　5. 路线价法的特点和适用范围是什么?

　　6. 路线价法的基本原理与计算公式是什么?

　　7. 路线价法的估价步骤是什么?

　　8. 深度指数表的编制过程是怎样的?

　　9. 利用基准地价系数修正法评估下述给定宗地:

　　(1) 估价对象描述。评估对象位于××县开发区××工业小区。根据1993年12月编制的《××县城镇土地定级估价技术报告》及××县人民政府[1996]9号《关于发布××建成区土地基准地价的通知》规定,该区域工业用地基准地价为185元/m²。该宗地四至(略)。土地总面积为1 985 m²,其中代征道路面积585 m²,土地使用者(受让方)可使用的土地面积1 400 m²,属四级工业用地。评估宗地原属××村集体土地,经政府统一征用为国有,拟出让给开发区××厂用于项目建设,土地使用年限为50年,在土地使用权年限内享有对该宗土地的转让、抵押、担保、出租等权利。土地开发程度已具"三通一平"条件,与基准地价设定的开发程度相同。

(2)地价影响因素。

① 一般因素(略)。

② 区域因素:本次评估宗地位于 104 国道沿线,交通十分便利。位于宗地以西 1 500 m 国道线旁有一停车场,可同时容纳 30 辆货运汽车停放;位于宗地以东 1 000 m 左右有一加油站,昼夜服务。其四周皆是工业规划用地,为本县工业生产规模化、集约化的典型区域。新增企业及通过旧城改造迁移而来的企业基本建设已陆续形成,产业集聚程度较高。宗地交通条件、环境条件均属较优。宗地位于城关规划建成区南端的城乡接合部。离市中心距离约 1.5 km,属新城区开发,其各种基础设施完善条件较劣。

③ 个别因素:评估宗地南临××国道,临路宽 29 m,进深 44 m,显梯形状,东、西、北,三面皆邻规划工业用地。评估宗地离居民区距离已较远达 1 000 m 左右,对居民区影响很小。该评估宗地为××平原地带,地势平坦、腹地广宽,无环境污染。地质条件较好,具有通电、通水、通路等条件,适合工业生产。

附:影响因素修正系数见表 8 - 9。

表 8 - 9 影响因素的修正系数

修正系数 优劣程度 影响因素	优	较优	一般	较劣	劣
交通条件	5	2.5	0	-2.5	-5
基础设施完善条件	4	2	0	-2	-4
产业集聚规模	3	1.5	0	-1.5	-3
环境质量	3	1.5	0	-1.5	-3
规划限制	3	1.5	0	-1.5	-3
地质地形条件	4	2	0	-2	-4
地块形状	2	1	0	-1	-2
离居民区距离	2	1	0	-1	-2

10. 利用路线价估价法对以下两宗地进行评估。

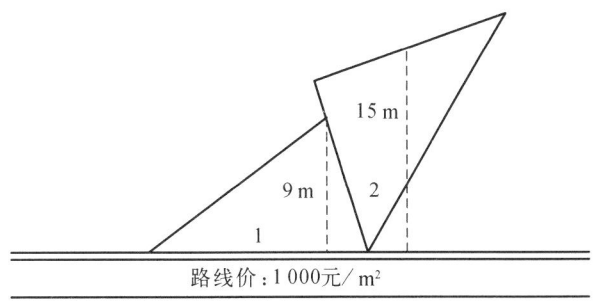

第九章 建筑物估价

 学习目标

通过对本章的学习,应该能够:

1. 了解建筑物的概念、分类及其特点;
2. 理解建筑物价格的影响因素及建筑物估价的基本原理;
3. 掌握建筑物估价方法的基本原理和估价步骤。

第一节　建筑物估价概述

一、建筑物的概念与分类

(一)建筑物的概念

建筑物是指人工建筑而成,由建筑材料、建筑构配件和建筑设备(如给排水、卫生、照明、通讯等设备)等组成的整体物,包括房屋和构筑物两大类。其中,房屋是指有基础、墙、顶、门、窗,能够遮风避雨,供人在内居住、工作、学习、娱乐、储藏物品或进行其他活动的空间场所。构筑物是指房屋以外的建筑物,人们一般不直接在内进行生产和生活活动,如烟囱、水塔、水井、道路、桥梁、隧道、水坝等。房屋和构筑物是同一层次的,其之间的区别主要有:是否直接在内进行生产或生活活动;是否有门、窗、顶盖。因此,建筑物主要是为了满足人们在生产和生活中的需要而进行建筑的人工改良物,融入了大量的人类劳动和物质,作为人类生产和生活的场所。

可见,建筑物的基本功能是满足人们生产、生活的需要。随着社会生活的发展,人类不仅要求建筑物能够满足生产、生活的需要,还要求建筑物在形态上讲究艺术化,要求建筑物能够改善所处地区的景观,且能代表时代的特色。因此,在现代社会中,建筑物除具有遮风避雨、防晒避寒的基本功能外,还需要具有为人类提供艺术、文化、欣赏等

功能。

(二)建筑物的分类

依据不同的分类方法,可将建筑物划分为不同类别。

根据建筑物的用途,可分为生产性建筑(即工业建筑、农业建筑)和非生产性建筑(即民用建筑)。其中,工业建筑指厂房、仓库等;农业建筑包括农用仓库、灌溉机房等。民用建筑根据建筑物适用功能,分为居住建筑和公共建筑两大类,其中居住建筑是供人们生活起居使用的建筑物,包括住宅、公寓、宿舍等;公共建筑是供人们进行政治文化活动、行政办公以及其他商业、生活服务等公共事业所需要的建筑物。

根据建筑物的建筑结构,通常是依建筑物的主要承重结构所用材料进行划分的,一般可分为五类。第一类为钢结构,承重的主要结构是用钢材建造的,包括悬索结构;第二类为钢筋混凝土结构,全部或承重部分为钢筋混凝土建造,包括框架大板与框架轻板结构等;第三类为砖混结构,部分结构为钢筋混凝土,主要是砖墙承重的结构;第四类为砖木结构,承重的主要结构是用砖、木材建造的;第五类为其他结构,凡不属于上述结构的建筑物都归入此类,如竹结构、石结构、砖拱结构、窑洞、木板房、土草房等。

二、建筑物价格的影响因素

建筑物的价格水平是受众多因素影响的。概括起来,其影响因素主要包括以下几类。

(一)建筑物重置价

任何一个购买建筑物的个人,不会用高于重建效用相同建筑物的价格,去购买目前已存在的建筑物。因此,建筑物重置价是决定建筑物价格的最基本因素。

影响建筑物重置价的因素很多,如建筑结构、种类、式样、材料、装饰、物价等因素。

(二)环境因素

影响建筑物的环境因素主要有以下几类。

(1)建筑年代,主要指建筑物的成新,它决定建筑物折旧状况和剩余使用年限。

(2)建筑物朝向,建筑物的朝向影响到建筑物的采光、通风等,关系到人们对居住的判断与适应。

(3)建筑物用途,建筑物用途不同,收益不同,使用年限不同。

(4)建筑物楼层。

(三)其他因素

影响建筑物的其他因素有许多,如建筑物的设计,影响到使用功能;另外,还有一些因素与土地相关,也影响到建筑物的价格,如垃圾场的坐落位置等。

三、建筑物价格的特点

（1）时间的有效性。

建筑物一旦建成，随着时间的推移，其使用价值将越来越小，最终消失。

（2）建筑物价格的递减性。

一般情况下，随着逐年计提折旧的增加，建筑物价格将越来越低。

（3）建筑物价格的地区性。

不同区域之间人工及材料的差异，使同样的建筑物表现出不同的地区价格。

（4）建筑物价格受自然条件影响大。

（5）影响建筑物价格的不确定因素多。

四、建筑物估价的基本原理

（一）建筑物估价的定义

建筑物估价，是指估价人员在遵循有关估价原则的前提下，根据估价的目的，选用适当的估价方法，对待估建筑物价格的影响因素进行分析和判断，评估出待估建筑物在某一时日的市场价格。

（二）建筑物估价的基本原理

依据建筑物的性质，建筑物估价分成两类：

对具有市场流动性的建筑物，其估价的原理是以重置成本为基础，采用重置价折旧法、对照法、建筑物残余法、比较法等，评估出建筑物的市场价格。

对不具备市场流动性的建筑物，如博物馆、图书馆等，其估价的基本原理是运用重置价格扣除折旧的方法，评估建筑物的价格。

第二节　建筑物估价的方法

常用的建筑物估价方法主要有重置价格折旧法、对照法、建筑物残余法和比较法等。

一、重置价格折旧法

重置价格折旧法是成本估价法具体应用中的一种评估方法，适合对独立旧建筑物估价。另外，各地在城市拆迁补偿过程中的房屋拆迁补偿标准，也多是按此方法制定的。

（一）重置价格折旧法的基本思路

重置价格折旧法评估建筑物的价格，是按现在的建筑经营管理水平及建筑材料价格，重新建筑与评估对象一样或效用相同的建筑所需的现实资金。在此基础上,按建筑物的耐用年限和已使用年限,折旧扣除建筑物已使用的价值,得到建筑物在评估时日的价格。因此,利用重置价格折旧法评估建筑物价格的基本公式可表示为

$$建筑物价格＝建筑物重置价格－已使用年限的折旧额$$

或 $$建筑物价格＝建筑物重置价格×建筑物成新度$$

(二)建筑物重置价格的确定

1. 建筑物重置价格的概念

建筑物重置价格,是指假设在估价基准日重新取得全新状况的估价对象所必需的支出,或者重新开发建设全新状况的估价对象所必需的支出和应获得的利润。在此概念中,重新取得可以简单地理解为重新购买,重新开发建设可以简单地理解为重新生产。把握重置价格的概念,还应特别注意下列三个方面。

(1)重置价格是估价基准日的价格。如在重新开发建设的情况下,重置价格是在估价时点的国家财税制度和市场价格体系下,按照估价时点的房地产价格构成来测算的价格。

(2)重置价格是客观的价格。具体来说,重新取得或重新开发建设的支出,不是个别单位或个人的实际耗费,而是必需的耗费,应能体现社会或行业的平均水平,即是客观成本而不是实际成本。如果超出了社会或行业的平均水平,超出的部分不仅不能构成价格,而且是一种浪费;而低于社会或行业平均水平的部分,不会降低价格,只会形成个别单位或个人的超额利润。

(3)建筑物的重置价格是全新状况下的价格,土地的重置价格是估价基准日状况下的价格。因此,建筑物的重置价格中未扣除建筑物的折旧,而土地的增减价因素一般已考虑在其重置价格中。例如,估价对象的土地是10年前取得的商业用途法定最高年限40年的土地使用权,求取其估价时点重置价格时不是求取其40年土地使用权的价格,而是求取其30年土地使用权的价格。如果该土地目前的交通条件比10年前有了很大改善,求取其重置价格时不是求取其10年前交通状况下的价格,而是求取其目前交通状况下的价格。

2. 建筑物重置价格的求取方式

建筑物的重置价格根据建筑物重新建造方式的不同,分为两种情况:一种是以重置成本来代替重置价格;另一种是以重建成本代替重置价格。重置成本,是指采用估价时点的建筑材料、建筑构配件、建筑设备和建筑技术等,在估价时点的国家财税制度和市场价格体系下,重新建造与估价对象建筑物具有同等效用的全新建筑物所必需的支出和应获得的利润。重建成本,是指采用与估价对象建筑物相同的建筑材料、建筑构配件、建筑设备和建筑技术等,在估价时点的国家财税制度和市场价格体系下,重新建造与估价对象建筑物相同的全新建筑物所必需的支出和应获得的利润。后一种情况的重新建造方式可形象地理解为"复制"。因此,重建成本进一步来说,是在原址,按原规格和原建筑形式,使用与原有建筑材料、建筑构配件和建筑设备相同的新的建筑材

料、建筑构配件和建筑设备,采用原有建筑技术和工艺等,在估价时点的国家财税制度和市场价格体系下,重新建造与原有建筑物相同的全新建筑物所必需的支出和应获得的利润。

上述两种重新建造方式往往得出的重置价格不同。有特殊保护价值的建筑物,如人们看重的有特殊建筑风格的建筑物,适用重建成本。一般建筑物适用重置成本。因年代久远、已缺乏与旧建筑物相同的建筑材料、建筑构配件和建筑设备,或因建筑技术和建筑标准改变等,使"复制"有困难的建筑物,一般只有使用重置成本。

重置成本的出现是技术进步的必然结果,也是"替代原理"的体现。由于技术进步,使原有的许多设计、工艺、原材料、结构等都已过时落后或成本过高,而采用新材料、新技术等,不仅功能更加完善,成本也会降低,因此,重置成本通常要比重建成本低。

3. 建筑物重置价格的求取

建筑物的重置价格可以采用市场比较法、成本法求取,也可以通过政府或者其授权的部门公布的房屋重置价格、房地产市场价格扣除其中可能包含的土地价格来求取。

求取建筑重置价格的具体方法,有单位比较法、分部分项法、工料测量法和指数调整法。

(1) 单位比较法。单位比较法是以估价对象建筑物为整体,选取某种与该建筑物造价密切相关的计量单位为比较单位,通过调查、了解估价时点类似建筑物的这种单位造价,并对其作适当的修正、调整来求取建筑物重置价格的方法。这种方法实质上是市场比较法,是一种常用、简便迅速的方法,但比较粗略。单位比较法主要有单位面积法和单位体积法。

① 单位面积法。单位面积法是根据当地近期建成的类似建筑物的单位面积造价,对其作适当的修正、调整,然后乘以估价对象建筑物的面积来估算建筑物的重置价格。这种方法主要适用于造价与面积关系较大的房屋,如住宅、办公楼等。

例 9 - 1 某幢房屋的建筑面积为 300 m²,该类用途、建筑结构和档次的房及单位建筑面积造价为 1 200 元/m²。试估算该房屋的重置价格。

【解】该房屋的重置价格估算为

$$300 \times 1\ 200 = 36(万元)$$

② 单位体积法。单位体积法与单位面积法相似,是根据当地近期建成的类似建筑物的单位体积造价,对其作适当的修正、调整,然后乘以估价对象建筑物的体积来估算建筑物的重置价格。这种方法主要适用于造价与体积关系较大的建筑物,如储油罐、地下油库等。

例 9 - 2 某建筑物的体积为 500 m³,该类用途、建筑结构和档次的建筑物单位体积造价为 600 元/m³。试估算该建筑物的重置价格。

【解】该建筑物的重置价格估算为

$$500 \times 600 = 30(万元)$$

在现实的建筑物估价中,往往将建筑物划分为不同的用途、建筑结构或等级,制作不同时期的基准重置价格表(见表 9-1 所示),以供求取某个具体建筑物的重置价格时使用。

表 9-1 建筑物基准重置价格

基准日期: 年 月 日 价格单位:元/m²

	钢结构	钢筋混凝土结构	砖混结构	砖木结构	简易结构
普通住宅					
高档公寓					
别　墅					
大型商场					
中小商店					
办 公 楼					
星级宾馆					
招 待 所					
标准厂房					
仓　库					
影 剧 院					
体 育 馆					
加 油 站					
其　他					

(2) 分部分项法。分部分项法是先假设将估价对象建筑物分解为各个独立的构件或分部分项工程,然后测算各个独立构件或分部分项工程的数量,再调查、了解估价时点各个独立构件或分部分项工程的单位价格或成本,最后将各个独立构件或分部分项工程的数量乘以相应的单位价格或成本后相加,来求取建筑物重置价格的方法。

在运用分部分项法测算建筑物的重置价格时,需要注意如下两点。

① 应结合各个构件或分部分项工程的特点使用计量单位,有的要用面积,有的要用体积,有的要用长度,有的要用容量(如千瓦、千伏安)。例如,基础工程的计量单位通常为体积,墙面抹灰工程的计量单位通常为面积,楼梯栏杆工程的计量单位通常为米。

② 既不要漏项也不要重复计算,以免造成测算不准。

采用分部分项法测算建筑物重置价格的一个简化例子见表 9-2。

表 9 - 2 某项目分部分项的成本构成

项 目	数 量	单位成本	金额(元)
基础工程	150 m³	300 元/m³	45 000
墙体工程	160 m²	400 元/m²	64 000
楼地面工程	150 m²	300 元/m²	45 000
屋面工程	150 m²	300 元/m²	45 000
给排水工程			35 000
供暖工程			15 000
电气工程			20 000
直接费合计			269 000
承包商间接费、利润和税费			19 000
工程承发包价格			288 000
开发商管理费、利息和税费			50 000
建筑物重置价格			338 000

(3) 工料测量法。工料测量法是先假设将估价对象建筑物分解还原为建筑材料、建筑构配件和建筑设备,然后测算重新建造该建筑物所需要的建筑材料、建筑构配件、建筑设备的种类、数量和人工时数,再调查、了解估价时点相应建筑材料、建筑构配件、建筑设备的单价和人工费标准,最后将各种建筑材料、建筑构配件、建筑设备的数量和人工时数乘以相应的单价和人工费标准后相加,来求取建筑物重置价格的方法。

工料测量法的优点是详细、准确,缺点是比较费时、费力并需要其他专家(如建筑师、造价工程师)的参与,它主要用于具有历史价值的建筑物重置价格的求取。采用工料测量法测算建筑物重置价格的一个简化例子见表 9 - 3。

表 9 - 3 工 料 测 量 法

项 目	数 量	单 价	成本(元)
现场准备			3 000
水 泥			6 500
沙 石			5 000
砖 块			12 000

项　　目	数　　量	单　　价	成本(元)
木　　材			7 000
瓦　　面			3 000
铁　　钉			200
人　　工			15 000
税　　费			1 000
其　　他			5 000
重置价格			57 700

（4）指数调整法。指数调整法是利用有关价格指数或变动率,将估价对象建筑物的原始价值调整到估价时点的价值来求取建筑物重置价格的方法。这种方法主要用于检验其他方法的测算结果。将原始价值调整到估价时点的价值的具体方法,与市场比较法中交易日期调整的方法相同。

（三）建筑物的折旧

1. 建筑物折旧的概念

估价上的建筑物折旧与会计上的建筑物折旧,虽然都称为折旧并有一定的相似之处,但因两者的内涵不同而有着本质的区别。估价上的建筑物折旧是指由于各种原因而造成的建筑物价值损失,其数额为建筑物在估价时点时的市场价值与重置价格的差额,即

$$建筑物折旧＝建筑物重置价格－建筑物市场价值$$

建筑物的市场价格表示建筑物在全新状况下所具有的价值,将其减去建筑物折旧相当于进行减价调整,其所得的结果则表示建筑物在估价时点状况下所具有的价值。

2. 建筑物折旧的原因

根据造成建筑物折旧的原因不同,可将建筑物折旧分为物质折旧、功能折旧和经济折旧三大类。

（1）物质折旧。物质折旧又称物质磨损、有形损耗,是指建筑物在实体上的老化、损坏所造成的建筑物价值损失。物质折旧可进一步从如下四个方面来认识和把握。

① 自然经过的老化。自然经过的老化主要是由自然力作用引起的,如风吹、日晒、雨淋等引起的建筑物腐朽、生锈、风化、基础沉降等,它与建筑物的实际经过年数(建筑物从竣工之日起到估价时点止的日历年数)正相关。同时要看建筑物所在地区的气候和环境条件,如酸雨多的地区,建筑物老化就快。

② 正常使用的磨损。正常使用的磨损主要是由人工使用引起的,它与建筑物的使用性质、使用强度和使用年数正相关。例如,居住用途建筑物的磨损要小于工业用途建筑物的磨

损。工业用途建筑物又可分为受腐蚀的和不受腐蚀的。受腐蚀的建筑物,由于会受到使用过程中产生的有腐蚀作用的废气、废液等的不良影响,其损毁程度要大于不受腐蚀的建筑物。

③ 意外破坏的损毁。意外破坏的损毁主要是由突发性的天灾人祸引起的,包括自然方面的,如地震、水灾、风灾、雷击;人为方面的,如失火、碰撞等。对于这些损毁即使进行了修复,但可能仍然有"内伤"。

④ 延迟维修的损坏残存。延迟维修的损坏残存主要是由于没有适时地采取预防、养护措施或修理不够及时引起的,它造成建筑物不应有的损坏或提前损坏,或已有的损坏仍然存在,如门窗有破损,墙体或地面有裂缝、洞等。

(2)功能折旧。功能折旧又称精神磨损、无形损耗,是指建筑物在功能上的相对缺乏、落后或过剩所造成的建筑物价值损失。导致建筑物功能相对缺乏、落后或过剩的原因,可能是建筑设计上的缺陷、过去的建筑标准过低、人们的消费观念改变、建筑技术进步、出现了更好的建筑物等。

① 功能缺乏是指建筑物没有其应该有的某些部件、设备、设施或系统等。例如,住宅没有卫生间、暖气、燃气、电话线路、有线电视等;办公楼没有电梯、中央空调、宽带等。

② 功能落后是指建筑物已有部件、设备、设施或系统等的标准低于正常标准或有缺陷而阻碍其他部件、设备、设施或系统等的正常运营。例如,设备、设施陈旧落后或容量不够,建筑式样过时,空间布局欠佳等。拿住宅来说,现在时兴"三大、一小、一多"式住宅,即客厅、厨房、卫生间大,卧室小,壁橱多的住宅,过去建造的卧室大、客厅小、厨房小、卫生间小的住宅,相对而言就过时了。再如高档办公楼,现在要求有较好的智能化系统,如果某个所谓高档办公楼的智能化程度不够,相对而言其功能就落后了。

③ 功能过剩是指建筑物已有部件、设备、设施或系统等的标准超过市场要求的标准而对房地产价值的贡献小于其成本。例如,某幢厂房的层高为 6 m,但如果当地厂房的标准层高为 5 m,则该厂房超高的 1 m 因不能被市场接受而使其所多花的成本成为无效成本。

(3)经济折旧。经济折旧又称外部性折旧,是指建筑物本身以外的各种不利因素所造成的建筑物价值损失。不利因素可能是经济因素(如市场供给过量或需求不足)、区位因素(如环境改变,包括自然环境恶化、环境污染、交通拥挤、城市规划改变等),也可能是其他因素(如政府政策变化等)。例如,一个高级居住区附近兴建了一座工厂,该居住区的房地产价值下降,这就是一种经济折旧。这种经济折旧一般是永久性的。再如,在经济不景气时期以及高税率、高失业率等,房地产的价值下降,这也是一种经济折旧。但这种现象不会永久下去,当经济复苏后,这种经济折旧也就消失了。

3. 求取建筑物折旧应注意的问题

(1)估价上的折旧与会计上的折旧的区别。求取建筑物折旧应注意估价上的折旧与会计上的折旧的区别。估价上的折旧注重的是市场价值的真实减损,科学地说不是"折旧",而是减价调整。会计上的折旧注重的是原始价值的分摊、补偿或回收。以下列直线法折旧下的公式为例。

$$P = C\left[1 - (1 - R)\frac{t}{N}\right]$$

在会计上,C 为资产的原始价值,是当初购置时的价值,它不随着时间的流逝而变化;在估价上,C 为资产的重置价格,是估价时点时的,估价时点不同,C 的值可能不同。在会计上,资产的原始价值与累计折旧额的差被称为资产的账面价值,它无需与资产的市场价值一致;在估价上,重置价格与折旧总额的差被视为资产的实际价值,它必须与资产的市场价值一致。经常出现这种情况:有些房地产,尽管在会计账目上折旧早已提足或快要提足,但估价结果显示其仍有较大的现时价值;而有些房地产,尽管在会计账目上折旧尚未提足或远未提足,但估价结果显示其现时价值已所剩无几。

(2) 土地使用年限对建筑物经济寿命的影响。求取建筑物折旧时应注意土地使用年限对建筑物经济寿命的影响。在实际估价中,土地是有期限的使用权,建筑物经济寿命结束的时间可能与土地使用年限届满的时间不一致,因此,计算建筑物折旧所采用的经济寿命遇到下列情况时的处理如下。

① 建筑物的经济寿命早于土地使用年限而结束的,应按照建筑物的经济寿命计算建筑物的折旧。

② 建筑物的经济寿命晚于土地使用年限而结束的,应按照建筑物的实际经过年数加上土地使用权的剩余年限计算建筑物的折旧。这样处理是基于《中华人民共和国城市房地产管理法》第 21 条规定的"土地使用权出让合同约定的使用年限届满,土地使用者未申请续期或者虽申请续期但依照前款规定未获批准的,土地使用权由国家无偿收回。"和《中华人民共和国城镇国有土地使用权出让和转让暂行条例》第 40 条规定的"土地使用权期满,土地使用权及地上建筑物、其他附着物所有权由国家无偿取得。"而未考虑未来土地使用权期满后是否可以续期,可以续期的土地使用权人是否去办理续期,以及目前对地上建筑物、其他附着物由国家无偿取得存在不同意见等复杂情况。

4. 房屋折旧的有关规定

1992 年 6 月 5 日,建设部、财政部制定的《房地产单位会计制度——会计科目和会计报表》和中华人民共和国国家标准《房地产估价标准》(GB/T 52091 – 1999)对建筑物折旧的计算公式都作了有关规定。

(1) 房屋折旧的计算公式。对于估价上求取建筑物的折旧应采用如下计算公式。

年折旧额＝房屋重置价格×(1－残值率)÷耐用年限

(2) 房屋结构的有关规定。根据房屋结构分为下列四类七等。

① 钢筋混凝土结构:全部或承重部分为钢筋混凝土结构,包括框架大板与框架轻板结构等房屋。这类房屋一般内外装修良好,设备比较齐全。

② 砖混结构一等:部分钢筋混凝土,主要是砖墙承重的结构,外墙部分砌砖、水刷石、水泥抹面或涂料粉刷,并设有阳台,内外设备齐全的单元式住宅或非住宅房屋。

③ 砖混结构二等:部分钢筋混凝土,主要是砖墙承重的结构,外墙是清水墙,没有阳台,内部设备不全的非单元式住宅或其他房屋。

④ 砖木结构一等:材料上等、标准较高的砖木(石料)结构。这类房屋一般是外部有装

修处理、内部设备完善的庭院式或花园洋房等高级房屋。

⑤ 砖木结构二等：结构正规,材料较好,一般外部没有装修处理,室内有专用上、下水等设备的普通砖木结构房屋。

⑥ 砖木结构三等：结构简单,材料较差,室内没有专用上、下水等设备,较低级的砖木结构房屋。

⑦ 简易结构：如简易楼、平房、木板房、砖坯房、土草房、竹木捆绑房等。

(3) 房屋耐用年限的有关规定。各种结构房屋的耐用年限如下。

① 钢筋混凝土结构：生产用房 50 年,受腐蚀的生产用房 35 年,非生产用房 60 年。

② 砖混结构一等：生产用房 40 年,受腐蚀的生产用房 30 年,非生产用房 50 年。

③ 砖混结构二等：生产用房 40 年,受腐蚀的生产用房 30 年,非生产用房 50 年。

④ 砖木结构一等：生产用房 30 年,受腐蚀的生产用房 20 年,非生产用房 40 年。

⑤ 砖木结构二等：生产用房 30 年,受腐蚀的生产用房 20 年,非生产用房 40 年。

⑥ 砖木结构三等：生产用房 30 年,受腐蚀的生产用房 20 年,非生产用房 40 年。

⑦ 简易结构：10 年。

(4) 房屋残值率的有关规定。房屋残值是指房屋达到使用年限,不能继续使用,经拆除后的旧料价值;清理费用是指拆除房屋和搬运废弃物所发生的费用;残值减去清理费用,即为残余价值,其与房屋造价的比例为残值率。各种结构房屋的残值率一般表示如下。

① 钢筋混凝土结构 0。

② 砖混结构一等 2%。

③ 砖混结构二等 2%。

④ 砖木结构一等 6%。

⑤ 砖木结构二等 4%。

⑥ 砖木结构三等 3%。

⑦ 简易结构 0。

(5) 房屋完损等级的分类及判定。根据《房屋完损等级评定标准》和《房地产估价规范》的有关规定,房屋完损等级是根据房屋的结构、装修、设备三个组成部分的各个项目完好、损坏程度来划分的,具体分为下列五类。

① 完好房：结构构件完好,装修和设备完好、齐全完整,管道畅通,现状良好,使用正常。或虽然个别分项有轻微损坏,但一般经过小修就能修复的。

② 基本完好房：结构基本完好,少量构部件有轻微损坏,装修基本完好,油漆缺乏保养,设备、管道现状基本良好,能正常使用,经过一般性的维修能恢复的。

③ 一般损坏房：结构一般性的损坏,部分构部件有损坏或变形,屋面局部漏雨,装修局部有破损,油漆老化,设备、管道不够畅通,水卫、电照管线、器具和零件有部分老化、损坏或残缺,需要进行中修或局部大修更换部件的。

④ 严重损坏房：房屋年久失修,结构有明显变形或损坏,屋面严重漏雨,装修严重变形、破损,油漆老化见底,设备陈旧不齐全,管道严重堵塞,水卫、电照管线、器具和零部件残缺及严重损坏,需进行大修或翻修、改建的。

⑤ 危险房：承重构件已属危险构件,结构丧失稳定及承载能力,随时有倒塌可能,不能

确保使用安全的。

（6）房屋完损等级评定的项目。房屋完损等级评定的项目是房屋结构、装修、设备三个组成部分，各组成部分的具体项目如下。

① 房屋结构组成分为：地基基础、承重构件、非承重墙、屋面、楼地面。

② 房屋装修组成分为：门窗、外抹灰、内抹灰、顶棚、细木装修。

③ 房屋设备组成分为：水卫、电照、暖气及特种设备（如消火栓、避雷装置等）。

（7）房屋新旧程度的判定标准。房屋新旧程度的判定标准如下。

① 完好房：十、九、八成。

② 基本完好房：七、六成。

③ 一般损坏房：五、四成。

④ 严重损坏房及危险房：三成以下。

5．建筑物折旧的求取

求取建筑物折旧的方法，主要有年限法、市场提取法、分解法和偿还基金法。

（1）年限法。年限法又称年龄-寿命法，是根据建筑物的经济寿命、有效经过年数或剩余经济寿命来求取建筑物折旧的方法。

建筑物的寿命分为自然寿命和经济寿命。建筑物的自然寿命是指从建筑物竣工之日开始到建筑物主要结构构件和设备的自然老化或损坏而不能继续保证建筑物安全使用为止的时间。建筑物的经济寿命是指从建筑物竣工之日开始到建筑物对房地产价值不再有贡献为止的时间。如收益性建筑物的经济寿命，具体是从建筑物竣工之日开始在正常市场和运营状态下产生的收入大于运营费用的持续时间，如图9-1所示。

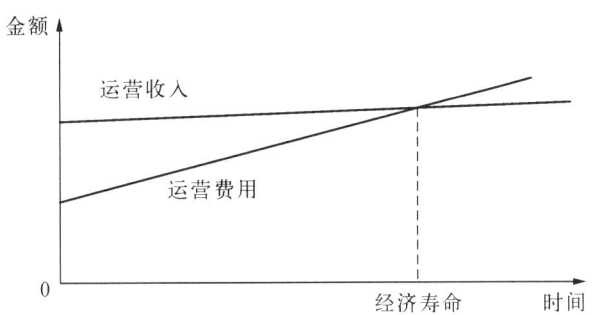

图9-1 建筑物的经济寿命

建筑物的经济寿命短于其自然寿命，它是由市场决定的，相同类型的建筑物在不同地区的经济寿命可能不同。经济寿命具体可根据建筑物的结构、建筑质量、用途和维修养护情况，结合市场状况、周围环境、经营收益状况等进行综合分析判断得出。建筑物在其寿命期间如果经过了翻修、改造等，自然寿命和经济寿命都有可能得到延长。建筑物的经济寿命还可以通过后面将介绍的市场提取法求出的年折旧率的倒数来求取。

建筑物的经过年数分为实际经过年数和有效经过年数。建筑物的实际经过年数是指从建筑物竣工之日开始到估价时点为止的日历年数类似于人的实际年龄。建筑物的有效经过年数是指估价时点时的建筑物状况和效用所显示的经过年数。类似于人看上去的年龄。

建筑物的有效经过年数可能短于也可能长于其实际经过年数。类似于有的人看上去比实际年龄小，有的人看上去比实际年龄大。实际经过年数是估计有效经过年数的基础，即有效经过年数通常是在实际经过年数的基础上进行适当的调整后得到。

（1）当建筑物的维修养护为正常的，其有效经过年数与实际经过年数相当。

（2）当建筑物的维修养护比正常维修养护好或者经过更新改造的，其有效经过年数短于实际经过年数。

（3）当建筑物的维修养护比正常维修养护差的，其有效经过年数长于实际经过年数。

建筑物的剩余寿命是其寿命减去经过年数之后的寿命，分为剩余自然寿命和剩余经济寿命。建筑物的剩余自然寿命是其自然寿命减去实际经过年数之后的寿命。建筑物的剩余经济寿命是其经济寿命减去有效经过年数之后的寿命，即

剩余经济寿命＝经济寿命－有效经过年数

因此，如果建筑物的有效经过年数比实际经过年数少，就会延长建筑物的剩余经济寿命；反之，就会缩短建筑物的剩余经济寿命。建筑物的有效经过年数是从估价时点向过去计算的时间，剩余经济寿命是从估价时点开始到建筑物经济寿命结束为止的时间，两者之和等于建筑物的经济寿命。如果建筑物的有效经过年数少于实际经过年数，就相当于建筑物比其实际竣工之日晚建成。此时，建筑物的经济寿命可视为从这个晚建成之日开始到建筑物对房地产价值不再有贡献为止的时间。

利用年限法求取建筑物折旧时，建筑物的寿命应为经济寿命，经过年数应为有效经过年数，剩余寿命应为剩余经济寿命。只有这样，求出的建筑物折旧，进而求出的建筑物价值，才能符合实际。因为两幢同时建成的完全相同的建筑物，如果维修养护不同，其市场价值就会不同，但如果采用实际经过年数计算折旧，那么它们的价值就会是完全相同的。进一步来说，新近建成的建筑物未必完好，从而其价值未必高；而较早建成的建筑物未必损坏严重，从而其价值未必低。例如，新建成的房屋可能由于存在建筑设计、施工质量缺陷或者使用不当，竣工没有几年就已经成了"严重损坏房"；而有些20世纪初建造的旧建筑物，至今可能仍然完好无损，即使撇开文化内涵因素，也有较高的市场价值。

运用年限法计算建筑物折旧的具体方法主要有以下几类。

（1）直线法。直线法是最简单和迄今应用得最普遍的一种折旧方法，它假设在建筑物的经济寿命期间每年的折旧额相等。直线法的年折旧额计算公式为

$$D_i = D = \frac{C-S}{N} = \frac{C(1-R)}{N}$$

式中：D_i——第 i 年的折旧额或称为第 i 年的折旧（在直线法的情况下，每年的折旧额 D_i 是一个常数 D）；

　　C——建筑物的重置价格；

　　S——建筑物的净残值，是建筑物残值减去清理费用后的余额（建筑物残值是预计建筑物达到经济寿命后，不宜继续使用时，经拆除后的旧料价值；清理费用是拆除建筑物和搬运废弃物所发生的费用）；

　　N——建筑物的经济寿命；

R——建筑物的净残值率,简称残值率,是建筑物的净残值与其重置价格的比率 $\left(R = \dfrac{S}{C} \times 100\% \right)$。

有效经过年数为 t 年的建筑物折旧总额的计算公式为

$$E_t = D \times t = (C-S) \frac{t}{N} = C(1-R)\frac{t}{N}$$

式中:E_t 为建筑物的折旧总额。

采用直线法折旧下的建筑现值的计算公式如下。

$$P = C - E_t = C - (C-S)\frac{t}{N} = C\left[1 - (1-R)\frac{t}{N} \right]$$

式中:P 为建筑物的现值。

例 9-4 某建筑物的建筑面积 $100\ \mathrm{m}^2$,单位建筑面积的重置价格为 $500\ \text{元}/\mathrm{m}^2$,判定其有效经过年数为 10 年,经济寿命为 30 年,残值率为 5%。试用直线法计算该建筑物的年折旧额、折旧总额,并计算其现值。

【解】已知:$C = 500 \times 100 = 50\,000(\text{元})$;$R = 5\%$;$N = 30$ 年;$t = 10$ 年。

则

$$\text{年折旧额 } D = \frac{C(1-R)}{N} = \frac{50\,000 \times (1-5\%)}{30} = 1\,583(\text{元})$$

$$\text{折旧总额 } E_t = C(1-R)\frac{t}{N} = \frac{50\,000 \times (1-5\%)}{30} = 15\,833(\text{元})$$

$$\text{建筑物现值 } P = C\left[1 - (1-R)\frac{t}{N} \right] = 50\,000 \times \left[1 - (1-5\%)\frac{10}{30} \right] = 34\,167(\text{元})$$

(2) 成新折扣法。早期运用成本法求取建筑物的现值时,习惯于根据建筑物的建成年代、新旧程度或完损程度等,判定出建筑物的成新率,或者用建筑物的寿命、经过年数计算出建筑物的成新率,然后将建筑物的重置价格乘以该成新率来直接求取建筑物的现值。这种方法被称为成新折扣法,计算公式为

$$P = C \times q$$

式中:P——建筑物的现值;

C——建筑物的重置价格;

q——建筑物的成新率(%)。

这种成新折扣法比较粗略,主要用于初步估价,或者同时需要对大量建筑物进行估价的场合,尤其是开展大范围的建筑物现值摸底调查。

如果利用建筑物的经济寿命、有效经过年数或剩余经济寿命来求取建筑物的成新率,则成新折扣法就成了年限法的另一种表现形式。用直线法计算成新率的公式为

$$q = \left[1 - R\frac{t}{N} \right] \times 100\% = \left[1 - (1-R)\frac{N-n}{N} \right] \times 100\%$$

$$=\left[1-(1-R)\frac{t}{t-n}\right]\times100\%$$

当 $R=0$ 时,有

$$q=\left(1-\frac{t}{n}\right)\times100\%=\frac{n}{N}\times100\%=\frac{n}{t+n}\times100\%$$

例 9 - 5 某 10 年前建成交付使用的建筑物,估价人员实地观察判定其剩余经济寿命为 30 年,残值率为零。试用直线法计算该建筑物的成新率。

【解】已知:$c=10$ 年,$n=30$ 年,$R=0$。则

$$该建筑物的成新率=\frac{n}{t+n}\times100\%=\frac{30}{10+30}\times100\%=75\%$$

(3)市场提取法。市场提取法是利用与估价对象建筑物具有类似折旧程度的可比实例来求取估价对象建筑物折旧的方法。在假设建筑物残值率为零的情况下,该方法求取建筑物折旧的步骤和主要内容如下。

① 大量搜集交易实例。

② 从交易实例中选取三个以上与估价对象建筑物具有类似折旧程度的可比实例。

③ 对可比实例成交价格进行付款方式、交易情况等有关换算、修正和调整。

④ 求取可比实例在其成交日期时的土地价值,将可比实例的成交价格减去该土地价值得出建筑物的折旧后价值。

⑤ 求取可比实例在其成交日期时的建筑物重置价格,将该建筑物重置价格减去建筑物折旧后价值得出建筑物折旧。

⑥ 将可比实例的建筑物折旧除以建筑物重置价格转换为折旧率。如果可比实例的经过年数与估价对象的经过年数相近,求出的各可比实例折旧率的范围较窄,则可将可比实例折旧率调整为适合估价对象的折旧率。

如果各可比实例的经过年数、区位、维修养护程度等之间有差异,求出的各可比实例折旧率的范围较宽,则应将每个可比实例的折旧率除以其经过年数转换为年折旧率,然后将年折旧率的范围调整为适合估价对象的年折旧率。

⑦ 将估价对象建筑物的重置价格乘以折旧率,或者乘以年折旧率再乘以其经过年数,便可求出估价对象建筑物的折旧。

利用市场提取法求出的年折旧率,还可以求取年限法所需要的建筑物经济寿命,即

$$建筑物经济寿命=\frac{1}{年折旧率}$$

例如,如果通过市场提取法求出的估价对象建筑物的年折旧率为 2%,则可以根据其倒数估计估价对象建筑物的经济寿命为 50 年。

(4)分解法。分解法是对建筑物各种类型的折旧分别予以分析和测定,然后加总来求取建筑物折旧的方法。它是求取建筑物折旧最详细、最复杂的一种方法。

分解法认为各种类型的物质折旧、功能折旧和经济折旧,应根据各自的具体情况分别采

用适当的方法来估算。

运用分解法求取建筑物折旧的步骤如下。

① 物质折旧的求取。物质折旧的求取过程和方法如下。

第一,将物质折旧项目分为可修复项目和不可修复项目两类。修复是指恢复到新的或相当于新的状况,有的是修理,有的是更换。预计修复所必需的费用小于或等于修复所能带来的房地产价值增加额的,是可修复的,即修复所必需的费用小于或等于修复后的房地产价值减去修复前的房地产价值。反之,是不可修复的。

第二,对于可修复项目,估算采用最优修复方案使其恢复到新的或相当于新的状况下所必需的费用作为折旧额。

第三,对于不可修复项目,根据估价时点时的剩余使用寿命是否短于整体建筑物的剩余经济寿命,将其分为短寿命项目和长寿命项目两类。短寿命项目是剩余使用寿命短于整体建筑物剩余经济寿命的部件、设备、设施等,它们在建筑物剩余经济寿命期间迟早需要更换,甚至可能更换多次。长寿命项目是剩余使用寿命等于或长于整体建筑物剩余经济寿命的部件、设备、设施等,它们在建筑物剩余经济寿命期间是不需要更换的。在实际中,短寿命项目与长寿命项目的划分,一般是在其寿命是否短于建筑物经济寿命的基础上作出的,例如,基础、墙体、屋顶、门窗、管网、电梯、空调、卫生设备、装饰装修等的寿命是不同的。

第四,短寿命项目分别根据各自的重置价格(通常为市场价格、运输费、安装费等之和)、寿命、经过年数或剩余使用寿命,采用年限法计算折旧额。

第五,长寿命项目是合在一起,根据建筑物重置价格减去可修复项目的修复费用和各短寿命项目的重置价格后的余额、建筑物的经济寿命、有效经过年数或剩余经济寿命,采用年限法计算折旧额。

第六,将可修复项目的修复费用、短寿命项目的折旧额、长寿命项目的折旧额相加。即为物质折旧额。

例 9 - 6　某建筑物的重置价格为 180 万元,经济寿命为 50 年,有效经过年数为 10 年。其中,门窗等损坏的修复费用为 2 万元;装饰装修的重置价格为 30 万元,平均寿命为 5 年,经过年数为 3 年;设备的重置价格为 60 万元,平均寿命为 15 年,经过年数为 10 年。残值率假设均为零。试计算该建筑的物质折旧额。

【解】该建筑物的物质折旧额计算如下。

$$门窗等损坏的修复费用 = 2(万元)$$

$$装饰装修的折旧额 = 30 \times \frac{1}{5} \times 3 = 18(万元)$$

$$设备的折旧额 = 60 \times \frac{1}{15} \times 10 = 40(万元)$$

$$长寿命项目的折旧额 = (180 - 2 - 30 - 60) \times \frac{1}{50} \times 10 = 17.6(万元)$$

$$该建筑的物质折旧额 = 2 + 18 + 40 + 17.6 = 77.6(万元)$$

② 功能折旧的求取。功能折旧的求取过程和方法如下。

第一,将功能折旧分为功能缺乏、功能落后和功能过剩引起的三类,并进一步分为可修复的和不可修复的。

第二,对于可修复的功能缺乏引起的折旧,在使用缺乏该功能的重置成本下,其折旧的计算过程为:首先,估算在估价对象建筑物上增加该功能所必需的费用;其次,估算该功能如果在建筑物建造时就具有所必需的费用;最后,将在估价对象建筑物上增加该功能所必需的费用减去该功能如果在建筑物建造时就具有所必需的费用,即增加该功能所超额的费用,作为折旧额。

第三,如果使用具有该功能的重置成本,则减去在估价对象建筑物上增加该功能所必需的费用,便得到了扣除该功能缺乏引起的折旧后的重置成本。

第四,对于不可修复的功能缺乏引起的折旧,其折旧的计算过程为:首先,采用"租金损失资本化法"求取缺乏该功能导致的未来每年损失租金的现值之和;其次,估算该功能如果在建筑物建造时就具有所必需的费用;最后,将未来每年损失租金的现值之和减去该功能如果在建筑物建造时就具有所必需的费用,作为折旧额。

第五,对于可修复的功能落后引起的折旧,以空调系统落后为例,其折旧额为该功能落后空调系统的重置价格,减去该功能落后空调系统已提折旧,加上拆除该功能落后空调系统所必需的费用,减去该功能落后空调系统可回收的残值,加上安装新的功能先进空调系统所必需的费用,减去该新的功能先进空调系统如果在建筑物建造时就安装所必需的费用。

第六,与可修复的功能缺乏引起的折旧额相比,可修复的功能落后引起的折旧额加上了功能落后空调系统尚未折旧的价值,减去了功能落后空调系统拆除后的净残值(拆除后可回收的残值减去拆除费用),即多了落后功能的服务期未满而提前报废的损失。

第七,对于不可修复的功能落后引起的折旧,仍以空调系统落后为例,其折旧额是在上述可修复的功能落后引起的折旧额计算中,将安装新的功能先进空调系统所必需的费用,替换为采用"租金损失资本化法"求取的功能落后空调系统导致的未来每年损失租金的现值之和。

第八,功能过剩一般是不可修复的。功能过剩引起的折旧首先应包括功能过剩所造成的无效成本。该无效成本可以通过使用重置成本而自动得到消除,但如果使用重建成本则不能消除。以前面讲过的层高过高的厂房为例,因为重置成本将依据 5 m 而不是 6 m 层高来估算,而重建成本将依据 6 m 层高来估算。其次,无论是使用重置成本还是使用重建成本,功能过剩引起的折旧还应包括功能过剩所造成的超额持有成本。超额持有成本可以采用"超额运营费用资本化法"——功能过剩导致的未来每年超额运营费用的现值之和来求取。这样,在使用重置成本下:

扣除功能过剩引起的折旧后的成本＝重置成本－超额持有成本

在使用重建成本下:

扣除功能过剩引起的折旧后的成本＝重建成本－(无效成本＋超额持有成本)

第九,功能缺乏引起的折旧额、功能落后引起的折旧额、功能过剩引起的折旧额相加,即为功能折旧额。

③ 经济折旧的求取方法。经济折旧在估价时点时通常是不可修复的,首先应分清它是

暂时性的还是永久性的,然后可以根据租金损失的期限不同,采用租金损失资本化法求取未来每年所损失租金的现值之和作为折旧额。

例 9 - 7 某旧住宅,测算其重置价格为 40 万元,地面、门窗等破旧引起的物质折旧为 1 万元,因户型设计不好、没有独用厕所和共用电视天线等导致的功能折旧为 6 万元,由于位于城市衰落地区引起的经济折旧为 3 万元。试求取该旧住宅的折旧总额和现值。

【解】该旧住宅的折旧总额求取如下。

$$该旧住宅的折旧总额 = 1 + 6 + 3 = 10(万元)$$

该旧住宅的现值求取如下。

$$该旧住宅的现值 = 重置价格 - 折旧$$
$$= 40 - 10 = 30(万元)$$

④ 求取建筑物的折旧总额。将上述求取的所有折旧额相加得到建筑物的折旧总额。

(5) 偿还基金法。偿还基金法又名偿债基金法,指待估建筑物已过耐用年限时,包括折旧累计额和对折旧累计额的复利计算的利息额,按耐用年限计算偿还的方法。

假定每年公积金额为 A。第一年的公积金 A 在耐用年限 N 的本金和利息合计为 $A(1+i)^{N-1}$,i 为公积金利率,则 A 的计算公式为

$$A = \frac{C - S}{(1+i)^N - 1} = \frac{C(1-R) \cdot i}{(1+i)^N - 1}$$

经过 n 年时的折旧累计额 D 为

$$D = n \times A = \frac{n(C-S) \cdot i}{(1+i)^N - 1} = \frac{nC(1-S) \cdot i}{(1+i)^N - 1}$$

则经过 n 年时的现值 P 为

$$P = C - D = C \cdot \left[1 - \frac{n \cdot C \cdot (1-R) \cdot i}{(1+i)^N - 1} \right]$$

如剩余耐用年数(将来保全年数)是 n',现值的算式为

$$P = C - D = C \cdot \left[1 - \frac{n \cdot (1-R) \cdot i}{(1+i)^N - 1} \right] = C \cdot \left[1 - \frac{n \cdot (1-R) \cdot i}{(1+i)^{n+n'-1} - 1} \right]$$

(四)建筑物价格确定

将建筑物重置价格,已使用年限的折旧额、建筑物成新度代入重置价格折旧法的基本公式中,计算出建筑物价格,即有

$$建筑物价格 = 建筑物重置价格 - 已使用年限折旧总额$$

或 $$建筑物现价 = 建筑物重置价 \times 成新度$$

要最终确定建筑物的评估现值,在按基本公式计算出建筑物价格后,还需综合考虑影响

建筑物价格的其他因素,对评估值进行修正后,再予确定。

二、对照法

对照法亦称标准法,就是把评估对象的客观条件与标准房价要求的条件相对照,从中查出与评估对象条件基本相同等级的标准房价。

应用对照法评估建筑物主要步骤如下。

(一)确定待估房屋建筑物结构等级

对评估房屋的结构、装修、设备等做认真的查勘分析,并做详细记载。需要特别注意的是,不属于不动产范围的装饰、设备和设施不应作为评估标的物,也就不能作为评定房屋等级的条件因素。把查勘得到的标的物特征与房屋等级划分标准细目相对照。如评估标的与对照标的条件基本吻合,就可以确定对照标的结构等级就是评估房屋的结构等级。

(二)对照标准查房价

在此之前,首先需要制定出一个城市的标准房价。标准房价制定一般以房屋建筑成本为测算依据。标准房价的测算数据是通过调查和直接计算取得的。标准房价制定的主要方法步骤如下。

(1)从城市各类房屋中选取样板房,每个等级样板房应在10个以上,样板房的容量越大越接近这类房屋的实际平均价格。

(2)对样板房的造价调查测算。对选中的样板房进行测算,计算出单位造价。对近期竣工新建类型的房屋的测算数据,可通过调查的方式取得。对建造年代久远,近年来又没新建的旧式房屋,可采用做预算的方法,计算出房屋的重置价格。

(3)对样板房的造价进行时间修正。由于选定的样板房在建造时间上和施工用料的价格上都有差异,这些差异的程度直接影响计算出来的平均造价的准确程度,所以在平均计算前应对每个样板房的造价按照确定的评估时日的建筑材料正常市场价格进行修正,使测算的样板房在同一起跑线上进行比较和应用。

与时间有关的修正主要包括材料费价格指数、人工费指数、机械使用费价格指数、其他费用价格指数等。

(4)把选定的同一等级的样板房的现值加权平均,其结果就可作为这个等级房屋的标准房价。

根据标准房价测定标准,把确定的评估标的的结构等级与标准房价的结构等级相对照,从中查出相应的标准价格,作为评估标准的基础房价。

(三)对标准房价进行调整

由于标准房价是按幢、新房、排除环境影响测算出来的,但实际上同一等级房屋存在新旧程度、楼层、朝向、周围环境的差异,这些差异不同程度地影响着房屋的使用效能和价值量。因此必须对查出的标准房价,作不同程度的修正,使其更接近评估标的物的实际价格。

（1）房屋新旧程度的修正。此项就是计算房屋的折旧,计算房屋折旧的方法可采用重置价格折旧法中提供的几种计算方法。

（2）房屋坐落朝向、采光对房屋评估价格影响的修正。评估的房屋坐落朝向、采光情况是各异的,其使用效能和价值有大有小,因此在房屋价格上应该有所区别,使用效能大的,其价格应该高一些,使用效能小的其价格就应低一些。这就需要在评估某处房屋价格、应用标准房价时,对标准房价进行朝向、采光、影响程度的修正,计算出房屋朝向、采光的差价。房屋的朝向、采光一般表达式为

$$房屋朝向、采光差价＝标准房价×房屋朝向、采光修正系数$$

（3）楼层对评估价格影响的修正。楼房分层评估时,还要考虑各楼层使用功能的差异对价格的影响。

（4）房屋共用部位对评估价格影响的修正。

（5）时间的修正。如果标准房价颁布的时间,与评估时日间距较长,且在这段时间内建造房屋的各种费用有较大的变动,还应对采用的标准房价进行时间的修正。

（四）确定房屋评估价格

房屋评估价格试算公式为

$$房屋评估价格＝[（标准房价×共用部位修正系数±朝向差价±楼层差价）×折旧率]$$
$$×评估对象总建筑面积$$

三、建筑物残余法

建筑物残余法是指用收益还原法以外的方法,能求出建筑物所占用的土地价格时,从全部纯收益中扣除归属于土地的纯收益,得到归属于建筑物的纯收益,再根据建筑物的还原利率与折旧率,采用收益还原法求出建筑物的收益价格的方法。

用建筑物残余法估算建筑物价格时,其估价步骤为:一是计算土地与建筑物总收益;二是计算土地的收益;三是计算建筑物收益;四是确定建筑物还原利率;五是估算建筑物价格。按上列步骤,如果

$$a = a_1 + a_2 = p_1 r_1 + p_2 (r_2 + d)$$

式中: a——建筑物及其基地发生的全部纯收益;

a_1——归属于土地的纯收益;

a_2——归属于建筑物的纯收益;

p_1——土地价格;

p_2——建筑物的价格;

r_1——土地的还原利率;

r_2——建筑物的还原利率;

d——建筑物的折旧率。

则上述算式中的建筑物的纯收益是

$$a_1 = a - a_2 = a - p_1 r_1$$

则,建筑物的收益价格为

$$p_2 = \frac{a_2}{r_2 + d} = \frac{a - p_1 r}{r_2 + d_1}$$

在土地及建筑物估价中,由于建筑物有折旧,而土地无折旧,一般情况下 r_2 大于 r_1,两者之间的关系为 $r_2 = r_1 + d$。

四、比较法

所谓比较法,是在求取估价对象建筑物价格时,将估价对象建筑物与在较近时期内已发生了交易的类似建筑物加以比较,从已发生了交易的类似建筑物的已知价格,修正得出估价对象建筑物的价格的一种估价方法。所谓类似建筑物是指在用途、建筑结构、所处地区等方面与估价对象建筑物相同或相似的建筑物。

运用比较法进行建筑物价格评估,同市场比较法评估土地价格的原理基本一致,只是比较的因素、项目不同。进行建筑物的比较评估,与土地估价一样需进行交易情况和交易日期修正外,此外,还要进行房屋状况修正。其中房屋状况修正包括以下几个方面。

(1) 区位状况修正,包括繁华程度、交通便捷度、环境、配套设施、临路状况等因素。

(2) 房屋权益状况修正,包括房屋剩余使用年期及规划限制条件(如容积率)等因素。

(3) 房屋实物状况修正,包括新旧程度、建筑规模、建筑结构、设备、装饰装修、平面布置、工程质量等因素。其计算公式为

建筑物价格＝交易实例价格×交易情况修正系数×交易日期修正系数

×房屋状况修正系数

 本章小结

本章主要介绍了建筑物估价的基本原理和方法。第一部分重点阐述了建筑物的概念与分类,建筑物价格的特点及其影响因素,以及建筑物估价的基本原理,其中建筑物价格的影响因素和建筑物估价的基本原理是重点;第二部分介绍了建筑物估价的四种基本方法,重置价格折旧法、对照法、建筑物残余法和比较法。

 **关键词**

建筑物估价　　建筑物　　建筑物价格　　重置价格折旧法　　重置价格　　重置成本　　重建成

本　建筑物折旧　物质折旧　功能折旧　经济折旧　对照法　建筑物残余法　比较法

 **复习思考题**

1. 什么是建筑物？按建筑物结构分类，建筑物包括哪几种类型？

2. 影响建筑物价格的因素主要有哪些？建筑物价格有何特点？

3. 何谓重置价格、重置成本和重建成本？

4. 建筑物重置价格的求取方式和求取方法有哪些？

5. 建筑物折旧的原因有哪些？建筑物折旧的计算方法有哪些？

6. 运用对照法求取建筑物价格时为什么需要对标准房价进行修正？需作哪些修正？

7. 建筑物残余法的含义及其估价思路是什么？

8. 比较法评估建筑物价格的基本思路是什么？

第十章 农用地估价

 学习目标

通过对本章的学习,应该能够:

1. 理解农用地价格内涵和价格体系;
2. 掌握农用地价格评估的理论与方法;
3. 了解农用地估价的几种不同目的;
4. 掌握农用地宗地价格评估的基本步骤;
5. 掌握农用地基准地价评估和征用价格评估。

第一节 农用地与农用地价格

一、农用地的概念及特征

(一)农用地概念

关于农用地的概念,目前不同的学者有不同的理解。一般说来主要包括以下三种意见。

(1)农用地是直接用于农业生产活动的土地。按照《中华人民共和国土地管理法》(2004年8月28日第二次修正)第四条规定,这里的农用地是指直接用于农业生产的土地,包括耕地、林地、草地、农田水利用地、养殖水面等;全国农业区划委员会和土壤普查专业组编制的《土地利用现状分类及其含义》中认为,我国农用地是指农林牧副渔各业生产用地,大体包括耕地、园地、林地、草地和陆地水面等;林英彦先生也认为广义的农用地应包括耕地、园地、牧地、旱地、鱼池、草地、林地等用地类型。

(2)农用地与农地同义,即通常所说的耕地。《农用地大词典》(1991,马克伟)的解释就属于这一类。在日本,农用地专指以耕作为目的的土地,在其有关农业振兴领域中称作农用地等的土地,是指农地、牧地、林牧混合地以及土地保护或土地利用所必需的设施用地(田间

224

道路用地等)和畜舍、温室等农用设施用地。

(3)农用地是直接和间接用于农、林、牧、副、渔等各业农业生产的土地,包括耕地、园地、林地、池塘、沟渠、田间道路、可垦荒地及其他生产性建筑物或设施所占用的土地。这与前苏联农用地含义大致相同。在前苏联,农用地是指农业需要或预定用于这一目的的所有土地。

对农用地的理解差异源于在特定的环境下,对同一个概念赋予不同的内涵和外延。依据中华人民共和国国土资源行业标准《农用地估价规程》(TD/T1006-2003),农用地是指直接用于农业生产的土地,包括耕地、林地、草地、农田水利用地、养殖水面等。本教材中的农用地概念就是取义于此。

(二)农用地特征

农用地是自然形成和人类劳动的共同产物,是自然、经济和历史的综合体。相对于非农业用地而言,农用地具有以下特征。

(1)土地的自然肥力是农用地质量的基础。农用地是在自然和人类共同作用下形成的,但主要还是自然本身的产物。与非农业用地相比,自然肥力是农用地质量的决定因素之一。

(2)农用地资源具有再生性。只要利用得当,农用地资源不仅有自行恢复和再生的能力,而且可以永续利用。

(3)农用地存在区域差异性。农用地的质量不是仅以土地自然肥力为基础的单一综合体,而是由气候条件、地形地貌、水文、植被、地理位置等条件相互影响相互作用而形成的自然、历史综合体。

(4)农用地既是劳动对象又是劳动手段,是不可替代的生产资料。

(5)农用地地力的相对稳定性。农用地的土壤肥力水平变化较小,对其投入的生产要素所发挥的作用不是在一个生产周期内便可用完。

(6)农用地受自然环境影响显著。自然灾害如台风、干旱、寒流、冰雹、水灾、病虫害以及人类对农用地不正当的利用和环境污染都易造成农用地经济收益的损失,甚至产生损害土壤肥力和土地利用条件等严重后果。

(7)农用地是一个复杂的生态系统,其资源价值取决于系统的类型、结构及其循环状况。

二、农用地价格

(一)农用地价格内涵

农用地价格是指在正常市场条件下,相对估价基准日,依据农用地的自然因素、社会经济因素和特殊因素等,农用地所能实现的价格。

农用地有生产能力与收益能力之分。生产能力是在特定的自然条件(土壤、气候、地形)下,由农用地内在潜力决定的土地自然产出能力与社会经济投入水平共同作用所能实现的单位面积经济产量;收益能力则是指用产值度量的单位面积土地的产出水平,一般用纯收益来表示。纯收益是按照一定的土地利用方式、合理有效地利用土地所取得的持续而稳定的客观正常年收益(即产量乘以农产品价格)扣除土地使用者在生产经营活动中所支付的年平均客观总费用后的剩余额。产量取决于农用地的生产能力,价格则遵循市场规律,生产成本因农用地的区位条件(交通、生产技术、距市场远近等)不同而有区别。因此农用地的价格主要是由收益能力所决定。

农用地既是一种自然资源(土地物质),也是一种社会经济资源(土地资本),即它不仅能产生经济效益,而且还能产生生态效益和社会效益,因此,农地收益价格应该是农用地经济收益价格、农用地生态收益价格和农用地社会收益价格三者之和。在农用地交易过程中,真正能够让渡并能使受让方得到的权利,主要是农用地直接的经济收益权。农用地作为一种社会化产物,它的所有者或使用者却无法完全实现其收益权利,同时也没有办法对其进行有效的数值衡量。因此,农用地社会收益价格和生态收益价格是外溢的。就目前来说,农用地交易价格主要是农用地直接经济收益权价格。

(二)农用地价格体系

按照不同的分类方式,农用地价格体系主要分为以下几种。

1. 按农用地价值属性划分的地价体系

(1)农用地资源价格。农用地作为一种生产资料,参与农业生产过程并为社会提供日益丰富的农产品。农用地的这种生产力在市场上的实现即为农用地的资源价格。

(2)农用地社会价格。农用地社会价格主要包括农用地对农民所具有的就业、生存保障价值和对社会提供粮食安全作用而产生的社会稳定功能所具有的价格之和。

(3)农用地景观生态价格。根据土地外部性理论,农用地作为一个特殊的土地利用类型,具有景观生态价值。将农用地的这种价值货币化即为农用地景观生态价格。

2. 按农用地产权关系划分的地价体系

按农用地产权关系的不同,可以将农用地价格划分为农用地所有权价格和农用地使用权价格。

3. 按不同的估价目的形成的地价体系

(1)农用地承包价格,指在正常条件下承包年期内的农用地使用权价格。

(2)农用地转包价格,指在正常条件下转包年期内的农用地使用权价格。

(3)农用地拍卖价格,指通过拍卖方式确定的农用地使用权价格。在我国现行的制度下,只有依法取得"四荒地"的使用权才可以进行拍卖,所以农用地拍卖底价评估标的一般是"四荒地"的使用权。

(4)农用地抵押价格,指在以农用地使用权为抵押物所设定的抵押关系时的农用地使用权价格。在我国现行的农地制度下,只有依法取得"四荒地"使用权才可以进行抵押。

4. 按农用地价格类型划分的地价体系

(1)农用地基准地价。农用地基准地价是指针对农用地不同级别或不同均质地域,按照不同土地利用类型,分别评估确定的某一估价期日的平均价格。

(2)农用地宗地地价。农用地宗地地价是指具体的某一宗农用地在正常市场条件下,于估价期日的评估价格。

三、农用地价格与其他用途土地价格的差别

（一）农用地价格具有土地价格的一般特性

农用地也是一种特殊的商品，它的价格具有土地价格的一般特性。

（1）土地价格是土地的权益价格。

（2）土地价格一般不以生产成本定价。

（3）土地价格主要由土地需求决定。

（4）土地价格呈总体上升趋势。

（5）土地价格有明显的地域性。

（二）农用地价格与其他用途土地价格所不同的特点

农用地价格还具有其他用途的土地价格所不具有的特点。

（1）农用地价格以收益能力为基础，土地的自然肥力、投入资本的利用方式及其地理环境条件都因地而异，土地价格也千差万别。

（2）农用地的价格变化平缓。影响城市土地的因素（比如商业和服务业的繁华度）动态性很强，城市土地级别与价格在短期内可能出现很大变化。而农用地则不同，它在一定时期的价格起伏幅度小，变化平缓。这是因为影响农用地价格的因素以及农业生产条件都不可能在短期内发生显著的变化。

（3）农用地价格以土地用途管制为前提。《土地管理法》体现了土地用途管制制度，农用地应按照土地利用总体规划的用途分区规划，限定于农业用途。所以，农用地价格是用途管制下的价格，农用地价格以土地用途管制为前提。对农用地估价时，明确农用地是否会变更使用的判断至关重要。

（4）农用地价格是其他用地价格的基础。更具体地说，一切非农用地的地租都是由真正的农业地租所调节的。在缺乏买卖实例和收益资料时，农用地转为非农用地价格均可参照农用地价格来推算，必要时还可酌情加权处理。

（5）农用地市场价格远远低于同区域内的商业、工业等建设用地的市场价格。

（6）农用地价格以养育功能价格为主，承载功能价格为辅。

（7）农用地转用与征用价格的不确定性。土地的供求与国民经济的发展息息相关，经济波动直接影响着农用地转用与征用价格。土地在继续作为农用土地使用时可按土地收益确定价格，但不同区位的土地均存在着转化的可能，如果农用土地转化为非农用土地，土地市场售价应按未来期望收益扣除未来的开发成本定价，导致价格预期不断变化。同时由于影响地租收益和地价因素的多样性与动态性，也加剧了地价的不确定性。

四、影响农用地价格的主要因素

影响农用地价格的因素主要包括自然因素、社会经济因素和特殊因素。依据国家颁布的《农用地估价规程》，可将农用地价格的影响因素和因子体系归纳如下。

（一）自然因素

自然因素是指影响农用地生产力的各种自然条件，包括≥10℃有效积温、降雨量、降雨均衡度、无霜期、灾害性气候状况、地形坡度、土壤质地、土层厚度、有机质含量、盐渍化程度、地下水埋深、农田基本设施状况、地块形状等。

（二）社会经济因素

社会经济因素是指影响农用地收益的社会经济发展条件、土地制度和交通条件等，包括区域城市化水平、城市规模、农业生产传统、人均土地指标(人均耕地、人均农用地)、农民人均收入水平、单位土地投入资本量、单位土地投入劳动量、农产品市场供求、农机应用方便度、土地利用规划限制、交通通达性等。

（三）特殊因素

特殊因素是指影响农用地生产力和收益所独有的条件或不利因素。如特殊的气候条件、土壤条件、环境条件、环境污染状况等。

第二节　农用地价格评估的理论与方法

农用地价格评估包括两个层次：一是农用地所有权价格的评估；二是农用地使用权价格的评估。依据我国当前的实际状况，除农用地征地价格是指农用地所有权价格以外，本教材所讲的农用地价格主要是指农用地使用权价格。

一、农用地价格评估的意义

对农用地价格进行评估的意义，主要表现在以下几个方面。

（1）为促进土地资产合理配置，建立合理的征地补偿标准，促进农用地使用权合理流动等工作提供依据。受多种因素的影响，我国部分农村地区出现了"有地无人种，有人无地种"的现象。要解决这个问题，就必须尽快把土地使用权推向市场，使土地使用权流转制度化、正常化。而且从农业的发展方向上看，依靠转包、租赁、合理补偿也是逐渐将农用地转移到种田大户手中，从而最终实现农用地适度规模经营的一种有效途径。这样不仅能把大量的农村劳动力从土地的束缚中解脱出来，而且也有助于土地充分合理的利用，为实现农业生产的现代化奠定基础。建立健全合理的农用地价格体系，实施农用地价格评估，有利于实现农用地资源资产化、商品化，有利于农用地资源在全社会内合理配置，实现社会、经济、生态综合效益最大化。

（2）为实施耕地占补平衡制度和基本农田保护制度以及强化地籍管理提供依据。农用地的评估可以直接量化农用地的质量、数量和分布，使耕地占补平衡落实到"质"上。同时，农用地评估可以使农村集体土地在地籍文件记载土地权属等基础上,还可以增加土地质量、等级、价格等具体情况,更有利于保护农村集体土地所有者、使用者合法权益免遭他人伤害和侵犯。

(3) 有助于提高社会及生态效益。通过农用地价格评估有利于提高农民的收益水平,从而提高农民的生活水平,这有助于我国的社会安定团结,也有利于我国的社会经济的持续发展。由于农用地的不合理利用,出现了大面积的土壤污染和生态环境的破坏;同时由于经济效益不高,人们治理环境污染和防止生态环境破坏的积极性也不高。科学评估农用地价格有利于促进土地的合理利用,从而促使政府、社会公众和农民加强对农业生态环境的治理,显化农用地的生态环境效益。

(4) 有助于农村土地产权制度改革,促进农村土地市场发育,实现城乡土地市场一体化。由于我国目前只是初步完成了农用地定级估价的试点工作,全国绝大多数地区尚未全面开展农用地定级估价工作,农村土地承包的合理性受到很大影响。一些村、组通过承包方式将集体土地使用权分配给农户时,没有充分考虑不同地块的自然条件和社会经济条件的差异,通常采取平均分配土地使用权的办法。有些村、组虽然也设法将农用地自然条件和社会经济条件的差异进行考虑,但由于缺乏农用地定级估价的详细资料,主观评判因素过重,也不能很好地实现土地使用权的公平分配。前些年有些地方搞竞价承包,没有对标定地块进行科学的估价,承包价格缺乏科学依据,农民的意见很大。开展农用地价格评估不仅有利于上述问题的解决,而且对于进一步明晰农村土地产权具有重要的基础作用。

(5) 有利于国家调节级差收益。农用地由于自然条件和社会经济条件的差异会带来级差收益,而农用地的收益是在国家、集体、农户等经济主体之间进行分配的。为了促进公平竞争和进行利益协调,国家通常要利用农用地价格管理等手段来调节农用地的级差收益。国家调节级差收益的基本依据就是各地农用地的等级和农用地的经济价值。在市场经济条件下,随着农用地市场的发育,农用地使用权流转的级差收益将更为显著,国家则需要根据农用地等级差别和农用地价格水平的差异,利用价格调控等手段来调节级差收益。

二、农用地估价的理论基础

(一) 地租和地价理论

地租地价理论是农用土地定级估价最基本的依据。马克思批判地继承与发展了资产阶级古典政治经济学家的地租地价理论,创立了一整套科学的资本主义地租理论。马克思的地租理论认为:地租是直接生产者在生产中所创造的剩余生产物被土地所有者占有的部分。地租理论包括绝对地租、级差地租和垄断地租。马克思的地租理论的分析都以农地为典型。绝对地租是土地所有者凭借其对土地所有权垄断所取得的地租。马克思认为绝对地租的存在也是以土地私有制为前提条件的,先决条件是"或者是产品价值超过它的生产价格以上的已经实现了的余额,或者是超过产品的价值的垄断价格"。但中国有学者认为以上"先决条件"应理解为前提条件或必要条件,认为不存在绝对地租。现代西方经济学中,普遍认为地租即级差地租。

（二）土地肥力理论

农用地定级估价的基础是土地肥力。农业是以土壤为基本条件的,农用地生产力水平主要取决于土壤的肥力水平,土壤的肥力水平不同,其价格差异明显。土地肥力即土地的肥沃程度,是土地能够提供和协调植物生长所需要的水分、养分、空气和能量的能力。土地的肥沃度是土地自然生产率高低的决定因素,从而决定土地的纯收益,其差别也就引致级差地租的不同,其他因素相同而土地的肥沃程度不同,必然会有不同的级别和地价。土地肥力的发挥很大程度上受人类的影响,生产方式和生产工具的发展能够提高土地肥力,其作用的发挥使得自然肥力和社会劳动生产力结合成一体,成为经济肥力,这是农用地定级估价的基础之一。

（三）生产力理论

生产力理论认为,农业生产是自然生产和经济再生产的交织,农用地开发利用是自然、经济相互作用的结果。农地生产力是衡量土地质量的重要指标,它是特定的土地空间内由植物、动物以及微生物构成的生命系统与由气候、土壤、地貌、温度、水文等构成的生命系统复合而成的整体。它受制于自然和社会经济因素,具有明显的地域差异并且处于动态变化之中。农用土地的生产力水平直接影响着农用土地的级别价格,而其生产力的大小与农地利用的科技含量关系密切。现代资本经济学认为,农用土地作为一种资源性资产,其价值是农用土地生产力决定的生产力价格和农用土地的无形价值之和。无形价值主要指农用土地的存在对农民所具有的社会保障价值和为社会提供粮食安全作用而产生的社会稳定功能所具有的价值之和。评价农用土地的生产力应以其综合生产力为依据。

（四）区位理论

依据区位理论的观点,土地的区位条件不同,土地在社会经济条件中的作用也不同,经济区位是影响土地效益发挥的重要因素。在各类土地利用中,由于区位不同,形成了土地的级差收益,既影响着土地的级别也影响着土地的价格。就农用地而言,区位条件越好的地块,纯收益越高,也意味着地租越高,相应的级别和价格也就越高。这里的区位一方面指地块距离市场的距离,同时也指地块距主要交通干道的距离。土地区位是农用地定级估价中的重要评价因子。农用地的级别与价格受区位的影响很大,大致服从这样一条规律,即农用地级别和价格应随着距离城镇的远近而逐渐降低,亦随着距离交通干道的远近而逐渐降低,主要交通干道周边的农地其级别和价格要高于非主要干道周边的农地。据此可以检验农用地定级估价结果的合理性和可靠性。

（五）市场理论

只有在完全竞争条件下,土地价格才取决于土地经营收入与成本,不受土地供需状况的影响。然而,完全竞争市场并不存在,现实中的土地价格是收益地价与期望价值之和。从而引发了市场均衡、蛛网模式和非均衡动态分析。此外,产权理论、价格理论等也是建立区域农用土地价格体系的理论基础。

（六）生态经济理论

生态经济即生态与经济的融合，从系统学观点看，生态经济就是生态经济系统。因此，农业生态经济就是农业生态经济系统。农业生态经济系统以生态系统为基础，其本身具有一种自我调节能力即负反馈效能。依靠这种效能，农业生态系统能够保持稳定和平衡。但这种自我调节能力是有限度的，这个限度称为阀值或容量。当系统的自我调节功能不起作用时，就引起系统功能的退化和结构的破坏，最终导致农业生态系统的溃乱和经济系统的衰落。农业生态平衡与农业经济活动是息息相关的，农业生态平衡如果遭到破坏许多经济活动就要受到影响，因此，要保持农业生态和农业经济的协调发展，正确处理生态和经济效益的关系。该理论在农用地定级估价中有重要的指导作用。

（七）土地报酬理论

在科学技术水平相对稳定条件下的土地利用中，当对土地连续追加劳动和资金时，起初，追加部分所得的报酬逐渐增多，在投入的劳动和资金超过一定的界限时，追加部分所得的报酬则逐渐减少，从而使土地总报酬的增加也呈递减趋势，这就是通常所说的"土地报酬递增递减现象"。

研究土地报酬变化规律的意义在于：揭示土地的质量状况，确定土地集约利用的合理界限，提高土地投资的经济效果。

（八）土地外部经济理论

在西方经济学中，外部经济(external economy)也称溢出效应、毗邻影响、外部关系等，是指一个生产者或消费者的生产和消费活动对其他生产者或消费者所附带产生的成本或效益的情况。农用地由于其外部效果，市场机制的作用不能达到土地配置的帕累托最优状态。市场经济要求人们树立起大市场的观念，并实行土地有偿使用制度，而有偿必须要有客观的价格尺度来衡量。所以，农用地估价不仅应评估农用地的经济价值，还要应用适当的方法评估农用地的社会效益和景观生态效益，使外部经济内部化。这也是笔者构建农用地价格构成的理论依据。

三、农用地估价基本原则

（一）预期收益原则

指评价对象在正常利用条件下的客观有效的预期收益依据。

（二）替代原则

在进行地价评估过程中，以邻近地区或类似地区的功能相同、条件相似、交易方式一致的交易实例的市场价格为参考，经比较修正估算出待估农用地价格。

（三）报酬递增递减原则

在投入水平较低时，每增加生产要素的单位投入量，纯收入均会随之增加；但增加到某一投入以后,继续增加投入,其纯收入不会再随追加的比例增加。

(四)贡献原则

土地总收入是土地各种投入共同作用的结果,在基准地价评估时要充分考虑土地对总收入的实际贡献。

(五)合理有效利用原则

土地的合理有效利用,不仅能充分发挥土地质量的效用,产生良好的经济效益,而且能避免因为土地质量的明显降低而对周围土地的利用造成不利影响或危害。

判断和确定待估农用地合理有效利用方式应考虑的标准主要有以下几个方面。

(1)持续的使用:根据农用地自身条件和有关规划的要求,评估对象土地按照所确定的使用方式应是多年持续的,并能保持持续的合理性和有效性。

(2)有效的使用:在已确定的利用方式下,能带来最佳的经济收益。

(3)合法的使用:即合乎法规、政策、规划等限制条件下的最佳利用状态。

(4)农用地条件的适用:即从评估对象农用地的气候、地形、地势等条件考虑的适宜利用方式。

(六)变动原则

土地与基准地价评估应充分考虑地价形成因素的变化,对将来地价的变动作出准确的预测。同时也要对所采用的地价资料按变动原则修订到与基准地价评估期日的标准水平。

(七)供需原则

土地价格受供求关系的影响,要充分考虑供地需求的特殊性、地域性和市场性。

四、农用地价格评估的主要方法

农用地的估价方法主要有收益还原法、市场比较法、成本逼近法、剩余法、评分估价法、基准地价修正法;其他常用的农用地估价方法有土壤潜力估价法、标准田法;此外,农用地估价还有总收益倍数法、影子价格法、购买年法等。实践中可根据具体情况选择适当的方法进行估价。

考虑到我国目前农用地估价工作的实际,下面重点介绍收益还原法、市场比较法、成本逼近法、剩余法、评分估价法、基准地价修正法。

(一)收益还原法

收益还原法是将待估农用地未来各期正常年纯收益(地租),以适当的土地还原率还原,从而估算出待估农用地价格的一种方法。收益还原法适用于在正常条件下有客观收益且土地纯收益较容易测算的农用地价格评估。采用收益还原法进行宗地价格评估时,应以宗地为单位进行评估,即应考虑农用地收益是由宗地总面积产生的,不能只考虑农用地收益面积。所计算的年纯收益应与其权利状况相对应,即相应权利主体所获得的年纯收益经还原就是该权利状况下的价格。

收益还原法的基本评估程序如下。

1．搜集与待估宗地有关的收益和费用等资料

年总收益是指待估宗地按法定用途,合理有效利用土地所取得的持续而稳定的客观正常年收益。确定年总收益时应根据待估农用地生产经营的方式,进行具体分析。

年总费用是指待估宗地的使用者在进行生产经营活动中所支付的年平均客观总费用。在确定年总费用时应根据待估农用地生产经营活动的方式,进行具体分析。

2．测算年总收益

年总收益的分析计算一般分为以下两种情况。

(1)待估宗地为直接生产经营方式,用农产品年收入作为年总收益。农产品年收入,是指农用地用于农业生产过程中,每年平均的农业生产产品的收入,包括主产品收入和副产品收入。收入的计算根据其产量和估价期日的正常市场价格进行。

(2)待估宗地为租赁经营,年租金收入及保证金或押金的利息收入之和作为年总收益。租金收入及保证金或押金的利息收入,是指农用地由其产权拥有者用于出租时,每年所获得的客观租金及承租方支付的保证金或押金的利息。客观租金根据实际租金水平考虑评估期日当地正常的市场租金进行分析计算;保证金或押金的利息按其数量及评估期日中国人民银行的一年期定期存款利息率进行计算。

3．测算年总费用

年总费用的分析计算如下。

(1)待估宗地为直接生产经营方式,用农用地维护费和生产农副产品的费用之和作为总费用。农用地维护费一般指农用地基本配套设施的年平均维修费用;生产农副产品的费用一般包括生产农副产品过程中所必须支付的直接及间接费用,包括种苗费(或种子费、幼畜禽费)、肥料费(或饲料费)、人工费、畜工费、机工费、农药费、材料费、水利费、农舍费(或畜禽舍费)、农具费以及有关的税款、利息等。对于投入所形成的固定资产,按其使用年限摊销费用。

(2)待估宗地为租赁经营,用农用地租赁过程中发生的年平均费用作为年总费用。它主要指在进行土地租赁过程中所必须支付的年平均客观总费用。

4．求取年纯收益

土地年纯收益为年总收益与年总费用之差。对于投入所形成的固定资产,应扣除其所产生的纯收益。

由于地价是对预期收益的反映,因而纯收益应为预期纯收益。在估价实践中,存在以下问题。

(1)预期的客观年收益和年费用资料难以获取,收益和成本与费用数据往往是在农用地的几个甚至是单个样本资料基础上进行人为校正而确定。从而会出现高效益高地价低效益低地价的现象,造成评估的地价失真。

(2)在测算农业生产费用方面可能会出现遗漏计费项目的情况的,如没有把农舍建造费、农田基础设施投入费用等计入农业生产费用中。

另外,我国农业基本属于劳动密集型产业,人工费用(劳动日工资)的测算不合理,以及农业比较利益差别的存在,导致许多地区的农用地呈现无收益甚至负收益状态。这也为采用收益还原法评估农用地价格设置了障碍。因此,在实际应用中,对农用地总收益产值等数据的获取必须在确定农用地的耕作制度、复种指数条件下,按正常使用、经营、持续稳定状况来合理测度。对农用地总费用的取值应按与待估农用地使用条件一致的生产经营活动平均客观总费用,也就是维护农用地正常收益所必须投入的费用来计算,主要包括农用地维护费和生产农副产品费用。

目前可用来预测农用地纯收益的有效方法包括灰色预测法、C-D生产函数法等。

5. 确定农用地还原利率

农用地还原利率是将农用地纯收益还原为地价的比率,它与投资风险的大小成正比。农用地风险主要有在农用地上进行生产经营的风险和拥有、获得使用权利的投资风险。生产经营风险也就是能否获得收益和获益大小的风险,它与农业生产类型和条件密切相关。获得土地使用权的风险则与产权制度相关,土地产权越完整,投资风险越小,农用地价格越高,产权分化越细,承担风险相应增大。从这意义上讲,还原利率具有不确定性。

在农用地估价实践中,往往采用如下几种方案来确定还原利率。

(1) 安全利率加风险调整值法。该方法是在安全利率的基础上,根据投资农用地的风险大小,加上一定比例的风险调整系数,以此作为还原利率。其一般公式可表示为

$$r = r_1 + r_2$$

式中:r——土地还原率;

r_1——安全利率;

r_2——风险调整值。

① 安全利率。安全利率(r_1)的实质是利息率、纯粹利息率,是暂时转让货币使用权所应得到的报酬率,不含风险补贴因素。它一般应选用最安全、最可靠、最简便的投资纯收益率。在实际估价中安全利率是指无风险的资本投资利率。在我国,具备上述条件的首推1年期的银行存款利率与国债利息率。长期存款与长期国债的利息率不是基本利率,其中含有部分货币贬值补贴率,所以一般不取它们为基本还原率。

② 风险调整值确定。风险调整率(r_2)又称风险利率或风险补贴率。它一般是指风险程度不同的各种投资社会平均纯收益率扣去基本还原率(r_1)之差,由于农用地风险难以确定,采用其纯收益变化系数 Q 来量化,风险调整值可以采用风险报酬率与 Q 的乘积来表示。

在农用地价格评估工作中,可通过收集不同利用方式的估价样本数据,依据公式 $E = \sum_{i=1}^{n} Y_i \times P_i$,$d = \sqrt{\sum_{i=1}^{n} (Y_i - E)^2 \times P_i}$ (式中:E 为期望值;d 为标准差;Y,P 为纯收益和概率;i 为调查样本的类别数)计算期望值和标准差;按 $Q = E/d$ 计算纯收益变化系数 Q。

该方法把未来的风险以定量的形式包含在还原利率中。如果风险较大,则变化系数 Q 较大,在安全利率和风险报酬斜率一定的情况下,还原利率 r 就越大。这符合风险越大,要求的投资报酬率越高的投资原则,在实际应用中不失为一种简便易行的方法。

 例 10-1 运用安全利率加风险调整值法计算还原利率举例。

取 1 年定期存款利率作为安全利率。1996—2002 年,我国 1 年期银行存款利率调整见表 10-1。

表 10-1 国家银行 1 年期存款利率

时 间	1996 年 8 月 23 日	1997 年 10 月 23 日	1998 年 3 月 5 日	1998 年 7 月 1 日	1998 年 12 月 27 日	1999 年 6 月 10 日	2002 年 2 月 10 日
利率(%)	7.47	5.67	5.22	4.77	3.78	2.25	1.98

根据上表,结合某地在估价基准日 2001 年 12 月 31 日的农地投资收益率实际情况,取 2.25% 作为该地农用地价格评估的安全利率。

根据收集到的估价样本资料,计算得到调查区域的农用地平均纯收益、样本数以及该类别在总样本数中出现的概率如表 10-2 所示。

表 10-2 农用地还原利率测算过程

级 别	1	2	3	4	5
平均纯收益(Y_i)	313.22	273.16	261.99	250.88	226.73
样本数	5	12	15	7	3
概率(P_i)	0.12	0.29	0.36	0.17	0.07

$$期望值 \ E = \sum_{i=1}^{n} Y_i \times P_i = 266.91$$

$$标准差 \ d = \sqrt{\sum_{i=1}^{n} (Y_i - E)^2 \times P_i} = 20.92$$

$$纯收益变化系数 \ Q = d/E = 0.078$$

农用地的风险报酬率目前一般为 0.1—0.3。根据某地的实际情况,取农用地的风险报酬率为 0.3,据此,风险调整值 $r_2 = Q \times 0.3 \times 100\% = 2.34\%$。

依据上述两步计算结果,某地农用地还原利率为 $r = r_1 + r_2 = 4.59\%$。

(2)灵敏度分析法。该方法基于灵敏度分析原理,测度未来一定时期还原利率或风险系数变动的情况及其结果。目前,最简单实用的方法是在由估价师经验判断所确定的最佳预期还原利率(或最大可能发生的还原利率)基础上,分别正负浮动一定的比例(通常为 5%,10% 和 20%),根据输出结果判断最佳预期还原利率是否合理。此外,灵敏度分析还可以对这种变动范围进行加权,使预期结果更加客观。但是,多变量的灵敏度分析会使计算过程和计算结果十分复杂,即使调整原始变量数值,也难以达到预期结果。因而此方法不常用。

(3)Monte Carlo 模拟法。Monte Carlo 模拟法确定还原利率的基本原理是:还原利率不应该是单一不变的数值,而是在一定范围之内浮动的一组数值,该组数值出现的概率受到其他因素的制约。根据影响农用地价格的各种因素的变动范围和趋势选择适宜的概率密度函数模型,通过计算机产生的随机数,采用模糊数值迭代法计算得到预期还原利率值。该方法能充分考虑未来许多不确定性因素,因而结果更合理。

其测算的基本步骤如下。

(1)根据历史数据确定影响农用地还原利率的各项因素。

(2)根据变化范围和趋势确定各影响因素的概率密度函数模型。

(3)对各函数模型进行综合分析采用模糊数值迭代法,输出一组函数值来取代单一的数值即为还原利率的曲线。根据曲线,取出现概率最大点所对应的还原利率为最终的还原利率值。

例如,图 10 - 1 中的预期还原利率约为 4.15%。

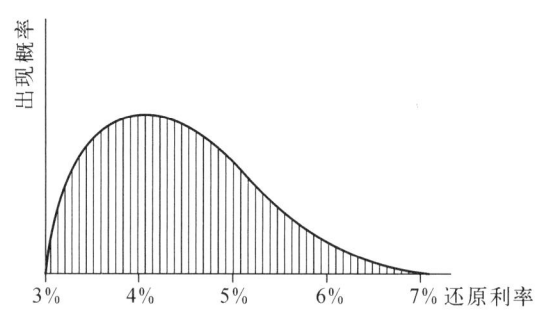

图 10 - 1 预期还原利率变动的范围及其出现的概率

Monte Carlo 模拟法容许把未来许多不确定因素考虑在内,同时针对农用地的实际历史数据进行判断和模拟。它只需要给出影响还原利率各项因素的变化范围和变化趋势,客观描述影响还原利率的各种因素变化的可能性,利用概率密度函数和科学的迭代过程,就可以计算得到合理的还原利率值。虽然计算过程较为复杂,但随着 Crystal Ball 4.0c 和 Monte Carlo Simulation with Decision Pro 等软件的推出,它将得到更广泛的应用。

6. 计算农用地收益价格

(1)基本公式。

$$P = \frac{a}{r}$$

式中:P——土地价格;

a——土地年纯收益;

r——土地还原率。

(2)有限年期的待估农用地价格应根据其使用年限进行年期修正。

当土地纯收益每年不变,土地还原率每年不变且大于 0,土地使用年期为 n 的公式为

$$P = \frac{a}{r}\left[1 - \frac{1}{(1+r)^n}\right]$$

式中:P, a, r 含义同上式;n 为土地使用年期。

土地纯收益每年有变化的,应按其变化规律采用相应的公式进行计算。

(二)市场比较法

市场比较法是根据替代原理,将待估农用地与近期市场上已发生交易的类似农用地进

行比较,并对类似农用地的成交价格进行适当修正,以此估算待估农用地价格的方法。市场比较法适用于农用地市场交易比较活跃的地区。市场比较法除可直接用于评估农用地价格外,还可用于其他估价方法中有关参数的求取。

市场比较法的评估程序如下。

1. 收集和选择比较交易实例

比较交易实例收集与选择遵循以下原则。

(1) 首选与评估对象处于同一供求区域的实例,次选处于近邻地区或类似地区的实例。

(2) 用途应相同。

(3) 价格类型相同或可比。

(4) 成交日期与估价期日应接近,相距时间不宜超过 3 年。

(5) 交易情况正常。

(6) 应至少选择三个可比较实例。

交易实例的搜集与调查主要包括以下内容。

(1) 交易双方的情况及交易目的。

(2) 交易实例的状况,一般应包括宗地本身的各种自然条件、社会经济条件、特殊条件等。

(3) 成交价格。

(4) 付款方式。

(5) 成交日期。

2. 建立价格可比基础

选取比较实例后,应对比较实例的成交价格进行换算处理,建立价格可比基础,统一表达方式和地价内涵。其主要包括以下内容。

(1) 统一地价内涵。

(2) 统一付款方式,应统一为在成交日期时一次总付的付款方式。

(3) 统一采用单位面积地价,并统一面积内涵和面积单位。

(4) 统一币种和货币单位。不同币种之间的换算,应按中国人民银行公布的成交日期时的市场汇率中间价计算。

3. 进行交易情况修正

(1) 非正常交易情况的判定。交易情况修正,是排除交易行为中的一些特殊因素所造成的比较实例的价格偏差,将其成交价格修正为正常交易情况下的价格。引起特殊交易行为因素一般有以下几种。

① 有利害关系人之间的交易等。

② 急买急卖的交易。

③ 受债权债务关系影响的交易。

④ 交易双方或者一方有特别动机或者特别偏好的交易。

⑤ 相邻地块的合并交易。

⑥ 特殊方式的交易。

⑦ 交易税费非正常负担的交易。

⑧ 有纠纷的交易。

（2）交易情况修正。在选择交易实例时，如果交易实例存在上述特殊交易情况应尽量避免选择，不得已必须采用时就需要进行交易情况修正。

① 交易情况分析。测定各种特殊因素对土地交易价格的影响程度，即分析在正常情况下和这些特殊情况下，土地交易价格可能产生的偏差大小。测定方法可以利用已掌握的同类型土地交易资料分析计算，确定修正系数。也可以由估价人员根据长期的经验积累，判断确定修正系数。对交易税费非正常负担的修正，应将成交价格调整为依照政府有关规定，交易双方负担各自应负担的税费额确定修正系数。

② 计算情况修正系数，计算公式为

$$K_c = I_{cp}/I_{cb}$$

式中：K_c——情况修正系数；

I_{cp}——待估农用地情况指数；

I_{cb}——交易实例农用地情况指数。

4. 进行交易期日修正

将交易实例在其成交期日时的价格调整为估价期日的价格可采用以下方法。

（1）利用本地区农用地价格指数计算修正系数，计算公式为

$$K_t = I_p/I_b$$

式中：K_t——期日修正系数；

I_p——估价期日的地价指数；

I_b——交易日期的地价指数。

（2）利用类似农用地价格变动率确定期日修正系数（K_t）。

（3）在无农用地价格指数或变动率的情况下，估价人员可以根据当地土地价格的变动情况和发展趋势及自己的经验积累进行判断，确定期日修正系数（K_t）。

（4）通过分析土地价格随时间推移的变动规律，采用时间序列分析，建立土地价格与时间的相互关系模型求取期日修正系数（K_t）。

5. 进行影响因素修正

根据农用地价格的影响因素体系和估价对象与比较实例之间的特殊条件，确定影响因素修正体系，并分别描述估价对象与各比较实例的各种影响因素状况，确定修正指数，计算修正系数。影响因素根据《农用地估价规程》（TD/T 1006 - 2003）4.3 条"农用地价格影响因素"和估价对象与比较实例的具体条件确定。

（1）自然因素修正系数公式为

$$K_n = \prod (I_{oi}/I_{bi})$$

式中：K_n——自然因素的修正系数；

I_{oi}——待估农用地 i 因素的指数；

I_{bi}——交易实例 i 因素的指数；

n——影响因素个数。

（2）社会经济影响因素修正系数公式为

$$K_e = \prod (I_{oi}/I_{bi})$$

式中：K_e 为社会经济因素的修正系数。

（3）特殊因素修正系数公式为

$$K_s = \prod (I_{oi}/I_{bi})$$

式中：K_s 为特殊因素的修正系数。

6. 进行年期修正

土地使用年期修正是将各比较实例的不同使用年期修正到待估宗地的使用年期,以消除因土地使用年期不同而对价格带来的影响。

计算年期修正系数,年期修正系数按下式计算。

$$K_y = \frac{1 - 1/(1+r)^m}{1 - 1/(1+r)^n}$$

式中：K_y——将比较实例年期修正到待估农用地使用年期的年期修正系数;

r——土地还原率;

m——待估农用地的使用年期;

n——比较实例的使用年期。

7. 计算比准价格

比准价格的计算公式为

$$P = P_b \times K_c \times K_t \times K_n \times K_e \times K_s \times K_y$$

式中：P——比准价格;

P_b——交易实例价格;

$K_c, K_t, K_n, K_e, K_s, K_y$ 含义同上。

所选取的若干个交易实例价格经过上述各项比较修正后,可选用下列方法之一计算待估农用地价格：简单算术平均法;加权算术平均法;中位数法;众数法。

（三）成本逼近法

成本逼近法是指以新开垦农用地或土地整理工程中所耗费的各项客观费用之和为主要依据,再加上一定的利润、利息、应缴纳的税金和农用地增值收益,并进行各种修正来确定农用地价格的方法。成本逼近法适用于由未利用土地开发成农用地或经土地整理后的农用地价格评估。

成本逼近法评估基本程序如下。

1. 确定土地取得费

农用地取得费主要表现为取得未利用土地或中低产田使用权而发生的客观费用。

2. 确定农用地开发费

农用地开发费是为使土地达到一定的农业利用条件而进行的各种投入的客观费用,如农田平整、处理耕作层、建设农田水利设施、田间道路、田间防护林等。

3. 确定各项税费

各项税费主要是指取得待开发农用地和在进行农用地开发过程中所应支付的有关税费,具体项目和取费标准按国家和当地政府的有关规定确定。

4. 确定农用地开发资金利息

土地的取得费用和开发费用均应根据其投资的特点和所经历的时间计算利息,利息率按评估基准日的中国人民银行公布的贷款利息率来确定。

计息期间以农用地开发周期为基础,考虑各项投资的投入特点确定。农用地开发周期根据农用地开发的总面积、农用地开发程度和开发难度等方面确定。

5. 确定农用地开发利润

利润是对农用地开发投资的回报,是土地取得费用和开发费用在合理的投资回报率(利润率)下应得的经济报酬。利润率根据评估对象所处地区的经济环境、土地利用类型(方式)和开发周期等方面确定。

6. 确定农用地增值收益

土地资源是不可再生资源,具有一定的稀缺性。合理利用土地,提高土地集约化经营程度,能够使土地生产出更多的财富。农用地增值收益是指待估农用地因追加投资进行农用地开发整理,使农用地生产能力得到提高,而引起的农用地价格的增值。农用地增值收益率根据评估对象所处地区的经济环境、农用地的利用类型(方式)等方面确定。

7. 求取农用地积算价格

成本逼近法的基本公式如下。

$$P = E_a + E_d + T + R_1 + R_2 + R_3$$

式中:P——农用地价格;

$\quad E_a$——土地取得费;

$\quad E_d$——土地开发费;

$\quad T$——税费;

$\quad R_1$——利息;

$\quad R_2$——利润;

$\quad R_3$——土地增值。

8. 对农用地价格进行年期修正

若求取的是有限年期的农用地价格时,应判断是否进行年期修正。

年期修正公式为

$$P_T = P_0 \times K_y$$

式中:P_T——年期修正后的农用地价格;

$\quad P_0$——年期修正前的农用地价格;

$\quad K_y$——年期修正系数。

其中,年期修正系数的计算公式为

$$K_y = 1 - \frac{1}{(1+r)^n}$$

式中：K_y——年期修正系数；

　　r——农用地还原率；

　　n——农用地使用年期。

判断是否进行年期修正的标准如下。

（1）当农用地增值收益是以有限年期的市场价格与成本价格的差额确定时，年期修正已在增值收益中体现，不再另行修正。

（2）当农用地增值收益是以无限年期的市场价格与成本价格的差额确定时，农用地增值收益与成本价格一道进行年期修正。

（3）当农用地为承包、转包等农用地时，应按使用年期或剩余使用年期进行修正。

（4）当评估的是农用地无限年期价格时不用进行年期修正。

9. 区位修正

当区位与农用地的经营类型关联度较高，对农用地价格影响较大时，还应进行区位修正。

（四）评分估价法

按照一定的原则，建立影响农用地收益的因素体系和因素评分标准，进一步依据因素评分标准对待估农用地的相应条件进行评价赋分，按其得分值的大小，乘以客观的农用地单位分值价格，从而得到农用地价格的一种估价方法。评分估价法适用于所有农用地价格评估，特别适用于成片农用地价格评估，但前提是必须先确定农用地单位分值价格。

评分估价法评估基本程序如下。

1. 建立农用地价格影响因素体系

农用地价格影响因素体系包括自然因素、社会经济条件和特殊因素三大类（见表10-3）。

表 10-3　农用地价格影响因素表

自然因素	气候条件	≥10℃有效积温
		日照条件
		降雨量
		降雨均衡度
		湿度
		无霜期
		灾害性天气

自然因素	地形地貌	地形坡度
		地形形状
		坡向
		海拔高度
		侵蚀切割
	土壤条件	表层土壤质地
		有效土层厚度
		有机质含量
		盐渍化程度
		酸碱度
	水文状况	地表水状况
		地下水状况
社会经济条件	社会经济发展条件	人均收入水平
		单位土地投入劳动量
		农产品市场供求
		农机应用方便度
		人均土地指标
		单位土地投入资本量
	土地制度	土地利用规划
	交通条件	交通通达度
		路网密度
		对外交通便利度
		道路类型
	农田基本设施情况	灌溉条件
		防洪排涝条件
		田块平整度
		供电条件
		田块大小

续 表

	特殊的气候条件	灾害性天气
特殊因素		特殊的小气候条件
	特殊的土壤条件	被污染的土壤
		有特异性质的土壤
	特殊的环境条件	居民点的影响
		工程建设的影响
		环境污染状况

注 资料来源:《农用地估价规程》(TD/T1006-2003)。

由于各地区、各种农用地的利用情况和条件千差万别,每宗地的价格影响因素不尽相同,在评估工作实践中,可根据具体情况从上表中自行选择和构建因素因子体系。

2. 制定农用地价格影响因素评分标准

由县(市)级土地行政管理部门依据农用地价格影响因素体系制定本区域内的农用地评分表(示例见表10-4)。对农用地价格影响越大的因素,评分值越高。自然因素与社会经济因素的得分之和最高为100。当待估农用地没有特殊因素时,特殊因素的得分为0;当有特殊因素时,可根据特殊因素对农用地的实际影响程度对其进行评分。

表10-4 评分估价法——水田评分表

因 素 体 系		级别	评分标准	备 注
自然因素	日 照	充 分	1	
		早晚多阴影	2	
		日 阴	3	
	面 积	5亩以上	1	参考指标
		3—5亩	2	
		1—3亩	3	
		1产亩以下	4	
	土 性	黏质土壤	1	参考指标
		壤 土	2	
		壤质黏土	3	
		砂质壤土	4	
		黏 土	5	

	因　素　体　系		级别	评分标准	备　注
自 然 因 素	土壤有机质含量	＞2.0％	1		参考指标
		1.5％—2.0％	2		
		1.0％—1.5％	3		
		0.6％—1.0％	4		
		＜0.6％	5		
	有效土层厚度	＞100 cm	1		参考指标
		60—100 cm	2		
		30—60 cm	3		
		＜30 cm	4		
	土壤盐渍化状况	无盐渍化	1		
		轻微盐渍化	2		
		中度盐渍化	3		
		盐渍化严重	4		
	耕作难易程度	容易	1		
		一般	2		
		不容易	3		
社 会 经 济 因 素	距县城的远近及 交通通达性	距县城较近,且交通通达性好	1		
		距县城较近,但交通通达性较差	2		
		距县城较远,但交通通达性较好	3		
		距县城较远,且交通通达性较差	4		
	灌　溉	自　　由	1		
		插秧时水量不足	2		
		平时可能水量不足	3		
		一般水量不足	4		
		时常水量不足	5		

续 表

因 素 体 系			级别	评分标准	备 注
社会经济因素	灌 溉	经常水量不足	6		
		用水极为缺乏	7		
	排 水	较 好	1		
		一 般	2		
		积 水 田	3		
		偶尔有洪水发生	4		
		经常发生洪水	5		
	土壤污染状况	无污染	1		
		轻微污染	2		
		中度污染	3		
		污染严重	4		
特殊因素	特殊的土壤条件	非常特殊土壤	1		
		比较特殊土壤	2		
		无特殊	3	0	
	特殊的气候条件	非常特殊小气候	1		
		比较特殊小气候	2		
		无特殊	3	0	

注 资料来源：同表 10-3。

3. 调查待估宗地的基本情况,对待估宗地进行评分

按照农用地评分表中的因素体系,逐项对待估宗地的基本情况进行调查,并确定各因素的分值。

4. 确定单位分值价格

农用地单位分值价格是指一定区域范围内,一定时期内,农用地得分与农用地价格进行转换的价格。由县(市)级土地行政管理部门确定该县统一的农用地单位分值价格。农用地单位分值价格可由农用地市场价格资料进行回归求取。农用地单位分值价格每 3—5 年更新一次。

农用地单位分值价格的回归模型有以下两种类型。

（1）
$$P_B = C \times S 。$$

式中：P_B——待估农用地单位价格；

    C——农用地单位分值价格；

    S——待估农用地总得分。

（2）

$$P_B = A \cdot S^C。$$

式中：P_B,C,S 含义同上；A 为回归系数。

县（市）级土地行政管理部门根据本县的实际情况，从以上两种回归模型中选取一种，求取农用地单位分值价格。

5. 待估宗地价格计算

选择适当的公式计算待估宗地的价格。

农用地价格的计算公式为

$$P = C \times S \quad 或 \quad P = A \times S^C$$

式中：P——农用地价格；

    C——农用地单位分值价格；

    S——待估农用地的总得分；

    A——回归系数。

6. 对农用地价格进行年期修正

若求取的是有限年期的农用地价格时，需进行年期修正(同成本逼近法)。

（五）基准地价修正法

利用基准地价成果评估宗地价适用于有基准地价成果区域的农用地价格评估。

基准地价修正法分以下三种类型。

1. 系数修正法

（1）基准地价系数修正法的公式为

$$P = P_0 \times (1 \pm \sum K) \times K_t \times K_y$$

式中：P——待估农用地价格；

    P_0——农用地基准地价；

    $\sum K$——宗地地价影响因素修正系数和；

    K_t——交易期日修正系数；

    K_y——年期修正系数。

（2）基准地价系数修正法的评估步骤。

① 搜集有关基准地价资料：包括基准地价报告、基准地价图、宗地地价修正体系及有关各种地价影响因素资料等。

② 确定待估宗地所处级别及基准地价：根据当地农用地基准地价评估报告、基准地价图和有关基准地价批文，确定待估宗地所处级别及基准地价，并说明基准地价内涵。

③ 分析待估宗地的地价影响因素，编制待估宗地地价影响因素条件说明表：按照基准地价修正系数表中的影响因素体系调查待估宗地的各影响因素状况，并对各因素状况进行

准确描述。

④ 依据基准地价影响因素指标说明表和修正系数表确定修正系数：根据各影响因素状况,按照基准地价修正因素说明表中的划分标准确定各因素的级别标准,并查对修正系数表确定修正系数,按下式计算系数和。

$$\sum K = K_1 + K_2 + K_3 + \cdots + K_n$$

式中：$\sum K$ ——宗地地价影响因素修正系数和；

$K_1, K_2, \cdots, K_n$ ——分别为待估宗地第 $1, 2, \cdots, n$ 个因素的修正系数。

⑤ 期日修正。待估宗地的估价期日与基准地价的评估期日若不相同,则需根据地价的变化程度进行期日修正。

⑥ 年期修正。当待估农用地土地使用年期为有限年期时,应进行年期修正。

⑦ 计算待估农用地价格。在确定好各修正系数后,采用相应公式计算待估农用地价格。

2. 定级指数模型评估法

定级指数模型评估法是利用基准地价评估过程中所建立的定级指数与地价模型,通过评判待估农用地定级指数,并将其代入模型,测算出待估农用地价格的方法。

定级指数模型评估法评估步骤和方法如下。

(1) 搜集有关基准地价资料,包括基准地价评估报告、基准地价图、农用地地价评估模型资料等。

(2) 确定待估农用地所处基准地价区片及适用模型。

(3) 调查分析确定待估农用地定级指数。

(4) 将定级指数代入模型,计算待估农用地价格。

(5) 对计算出的待估农用地价格进行估价期日和年期修正。

3. 基准地块法

采用基准地块法评估农用地宗地价格,是利用基准地价评估过程中已经建立的基准地块档案,通过比较修正评估出待估农用地价格的方法。

评估步骤和方法同市场比较法。

第三节 农用地宗地估价

一、不同利用类型的农用地宗地估价

（一）耕地地价的评估

耕地包括灌溉水田、望天田、水浇地、旱地、菜地等。

1. 耕地地价的影响因素

根据本章第一节中所确定的因素体系并结合耕地的利用性质确定耕地的地价影响因素。根据耕地的利用方式,可以分为水田与旱地。在确定水田的地价影响因素时,要注意保水能力、水源条件、灾害性气候等因素对地价的影响。在确定旱地的地价影响因素时,要注意地块形状、地形坡度、灌溉条件、灾害性气候等因素对地价的影响。

2. 耕地地价的评估方法

耕地地价评估根据其利用状况和所处地区条件,可采用收益还原法、市场比较法、评分估价法和基准地价修正法等;如果是新开发整理的耕地,可采用成本逼近法;如果是待开发的耕地,可采用剩余法。

3. 耕地地价评估的技术要点

(1)在评估耕地价格时,应首先根据土地所处区域条件、近3年来耕地的实际耕作状况及可能的新的耕作利用方式,确定耕作制度、复种指数等,并根据其耕作制度分析其利用状况及收益能力。

(2)要充分考虑农田基本设施对耕地价格的影响,包括引水渠、排水渠、田间道路、机耕道路等,分析其可用程度对地价产生的影响,对于通过性设施可能产生的负面影响也应充分考虑。

(3)用收益还原法评估耕地地价时,其估价结果的可信度主要取决于土地的预期纯收益和还原率的准确与否。在测算耕地纯收益时,总收益和总费用的测算要全,一般宜采用实测的方式,即具体计算待估宗地在1年内各种产出物的经济价值和各种投入的费用总和,收益及费用数据应采用近3年的平均值。

(4)采用市场比较法时,应注意区分比较案例的交易对象与评估对象的构成是否一致,即交易对象是否包括地上农作物、农田设施等,如果不一致应进行一致性调整。比较案例的利用方式和耕作制度也应与评估对象一致。

(二)园地地价的评估

园地包括果园、桑园、橡胶园、茶园、其他园地等。

1. 园地地价的影响因素

根据本章第一节中所确定的因素体系并结合园地的利用性质确定园地的地价影响因素。在确定园地的地价影响因素时,要注意有机质含量、地下水埋深、园艺设施状况、距城市远近、独特的小气候以及特殊土壤等因素对地价的影响。

2. 评估方法

园地地价评估根据其利用状况和所处地区条件,可采用收益还原法、市场比较法和成本逼近法等;如果是新开发的园地,可采用成本逼近;如果是待开发的园地,可采用剩余法。

3. 评估技术要点

(1)在评估园地价格时,应首先准确界定估价对象是否包括果树及有关设施等,如果包括应充分考虑包括后者对园地价格的影响。

(2)应适当考虑特殊的土壤及气候条件对园地利用产生的垄断收益及垄断价格。

(3)对于果园用地应适当考虑其区位条件,如距消费地的距离、路网状况等;对具有景观及旅游价值的园地,应充分考虑景观及旅游价值对土地价格的影响。

(4)用收益还原法评估果园用地地价时,应尽量消除大小年对纯收益的影响,其收益及费用数据宜采用最近连续3—5年的平均值。

(5) 采用市场比较法评估园地地价时,也应注意区分比较案例的交易对象与评估对象的构成是否一致,即交易对象是否包括地上果树、园林设施等,如果不一致应进行一致性调整。比较案例的果树类别及利用方式应与评估对象一致。

(三)林地地价的评估

林地包括有林地、灌木林地、疏林地、未成林造林地、迹地、苗圃等。

1. 林地价格影响因素

根据本章第一节中所确定的因素体系并结合林地的利用性质确定林地的地价影响因素。在确定林地的地价影响因素时,要注意林地条件、砾石含量、地形坡度、林业设施状况、林木经营结构、交通运输条件等因素对地价的影响。

2. 评估方法

林地地价评估根据其利用状况和所处地区条件,可采用市场比较法、成本逼近法和收益还原法等。

3. 评估技术要点

(1) 在评估林地价格时,应首先准确界定估价对象是否包括林木及有关林业设施等,如果包括应充分考虑包括后者对林地价格的影响。

(2) 采用市场比较法评估林地地价时,比较案例的林木类别及林地开发经营方式应与评估对象一致,即交易对象是否包括地上林木、林业设施等,如果不一致应进行一致性调整。

(3) 用收益还原法评估林地价格时,宜以林木生长期和采伐期为周期计算年平均总收益和总费用。

(4) 对具有生态及旅游价值的林地,应充分考虑生态及旅游价值对土地价格的影响。

(四)牧草地地价的评估

牧草地包括天然草地、改良草地、人工草地等。

1. 牧草地价格影响因素

根据本章第一节中所确定的因素体系并结合牧草地的利用性质确定牧草地的地价影响因素。在确定牧草地的地价影响因素时,要注意土壤沙化程度、草场经营方式、状况等因素对地价的影响。

2. 评估方法

牧草地地价评估根据其利用状况和所处地区条件,可采用评分估价法、收益还原法、市场比较法等。

3. 评估技术要点

(1) 在评估牧草地价格时,应考虑牧草地的经营方式和草种结构,区分圈养和单独经营草场等不同方式。

(2) 采用收益还原法进行评估时,对于用于圈养的草场,其经营收益来源于牲畜的出售收益,在测算总收益时应考虑出栏率和牲畜生长期,收益和费用数据一般宜采用连续 3—5 年的平均值;对于只进行草场经营的牧草地,其经营收益主要是草场经营使用费及大草的出售收益,计算纯收益时可采用近 3 年的收益和费用数据平均值。

（3）采用市场比较法评估牧草地地价时，应区分比较案例的交易对象与评估对象的草场类型，比较案例的草场类型及利用方式应与评估对象一致。

（4）对牧草地价格评估时应适当考虑其生态价值。

（五）养殖水面地价的评估

水产养殖用地是指以养殖水生动、植物为主的水域及其附属用地。

1. 影响因素

根据本章第一节中所确定的因素体系并结合养殖水面的利用性质确定养殖水面的地价影响因素。在确定养殖水面的地价影响因素时，要注意保水能力、水质条件、养殖设施状况、养殖种类结构、距消费地距离等因素对地价的影响。

2. 评估方法

养殖水面地价评估根据其利用状况和所处地区条件，可采用收益还原法、市场比较法和成本逼近法等；如果是待开发的养殖水面，可采用剩余法。

3. 评估技术要点

（1）在评估养殖水面价格时，应首先确定估价对象类型及构成，是否包括养殖池及其有关设施等，如果包括应充分考虑包括后者对土地或评估对象价格的影响。

（2）应适当考虑特殊的水质、气候条件对养殖水面产生的垄断收益及垄断价格。

（3）对于养殖水面应适当考虑其作为水产养殖及销售的区位条件，如距消费地的距离、路网状况等。

（4）采用收益还原法进行评估时，其经营收益来源于水产品的出售收益，在测算总收益时应考虑所养殖水产的种类及其生长期等，收益和费用数据一般宜采用连续 3—5 年的平均值。

（5）采用市场比较法评估养殖水面地价时，比较案例的构成应与评估对象一致，如是否包括养殖池设施等，如果不一致应进行一致性调整。比较案例的养殖水产类别及经营方式也应与评估对象一致。

（六）未利用地价格的评估

未利用地是农用土地重要的后备土地资源，当未利用地用于开发为农用地（包括耕地、园地、林地、牧草地和养殖水面）时，应按照农用地估价方法的要求进行估价。

在进行未利用地价格评估时，首先应根据未利用地的规划要求或土地的开发利用计划，确定土地利用类型和土地利用方式，然后选择适当的方法进行评估。

未利用地价格的评估方法，可根据实际情况采用剩余法和市场比较法进行评估。

未利用地价格的评估技术要点如下。

（1）未利用地价格评估时应先确定未利用地的开发利用方式，包括未利用地的开发用途、开发利用率等。确定的依据主要是未利用地本身的自然条件、有关规划的要求及开发者的实际开发计划等。

（2）未利用地价格评估时应适当考虑未利用地开发后的价格增值，并充分考虑未利用地的可利用与未利用程度。

（3）采用剩余法评估时，按照所确定的未利用地开发利用方式调查和评估开发后的买卖价格，要求有可比较的市场交易案例。

（4）采用市场比较法评估时，应调查当地的类似条件的未利用地拍卖等市场价格。

二、不同估价目的的农用地估价

（一）承包农用地价格评估

承包农用地价格评估是指在正常市场下承包年期内的农用地的使用权价格。

承包农用地的价格评估应综合考虑农用地的土壤质量、收益水平、土地承包经营期限、有无其他经营或权利限制等方面因素。

承包农用地价格评估方法可采用收益还原法、市场比较法和基准地价修正法等。

用收益还原法进行承包农用地价格评估时，由于承包方对农用地具有不完全处置权，因此，农用地还原率应比正常情况高。

农用地承包的法定最高年限为 30 年。其依据是 1998 年 10 月 14 日由中国共产党十五届三中全会通过的《中共中央关于农业和农村工作若干重大问题的决定》："家庭承包经营制度具有广泛的适应性和旺盛的生命力，要坚定不移地贯彻土地承包期在 30 年的政策，赋予农民长期而有保障的土地使用权。"《土地管理法》第 2 章第 14 条也作出了同样的规定："土地承包经营期为 30 年。……农民的土地承包经营权受法律保护。"

（二）转包农用地价格评估

转包农用地价格是指在正常市场条件下转包期内农用地收益的现值之和。农用地转包最高年限不能超过农用地的剩余承包年限。农用地转包价格评估应综合考虑农用地的土壤质量、土地收益水平、土地转包经营期限、有无其他经营或权利限制等方面进行评估。农用地转包价格的评估方法可采用收益还原法、市场比较法等。用收益还原法进行农用地转包价格评估时，由于第二份合同的承包者只继承第一份合同承包者的权利，因此农用地还原率应比正常情况高。

（三）农用地租金评估

农用地租金标准应与该宗地的正常地价标准相均衡。租金标准的评估可通过该宗地的正常土地使用权价格标准折算，也可采用市场比较法等直接评估。

租赁农用地使用权的投资风险比农用地承包经营权的投资风险大，收益不确定性高，因此，租赁农用地价格还原率一般比农用地承包价格的高。

（四）荒地拍卖底价评估

荒地拍卖的年限不应超过国家规定的最高年限。荒地拍卖估价应依据《拍卖法》、《土地管理法》等有关规定进行。

荒地拍卖估价，可采用剩余法和市场比较法确定其价格。但应在估价报告中说明未来市场变化风险和预期强制处分等因素对拍卖价格的影响。

（五）荒地抵押价格评估

荒地抵押估价是指在将荒地作为抵押债权担保而设定抵押权时对荒地使用权进行的价格评估。

荒地使用权抵押价格评估应依据《担保法》、《土地管理法》等有关规定进行。可采用市场比较法、剩余法和成本逼近法确定其价格。但应在估价报告中说明未来市场变化风险和预期强制处分等因素对抵押价格的影响。

在进行荒地抵押估价时，应区分抵押物的权利状况，应按照其相应的权利评估确定其相应的价格。

荒地抵押价格评估应掌握前 3 年荒地价格的变化状动，预测未来 3 年的地价变动趋势，并考虑抵押风险和强制处分等因素。

三、农用地宗地价格评估的基本步骤

（一）明确估价基本事项

明确估价基本事项，具体包括以下几项内容。

（1）确定估价对象。确定估价对象包括明确待估农用地宗地的实物状况和权益状况，具体包括确定待估宗地类型、范围、权力状况和宗地条件等。

（2）确定估价目的。任何估价委托都要有明确的估价目的。估价目的因委托方的需要而产生，应由委托方提出。然而估价目的最终不是由委托方决定的，而是估价人员根据委扎方的需要，在合法原则下根据有关法律、法规或规范性文件的相关内容来最终确定的。

（3）确定估价期日。估价期日，也即估价时点。估价期日可以是现在的某个时日，也可以是过去或将来的某个时日，是根据估价目的来确定的。

（4）确定估价作业日期。

（5）需要确定的其他有关事项。

（二）拟订估价作业计划

估价作业计划主要应包括下列内容。

（1）确定估价项目性质和工作量。

（2）拟定调查搜集的资料及其来源渠道。

（3）拟定采用的估计技术路线和估价方法。

（4）预计所需的时间。

（5）拟定作业的步骤、作业进度和成果组成。

（三）估价资料收集与整理

1. 宗地估价资料的收集

（1）区域自然条件及社会经济发展状况。收集待估农用地所在区域的自然经济条件及社会经济发展总体状况资料，区域自然条件资料主要包括光、温、水及地形地貌等；社会经济发展状况资料包括区域土地资源状况、产业政策、区域社会经济发展水平、土地市场状况及现在化农用技术水平等。

（2）土地利用状况。收集待估农用地有关位置、用途、四至、土地面积、土地形状、土地等级、地上附着物状况、地籍资料等。

（3）土地权利状况资料。收集待估农用地有关土地权利状况,如他项权力资料。

（4）土地等级状况。收集待估农用地的等别和级别资料。

（5）地价影响因素资料。收集影响待估农用地价格的有关自然因素、社会因素和特殊因素资料。

（6）交易实例资料。收集交易实例农用地的资料,包括其位置、面积、用途、成交时间、交易双方当事人、地块条件、使用年限、交易条件、影响地价的因素、交易价格等。

（7）收益资料。收集待估农用地的农产品收入或年租金收入资料。

（8）成本费用资料。收集农用地的开发成本及生产费用等方面的资料,包括农用地维护费、种苗费、肥料费、人工费、蓄工费、机工费、农药费、水电费、农舍费、工具费等。

（9）基准地价资料。收集基准地价报告、基准地价图、宗地地价修正体系及有关各种地价影响因素资料。

（10）参数数据资料。收集有关借贷利息率、税率、利润率、还原利率、农用地单位分值价格等参数资料。

（11）其他资料。如有关经济指数继农用地价格变动指数;农用地利用的政策、法规、条例、规定;农用地利用规划等有关资料;等。

2. 宗地估价资料整理

（1）宗地估价资料核实与剔除。用于农用地估价的资料数据必须严格核实,来源可靠,无显著异常,对明显不合要求的和特殊极值予以剔除。

（2）宗地估价资料整理。对现有资料进行初步整理,并判断是否满足本次估价的农用地宗地的要求,并记录所缺资料,以便补充调查和手机;对不全、不可靠的现有资料做好记录,以便补充资料和收集;对现有资料数据要妥善保管,并存入档案。

（四）实地查勘待估农用地

估价人员必须到估价对象现场,查勘估价对象的位置、田块平整、周围环境、农作物长势等,并对事先收集的有关估价对象的坐落、四至、面积、权力状况等资料进行核实,同时搜集补充估价所需的其他资料,以及对估价对象及其周围环境或临路状况进行拍照等。

（五）选定估价方法,试算宗地价格

估价方法应根据估价的目的、估价对象的特点、所收集到的资料状况及各种不同方法的适用范围和条件进行选定。对同一估价对象需选用两种以上的估价方法进行估价。

（六）确定估价结果

根据待估宗地情况及各种方法的评估结果,选用简单算术平均法、加权算术平均法或综合分析法确定最终估价结果。

第四节 农用地基准地价评估

一、农用地基准地价的概念

农用地基准地价是指县(市)政府根据需要针对农用地不同级别或不同均质地域,按照不同利用类型,分别评估确定的某一估价期日的平均价格。与城市基准地价一样,农用地基准地价也是反映农用地价格的区域平均水平,主要为政府宏观调控农用地价格水平,合理引导农用土地交易,促进农用土地资源合理利用提供依据。

一般来说,农用地基准地价评估对象是县(市)行政区内现有农用地和宜农未利用地。

二、农用地基准地价评估的技术路线及其步骤

根据《农用地估价规程》的规定,农用地基准地价评估有以下三条技术路线:样点地价平均法、定级指数模型法和基准地块评估法。三种技术路线既各有特点,又有各自的适用条件。在评估中,应根据本地农用地市场状况、基础资料及技术条件,选择其中一条技术路线进行评估。

(一)样点地价平均法

采用样点地价平均法评估基准地价,是在农用地定级基础上,调查农用地投入产出样点资料和市场交易样点资料,并计算样点地价,以各样点地价的平均值评估并确定农用地基准地价。其具体评估步骤如下。

1. 资料调查

其主要内容包括以下几个方面。

(1)农用地定级成果资料。包括土地级别图、土地定级工作报告和技术报告、其他能用于农用地估价的定级成果及资料。

(2)农用地承包、转包、出租、拍卖、抵押、联营入股等交易资料,农地征用的补偿标准文件及实际支付标准资料等。

(3)社会经济及土地利用资料,包括当地农村经济发展状况资料,农业和社会经济发展统计资料,土地利用总体规划资料,基本农田保护区资料等。

(4)其他资料。如农用地历史地价资料、农业开发和农业生产的政策资料等。

2. 按农用地级别确定农用地的土地利用类型

土地利用类型不同,地价水平相差迥异,农用地也是如此。因此,农用地基准地价评估也必须是针对一定的用地类型进行评估。实践中,一般根据土地利用现状分区,同时考虑土地利用总体规划的土地利用分区及土地用途管制的土地利用类型要求,确定各级别的主要用地类型。

3. 投入产出资料抽样调查

农用地投入产出样点资料调查采用抽样调查方式。市场交易样点资料调查,在市场资料充足的情况下,采用抽样调查;在市场资料不足的情况下,采用全面调查。

4. 投入产出资料和市场交易资料分析计算

其主要是计算投入产出样点和市场交易样点的地价。投入产出样本地价主要采用收益还原法进行计算;市场交易样点地价分析计算,需根据其交易类型进行计算。买卖样点可直接对其交易价格进行修正,租赁样点可采用收益还原法进行评估。

5. 样点地价的修正及样点地价处理

样点地价的修正主要是把样点地价修正成为基准地价内涵条件下的正常地价,主要包括年期修正、期日修正及其他修正等。样点地价处理是指绘制样点地价图及进行样点数据检验等。

6. 根据所所测算的样点地价资料,计算各级别基准地价

对样点数量进行统计分析,当合格样点数量满足数理统计要求时,即可利用样点地价计算基准地价。基准地价的计算,一般以级别为单位,按不同用途采用样点地价的简单算术平均值,或加权平均值,或中位数,或众数方法等计算该级别相应用途的基准地价。

(二)定级指数模型法

采用定级指数模型评估基准地价,是在农用地定级基础上,根据定级单元定级指数、市场交易地价资料和投入产出资料,建立定级指数与地价关系模型,并利用该模型评估级别基准地价。其具体步骤如下。

(1)资料调查。与样点地价平均法近似。

(2)按农用地级别确定农用地的土地利用类型。与样点地价平均法近似。

(3)按土地利用类型进行样点地价调查、计算与修正。与样点地价平均法近似。

(4)测算有样点地价定级单元的平均地价。对于有样点地价的定级单元,如果单元内样点数量有 3 个以上且样点条件能代表定级单元的一般条件,可采用平均法计算定级单元的平均地价;如果样点数量为 2 个以下,或虽样点数量为 2 个以上,但样点不具有代表性,则采用比较法修正并计算定级单元地价,计算方法按照市场比较法的要求进行。

(5)选择确定有样点地价定级单元的指数。

(6)建立定级单元平均地价与定级指数关系模型。

① 基本模型。用于分析定级指数和定级单元地价之间关系的基本模型主要有以下几种。

线性模型:$Y = aX + b$

对数模型:$Y = a \times \ln(x) + b$

乘幂模型:$Y = aX^b$

指数模型:$Y = ae^{bx}$

多项式模型:$Y = aX^2 + bX + c$

式中:Y——评估单元地价;

X——评估单元定级指数；

a,b,c——常数；

e——自然对数的底。

② 模型的确定。选择和确定模型方法和步骤如下。

第一，绘制评估单元地价与评估单元定级指数的二维散点图来初步确定应该选择线性回归模型还是非线性回归模型。

第二，如果二维散点图能够反映两者的线性关系，则选择线性回归模型，并对模型进行经济、统计和计量检验，按检验结果确定模型。

第三，如果二维散点图样点数据的分布不呈线性时，应引入非线性回归模型。在选择非线性回归模型时，应对各模型的判定系数 R^2 的大小和二维散点图本身进行比较，直至确定最佳模型。

(7) 计算各级别基准地价。利用上述建立的定级指数与单元地价关系模型，计算所有定级单元地价，并利用定级单元地价采用简单算术平均值、加权算术平均值、中位数、众数等计算级别基准地价。

(三) 基准地块评估法

采用基准地块评估基准地价，是指根据农用地土地质量条件划分农用地均质地域，然后在均质地域内选定若干地块作为基准地块，依据农用地市场交易资料和投入产出资料评估基准地块价格，再将同一均质地域内基准地块的平均地价作为该均质地域的基准地价。具体评估步骤如下。

1. 调查和收集资料

资料调查的内容主要有以下几个方面。

(1) 农用地自然条件资料。包括气候条件、地貌、土壤条件、水文状况、农田基本建设等资料。

(2) 农用地社会经济资料。包括人均耕地、农产品市场供求、土地利用规划、交通条件等资料。

(3) 农用地承包、转包、出租、拍卖、抵押等市场交易资料。

(4) 其他资料。如农用地历史地价资料等。

2. 划分均质地域

首先，要确定农用地地价影响因素，一般根据评估区域的具体条件，确定农用地地价影响因素体系。

然后，确定各影响因素权重，权重可采用特尔菲法、层次分析法、因素成对比较法等方法确定。

第三，划分均质地域单元，均质地域单元的划分应满足两个条件：同一单元内用地类型、耕作制度的一致性；同一单元内的土地质量的一致性。

第四，测算各单元的影响因素分值，分值的计算方法可采用特尔菲法或因素分值定量测算的方法进行。

第五，各单元影响因素综合分值计算，即在计算出各单元各影响因素的分值后，按照下列分式计算各单元影响因素的综合分值。

$$F_j = \sum_{i=1}^{n} W_i \cdot f_{ij}$$

式中：F_j——j 单元综合分值；

$\quad$ W_i——i 因素权重；

$\quad$ n——因素个数；

$\quad$ f_{ij}——j 单元 i 因素分值。

最后,根据上述得到的单元影响因素综合分值,采用总分数轴确定法、总分频率曲线法等划分均质地域。

3. 选定基准地块

在各均质地域内,根据土壤、日照、灌溉、排水、面积、形状及耕作制度等方面条件,选择具有普遍性的一定数量的宗地作为基准地块。根据要求,均质地域内每类农用地基准地块数量不应少于 3 块。其具体选择过程中主要考虑下列条件。

(1) 日照的时间,田面的干湿、保水、排水,旱地的坡度等自然条件属于一般的。

(2) 耕作距离、距市场的远近、交通条件等属于一般的。

(3) 面积、形状、土壤条件属于一般的。

(4) 在标准耕作制度下,土地利用程度、单产水平等一般的。

(5) 灾害条件属于一般的。

4. 评估基准地块价格

可以利用市场交易资料,按照市场比较法要求评估基准地块价格。具体评估过程按规程市场比较法的有关规定执行。若基准地块在近 3 年内发生过市场交易行为,可直接通过对其进行交易方式、交易期日等修正,求取其在正常市场条件下的土地价格;也可以利用基准地块本身的投入产出资料,采用收益还原法求取基准地块的价格;还可以利用农用地开发资料采用成本逼近法评估基准地块价格。

5. 核定基准地块价格水平

对各均质地域基准地块价格加以比较检查,并作必要的调整。

6. 计算均质地域基准地价

按照调整后均质地域内各基准地块地价,采用简单算术平均法或加权算术平均法求取各均质地域的平均地价,并作为该均质地域基准地价。

7. 基准地价的确定

对所采用的技术路线计算出的基准地价结果,与实际情况进行比较、验证后,进行适当调整,确定各级别(均质地域)不同类型农用地基准地价。

三、基准地价修正系数表的编制

(1) 农用地基准地价修正系数表的编制与城镇土地的基本相同,这里不再重复(详细内容请见第八章第二节)。

(2) 基准地价评估中所采用的定级指数模型,经实验检验,有效性和可操作性强,可直接用于农用地宗地地价评估,不必编制基准地价修正系数表。

（3）采用基准地块评估基准地价时，建立了较丰富的基准地块数据档案库，可不必编制基准地价修正系数表。

第五节　农用地征用价格评估

一、农用地征地价格概述

农用地征用价格是指国家征用集体土地农用地时，按照正常条件确定的征用补偿价格。

在进行农用地征地价格评估时，除考虑本章第一节中农用地价格影响因素外，还应考虑以下因素对农用地价格的影响。

1. 权利因素

权利因素指国家征用集体土地农用地时，因土地所有权发生转移对农用地征用价格的影响。

2. 用途因素

用途因素指国家征用集体土地农用地时，因土地用途发生转变对农用地征用价格的影响。

3. 社会保障因素

社会保障因素指影响农用地征用价格的社会保障条件，包括农民应获得的基本生活保障、教育及再就业培训等。

4. 其他因素

其他因素指影响农用地征用价格的个别条件，包括农业外收入状况、农民生产和生活方式对土地的依赖程度、农民平均文化水平及农业外就业的意识和能力等。

二、农用地征用价格评估

依据国土资源部制定的《农用地估价规程》，农用地征用价格的评估方法有三种：综合法、市场比较法和征用区片价系数修正法。

（一）综合法

采用综合法所评估的农用地征用价格等于农用地价格、地上附属物价格和社会保障价格之和。

1. 计算农用地价格

待估农用地价格评估可采用收益还原法、市场比较法、成本逼近法、评分估价法和基准地价系数修正法等。具体内容请见本章第二节。

2. 计算地上附着物价格

建筑物和构筑物价格可利用重置价格折旧法或本教材介绍的其他房地产估价方法进行

评估。青苗、树苗、鱼苗等的价格可根据各省、各自治区、直辖市的有关补偿规定进行计算。

3. 计算社会保障价格

(1) 划分社会保障区。通过对农用地征用价格影响因素的分析与确定,结合当地实际情况,确定评估区域的区域经济因素和社会因素体系;然后以乡(镇)、村或村民小组为基本地域单位,分析量化区域经济因素和社会因素的影响程度;最后依据量化指标,按照一定的原则,划分社会保障区。

(2) 社会保障价格的测算。以划定的社会保障区为单位,计算其社会保障价格。其计算步骤如下。

① 测算各年龄组人均社会保障价格。按照数理统计原理,抽取一定数量的村或村民小组为样点,测算不同年龄组的人均社会保障价格。其计算公式如下。

$$Y_j = (Y_{jm} \times b_j + Y_{jf} \times C_j) \times M_{ji}/M_{jo} + C_{je}$$

式中:Y_j——j 年龄组人均社会保障价格;

Y_{jm}——j 年龄组男性公民保险费趸缴金额基数;

Y_{jf}——j 年龄组女性公民保险费趸缴金额基数;

b_j——j 年龄组男性人口占 j 年龄组总人口的比例;

C_j——j 年龄组女性人口占 j 年龄组总人口的比例;

M_{ji}——j 年龄组农民基本生活费(月保险费领取标准);

M_{jo}——j 年龄组月保险费基数;

C_{je}——j 年龄人均教育和再培训等费用。

年龄组按 0—18 周岁、18—40 周岁(男)及 18—35 周岁(女)、40—60 周岁(男)及 35—55 周岁(女)、60 周岁以上(男)及 55 周岁以上(女)划分。Y_{jm},Y_{jf},M_{ji},M_{jo},C_{je} 按组中值周岁取值。

对样点数据进行同一性检验和异常剔除,采用算术平均法或加权平均法计算并确定各年龄组人均社会保障价格。

② 计算人均社会保障价格。其计算公式如下。

$$Y = \sum_{j=1}^{n} Y_j R_j \Big/ \sum_{j=1}^{n} R_j$$

式中:Y——人均社会保障价格;

R_j——j 年龄组人口数。

③ 计算单位面积农用地社会保障价格。其计算公式为

$$P_a = Y/A_a$$

式中:P_a——单位面积农用地社会保障价格;

Y——人均社会保障价格;

A_a——人均农用地面积。

④ 计算宗地社会保障价格。其计算公式为

$$P_s = (A_m / A_a) \times Y$$

式中：P_s——宗地社会保障价格；

A_m——被征用农用地面积；

A_a——人均农用地面积。

（二）市场比较法

征地案例较多的地区，农用地征用价格可以直接采用市场比较法进行评估。具体方法可参见本章有关市场比较法评估农用地价格的相关内容。

（三）征用区片价系数修正法

征用区片价系数修正法，是指通过待估宗地征用地价影响因素的分析和确定，利用征地区片价修正稀疏，对农用地征用区片价进行休整，估算待估宗地客观征用价格的方法。

1. 计算农用地征用区片价

农用地征用区片价评估的技术路线有：叠加法，是指在农用地基准地价评估基础上，叠加农用地社会保障价格评估农用地征用区片价；样点法，是指根据样点农用地价格和社会保障价格评估农用地征用区片价。

（1）叠加法评估农用地征用区片价。

① 资料调查，包括：农用地基准地价评估成果资料，包括农用地基准地价图、农用地基准地价评估工作报告和技术报告等；区域社会经济因素资料，包括当地区域经济因素和区域社会因素状况资料；社会保障因素资料，包括基本生活费、教育费、再就业培训费等；其他有关资料。

② 划分社会保障区、计算社会保障价格。根据前文所述划分社会保障区及计算社会保障价格的方法，进行社会保障区的划分并计算社会保障价格。

③ 绘制社会保障价格图。在工作底图上勾绘社会保障区，并将计算出的单位面积社会保障价格分别标注在对应的社会保障区内，绘制出社会保障价格图。

④ 划分农用地征用价格区片。将农用地基准地价图与农用地社会保障价格图叠加，将形成的封闭图斑进行归并，并根据实际情况进行适当调整，确定农用地征用价格区片。

⑤ 计算农用地征用区片价。农用地征用区片价等于基准地价与社会保障价格之和。

（2）样点法评估农用地征用区片价。

① 资料调查，主要内容包括：农用地定级成果资料，包括土地级别图、土地定级工作报告和技术报告、其他能用于农用地估价的定级成果及资料；农用地基准地价评估成果资料，包括农用地基准地价图、农用地基准地价评估工作报告和技术报告等；农用地承包、转包、出租、拍卖、抵押、联营入股等交易资料，农地征用的补偿标准文件及实际支付标准资料等；社会经济及土地利用资料，包括当地农村经济发展状况资料，农业和社会经济发展统计资料，土地利用总体规划资料，基本农田保护区资料等。区域社会经济因素资料，包括当地区域经济因素和区域社会因素状况资料；社会保障因素资料，包括基本生活费、教育费、再就业培训费等；其他资料，如农用地历史地价资料、农业开发和农业生产的政策资料等。

② 确定农用地征用区片价的影响因素及其权重。通过对农用地征用价格影响因素的分析与确定，并结合当地实际情况确定农用地征用区片价影响因素体系。采用特尔斐法、层次

分析法、因素成对比较法等方法确定农用地征用区片价影响因素权重。

③ 划分评估单元。根据评估区域的社会经济条件、行政区划、地形地貌、土地利用现状及土壤条件等进行综合分析,将条件基本一致的区域作为评估单元。

④ 计算各评估单元影响因素综合分值。各单元各影响因素分值的计算,可采用特尔斐法或因素分值定量测算的方法进行。第一,特尔斐法。选择当地的农业、土地利用专家及有关专业人士作为专家,设计打分表,由专家进行打分。第二,因素分值定量测算法。按照评分估价法中的因素计算方法进行测算。

计算出各单元各影响因素的分值后,计算各单元影响因素综合分值。

⑤ 根据评估单元影响因素综合分值划分征用区片。按上述方法得到各单元影响因素的综合分值后,采用总分数轴确定法、总分频率曲线法等方法划分征用区片。

⑥ 测算样点地价。

第一,按区片确定农用地利用类型,在分类型抽取样点。

第二,采用投入产出等资料测算样点农用地价格。

第三,计算样点的社会保障价格。

第四,征用区片价样点地价等于样点农用地地价与样点社会保障价格之和。

⑦ 评估农用地征用区片价。

第一,样点数量的确定。合格样点数量应符合数理统计要求。

第二,农用地征用区片价计算。以区片为单元,按不同用途采用样点地价的简单算术平均值、加权算术平均值、中位数或中数等作为该区片的征用区片价。

（3）确定农用地征用区片价。根据实际情况将上述计算出的征用区片价进行调整,最终确定农用地征用区片价。

2. 征用区片价修正系数表的编制

征用区片价修正系数表的编制方法与城镇土地基准地价及农用地基准地价修正系数表的编制方法类似,在此不再重复。

3. 测算农用地征用价格

其具体公式为

$$P = P_0 \times (1 \pm \sum K) \times K_t + T$$

式中：P——待估农用地征用价格；

P_0——农用地征用区片价；

$\sum K$——宗地征用区片价影响因素修正系数和；

K_t——交易期日修正系数；

T——地上附属物价格。

三、农用地征用价格的确定

应采用两种或两种以上方法对农用地征用价格进行评估,并结合当地实际情况对不同评估结果进行分析,以确定最后的评估结果。

本章小结

本章介绍了土地估价中比较重要的方面：农用地估价。农用地估价是相对于城镇土地估价的另一个领域,与城镇土地估价有着很多的差异。第一节说明了农用地的概念和特征,介绍了农用地的价格内涵和价格体系,分析了农用地估价与其他用地类型估价的异同,并说明了农用地价格的影响因素;第二节农用地价格评估的理论与方法,主要介绍了收益还原法、市场比较法、成本逼近法、评分估价法和基准地价修正法;第三节讲述农用地宗地估价,分别阐述不同类型的农用地宗地估价、不同估价目的的农用地估价和农用地宗地估价的基本步骤;第四节着重阐述了农用地基准地价评估的技术路线和步骤;第五节着重讲述了农用地征用价格评估,介绍了三种主要方法：综合法、市场比较法和征用区片价系数修正法。

 关键词

农用地估价　收益还原法　市场比较法　成本逼近法　评分估分法　基准地价修正法　农用地宗地估价　农用地基准地价评估　样点地价平均法　定级指数模型法　基准地块评估法　农用地征用价格评估　综合法　市场比较法　征用区片价系数修正法

 复习思考题

1. 农用地的概念和特征是什么？
2. 影响农用地价格的因素有哪些？
3. 简述农用地价格体系的构成。
4. 各种类型的农用地价格如何评估？
5. 农用地宗地价格评估的基本步骤是什么？
6. 何谓农用地基准地价？
7. 何谓农用地征用价格？

第十一章　森林资源资产与矿业权评估

 学习目标

通过对本章的学习,应该能够:

1. 了解资产评估的内涵、基本要素、价值类型、假设和原则及主要方法;

2. 了解森林资产资源评估的内涵、原则及其主要方法;

3. 了解矿业权的概念及矿业权评估的原则和方法。

第一节　资产评估概论

一、资产评估的内涵

(一) 资产

1. 资产的概念

资产是一个具有多角度、多层面的概念,既有经济学中的资产概念,也有其他学科的资产概念,如会计学中的资产概念等。这些关于资产的概念是评估人员理解资产评估中的资产或评估对象的基础。经济学中的资产是泛指特定经济主体拥有或控制的,能够给特定经济主体带来经济利益的经济资源。也有将其表述为特定经济主体拥有或控制的,具有内在经济价值的实物和无形的权利。

会计学中的资产是指过去的交易或事项形成并由企业拥有或控制的资源,该资源预期会给企业带来经济利益。会计学中的资产主要指的是企业中的资产,这是资产评估对象中的重要组成部分,但资产评估对象或资产评估中的资产并不完全局限于企业中的资产。

资产评估中的资产或作为资产评估对象的资产,其内涵更接近于经济学中的资产,即特定权利主体拥有或控制的并能给特定权利主体带来未来经济利益的经济资源。而外延则包

括了具有内在经济价值,以及市场交换价值的所有实物和无形的权利。

2. 资产的特点

作为资产评估对象的资产具有以下基本特征。

(1) 资产必须是经济主体拥有或者控制的。依法取得财产权利是经济主体拥有并支配资产的前提条件。由于市场经济的深化,财产所有权基本权能形成不同的排列与组合不仅成为必要,而且成为可能。如果将这些排列与组合称为产权,那么,在资产评估中应了解被估资产的产权构成。

(2) 资产是能够给经济主体带来经济利益的资源,即可望给经济主体带来现金流入的资源。也就是说,资产具有能够带来未来利益的潜在能力。如果被恰当使用,资产的获利潜力就能够实现,进而使资产具有使用价值和交换价值。具有使用价值和交换价值,并能给经济主体带来未来效益的经资源,才能作为资产确认。

3. 资产的类型

作为资产评估客体的资产,存在形式是多种多样的,为了科学地进行资产评估,可对资产进行适当的分类。

(1) 按资产存在形态分类,可以分为有形资产和无形资产。有形资产是指那些具有实物形态的资产,包括机器设备、房屋建筑物、流动资产等。由于这类资产具有不同的功能和特性,在评估时应分别进行。无形资产是指那些没有实物形态,但在很大程度上制约着企业物质产品生产能力和生产质量,直接影响企业经济效益的资产,主要包括专利权、商标权、非专利技术、土地使用权、商誉等。

(2) 按资产的构成和是否具有综合获利能力分类,可以分为单项资产和整体资产。单项资产是指单台、单件的资产;整体资产是指由一组单项资产组成的具有整体获利能力的资产综合体。

(3) 按资产能否独立存在分类,可以分为可确指的资产和不可确指的资产。可确指的资产是指能独立存在的资产,前面所列示的有形资产和无形资产,除商誉以外都是可确指的资产;不可确指的资产是指不能脱离企业有形资产而单独存在的资产,如商誉。商誉是指企业基于地理位置优越、信誉卓著、生产经营出色、劳动效率高、历史悠久、经验丰富、技术先进等原因,所获得的投资收益率高于一般正常投资收益率所形成的超额收益资本化的结果。

(4) 按资产与生产经营过程的关系分类,可以分为经营性资产和非经营性资产。经营性资产,是指处于生产经营过程中的资产,如企业中的机器设备、厂房、交通工具等。经营性资产又可按是否对盈利产生贡献分为有效资产和无效资产。非经营性资产,是指处于生产经营过程以外的资产,如政府机关用房、办公设备等。

(5) 按企业会计制度及其资产的流动性分类,可以分为流动资产、长期投资、固定资产和无形资产等。

(二) 资产评估的定义、种类及特点

资产评估是市场经济的产物,其业务涉及企业间的产权转让、资产重组、破产清算、资产抵押,以及财产保险、财产纳税等经济行为。经过一百多年的发展,资产评估已成为在现代市场经济中发挥基础性作用的专业服务行业之一。

1. 资产评估的定义

资产评估经历了上百年的发展,评估范围在不断扩展,现在资产评估不仅已经成为一个独立的行业,同时,资产评估也成为一个约定俗成的概念和专业术语。就目前学术界和执业界的普遍共识,资产评估可以表述为:资产评估是专业机构和人员,按照国家法律、法规和资产评估准则,根据特定目的,遵循评估原则,依照相关程序,选择适当的价值类型,运用科学方法,对资产价值进行分析、估算并发表专业意见的行为和过程。

资产评估作为一种评价过程,要经历若干评估步骤和程序,同时也会涉及以下基本的评估要素。

(1)评估主体,即从事资产评估的机构和人员,他们是资产评估工作的主导者。

(2)评估客体,即被评估的资产,它是资产评估的具体对象,也称为评估对象。

(3)评估依据,也就是资产评估工作所遵循的法律、法规、经济行为文件、重大合同协议以及取费标准和其他参考依据。

(4)评估目的,即资产业务引发的经济行为对资产评估结果的要求,或资产评估结果的具体用途。它直接或间接地决定和制约资产评估的条件,以及价值类型的选择。

(5)评估原则,即资产评估的行为规范,是调节评估当事人各方关系、处理评估业务的行为准则。

(6)评估程序,即资产评估工作从开始准备到最后结束的工作顺序。

(7)评估价值类型,即对评估价值的质的规定,它对资产评估参数的选择具有约束性。

(8)评估方法,即资产评估所运用的特定技术,是分析和判断资产评估价值的手段和途径。以上要素构成了资产评估活动的有机整体。

2. 资产评估的种类

资产种类的多样化和资产业务的多样性,以及资产评估委托方及其相关当事人对资产评估内容及其报告需求的多样性,资产评估也相应出现了多种类型。在世界范围内,从资产评估服务的对象、评估的内容和评估者承担的责任等方面来看,目前国际上的资产评估主要分为三类,即评估、评估复核和评估咨询。这种分类方法中的评估类似于我国目前广泛进行的为产权变动和交易服务的资产评估。它一般服务于产权变动主体,对评估对象的价值进行评估,评估人员及其机构要对其评估结果的真实性和合理性负责。评估复核是指评估机构(评估师)对其他评估机构(评估师)出具的评估报告进行的评判分析和再评估。它服务于特定的当事人,对某个评估报告的真实性和合理性作出判断和评价,并对自己所提出的意见负责。评估咨询是一个较为宽泛的术语。它既可以是评估人员对特定资产的价值提出咨询意见,也可以是评估人员对评估标的物的利用价值、利用方式、利用效果的分析和研究,以及与此相关的市场分析、可行性研究等。评估咨询要求的主要是评估主体的信誉、专业水准和职业道德,评估咨询主体也要对其出具的咨询意见承担相应的责任。

从资产评估面临的条件、资产评估执业过程中遵循资产评估准则的程度及其对评估报告披露的要求的角度,资产评估又可分为完全资产评估和限制性资产评估。完全资产评估一般是指严格遵守资产评估准则,按照资产评估准则的各个条款的要求,在执业过程中没有违背资产评估准则的规定所进行的资产评估。限制性资产评估一般是指评估机构及其人员由于评估条件的限制不能完全按照资产评估准则的要求进行执业,或在允许的前提下未完全按照评估准则的规定进行的资产评估。完全资产评估和限制性资产评估对评估结果的披露的程度和要求是不同的,限制性资产评估需要做更为详尽的说明和披露。

从资产评估对象的构成和获利能力的角度,资产评估还可具体划分为单项资产评估和整体资产评估。对以单项可确指的资产为对象的评估称其为单项资产评估,例如,机器设备评估、土地使用权评估、建筑物评估、可确指无形资产评估等。对若干单项资产组成的资产综合体所具有的整体生产能力或获利能力的评估称为整体资产评估。最为典型的整体资产评估就是企业价值评估。单项资产评估和整体资产评估在评估的复杂程度和需考虑的相关因素等方面是有较大差别的,整体资产评估更为复杂,需考虑的因素更为全面。

3. 资产评估的特点

理解和把握资产评估的特点,有利于进一步认识资产评估的实质,对于搞好资产评估工作,提高资产评估质量具有重要意义。一般来说,资产评估具有以下特点。

(1) 市场性。资产评估是适应市场经济要求的专业中介服务活动,其基本目标就是根据资产业务的不同性质,通过模拟市场条件对资产价值作出经得起市场检验的评定估算和报告。

(2) 公正性。公正性是指资产评估行为服务于资产业务的需要,而不是服务于资产业务当事人的任何一方的需要。公正性的资产评估按公允、法定的准则和规程进行,公正性表现有以下两点。

① 评估人员按公允、法定的准则和规程进行,公允的行为规范和业务规范是公正性的技术基础。

② 评估人员是与资产业务没有利害关系的第三者,这是公正性的组织基础。

(3) 专业性。资产评估是一种专业人员的活动,从事资产评估业务的机构应由一定数量和不同类型的专家及专业人士组成。一方面这些资产评估机构形成专业化分工,使得评估活动专业化;另一方面,评估机构及其评估人员对资产价值的估计判断也都是建立在专业技术知识和经验的基础之上。

(4) 咨询性。咨询性是指资产评估结论是为资产业务提供专业化估价意见,该意见本身并无强制执行的效力,评估师只对结论本身合乎职业规范要求负责,而不对资产业务定价决策负责。事实上,资产评估为资产交易提供的估价往往由当事人作为要价和出价的参考,最终的成交价取决于当事人的决策动机、谈判地位和谈判技巧等综合因素。

二、资产评估的基本要素

从资产评估的概念可知,资产评估由八大要素构成,即资产评估的主体、客体、目的、依据、原则、程序、价值类型和方法。

(一) 资产评估主体

资产评估主体指从事资产评估的机构和人员,他们是资产评估的主导者,即具有资产评估资格的中介机构和注册资产评估师。国务院颁布的《国有资产评估管理办法》中对资产评估主体作了明确规定:持有国务院或者省、自治区、直辖市人民政府国有资产管理行政主管部门颁发的国有资产评估资格证书的资产评估公司、会计师事务所、审计师事务所、财务咨询公司,或经国务院或省、自治区、直辖市人民政府国有资产行政主管部门认可的临时机构,均可接受资产占有单位的委托,从事资产评估业务。我国对资产评估人员实行注册登记管理制度,凡按规定通过考试,取得中华人民共和国注册资产评估师《执业资格证书》,并经注册登记的人员,即可从事资产评估业务。注册资产评估师应遵循有关法律、法规执行资产评估业务,注册资产评估师只能在一个资产评估机构执业并独立行使签字权利,不允许他人以本人名义签字。注册资产评估师对签署的资产评估报告书的真实性、客观性、公正性负责,并承担相应的法律责任。

(二)资产评估客体

资产评估客体指被评估的资产,也称评估对象。既可以针对单项资产进行,也可以针对企业总体资产进行。前者称为单项(分类)资产评估,后者称为综合评估。有必要指出,对作为评估对象的"资产",首先必须鉴定该项资产是否存在;其次,要核实、鉴定产权的合法性、有效性。确认产权是资产评估的重要工作,如果不先确认委托方拥有资产权益的性质、程度,就无法进行资产评估。

(三)资产评估目的

资产评估目的指由资产业务引发的经济行为对资产评估结果的要求,或资产评估结果的具体用途。换句话说,资产评估目的是为资产业务提供公平的价格尺度,维护资产业务各方的合法权益,以保证资产市场及其资产业务正常运作,往往用所服务的资产业务类型来表示,即资产评估的目的是资产评估所服务的经济业务的具体类型。我国现行资产评估所服务的主要经济行为类型有:资产转让、企业兼并、企业出售、企业联营、股份经营、中外合资合作、外商投资财产鉴定、企业清算、资产租赁、资产抵押、资产担保、实物验资等。无论资产业务的性质如何,只有资产评估的结果能满足资产业务的实际需要时,资产评估这项经济活动才具有实际意义。在评估过程中,必须根据资产业务类型,选择相适应的价值类型、评估程序和方法,以保证评估结果与资产业务的实际需要相一致。

(四)资产评估依据

资产评估依据指资产评估工作所遵循的法律、法规、经济行为文件、重大合同协议以及收费标准和其他参考依据。

(五)资产评估原则

资产评估原则指资产评估的行为规范,是调节评估当事人各方关系、处理评估业务的行为准则,包括真实、科学、可行等原则。

(六)资产评估程序

资产评估程序指资产评估工作从开始准备到最后结束的工作顺序。包括:明确资产评估业务基本事项;签订资产评估业务约定书;编制资产评估计划;资产勘察与现场调查;收集资产评估资料;评定估算;编制和提交资产评估报告书;资产评估工作档案归档。严格按照科学的程序进行评估是减少误差、确保评估质量的基本条件。

(七)资产评估价值类型

资产评估价值类型指对评估价值的质的规定,即适用于评估价值的计量尺度类型。评估工作应根据资产业务类型选择适用的价值类型,以保证资产评估结果的价值内涵和计价基础与资产业务的要求相适应。

(八)资产评估方法

资产评估方法指资产评估所运用的特定技术,是分析和判断资产评估价值的手段和途径。如市场法、收益法等。

上述资产评估要素相互依存、相辅相成,共同构成科学的资产评估体系。

三、资产评估的价值类型

(一)市场价值与非市场价值

资产评估的价值类型可以按不同的标志分为不同的类别,这里仅介绍以资产评估所依据的市场条件作出的分类:市场价值与非市场价值。

1. 市场价值

市场价值是指资产在评估基准日公开市场上最佳使用状态下最有可能实现的交换价值的估计值。市场价值应理解为反映市场价格趋势的资产的价格,是以评估基准日可能获得的最合理的市场价格来衡量的。按市场价格进行评估时,评估人员必须按资产的最佳或最可能的使用状态进行评估。适合市场价值要求的价值类型有重置成本、现行市价、收益现值等。

2. 非市场价值

非市场价值是相对于市场价值而言的价值概念,又称市场价值以外的价值。凡是不符合市场价值定义条件的资产价值类型都属于非市场价值。非市场价值不是一种具体的资产评估价值存在形式,而是一系列不符合资产价值定义条件的价值形式的总称或组合,如在用价值、投资价值、持续经营价值、保险价值等。

在用价值是指作为企业组成部分的特定资产对其所属企业能够带来的价值,而不考虑该资产的最佳用途或资产变现的情况。

投资价值是指资产对于具有明确投资目标的特定投资者或某一类投资者所具有的价值。

持续经营价值是指企业作为一个整体的价值。由于企业的各个组成部分对该企业整体价值都有相应的贡献,可以将企业总的持续经营价值分配于企业的各个组成部分,即构成企业持续经营的各局部资产的在用价值。

保险价值是指根据保险合同或协议中规定的价值定义所确定的价值。

（二）评估价值

评估价值是指资产评估活动所评定的资产价值,即资产评估人员根据资产评估目的,通过对市场条件或资产使用特殊性的分析与判断,对被评估资产在评估基准日和特定条件下的最大可能实现的价格提出咨询意见。由于资产评估是应多种资产业务的需要而产生的,是资产交易当事人在交易之前为获得一个合理的交易价格的底数而要求有关专业人员提供的该类资产的市场信息和价格咨询意见。从时间上看,资产评估发生在资产交易或资产进入市场之前。所以,评估价值不是资产的实际交易价格,资产评估活动不能取代资产交易当事人的市场交易活动。资产评估的结论并无强制执行的效力,在许多场合下,资产交易的成交价与评估结果是不相吻合的,这都表明了资产评估的咨询性。

四、资产评估假设和原则

（一）资产评估假设

资产评估工作需要在掌握充分的事实资料的基础上,对评估工作中一些未被确切认识的事物或不确定的因素进行合乎逻辑的推理、判断或假定。

1. 交易假设

交易假设是假定被评估资产已经处在交易过程中,根据被评估资产的交易条件等模拟市场进行估价。资产评估是在资产实际交易之前进行的,为了能够在资产实际交易之前为委托人提供资产交易底价,利用交易假设将被评估资产置于“交易”当中,模拟市场进行评估十分必要。

2. 公开市场假设

所谓公开市场,是指有自愿的买者和卖者的竞争性市场。在这个市场上,买者和卖者的地位是平等的,彼此都有获取足够市场信息的机会和时间,买卖双方的交易行为都是在不受限制的条件下进行的。

公开市场假设,是指假定有较为完善的公开市场存在,被评估资产将要在这样的公开市场中进行交易。当然,公开市场假设也是基于资产在市场上可以公开买卖这样一种客观事实。这一假设旨在说明一种充分竞争的市场条件,在这种条件下,资产的交换价值受市场机制的制约并由市场行情决定,而不是由个别交易决定。公开市场假设适用于通用性较强的资产,因为通用性越强的资产,越容易通过市场交易实现其最佳效用,按最佳用途进行评估,有助于通过资产市场实现资产的最佳配置。

3. 继续使用假设

继续使用假设是指资产将按原定用途使用、转换用途使用或移地继续使用,是对资产使用状态的一种假设。按原定用途使用是指处于使用中的被评估资产在产权发生变动或资产业务发生后,将按其现行正在使用的用途及方式继续使用下去;转换用途使用是指被评估资产将在产权发生变动或资产业务发生后,改变资产现时的使用用途,调换新的用途继续使用下去;移地使用则是指被评估资产将在产权变动或资产业务发生后,改变资产现有的空间位置,转移到其他空间位置上继续使用。总之,无论是以上哪一种使用状态,资产必须具备使用价值。资产如果不再具备使用价值,或将资产拆零、改造,以至改变资产性质,使其变成另一类资产,则不属于资产评估的范畴。

由于继续使用假设是在一定市场条件下对被评估资产使用状态的一种假定说明,因此,该假设下的资产评估结果的适用范围是受限制的。

4. 清算假设

清算假设是指资产在非公开市场条件下被迫出售或快速变现条件的假定说明。清算假设首先是基于被评估资产面临清算或具有潜在的被清算的事实或可能性,再根据相应数据资料推定被评估资产处于被迫出售或快速变现的状态。这种交易与公开市场下的资产交易不同:一是交易双方地位不平等,卖方是非自愿地被迫出卖资产;二是交易被限制在较短的时间内完成。在这种情况下,被评估资产的评估值要低于上述其他假设下的资产评估值。所以,在清算假设下的资产评估结果的适用范围有限。

(二)资产评估原则

资产评估原则是规范评估行为的准则。资产评估涉及面广、综合性强,是一项技术性较强的工作。评估结果将涉及资产所有者、经营者等各方面的产权和利益关系,为保证资产评估结果的可靠、公允,就必须对资产评估工作本身以及评估执业过程中的一些技术规范和业务准则进行规定,以约束资产评估行为。

1. 独立性原则

独立性原则一是指评估机构是一个独立的、不依附他人的社会公正性中介组织;二是指评估机构及其评估人员在执业过程中应始终坚持独立的第三者地位,评估工作不受委托人及外界的影响,进行独立公正的评估。

2. 真实性原则

真实性原则是指资产评估中运用的数据资料必须真实可靠,符合评估单位的实际情况。评估结果必须做到真实、公允。资产占有单位提供虚假情况和资料或者资产评估机构玩忽职守、作弊导致资产评估结果失实的,都应负相应的法律责任。为做到真实性,资产评估机构的工作人员应以公正无私的态度评估资产价值,评估过程中涉及的有关各方面利害关系者应处于平等地位,以保证评估结果的客观真实。

3. 科学性原则

在资产评估工作中,应根据评估对象的特点和特定的评估目的,采用科学的程序和方法,具体要求如下。

(1)所采用的评估方法与价值类型对于特定的评估对象是适当的,即符合资产评估的基本计价理论;所确定的评估程序以及评估工作的组织,对被评估单位是适宜的,即符合有关的政策、法规,并尽可能得到有关利益各方的配合与协助。

(2)资产评估所需要的各种技术经济指标,都应在细致计算、认真分析论证后作出合理、准确的评定。

(3)整个资产评估工作在客观上应体现出增益性或有用性。资产评估工作应当有利于推动资产的合理流动和重新组合,有利于这些资源的最优配置和国民经济的发展。

因此,对资产评估,不仅要计算其成本价值,还应考虑其可带来的收益;不仅要考虑各项资产本身目前的功能,还应充分考虑经过重新优化组合后在整体经济活动中的作用。为此,应做到:技术方法与经济方法相结合;定性分析与定量分析相结合;局部利益与整体利益相结合;目前利益和长远利益相结合;专业人员评估与群众的意见相结合。

4. 可行性原则

可行性原则是指评估程序与方法合理、合法;具体的评估工作尽可能简便易行,以节约评估费用;评估所需的技术参数、数据和相关资料容易得到且客观性较强。评估机构对评估单位的实际情况进行深入调查研究,具体问题具体分析,并贯彻会计上的"重要性"原则,是资产评估可行的根本保证。

5. 预期收益原则

预期收益原则是指在评估资产的价值时,必须考虑它未来可能为其控制者带来经济效益。资产的价值主要取决于其未来的效用及获利能力,未来效用越大,评估价值越大。因此,合理预测资产未来的获利能力和获利的有效期限,是资产评估必须遵循的一项原则。

6. 供求原则

供求原则是指在资产评估时要遵循市场供求规律,即商品价格随着需求的增长而上升,随着供给的增加而下降的规律。供求规律对商品价格的决定性同样适用于资产评估。

7. 替代原则

在同一市场上,如果相同使用价值和质量的商品具有不同的价格,购买者会选择价格较低者,即价格最低的同质商品对其他商品具有替代性。据此推理,资产评估的替代原则是指在评估中,如果几种相同或相似资产具有不同价格时,应取较低者为评估值,或者说评估值不应高于替代物的价格。在资产评估中确实存在评估数据、评估方法等的合理替代问题,正确运用替代原则是公正进行资产评估的重要保证。

8. 估价日期原则

由于资产价值会随着时间等因素的变化而变化,为了使资产评估得以顺利进行,必须确定一个时点作为评估基准日,即估价日期,为资产评估提供一个时间基准。因此,评估值就是评估基准日的资产价值。

五、资产评估的主要方法

(一)市场法

市场法是指通过市场调查,选择一个或几个与评估对象相同或类似的资产作为比较对象,分析比较对象的近期成交价格和交易条件,进行对比、分析、调整,估算出资产价值的各种评估技术方法的总称。

市场法是根据替代原则,采用比较和类比的方法判断资产价值的评估技术规程。因为任何一个正常的投资者在购置某项资产时,他所愿意支付的价格不会高于市场上具有相同用途的替代品的现行市价。运用市场法要求充分利用类似资产的成交价格信息,并以此为基础判断和估测被评估资产的价值。因此,市场法是资产评估中最为直接、最具说服力的评估方法之一。当然,运用市场法进行资产评估,必须具备一定的前提:要有一个充分活跃、公平、公开的资产市场;公开市场上要有可比的资产参照物及其交易活动。

市场法的具体评估方法主要如下。

1. 现行市价法

现行市价法是直接利用评估对象或参照物在评估基准日的现行市场价格作为评估对象的评估价值的方法。这是在评估对象本身具有现行市场价格或与评估对象基本相同的参照物具有现行市场价格的情况下采用的方法。

2. 市价折扣法

市价折扣法是以参照物成交价格为基础,考虑评估对象诸如销售条件、销售时限等方面的不利因素,设定一个价格折扣率来估算评估对象价值的方法。这种方法适用于评估对象与参照物之间仅存在交易条件方面差异的情况下。其计算公式为

$$资产评估价值＝参照物成交价格×(1－价格折扣率)$$

3. 功能价值类比法

功能价值类比法是以参照物的成交价格为基础,将参照物与评估对象之间的功能进行对比来估算评估对象价值的方法,包括线性法和指数法。

(1) 线性法。线性法是指评估对象的生产能力等指标与参照物相应指标呈线性关系下的评估方法。其计算公式为

$$资产评估价值＝参照物成交价格×(评估对象生产能力÷参照物生产能力)$$

该方法还可以通过对参照物与评估对象的其他功能指标的对比,利用参照物成交价格推算出评估对象价值。

(2) 指数法。指数法是指在评估对象的生产能力等指标与参照物的相应指标呈指数关系下的方法。其计算公式为

$$资产评估价值＝参照物成交价格×(评估对象生产能力÷参照物生产能力)^{功能价值指数}$$

4. 价格指数法

价格指数法是以参照物成交价格为基础,根据参照物的成交时间与评估对象的评估基准日之间的时间间隔对资产价值的影响,利用价格指数调整估算评估对象价值的方法。其计算公式为

$$资产评估价值＝参照物成交价格×(1＋物价变动指数)$$

或
$$资产评估价值＝参照物成交价格×价格指数$$

这一方法适用于评估对象与参照物之间仅存在时间差异,且时间差异不能过长的情况下。

现行市价法、市价折扣法、功能价值类比法和价格指数法统称为直接比较法。由于直接比较法对参照物与评估对象的可比性要求较高,在具体评估过程中寻找参照物可能会受到局限。因而,直接比较法的使用也相对受到一定制约。

在很多情况下,参照物与评估对象只是在大的方面基本相同或相似,这时可以采用类比调整法,即在参照物成交价格的基础上,通过对比分析调整参照物与评估对象之间的差异,调整估算评估对象价值的方法。类比调整法具有适用性强、应用广泛的特点。但该法对信息资料的数量和质量要求较高,而且要求评估人员要有较丰富的评估经验、市场阅历和评估技巧。

5. 成本市价法

成本市价法是以评估对象的现行合理成本为基础,利用参照物的成交价格与其成本的比率来估算评估对象的价值的方法。其计算公式为

$$资产评估价值＝评估对象现行合理成本×(参照物成交价格$$
$$÷参照物现行合理成本)$$

6. 市盈率倍数法

市盈率倍数法是以参照企业的市盈率作为倍数,以此倍数与评估企业的收益额相乘估算评估企业价值的方法。主要适用于整体企业的评估。其计算公式为

$$资产评估价值＝评估企业收益额×参照企业市盈率$$

上述方法只是市场法中一些经常使用的方法,市场法的具体方法还有很多。作为市场法具体方法必须满足两个基本条件:一是参照物与评估对象必须具有可比性;二是参照物的交易时间与评估基准日间隔不能过长。

(二) 收益法

收益法是指将评估对象未来期间的预期收益用适当的折现率折现,累加得出评估基准日的现值,以此来判断资产价值的各种评估方法的总称。

收益法的基本思路是采用折现的方法来估算资产价值。利用投资回报和收益折现等技术手段,把评估对象的预期产出能力和获利能力作为评估标的来估测评估对象的价值。根据评估对象的预期收益来评估其价值,是容易被资产交易各方所接受的。所以,收益法是资产评估中较为科学合理的评估方法之一。其基本计算公式为

$$P = \frac{a_1}{1+r_1} + \frac{a_2}{(1+r_1)(1+r_2)} + \cdots + \frac{a_n}{(1+r_1)(1+r_2)\cdots(1+r_n)}$$
$$= \sum_{i=1}^{n} \frac{a_i}{\prod_{j=1}^{i}(1+r_j)}$$

式中:P——所估算的收益价格即资产价值;

n——评估对象的收益年限;

$a_1, a_2, \cdots, a_n$——相对于评估基准日而言的未来第 1 年,第 2 年,$\cdots$,第 n 年的资产净现金流;

$r_1, r_2, \cdots, r_n$——相对于评估基准日而言的未来资产的第 1 年,第 2 年,$\cdots$,第 n 年的折现率。

因为收益法的运用受被评估资产的预期收益、折现率、被评估资产使用年限的制约,因此,运用收益法进行资产评估,必须具备一定的前提:被评估资产的未来预期收益以及所承担的风险可以预测并可以用货币衡量;被评估资产的使用年限可以预测。

(三) 成本法

成本法是指按被评估资产的重置成本减去该资产已经发生的实体性陈旧贬值、功能性

陈旧贬值和经济性陈旧贬值后,以其差额作为被评估资产的评估价值的资产评估方法。其计算公式为

$$资产评估价值＝资产的重置成本－资产实体性贬值$$
$$－资产功能性贬值－资产经济性贬值$$

式中,资产重置成本是指重新建造或在现行市场上重新购置全新状态下资产的成本。重置成本有两种形式:复原重置成本和更新重置成本。复原重置成本是指采用与原资产相同的材料、建造标准、相同的设计标准与制造工艺和技术条件,以现时价格重置一个全新状态的评估对象所需的全部成本。更新重置成本是指按现时价格,使用现代材料,根据现代设计原理与标准,重置一项与评估对象具有相同用途的全新资产所需要支付的全部成本。资产的实体性贬值是由于使用磨损和自然损耗造成的贬值,属于有形损耗,资产的实体性贬值通常采用相对数计量,即实体性贬值率(实体性贬值率＝资产实体性贬值÷资产重置成本)。资产的功能性贬值是指由于技术进步引起的资产功能相对落后而造成的资产价值损失,包括由于新工艺、新材料和新技术的采用,而使原有资产的建造成本超过现行建造成本的超支额。资产的经济性贬值是指由于外部经济环境变化而引起的资产闲置、收益下降等而造成的资产价值损失,例如,当国家产业政策调整时,原生产线的相对贬值以及由于竞争加剧所引起的营运成本的增加等。

可见,成本法贯彻的是替代原则。即一项资产的评估价格不应高于重新购建的、具有相同功能的资产成本,即投资者在决定投资某项资产时,所愿意支付的价格不会超过购建该项资产的现行购建成本。同时,应考虑资产的各种贬值因素,并予以扣除。

成本法是从资产重置的角度来估测资产价值的,因此,只有当资产能够继续使用并且在持续使用中为潜在所有者或控制者带来经济利益时,资产的重置成本才能为潜在投资者和市场承认和接受。所以,成本法主要适用于继续使用前提下的资产评估。因此,运用成本法进行资产评估,必须具备一定的前提:

(1) 被评估资产处于继续使用状态或被假定处于继续使用状态。

(2) 应当具备可利用的历史资料。成本法的应用是建立在历史资料基础上的,许多信息资料、指标需要通过历史资料获得。同时,现时资产与历史资产具有相同性或可比性。

(3) 形成资产价值的耗费是必需的。耗费是形成资产价值的基础,采用成本法评估资产,首先要确定这些耗费是必需的,而且应体现社会或行业平均水平。

第二节 森林资源资产评估

一、森林资源资产概述

(一)森林资源的内涵

森林资源是以多年生木本植物为主体并包括以森林环境为生存条件的林内动物、植物、微生物等在内的生物群落,它具有一定的生物结构和地段类型并形成特有的生态环境。在

进行科学管理及合理经营条件下,可以不断地向社会提供大量物质产品、非物质产品及发挥其多种生态功能。

森林资源是自然资源的一种,是具有再生性的自然资源。森林资源的再生性表现为,当林木被采伐之后,可以通过人类劳动培育其再生,也可以在没有人为干预的情况下自然再生,只是后者需要更长的时间。由于森林资源的再生性,就可以通过人类劳动作用于自然,促进其生产和再生产,因此,森林资源又不完全是纯粹的自然资源。

森林资源按其物质形态可分为以下几类。

(1)森林生物资源,包括森林、林木及以森林为依托生存的动物、植物、微生物等资源。

(2)森林土地资源,包括有林地、疏林地、宜林荒山荒地等。

(3)森林环境资源,包括森林景观资源、森林生态资源等。

(二)森林资源资产的内涵

森林资源资产是在现有认识和科学水平条件下,进行经营利用,能给其产权主体带来一定经济利益的森林资源,包括林地资产、林木资产、森林野生动植物资产、森林景观资产以及林地经营权、林木采伐权等无形资产。现阶段,由于野生动植物以及微生物资源、森林生态资源的价值还难以准确计量,带来的经济利益也无法科学反映,因此实际评估的森林资源资产主要包括由投资及投资收益所形成的人工林以及依法认定的天然林、林地、森林景观资产等。其中,林木资产,是指林地内所有的林木所形成的资产,包括材林、经济林、薪炭林、防护林、竹林、特种用途林以及尚未成林的幼树等。林地资产是指依法确认的用于林业用地中具有货币属性的资产,包括乔木林地、疏林地、未成林造林地、灌木林地、采伐迹地、苗圃以及国家规划的宜林地。森林景观资产,主要包括风景林、部分名胜古迹和纪念林等。

在现有的科学技术和经济条件下,对森林资源资产进行合理经盈利用,可以为产权主体带来一定的经济利益。森林资源资产是一种特殊的资产,除具有一般资产的属性外,还具有可再生、生长周期长、受自然因素影响大以及集经济效益、社会效益和生态效益于一体的特性。

1. 森林资源资产具有可再生性

当林木被采伐之后,可以通过人类的劳动培育使其再生,当然也可以在没有人力干预的情况下自然再生。因此,如果不是遭到超强采伐而使森林生态系统遭到根本破坏,森林资源资产是可以再生的。从这一方面来看,森林资源又不完全是纯粹的自然资源。

2. 森林资源资产具有系统性

森林资源的各个组成部分,在太阳辐射、热量、水分和土壤等环境条件下,共同组成一个复杂的、既相互联系又相互制约的森林生态系统或森林资源系统。这里不仅包括各种食物链结构、共生结构和立体结构,而且在空间分布上与外部相交融。因此,这个系统中任何一个成分的改变都会影响到系统的结构和功能,并因而引起其他成分在系统中地位和作用的变化。

3. 森林资源生长周期长

森林资源经营少则几年、十几年,多则几十年,甚至上百年。在其经营周期内,要占用大量的其他资产,影响资金的周转,同时也要承担较大的风险。如价格风险、利率风险和管理风险等。因此,森林资源资产培育过程风险大,管护难度大,投资回收期长。

4. 森林资源受自然因素影响较大

森林资源直接面临着大自然的考验,受自然因素的影响较大。这就决定了在培育幼林阶段投入较大,但实际价值较低;在完成造林后的时段内,直接投入减少,自然力对林木生长和价值增加起重大作用。因此,林木的实际投入与其实际价值在时间上不完全对应。

5. 森林资源的功能具有多样性

森林资源不仅具有多种多样的经济功能、生态功能,而且具有较大的社会功能。森林中的木材、干果、鲜果、树皮、香料、药材等都可以作为工农业生产和生活之用;森林还能够净化大气、防风固沙、保持水土、涵养水源等,为人类营造良好的生存环境。因此,森林的作用是多方面的,在评估时应综合考虑森林资源的系统功能。

(三)森林资源资产的价格构成要素

森林资源作为一种可再生的自然资源,包括天然林和人工林。天然林与人工林相比,除了更新方式不同外,都要进行管理,国家每年都要投入千百万元的资金进行森林资源的保护。森林资源资产的价格影响因素,包括市场供求因素以及所投入的必要的劳动量因素等。森林资产价格,主要由下列因素构成。

1. 营林生产成本

营林生产成本是确定森林价格的基础。营林生产成本应以能够提供商品材的劣等宜林地的营林生产成本作为依据。

2. 资金的时间价值

由于培育森林资源的长期性,森林资源的生产周期长,从栽植到采伐往往需要几年、十几年或几十年的时间。在营林生产过程中,需不断投入资金,森林资源资产价格的评估应充分考虑资金时间价值对林木价值的影响,充分考虑资金占用的利息,营林的生产成本应以复利计算。同时,林木在不同的时间有不同的价值,同一树种在不同年龄林木价值不同,形成森林的时序成本和时序价格。

3. 利润

森林资源资产的价格中应当包括营林利润。在森林资源资产评估中,营林利润率的确定,可以以社会平均资本利润率为基础,同时应考虑到营林生产周期长、风险大,再加上林木生产的实际情况,进行适当调整。

4. 税金

森林资源资产经营过程中应缴纳的各种税费。

5. 林木生产中的损失

在漫长的森林培育过程中,林木可能会遭受各种各样的自然灾害,如火、风、雷、水、病虫害等,会带来一定的经济损失。在评估中,必须对林木生产过程中的这些意外损失作出合理的估计。

6. 地租

在我国,林地所有权和使用权相分离,森林资源资产的价格中应包括绝对地租和级差地租,地租量应根据不同林地、不同树种、不同经营水平等因素确定,如气候条件、土地肥沃程度、交通条件、宜林性质等因素。

7. 地区差价和树种差价

林木是在一定的自然地理条件下,经过人类劳动而生产出来的,因此,林木的成本与价格,既受自然条件的制约,又受林木本身生态特性的影响,形成了林木的地区差价和树种差价。因此差价是森林资源资产价格的重要特征。

二、森林资源资产评估的内涵

森林资源资产评估是根据特定的目的、遵循社会客观经济规律和公允的原则,按照国家法定的标准和程序,运用科学可行的方法,以统一的货币单位,对具有资产属性的森林资源实体以及预期收益进行的评定估算。它是评估者根据被评估森林资源资产的实际情况、所掌握的市场动态资料和对现在和未来进行多因素分析的基础上,对森林资源资产所具有的市场价值进行评定估算。根据有关规定,有以下经济行为的必须进行森林资源资产评估:出让或转让森林资源资产;以森林资源资产作价出资进行中外合资、合作;以森林资源资产作价出资进行股份经营或联营;以森林资源资产从事租赁经营;以森林资源资产作抵押或进行拍卖;出让、转让或出租林地使用权;同时出让、转让森林、林木与林地使用权;需要进行森林资源资产评估的其他情形。

森林资源资产评估是资产评估的重要组成部分之一,它是由特定的评估主体对森林资源中具有资产属性的部分的现实市场价值量进行估算。由于森林资源资产评估属于资产评估这个大的行业中,所以森林资源资产评估应遵循资产评估的一般原理和基本准则。但森林资源资产是一种特殊的资产,因此森林资源资产评估也具有很多独特的性质,使其成为资产评估领域一个较为独特的分支。与一般的资产评估相比,森林资源资产评估是一门专业技术性很强的学科,它要求在掌握一般资产评估的理论和技术问题的基础上,结合森林资源资产本身特殊的生长规律及独特的经营技术,通过实物调查、市场调查、技术经济分析,在占有充分资料的前提下,运用适宜的方法评估森林资源资产的价值。

森林资源资产评估的复杂性、森林资源资产的可再生性、森林资源资产效益的多样性以及森林资源资产经营的长期性,决定了森林资源资产评估的专业要求高。森林资源资产评估应由具备森林资源资产评估条件的专职评估机构或综合评估机构进行。森林资源资产专职评估机构,需具备一定数量能胜任工作的森林资源资产评估专职人员,其中从事林学、森林资源调查及管理等专业人员分别不少于 2—4 人;从事森林资源资产评估的从业人员,必须经过由林业部和国家国有资产管理局共同组织的专业培训,并取得合格证书。

三、森林资源资产评估遵循的原则

（一）基本原则

森林资源资产评估必须遵循公平性原则、科学性原则、客观性原则、独立性原则、可行性原则等资产评估基本原则。

（二）前提性原则

森林资源资产评估要遵循产权利益主体变动原则和森林持续经营原则,即以被评估森林资源资产的产权利益主体变动为前提或假设前提,确定被评估资产基准日时点上的现行公允价值。产权得益主体变动包括利益主体的全部改变和部分改变及假设改变。遵循森林持续经营原则,是以森林良性循环为前提,全面统筹森林资源的利用、培育和保护。

(三)操作性原则

森林资源资产评估要遵循资产持续经营原则、替代性原则和公开市场原则等操作性原则。

持续经营原则是指评估时需根据被评估森林资源资产按目前的林业用途、规模继续使用或有所改变的基础上继续使用,相应确定评估方法、参数和依据。

替代性原则是指评估作价时,如果同一森林资源资产或同种森林资源资产在评估基准日可能实现的或实际存在的价格或价格标准有多种,则应选用最低的一种。

公开市场原则(公允市价原则)是指森林资源资产评估选取的作价依据和评估结论都可在公开市场存在或成立。森林资源资产交易条件公开并且不具有排他性。

四、森林资源资产核查

森林资源资产的实物量是价值量评估的基础,按照《森林资源资产评估技术规范(试行)》的规定,森林资源资产评估的委托方必须提供有效的森林资源资产清单。该清单要根据森林资源规划设计调查(二类调查)、作业设计调查(三类调查)成果或者森林资源档案资料来编制。评估机构在森林资源资产价值量评定估算前,必须对委托单位提交的有效森林资源资产清单上所列示资产的数量和质量进行认真的核查。要求账面、图面、实地三者一致。

(一)核查内容

森林资源资产的核查内容主要包括权属、林地或森林类型的数量、质量和空间位置等。具体项目如下。

(1)林地,包括林地所有权、使用权、地类、面积、立地质量等级、地利等级等。

(2)林木,林木包括以下几类。

① 用材林。用材林包括:幼龄林(权属、树种组成、林龄、平均树高、单位面积株数);中龄林(权属、树种组成、林龄、平均胸径、平均树高、单位面积活立木蓄积);近、成、过熟林(权属、树种组成、林龄、平均胸径、平均树高、立木蓄积、材种出材率等级)。

② 经济林。包括权属、种类及品种、年龄、单位面积产量。

③ 薪炭林。包括权属、林龄、树种组成、单位面积立木蓄积量。

④ 竹林。包括权属、平均胸径、立竹度、均匀度、整齐度、年龄结构、产笋量。

⑤ 防护林。防护林除核查与用材林相应的项目外,还要增加与评估目的有关的项目。

⑥ 特种用途林。特种用途林除核查与其他林种相应的项目外,还要增加与评估目的有关的项目。

⑦ 未成林造林地上的幼树。包括权属、树种组成、造林时间、平均高、造林成活率、造林保存率。

（二）核查方法

森林资源资产的核查分为抽样控制法、小班抽查法和全面核查法。评估机构可按照不同的评估目的、评估种类、具体评估对象的特点和委托方的要求选择使用。

1. 抽样控制法

本方法以评估对象为抽样总体，以95％的可靠性，布设一定数量的样地进行实地调查，要求总体蓄积量抽样精度达到90％以上。林地的核查，首先依据具有法定效力的资料，核对其境界线是否正确；然后在林业基本图或林相图上直接量算或采用成数抽样的办法核查各类土地和森林类型的面积，主要地类的抽样精度要求达到95％以上（可靠性为95％）。

如委托方提交的资产清单中各类土地、森林类型的面积和森林蓄积量在估测区间范围内，则按照资产清单所列的实物数量、质量进行评估。若超出估测区间，则该资产清单不符合评估要求，应通知委托方另行提交新的森林资源资产清单。

2. 小班抽查法

本方法采用随机抽样或典型选样的方法区分林地及森林类型、林龄等因子，抽出若干比例小班进行核查。核查的小班个数依据评估目的、林分结构等因素来确定。对抽中小班的各项按规定必须进行核查的因子进行实地调查，以每个小班中80％的核查项目误差不超出允许值视为合格。

小班核查因子的允许误差范围采用林业部《森林资源调查主要技术规定》的A级标准。若核查小班合格率低于90％，则该资产清单不能用做资产评估，应通知委托方另行提交资产清单。

3. 全面核查法

本方法对资产清单上的全部小班逐个进行核查。对即将采伐的小班设置一定数量的样地进行实测，必要时进行全林每木检尺。

核查小班内各核查项目的允许误差按小班抽查法的规定执行。对经核查超过允许误差的小班，通知委托方另行提交资产清单。

五、森林资源资产评估主要方法

根据原国家国有资产管理局和原林业部发布的《森林资源资产评估技术规范（试行）》，森林资源资产评估的对象主要是林木资产、林地资产和森林景观资产。森林资源资产评估的基本方法主要是市场法、收益法和成本法。由于森林资源资产的特殊性，根据具体的评估对象和资料情况，针对林木资产、林地资产和森林景观资产，又有相对应的具体的评估方法。其中林地资产评估主要是林地使用权评估，其评估方法与土地价格的评估方法原理相同，在此重点阐述林木资产评估的主要方法。

根据林木资产的特点，实际评估中可以选用现行市价法、市场价倒算法、收获现值法和重置成本法等方法。

（一）现行市价法

现行市价法是将相同或类似的森林资源资产的现行市场价格作为被评估林木资产评估

价格的一种方法。其计算公式为

$$E = K \times K_b \times G$$

式中：E——林木评估值；

　　K——林分质量调整系数；

　　K_b——物价指数调整系数，可以用评估基准日工价与参照物工价之比；

　　G——参照物的市场交易价格。

运用现行市价法进行评估，其评估的结果主要取决于所收集的参照实例。因此，在参照评估时应选取实例3个或3个以上的参照物进行测算。参照物实例的林分状况应尽量与待评估林分相近，其交易时间应尽可能接近评估基准日。

现行市价法以市场交易价格为基础，具有较强的说服力，也容易被相关利益关系人所接受。但在市场发育不很充分的条件下，要找到完全符合评估需要的参照实例比较困难。

现行市价法是资产评估中使用最为广泛的方法之一，它可以用于任何年龄阶段、任何形式的林木资源，而且评估结果的可信度高、说服力强、计算简单。但采用该方法的前提条件是要求存在发育较充分的森林资源资产市场，以便于找到各种类型的评估实例。

（二）市场价倒算法

市场价倒算法也叫剩余价值法，它是将被评估的森林资源资产即采伐后所得木材的市场销售总收入，扣除木材经营所消耗的成本及应得的利润后，剩余部分作为林木资产评估值的一种方法。其计算公式为

$$E = W - C - F$$

式中：W——木材销售总收入；

　　C——木材生产经营成本；

　　F——木材生产经盈利润。

市场价倒算法是成熟林林木资产评估的首选方法。该方法所需要的技术经济资料相对容易获得，木材生产各工序的生产成本可依据现行的生产定额标准，木材价格、利润、税费等标准都有明确的规定。因此，该方法计算简单，结果贴近市场，容易为林木资产的所有者、购买者所接受。实际评估中要注意合理确定待评估林分的各材种的出材率。材种出材率的变化直接影响着出材量，从而影响评估结果。

市场价倒算法充分反映了市场供需关系对林木资产价值的影响，易被交易双方所接受；同时注意了资源状况变化对资产价值的影响。但该方法的评估结果无法反映林木资产价值的组成部分，且受市场的影响较大。因此，市场价倒算法主要用于近、成、过熟林的林木资产评估。

（三）收获现值法

收获现值法是通过预测被评估林木资产在采伐时纯收益的折现值以及评估后到主伐期间所支付的营林生产成本折现值，以两者的差额作为被评估林木资产评估值的一种方法。其计算公式为

$$E = K \times \frac{A_u + D_a\,(1+r)^{u-a} + D_b\,(1+r)^{u-b} + \cdots}{(1+r)^{u-n}} - \sum_{i=n}^{u} \frac{C_i}{(1+r)^{t-n+1}}$$

式中：A_u——参照林分第 u 年主伐时的纯收入；

D_a，D_b——参照林分第 a 年、第 b 年的间伐纯收入；

C_i——评估后到主伐期间第 i 年的营林生成本；

r——投资收益率；

n——林分年龄；

u——主伐时间。

采用收获现值法，主伐时纯收入的预测值是最关键的数据。预测时通常先预测其主伐时的立木蓄积量，然后再按市场价倒算法计算出主伐纯收入。评估后到主伐期间的营林生产成本包括直接成本和间接成通常取该本。主伐时间 u 通常取该林分所属森林经营类型的主伐年龄的龄级上限。调整系数 K 主要是针对主、间伐的收益值进行调整，确定的依据是待评估林分的蓄积量和平均胸径与参照林分同一年龄时的蓄积量和平均胸径的差异。

采用收获现值法能够较真实地反映林木资产的资本金价格，评估结果与投资决策相关联。但该方法受人为主观影响较大，并要受未来不可预知因素的影响。因此，收获现值法主要用于龄林资产的评估。

（四）重置成本法

重置成本法是将待评估林木资产按现有技术条件和价格水平计算的现时重置成本扣除各项损耗价值来确定其评估价值的方法。其计算公式为

$$E = K \times \sum_{i=1}^{u} \frac{C_i}{(1+r)^{n-i+1}}$$

式中：C_i 为第 i 年以现行工价及生产水平为标准测算的生产成本。

采用重置成本法，是将按现行工价及生产水平重新营造一块与被评估资源资产相类似的资产所需要的成本费用作为被评估资源资产的价值。由于林木的生产周期较长，因此在实际评估时，应当考虑资产形成期的利息。同时，在确定重置成本时，需要确定对应的管护费用。管护费用可按历史成本中管护费用占直接成本的比例乘以对应年度的直接成本数来确定。

重置成本＝直接成本×（1＋管护费用占成本的比重）

采用重置成本法进行评估的结果是以成本为基础的，可以满足资源再生产部门的需要；评估中成本资料易于收集，尤其是在缺少活跃的交易市场的条件下，这种方法的优越性更加明显。但这种方法没有考虑市场供需关系的变化，与市场经济的要求有所背离，其结果可能不被市场所接受；而且重置成本法是按照每年的投入进行累计，但森林资源生长周期长而导致的资金时间价值过大、成本投入与林木的价值不成比例等，都会影响评估结果。因此，这种方法适用于没有毁约的交易市场背景下的林木资产评估，经营周期较短的速生树种的评估，以及人工用材林中的幼林和中龄林的评估。

第三节 矿业权评估

一、矿产资源与矿产资源资产

各种矿物质及其富集而成的矿产,是在遥远的地质年代,在地球物理、化学和地质等作用下,经历漫长的时期逐渐形成的。矿产资源也有广义和狭义之分,广义的矿产资源是指在现有的技术经济条件下具有开发价值的、赋存于地表或地下的各种矿物质的总和,包括已经探明的储量和未探明的储量两部分;狭义的矿产资源仅指已经探明储量的、在现有技术经济条件下能开发利用的、以不同形态(气态、液态和固态)存在于地表或地下的矿物质。

矿产资源资产是在社会经济运营中,经过开发利用或转让、出租矿产资源探矿权、采矿权,可以获取经济利益的矿产资源,包括已经探明、可以开发利用的经济储量和边际经济储量。与一般的资产不同,矿产资源资产是由自然状态下的矿藏,经地质勘察后资产化以后形成。矿产资源资产是不可再生的,是一次性耗竭的物质资源,其耗竭过程为资产由实物形态转化为货币形态的过程。矿产资源资产的经济寿命较长,自然增值和贬值的幅度较大,而且具有较大的不确定性和开发风险性,但同时也表现出获利性、有效性、变现性和可比性的特征。

根据我国对矿产资源实行所有权和使用权相分离的管理制度,矿产资源资产的价值可细分为两个部分,即矿产资源自身价值和矿业权价值。其中,矿产资源自身价值是未经人类劳动参与的天然产生的那部分价值,又称原始价值,这部分价值是由矿产资源的有用性、稀缺性和垄断性所决定的;矿业权价值是投资者投入后所产生的价值。

二、矿业权的概念与特征

(一)矿业权的概念

矿业权是从矿产资源所有权中派生出来的一种对矿产资源进行勘察、开采的权利。矿业权是指在依法有偿获得勘察许可证或采矿许可证规定的范围内勘察或开采矿产资源并获得所开采的矿产品的权利。目前我国矿业管理是将矿业权划分为探矿权和采矿权进行管理的。

按照物权理论,矿业权属于他物权,它是从矿产资源所有权中派生出来的,对矿产资源进行勘探、开采等一系列活动并享有由此所得收益的一种排他性的权利。矿业权是矿产资源所有权人将矿产资源的使用权让与他人、容许他人使用的一种权利。由于矿产资源是一种不可再生的耗竭性资源,矿产资源的开采过程,也就是所有者的实物随着开采的不断进行而逐渐消失的过程。因此,矿业权又不是一般的他物权,而是一种准物权。它与土地使用权不同,拥有矿业权并不等于拥有土地使用权,同样,拥有土地使用权并不等于拥有矿业权。在我国,法律规定矿业用地应单独申请。

（二）矿业权的特征

矿业权是矿产资源国家所有权派生出来的他物权，也是一种财产权，矿业权的实现必须依托矿产资源。矿业权除具有财产权的一般特征外，又有自身的独特之处。

1. 矿业权主体资格的特定性

矿业权并非所有的单位和个人都可以取得，只有有能力从事矿产资源勘察和开发的法人或公民，经过国家严格审查批准后，方能取得矿业权。国家对矿业权主体资格的审查贯穿于矿业权流转的全过程，包括转让、出租、抵押等环节，即受让人、承租人、抵押权人取得采矿权并不是无条件的，仍然要在国家对其资格审查后，才能参与矿业权的流转。

2. 矿业权的流转性

矿业权作为一种财产权，多数国家在法律上都规定了矿业权允许转让。在我国 1996 年 8 月 29 日新修订的《矿业资源法》第 6 条规定，探矿权、采矿权可以转让。在法律法规允许的范围内，矿业权可以通过国家出让、转让、出租、抵押等方式进入流通领域，这是市场经济国家的通行做法，也符合我国经济发展的要求。当然，矿业权的流转也不是无限制的。只有在法定的条件下才能进行。

3. 矿业权流转的有偿性

矿业权是矿产资源国家所有权派生出来的一种他物权，它是在市场经济条件下国家矿产资源产权分离的产物。采矿权人在申请矿业权时，必须依据法律法规向国家缴纳一定的出让金。由于矿产资源是不可再生的，采矿权人在开采的过程中，将矿产资源的价值转移到矿产品中去了，采矿权人必须对矿产资源的所有者进行补偿。只有这样，才能实现矿产资源的保值，维护所有者的权益。这种补偿是采矿权人通过缴纳矿产资源税和矿产资源补偿费的形式实现的。矿业权在以后的转让、出租、抵押等流转过程中都是有偿进行的。

4. 矿业权的排他性

矿业权是矿业权人依法获得的权利，矿业权人有权禁止其他单位和个人进入自己的矿区范围内采矿。我国《矿产资源法》第 19 条明确规定："禁止任何单位和个人进入他人依法设立的国有矿山企业和其他矿山企业的矿区范围内采矿。"国家在法律上对矿业权人的合法权益进行了保障。同时，国家对同一矿区只能设立一个矿业权，严格遵循物权理论中的"一物一权主义"。

5. 矿业权权能的逐渐消失性

由于矿产资源是一次性的不可再生资源，随着开采的进行，矿产资源将被逐渐消耗，其派生出来的矿业权的权能也将随之缩小，直至最终消失。即采矿权是有一定服务年限的，在服务年限内，采矿权的权能将不断缩小，但采矿权人的权利和义务将保持不变。

三、矿业权评估的概念与特点

（一）矿业权评估的概念

矿业权评估，全称矿业权价值评估。所谓矿业权评估是指矿业权专业评估人员与评估机构根据估价目的，遵循估价原则，按照估价程序，采用科学的估价方法，并根据估价经验与对影响矿业权价格的因素的分析,对矿业权的真实、客观、合理的价格做出的估计、推测与判断。

矿业权是对矿产资源进行勘察、开采的权利,它是从矿产资源所有权派生出来的一种权利。我国矿产资源属于国家所有,由国务院行使国家对矿产资源的所有权。法律规定,矿产资源所有权不能转让,所能流转的是由所有权派生出的矿业权。探矿权、采矿权是矿业权评估的主要对象,这些无形资产必须依托矿产资源实体才能成为评估对象。

在矿产资源经营中有以下经济行为时必须进行评估:矿业权出让、矿业权转让、矿业权抵押、矿业权出租以及法律事务和咨询服务。

(二)矿业权评估的特点

1. 要从实物量和价值量两方面进行评估

资源资产的实物量是价值量评估的基础,评估机构在评估矿产资源之前必须对矿山资源的储量、品位等进行落实。

2. 要从有形资产和无形资产两方面进行评估

矿业权评估是无形资产评估,其基础是矿产资源实物资产的价值。因此,评估矿业权价值首先要评估矿产资源的获利能力等。

3. 要遵循矿产资源开发规范

矿产资源资产之间的品质、储量、经济和地质环境,以及开发技术等有很大差异,这些差异会导致评估值的不同。进行矿产资源资产评估时,要遵循矿产资源开发规范,评估出在最佳利用状态下的矿产资源资产价值。

四、矿业权评估的原则

矿业权评估价,毫无疑问应当做到客观、公正、科学、合理,为此,就必须遵循矿业权价格形成运动的客观规律。矿业权价格的形成运动有其客观性,并不因个人的愿望而转移,矿业权评估人员对矿业权价格的评估,也不是将他们主观随意认定的价格强加于估价对象矿业权,而是恰恰相反,他们要遵循矿业权价格形成运动的客观规律。运用自己对此规律的认识与掌握,通过评估活动把矿业权内在价值反映出来。矿业权评估原则,就是根据矿业权价格形成运动的客观规律,总结出一些在矿业权评估活动中应当遵守的原则、标准或应注意的问题。当前我国矿业权评估应遵循的原则主要有:合法原则、最有效利用原则、供求原则、替代原则、公平原则、估价时点原则(动态原则)、尊重地质科学原则。

(一)合法原则

矿业权评估必须有法律依据,根据我国法律、法规进行。我国宪法规定,矿藏、水源、森林、土地、草原、滩涂和其他自然资源都属于国家所有,即全民所有,合法律规定属于集体所有的森林和土地、草原、荒地、滩涂除外。矿藏只有一种所有制形式即国家所有,也就是说,只有国家是矿产资源的唯一所有者。在我国,只有代表全民利益的国家才是矿产资源的所有者,由国务院代表全民行使所有权。根据新修正的《矿产资源法》规定,开采矿产资源必须取得采矿权,采矿权可以依法转让,也就是说,矿产资源是以矿业权流转形式进入市场,这为矿业权评估提供了法律依据。此外,储量、品位的计算要以上级主管部门或储量委员会确认的地质勘探报告为准。

(二) 最有效利用原则

此原则是要说明,矿业权评估不仅要在矿产资源合法开采的条件下进行,还要以矿产资源最有效利用为前提进行。所谓最有效利用,是在合法的前提下最佳利用。其主要表现是矿产资源获利最大的开发利用方式来衡量,也就是说评估价格应是在合法利用方式下,各种矿山的外发方式中能够获得最大收益的开发利用方式的估价结果。这是因为在矿业权市场中,每位矿业权拥有者都会充分发挥矿产资源的开发潜力,采取最佳的开发利用方式,取得最大的收益。这一原则,是矿业权竞争、优选的结果。具体来说,就是矿山生产能力最佳化,矿床边际品位的优化,加工工艺过程的优化和资源的综合利用。

(三) 供求原则

矿业权价格像其他商品一样,受供求关系的影响。若需求不变,供给增加,则价格降低;若供给不变,需求增加,则价格上升。此原则说明,进行矿业权评估必须充分考虑到矿业权流转市场及矿产品市场的供求情况和可能导致的供求关系变化的因素。

(四) 替代原则

根据经济学原理,在同一市场中,具有相同使用价值的物品,在考虑运输费用后,其价格是趋向一致的。矿业权价格也符合这一规律,只是由于矿产资源的个别性,使得完全相同的矿产资源几乎是没有的。在同一市场中,大致相近(矿种相同、自然成因相同、工业类型与规模大致相类似)的矿产资源,其矿业权也应相近。故此原则说明,在评估一定矿产资源的矿业权价格时,若有若干相似的矿产资源的矿业权价格存在,则可依据替代原则推断出估价对象矿业权的价值。

经济学理论也告诉我们,从功效上讲一种物品可以由另一种物品所替代,决定替代的主要动因是取得一种物品能产生出更好的收益。因此,矿业权评估中应当充分考虑代用品出现和新的用途发现引起矿产品供求关系的变化对矿业权价格的影响。

(五) 动态原则

矿产品市场是不断变化的,矿产资源的矿业权价格也具有很强的时间性。它是某一时点的价格。在不同的时点上,同一宗矿产资源往往会有不同的矿业权价格。动态原则是要说明,估价实际上只是求得某一时间的价格。所以在评估一宗矿产资源矿业权的价格时,必须以该时点的市场情况为基础。

(六) 科学性原则

矿业权评估专业性很强。在 100 多个矿种中,不同地质条件所构成的矿床差异很大;同一矿种不同产地,因其地质赋存条件不同,所形成的矿体规模、埋藏深度、矿物组分,以及与主矿体共生、伴生的矿种均有差别,所以矿业权评估结果是没有绝对可比性,即相同规模的矿床,其评估结果会相差很大。所以应尊重地质科学,认真揭示储量的可信度,矿石品位及其变化规律、地质赋存条件等技术经济的内涵,以及对开采方案、加工工艺的影响,准确地估计制约评估的各种因素,科学地判断资产的经济特性。否则,就不能正确地选择评估参数,也不能保证评估结果的真实性和公正性。

(七)公平原则

此原则要说明,矿业权无形资产评估,必须站在公正的立场上,估价的目标在于求得一个合理的价格。若评估的价格不公正,则必然影响矿产资源产权交易双方的利益。如为矿业权转让,评估价格若比真实价格高,则出让人得利;如为矿业权出让,评估价格若比真实价格低,则国有资产流失。评估人员应以专家的身份思考、权衡,必须依法清廉,认真客观地估价,决不能受任何私念的影响,评估中所运用的数据、资料,必须真实、可靠,符合估价对象的实际情况,必须了解矿产品供求情况和影响矿业权价格因素,以求得一个公平合理的价格。

五、矿业权评估方法

矿业权评估,根据不同的评估对象和评估目的,具有多种评估方法。采矿权评估主要采用贴现现金流量法和可比销售法。探矿权可在不同精度勘察阶段转让,评估师应针对不同精度勘探阶段合理选择评估方法。高精度勘察阶段,是指达到了详查和勘探阶段,在该阶段,探明或控制了一定的矿产储量,作过一定数量的试验室选矿实验。低精度勘察阶段是指处于普查及普查前地质勘察阶段。高精度勘察阶段的探矿权评估方法主要包括约当投资—贴现现金流量法、重置成本法和地勘加和法,低精度勘察阶段的探矿权评估方法主要包括地质要素评序法、联合风险勘察协议法和粗估法。

(一)贴现现金流量法

根据矿山企业现有的或设计的矿山设备、生产条件和方案等,预测矿山企业在预测收益期内各年开发利用矿产资源所取得的预期收益额,扣除生产经营成本和税费等后折算成现值,即为采矿权的价值。贴现现金流量法的计算公式为

$$P = \sum_{t=1}^{N} \left[(W_{at} - W_{bt}) \times \frac{1}{(1+r)^t} \right]$$

式中:P——采矿权价值;

$\quad W_{at}$——年剩余利润额,W_{at} = 年销售收入 − 年经营成本 − 年资源补偿费 − 资源税金 − 其他税金;

$\quad W_{bt}$——社会平均收益额,W_{bt} = 年销售收入 × 社会销售收入平均利润率;

$\quad r$——折现率。

(二)可比销售法

可比销售法是利用已知采矿权转让中的市场价,经过差异因素调整,来估算待估的采矿

权价格的方法。可比销售法评估采用下列公式。

$$P = P_x \times \mu \times \xi \times \phi \times \theta$$

式中：P——采矿权价值；

　　　P_x——参照的采矿权成交价格；

　　　μ——规模调整系数；

　　　ξ——品位调整系数；

　　　ϕ——价格调整系数；

　　　θ——差异调整系数。

应用可比销售法时，要对参照的采矿权价格进行矿床规模差异调整、品位调整、矿产品价格调整、采矿权差异要素调整。其中：

规模调整系数＝被评估采矿权探明储量÷参照的采矿权探明储量

品位调整系数＝被评估的采矿权精矿平均品位÷参照的采矿权精矿平均品位

矿产品价格调整系数＝被评估的采矿权采用的矿产品价格

÷参照的采矿权当时采用的矿产品价格

采矿权差异调整系数＝被评估的采矿权差异要素评判总值

÷参照的采矿权差异要素评判总值

可比销售法要求参照的采矿权具有可比性，即矿种相同、自然成因类型相同、工业类型大致相似，同时要取得足够的地质参数。该方法在矿业权市场发达的国家，应用较为广泛。由于我国矿业权交易尚不普遍，该方法的应用受到一定的限制。

（三）约当投资—贴现现金流量法

约当投资—贴现现金流量法评估探矿权价值，是通过对新探矿权人未来开采投入的全部资产的未来预期收益现值进行估算，按原探矿权人和新探矿权人投资的比例对预期收益现值进行分割后，以原探矿权人分割所得的预期收益现值来确定探矿权的评估价值。因此，约当投资—贴现现金流量法并不是直接对探矿权资产的未来预期收益进行估算。该方法的应用须具有一定勘察程度，并具有较详细的地勘投资财务资料。

第一步，根据贴现现金流量法的计算原理，计算新探矿权人资产收益现值。

$$W = \sum_{t=1}^{n} \left[W_t \times \frac{1}{(1+r)^t} \right]$$

式中：W——资产收益现值；

　　　W_t——第 t 年的收益额，W_t＝年销售收入－年经营成本－年资源补偿费－资源税金－其他税金；

　　　r——资本化率；

　　　n——计算年限。

第二步，计算原探矿权人、新探矿权人投资现值，原探矿权人投资现值 T_y 可采用重置成本法计算,新探矿权人的投资现值 T_x 可采用贴现法计算。

$$T_x = \sum_{t=1}^{n} \left[T_t \times \frac{1}{(1+r)^t} \right]$$

式中:T_x——新探矿权投资累计现值;

　　　T_t——第 t 年投资值;

　　　n——投资年限。

第三步,计算探矿权评估价值,其计算公式为

$$P = \frac{T_y}{T_y + T_x} \times W$$

式中:P——探矿权评估价值;

　　　T_y——原探矿权人投资现值;

　　　T_x——新探矿权人投资现值。

(四)重置成本法

探矿权评估的重置成本法与一般资产评估的重置成本法原理相同,是在现行技术条件下,采用新的价格费用标准,获得的与被评估的探矿权具有相同勘探效果的探矿权重置价值,扣除技术性贬值来评估探矿权净值的方法。根据探矿权的地质勘察特点,主要采用有效实物工作量计算重置价值,其他投入按照分摊的办法处理。其计算公式为

$$P = P_b \times (1+f) \times (1-\xi)$$
$$= \sum_{t=1}^{n} \left[U_{bi} \times P_{ui} \right] \times (1+\varepsilon) \times (1+f) \times (1-\xi)$$

式中:P——探矿权评估值;

　　　P_b——探矿权资产重置全价;

　　　f——地勘风险系数;

　　　ξ——技术性贬值系数;

　　　U_{bi}——各类地勘实物工作量;

　　　P_{ui}——相对应的各类地勘实物工作量现行市价;

　　　n——地勘实物工作量项数;

　　　ε——其他地质工作、综合研究及编写报告、岩矿实验、工地建筑等四项费用分摊
　　　　系数。

(五)地勘加和法

地勘加和法利用地勘投入的重置成本加上以地勘投入所分配的超额利润来确定探矿权价值,是重置成本法和贴现现金流量法相结合的一种评估方法。既考虑了探矿权投入的成本,也考虑了探矿权未来的获利能力。其计算公式为

$$P = P_x + L_n$$
$$L_n = M \times \frac{T}{T+G}$$

式中：P——探矿权评估值；

$\quad\quad P_x$——不含勘察风险的探矿权净价；

$\quad\quad L_n$——应分配的超额利润；

$\quad\quad M$——超额利润总额；

$\quad\quad T$——地勘总投资；

$\quad\quad G$——矿山建设总投资。

（六）地质要素评序法

地质要素评序法是以基础购置成本为基数,通过对地勘成果综合评价,将定性的地质要素转化为定量的价值调整系数,对基础购置成本进行调整来确定探矿权价值的方法。基础购置成本包括国家规定缴纳的探矿权使用费和矿业权人承诺履行的地质基本支出或者已经形成的原始地质勘察费。主要的地质要素包括：成矿显示、异常显示、品位显示、成因显示、蕴藏规模显示和前景显示,将每种显示划分为若干级,并赋予相应的价值指数。评估时,针对被评估的矿业权的具体情况,确定其地质要素价值调整系数。

（七）联合风险勘察协议法

联合风险勘察协议法,是根据该勘察区已经签订的联合风险经营协议的条款,或类似的勘察区所签订的协议条款,按照合作公司所承诺的勘察投资及其所获得的相应的股权,评估探矿权价值的方法。

（八）粗估法

粗估法是在低勘察精度阶段采用的一种近似方法。它主要是根据公开上市公司的地质信息报告或定期披露的地质资料以及矿业股票市场和财务市场走势的长期分析资料,如价格与收益比、价格与现金流量比等指标来估算探矿权价值的方法。目前常用的有以资源品级价值为基础的粗估法和以单位国土面积资源价值为基础的粗估法。

 ## 本章小结

本章简要介绍了与土地估价有一定关联的森林资源资产及矿业权评估。第一节从整体上介绍了资产评估相关内容,包括资产评估的内涵、基本要素、价值类型以及资产评估假设和原则及主要方法。第二节介绍了森林资源资产评估的基本理论与方法,主要阐述了林木资产评估中的现行市价法、市场价倒算法、收获现值法和重置成本法等方法。第三节介绍了矿业权评估的基本理论和方法,主要阐述了采矿权评估的贴现现金流量法和可比销售法；高精度勘察阶段的探矿权评估的约当投资—贴现现金流量法、重置成本法和地勘加和法；低精度勘察阶段的探矿权评估方法的地质要素评序法、联合风险勘察协议法和粗估法。

 关键词

资产　资产评估　资产评估基本要素　资产评估假设　森林资源　森林资源资产　森林资源资产评估　森林资源资产核查　矿产资源　矿产资源资产　矿业权　矿业权评估

 复习思考题

1. 何谓资产？资产评估中资产具有哪些特征和类型？
2. 资产评估的基本要素有哪些？
3. 资产评估假设及资产评估的主要方法有哪些？
4. 何谓森林资源和森林资源资产？林木资产评估的主要方法有哪些？
5. 何谓矿业权及矿业权评估？矿业权评估的主要方法有哪些？

第十二章　土地估价程序与估价报告

学习目标

通过对本章的学习,应该能够:

1. 掌握土地估价的基本程序;
2. 熟悉《城镇土地估价规程》,掌握土地估价报告的含义和内容;
3. 熟悉《农用地估价规程》,掌握农用地估价报告的含义和内容。

第一节　土地估价的程序

土地估价是一种直接关系相关当事人的切身利益以至公共利益,较为复杂的专业服务活动,应当制定一套科学、严谨的工作步骤——估价程序。按照科学、严谨的估价程序开展估价工作,可以使估价工作具有计划性,避免不必要的反复和浪费,提高估价工作的效率;可以使估价工作规范化、精细化,防止出现程序上的疏漏,保证估价工作的质量。

土地估价程序是指一个土地估价项目运作全过程中的各项具体工作,按照其相互联系排列出的先后次序,通俗一点讲,就是圆满地完成一个土地估价项目,从头到尾需要做哪些工作,应当先做什么、后做什么。因此,透过土地估价,可以看到一个土地估价项目运作的全过程,可以了解到各方对此估价项目中各项具体工作之间的相互联系。土地估价程序有狭义和广义两种。狭义的土地估价程序注重估价工作本身,它是开始于受理估价程序的基础上,结束于出具估价报告。广义的土地估价程序是在狭义的土地估价程序的基础上,加上了受理估价委托之前的获取估价业务和出具估价报告之后的估价资料归档。

估价师为了估价,必须有相应的估价程序,是从决定估价的基本目的、拟定估价计划、查证委估宗地状况、资料收集及整理、资料分析与价格影响和构成因素分析到最后估价结果的决定及估价报告的提出。而试算价格则从资料收集、整理、分析及价格构成因素分析着手,反复应用各种估价方法进行试算,同时估价师要评估出合理的地价,首先必须了解有关社会、经济、政治、环境、市场等因素对委估地块的影响,最后提出合理的估价结果。

可见,一个土地估价项目运作的全过程和工作步骤如下。

(1) 估价业务受理。

(2) 明确估价基本事项。

(3) 拟定估价作业方案。

(4) 收集所需资料。

(5) 实地查勘估价对象。

(6) 分析整理相关资料。

(7) 选定估价方法。

(8) 确定估价结果。

(9) 撰写估价报告。

(10) 估价报告书送达。

土地估价应当按照上述估价程序进行,不得随意省略其中的工作步骤。在实际估价中,各个工作步骤不是完全割裂的,相互之间可以有一些交叉,有时候甚至需要一定的反复。

一、估价业务受理

(一) 估价业务来源

估价业务来源有以下三个途径。

1. 被动接受

被动接受即坐等委托方找上门来要求估价服务。委托方可能是政府、企业或个人等。委托方可以是该土地的占有者或使用者,也可以不是。如可能是某房地产拥有者的代理人;政府要课税,也可委托对课税对象土地进行估价;房地产的欲购买者,也可能会委托对其欲购买的对象房地产进行估价;一方以土地入股与另一方合作,另一方也可能委托对该入股的土地进行估价,以便于与对方讨价还价;土地拥有者用土地使用权进行抵押贷款,银行也可能委托其信任的估价机构对该拟抵押的土地进行估价。

2. 主动争取

主动争取即估价人员走出门去主动争取为他人提供估价服务,这在估价等中介服务完善后,是估价业务的主要来源。同样,所争取的委托方也不一定是土地占有者或使用者。

3. 自有自估

自有自估即对自己拥有或拟取得的土地使用仅,自己提出估价要求,并自己进行估价。这是对有估价能力者而言的,并且这种估价结果对外一般不具有法律效力,仅供自己掌握以做到心中有数。

因此估价业务的主要来源是前两个,即委托估价。

(二) 受理估价业务时的有关注意事项

为保证估价结果的科学、客观、公正,受理委托估价业务时需要注意以下事项。

1. 与委托方签订必要的土地估价合同

估价机构应和委托方签订估价合同书,明确双方的权利、义务,以保证双方合作顺利,减少争议,同时也以协议形式规定了估价师的任务和估价时限。估价合同书,通常还应取得公证机关的公证,以保护双方的权益。土地估价合同书可参考如下格式。

土地估价合同(参考格式)

委托估价方(甲方):_____

受理估价方(乙方):_____

根据国家和本地有关土地价格的管理规定,甲乙双方经充分协商,兹就土地价格评估事宜订立本合同,具体内容如下:

一、甲方估价目的:_____

_____

二、估价对象:_____

_____

三、估价期日:____年____月____日。

四、乙方应根据甲方的估价目的,保证对估价对象予以客观、公正评估,出具该宗地的土地估价报告书。

五、甲方应于____年____月____日以前将委估宗地土地使用证、地上建筑物状况及相关规划指标等估价所必要的资料提交给乙方,或配合乙方向有关部门、单位或个人查阅、搜集委估宗地估价所必要的资料,陪同乙方进行现场勘察。

六、乙方对甲方所提供的有关文件资料应妥善保管并尽保密之责,非经甲方同意不得擅自公开或泄露给他人。

七、甲方应付给乙方的估价服务费依国家计委、国家土地管理局[1994]2017号关于《土地价格评估收费的通知》的有关规定计收。签订本协议后,甲方应先预付给乙方____元(人民币),余款待乙方将估价报告书交付给甲方时付清。

八、乙方如无特殊原因和正当理由,应于____年____月____日向甲方交付估价报告书。甲方如不按规定的时间向乙方提供有关资料,乙方可按耽误时间顺延估价报告的交付时间。

九、甲方如果中途中断委托估价请求,乙方工作已经过半,甲方则应付给乙方全部估价费用;乙方工作尚未过半,甲方则付给乙方全部估价服务费的____%,或已预付的估价服务费不退还,上述两者中取其高者。

十、甲方接到乙方提交的估价报告书次日起____日内,如对乙方估价结果有异议且有正当理由,可向乙方提交出申请复估或重估书,乙方应在接到甲方复估或重估书次日起____日内完成委托估价地产的复估或重估报告书,交付甲方。甲方逾期不提出者,估价报告书生效。

十一、其他需要说明的事项:_____

_____

十二、本合同自甲乙双方正式签字盖章之日起生效,其中任何一方未经对方同意不得随意更改。未尽事宜,需经双方协商解决。

十三、本协议正本一式三份,甲乙双方各执一份,公证机关执一份。

本合同于____年____月____日正式签订。

甲　　　方:_____	乙　　　方:_____
法定代表人:_____	法定代表人:_____
地　　　址:_____	地　　　址:_____
电　　　话:_____	电　　　话:_____
邮政编码:_____	邮政编码:_____
银行账户:_____	银行账户:_____
公证机关:_____	
公证员:_____	
公证日期:_____	

2．争取服务

土地估价属服务业，以争取最高和最完善的服务品质与内容为基本特征，委托方都希望获得充分的服务，估价师亦应抱着提供服务的热情进行工作，在法律许可范围内对委托方要求和估价作业所需要的各种手续应尽量代为办理。

3．争取时效

时效是向委托方承诺的工作期限，一般应由估价机构和委托方双方商定。一旦工作期限约定即应争取时效、按时完成。在估价实务中一贯原则是提高报告质量，但需消耗较多的工作时间，正好与争取时效的原则相冲突，因此必须有良好的组织和工作计划。没有时效的估价作业，再好的工作成果也将落空。

4．提高估价质量

服务质量的提高是业务发展的动力，但服务质量的提高首先必须有合格估价师，他们的工作能力要达到较高的水准。为达到这个目标，必须从最基本的工作做起，有计划进行，使目标逐步完成。

5．适应国际化的要求

国际上很多国家均设有估价师制度，如亚洲的日本、韩国，欧洲的英国等，我国土地市场刚刚发育，土地估价起步更晚，而随着经济体制改革和扩大对外开放，设立三资企业以及股份公司在海外上市等，都要求相应的估价报告送往国外并为国外所认可，因此估价报告已不仅限于国内使用，估价机构必须尽快提高其工作能力和估价质量，以适应估价工作日益国际化的要求。

二、明确估价的基本事项

估价师受理估价业务后，首先必须明确估价基本事项，其主要内容包括：明确估价目的、明确估价对象、明确估价时点。在土地估价中，估价目的、估价对象、估价基准日是具有内在联系的，其中估价目的是龙头。

（一）明确估价目的

估价目的源自对估价的需要。明确估价目的就是要明确委托方为什么要进行估价。土地估价的目的主要有：企业改制(上市、配股、收购、兼并、改制、破产等)、出让、转让、补偿、交换(资产置换)、区段重建、权利交换、诉讼、抵押、保险、课税、资产核定及租金确定或租金重新议定等。估价目的因委托方的需要而产生，应由委托方提出。

（二）明确估价对象

明确估价对象主要是明确待估宗地的基本情况，包括：

(1) 物质实体状况，如待估宗地的类型(工业、商业、住宅、综合用地)、范围(有多少宗地、有多大面积等)、宗地其他条件(如用途、土地使用年限等)。

(2) 区位状况，如待估宗地的位置、区域基础设施及环境等条件。

(3) 权益状况，如待估宗地是划拨还是出让，是国有还是集体。

土地的物质实体和权益与估价目的之间具有内在的必然联系。估价对象的物质实体范围由委托方提供,但由估价目的决定。有些土地由于受权益状况所限不能用于某些估价目的,例如行政办公房、公益型学校用地等,通常不能用于以抵押贷款为目的的估价。因此,估价对象不能简单地认同委托人所提出的范围,也不能由估价师随意确定,而应根据估价目的,依据法律法规并征求委托人的许可而综合确定。

(三)明确估价基准日

估价基准日又称估价时点,是现在的某个时日,还是过去或将来的某个时日,是由估价目的决定的。如果估价目的是为了解决过去的某个时日所产生的纠纷,那么估价时点为过去的某个时日;如果估价目的是为近期的交易提供参考依据,那么估价时点为现在的某个时日;如果估价目的是为了投资评估预测将来价值,那么估价时点是将来的某个时日。估价时点采用公历表示,精确到日。

(四)明确估价条件

估价条件不同则所评估的价格或租金种类也不相同。估价条件包括待估宗地的交易时间、交易方式以及与价格或租金种类有关的基本项目。同一估价目的中的租赁条件、合同条件或使用目的的变更等条件也应考虑在内。

(五)明确土地使用权年限

土地使用权年限对土地价格有一定的影响,因此,要考虑该宗地是有限年期还是无限年期、是划拨用地还是出让用地、剩余多少年限等内容。尤其是租金评估时,更要明确使用年限、实质租金、租金支付类型、支付日期、支付条件、合同期限、水电费及其他附加费支付情况等。

三、拟定估价作业方案

土地估价作业内容复杂,而且同一个估价师在同一期间内可能同时处理多个估价项目。因此,估价项目都必须制定切实可行的估价作业计划,确定土地估价的作业步骤、人员安排和时间进度,以免除疏忽、错漏,便于协调人员安排和保证估价时限与估价质量。

估价作业计划应由经验丰富的估价师多人共同拟定,拟定估价计划时必须先行调查,在已确定估价项目的基础上,就执行各项目的性质、工作量、人员安排、时间、各项目衔接做出统一安排,包括收集及整理待估宗地的有关资料、实地踏勘察证、分析价格影响因素及条件、估价方法的选用、试算价格或租金调整、确定估价结果、提出估价报告等具体内容和相应的处理计划。

四、搜集所需要资料

准确的估价结果来源于估价师对待估宗地相关资料的分析、判断和计算。分析判断的前提是所搜集到的相关估价的资料。资料与估价方法两者之间是一种相互依存的关系：一方面资料是基础，以资料的状况来决定估价方法；另一方面搜集什么样的资料取决于采用的方法。如果采用市场比较法进行评估，则要搜集市场交易实例有关资料；如果采用成本逼近法进行评估，则主要搜集该宗地有关取得费用以及国家和当地政府有关政策规定等资料；如此等等。所以，资料的收集特别重要。一般情况下，进行土地估价时应搜集下列资料。

（1）搜集社会、经济、政治、环境等一般性资料及待估宗地所处地区的区域因素和个别因素资料。

（2）产权登记资料。产权登记资料包括土地使用权证、房屋所有权证和土地管理部门的土地登记卡、表、册等。估价师从中可了解土地及地上建筑物的产权状况、使用者和所有者、取得产权的日期、面积、用途、土地等级、标定地价、宗地范围、所在街道、街坊、地号、地上建筑物状况及相邻宗地状况、他项权利登记等。上述内容是土地估价报告中评估对象的基本资料来源，为增强估价报告的可靠性，可将土地使用权证书等复印件附在报告后而加以说明。

（3）收集图件资料。主要有地籍图或地形图、基准地价图、宗地图、建筑平面图等。利用地籍图，估价师可从中了解待估宗地的界址、地形、方位、坐标、宗地临路状况、进深、四至等内容。通过建筑平面图，估价师可了解宗地形状、地上建筑物形状、分布、各楼层的结构等内容。

（4）地价、地租资料。查阅地价资料卡片，即首先查寻已有的相关土地交易或租赁资料及评估实例资料，以便对宗地所在的土地市场有初步认识。这一类资料可通过两个途径获得：一是查寻各估价机构和估价师原收集的地价资料和已有的估价实例资料；二是向土地管理机关申请查阅其登记的土地交易资料和各估价机构向其备案的估价实例资料。经过查阅已有地价资料，一方面可对宗地所在区域的地价有初步的了解，另一方面可以衡量已有地价资料的丰富程度，为现场踏勘和地价调查工作提供参考。

（5）市政管网图件及资料。市政管网和道路等基础设施决定了土地的位置和条件，也直接影响地价高低，因此必须收集此类资料。通过市政管网图件和相关资料，估价师可以详尽地了解影响宗地地价的各类设施规模、分布及设施状况等内容。

（6）城镇规划图。通过城镇规划图，估价师可从中了解宗地所在地区域的规划限制状况，如容积率、建筑物高度、建筑密度限制及用途和其他利用限制等内容。

五、实地查勘估价对象

实地查勘对土地估价工作来说尤其重要。估价师必须实际踏勘待估宗地，亲自了解并掌握待估宗地坐落位置、形状、土地利用状况、基础设施条件、道路交通状况以及周围环境等情况。其目的就是为了查证和核实资料的情况，加深对估价对象的认识，形成一个直观、具体、真实的印象，以获得文字资料无法或难以表述的细节。

在实地查勘时，一般需要委托方中熟悉情况的人员陪同，估价师要认真听取陪同人员的介绍，详细询问在估价中所需要弄清楚的问题，并将有关情况和数据认真记录下来，形成"实地查勘记录"。必要时让实地查勘人员签字，并注明查勘日期。

一般来讲,实地查勘的主要内容包括以下几点。

(1)查证宗地基本项目,包括宗地坐落位置、街道、街坊、地号、门牌号、土地面积、建筑物结构、面积、用途等,检查是否与产权登记文件一致。

(2)勘察地上建筑物的基本状况、内部装修及使用情况。勘察的主要项目包括外墙、高度、天花板、地板、隔间、门窗、内部装修、结构、建筑面积、容积率及各部分具体利用状况、利用效益等,估价师在现场查勘时,应逐一记录各个项目的具体数据,以作为建筑物评估的依据,同时在现场查勘时,估价师应仔细分辨动产与不动产,以免把动产混入不动产勘察项目中。

(3)待估宗地区域因素条件和个别因素条件勘察。现场查证土地所在区域的商服繁华条件、交通状况、设施状况、人口状况、产业构成状况等区域条件和宗地形状、面积、临街条件、进深、地质、地形条件等个别条件,并逐一详细记录。

六、分析整理相关资料

(一)一般性资料的分析

一般性估价资料是来源于待估宗地本身以外的社会、经济、政治和环境等方面影响地价的资料。

1. 一般性资料的整理

对搜集到的一般性资料要进行必要的整理,并在此基础上进行分析。为了便于分析,通常情况下,根据资料的影响程度和范围可将其区分为主要资料和次要资料。

主要资料是由估价师本身所收集到的资料。例如估价师可能和许多人面谈,并搜集某一特定区域的居住密度、住宅数目、户型、结构等资料。

次要资料是指许多机构和专业团体收集、研究并出版的各种资料,是社会大众都可以运用的各种资料,这些资料通常包括大量影响土地价格的因素资料,如预期利率及通货膨胀率将持续高涨、经济发展速度将加快等等。估价报告中的一般性资料大部取自于这类次要资料。这些资料估价师可从政府、专业团体、估价机构取得,如社会经济统计年鉴、年度土地市场分析报告等。

2. 一般性资料的用途

一般性资料主要有以下三种用途。

(1)提供待估宗地的背景材料。

(2)提供可能影响地价的趋势资料,以及各种估价方法中所需的一般数据。

(3)作为判断最佳用途、调整试算价格,以及决定最后估价结果的基础。

3. 一般性资料的分析

对资料的分析就是通过对资料的研究,判断地价的走势和因素对地价的影响程度,确定相关的估价参数。

(1)国际国内经济趋势分析。确认并了解各种影响地价的经济趋势,是进行估价分析的先决条件。在世界经济体系中,某一国家的经济稳定与否,可直接或间接地影响到其他许多国家。国内和国际经济指标的基本趋势,如外贸收支、汇率、物价水准、工资水平、利率、经济发展速度等,都是值得参考的资料;国内经济状况可从国民生产总值、国民收入、外贸收支、物价指数、就业状况、土地供应量、投资总额等资料中取得。经济指标的时间序列可显示出长期趋势及其波动,有助于深入分析目前的状况。

(2)地方性的经济形势分析。对于地方性经济形势的分析,通常都集中于人口、就业和收入等趋势。人口的变化、家庭人数及结构、构成社会经济基础的就业类别多少、就业水准及其稳定性、工资水平以及家庭的收入等,都是社区内基本经济力量的指标。

对于大部分的估价工作而言,地方性的经济形势以及未来的预测,都是极其重要的项目。土地的价格受某用途的需求强度的影响,而该类土地的需求,取决于土地市场的人口、收入以及购买力。社区内的经济情况,可以决定市场上住宅、办公、零售店面等其他形态土地的价格。

(3)法规政策的影响分析。估价师了解和研究政府的法规与政策对土地价格有何影响,可以得到比较适宜的估价结果。因此,要对当地的土地使用制度、住房制度、地价政策、税收政策、产业政策和行政隶属关系变更等因素进行分析,得出这些因素对地价的影响趋势和社会导向。

(4)物价水平和利率的影响分析。物价水平的变动,影响了社会购买力,名义价格经过物价水平变动的调整后,就成为实质价格。估价师估计市场价格所用的售价、租金、营运费用、施工成本、利率以及最后价格的估计,通常都是以名义价格来表示,并没有随物价水平的变动而调整,因此,在估价时要考虑物价水平变动带来的影响。此外,利率随多种因素上下波动,这些因素中也包括了当时资金的需求和供给,而资金的需求与供给直接影响房地产业的发展,因此,在估价时还应分析利率变化,预测地价的变化趋势。

(二)基础性资料的分析

基础性资料是指待估宗地的状况、比较交易实例、租用土地的状况及土地市场等方面的详细资料。这些资料有助于估价师选择有关销售、租金和对地方市场特性资料进行分析,并推导出特定的成交价格、交易条件、租赁条件、收益及费用、投资收益率、建筑成本、经济耐用年限以及年折旧率等估价参数,以满足估价工作的需要。

1. 市场交易实例资料的搜集与分析

市场交易实例是采用市场比较法进行估价的基础。交易实例资料主要来自公开记录、政府档案资料、出版刊物,由购买者、出售者、经纪人等提供的信息以及估价师收集的尚未列入记录的相关交易资料。估价师必须根据地方市场状况、待估宗地的类型及资料自身的可用性来选择交易相近案例资料,并尽量保证比较资料的相似性。当待估宗地所在区域内的交易案例资料有限时,估价师应将资料收集工作扩展到与待估宗地相似的邻近区域。当所选的交易案例资料不完全适当时,若受条件所限,估价师可勉强采用这些案例资料,并走访经纪人、购买者、销售者、出租者、承租者和有关机构,以发掘市场活动的证据,并对这些资料进行适当调整,进而用作比较案例。估价师在收集交易案例资料时,应包括交易面积、交易时间、位置、宗地条件、地上物状况、购买者和销售者的特征及动机、销售的条件、销售前后的利用状况等信息。

估价师要对收集到的交易实例及待估宗地自身要作详尽的分析。对于待估宗地的特征和构成要素的详细描述和分析,有助于估价师选择适宜的估价资料和估价方法,而作为比较的交易实例也应该是实例中最类似待估宗地的部分。因此,必须对交易实例资料作进一步分析,并对每宗选作比较的交易案例整理出一份包括构成要素的完整资料。

2. 收益及费用资料搜集与分析

收益及费用资料是采用收益还原法估价的基础,这类资料包括租赁收益、房屋折旧、维修费用、重置造价、管理费、保险费、租赁税费、空置率、工商企业生产经营利润、资金占有量、工资支出、营运费用等资料。这类资料估价师可根据收集的收益性房地产交易案例及其收益和费用资料,以及房产部门、税务部门、保险公司、工商企业管理部门所提供的有关资料,加以归纳整理,并按房龄及房地产类型建档,以便估价时查阅利用。

3. 土地开发及建筑成本资料的搜集与分析

土地开发及建筑成本资料是应用成本逼近法、剩余法等方法评估土地价格的基础。该类资料主要包括土地征用、拆迁费用资料、土地开发费用资料(三通一平、五通一平或七通一平资料)、土地开发合理利润率、开发周期、不同结构建筑成本、建筑材料价格变动指数、建筑行业合理利润率、管理费用、专业费用、建筑税、销售税标准等。估价师可从土地管理部门、城建管理部门、房产部门、税务部门、建筑定额站、建筑材料供应商、建筑承包商、开发公司等处获取上述资料。估价师应将搜集到的实际成本资料及时进行分析和归纳,并按不同的类别归档,如住宅建筑成本资料、工业建筑成本资料等,并在此基础上编制估价师自己的成本手册和成本指数表,以便估价时查用。

4. 还原利率资料搜集与分析

还原利率是土地估价的基本资料之一,估价师应充分搜集当地市场上银行和私人借贷利率、存款利率水平、各行业投资收益率,以及不同类型房地产租金和交易价格资料,并进行整理、归纳,进而推导出各类型房地产不同条件适宜的还原利率,作为土地估价的基础资料之一。

七、选定估价方法

由于待估宗地具有自身的特性和委托方的不同估价目的及要求,在实际估价时,并不是每一种估价方法都能使用。因为,不同的估价方法有不同的特点和适用范围,也有相应的限制条件,因此,具体估价时,估价师必须根据估价方法的特点、限制和适用范围(具体详见本书有关估价方法的章节),针对待估宗地特点及相关要求选择适宜的方法进行评估。

一般来说,可根据待估宗地上有无建筑物的状况来选择,其选择的方法如下。

(一)待估宗地上无建筑物

待估宗地上无建筑物时,可采用两种方法进行评估:第一,可单独采用市场比较法、收益还原法、基准地价系数修正法和路线价法直接进行评估;第二,根据宗地的条件,有时也可采用两种方法混合使用,先采用市场比较法预估开发完成后房屋销售总值,再采用剩余法扣除建筑成本、利润及税金等,最后推算出土地价格。

（二）待估宗地上有建筑物

由于待估宗地上有建筑物存在，所以在估价时要根据宗地的实际情况，采用不同的方法进行评估。

（1）可单独采用市场比较法、基准地价系数修正法和路线价法直接进行评估。

（2）可分两步进行评估，先求出房地产总值，而后扣除建筑物部分价值，从而推算出土地价格。例如，利用剩余法从房地产总值中扣除建筑物现值后推算出土地价格；先从市场比较法或收益还原法评估的整个房地产价格中扣除成本法评估的建筑物价格，再推算出土地价格；若用收益还原法进行评估时，可先从整个房地产收益中扣除建筑物收益得到土地纯收益，再利用收益还原法评估土地价格。

八、确定估价结果

在估价过程中，同属一宗地，由于使用不同的估价方法通常会产生不同的试算价格，又由于估价师对每一宗地的评估要选择两种以上估价方法，这样又会得到几种不同的试算价格，同时采用一种估价方法由于给定的条件系数不同，也可能产生几种试算价格。因此，估价师必须检查整个估价过程，保证各个估价方法得出的试算价格准确且唯一，进而对不同的试算价格进行分析、调整，以确定最后的估价结果。

（一）复审

估价师在进行价格调整之前，应复审整个估价过程，以确定所引用的资料和分析方法所依据的逻辑程序是否明确、妥当、实际，并查证估价资料的准确性、广泛性和代表性。

对估价过程的复审内容包括：分析方法和技巧是否适当？是否引用了其他不相关的方法？各类资料的分析与应用是否一致？例如，成本逼近法所引用的土地使用年限与市场比较法中对宗地状况的陈述是否一致？经过各种估价法的验证后，是否证实所选的最高最佳用途正确？最后，估价师应审核估价过程中的逻辑程序从所用的方法是否能够有效地推导出符合估价目的和用途的结论？最后的估价结果是否能够解决委托方的疑问？同时，对估价过程中的数学计算，也应进行复审，并且最好由原估价师以外的人来审查，以保证计算过程的正确性。

（二）判断

在复审完毕之后，估价师要对估价的初步结果进行判断，看估价结果是否与市场价格接近，是否客观真实。

（三）调整

通过判断认为估价结果与实际价格偏差较大，就要对估价结果进行调整。首先要看估价方法是否与估价目的、用途相适宜，如有偏差要及时调整估价方法；其次要看在各类资料的应用取值中有无失误，若有也要是及时进行调整；通过各方面的调整，使估价结果更具有客观性、适宜性和准确性。

（四）确定

估价师根据估价资料、对象、目的、方法、估价原则以及各试算价格的客观分析，结合估价师的知识经验和智慧加以判断，对各试算价格进行调整，进而确定最后估价结果。确定方法主要有简单算术平均法、加权算术平均法、中位数法及众数法，此外，还可以一种估价方法计算出的价格为主，其他估价方法计算出的价格只是供参考。通过这几种方法，虽然将计算出的多个试算价格综合出了一个综合价格，但这个价格通常不能定为估价对象宗地价格的最终估价额，一般还要掺入估价师的经验、对市场行情的看法以及一些影响地价的因素情况，最终综合评估决定出估价额。

最后决定的估价额，可能以计算出的价格结果为主，也可能以估价人员的判断为主，计算结果只是作为参考。

九、撰写估价报告书

估价师决定了估价对象最终估价结果后，应及时撰写估价报告书，对整个估价工作进行总结整理，并作为向委托方和土地管理部门提交的主要成果。由于土地估价机构存档和各级土地管理部门对土地估价结果确认或备案时，对土地估价技术过程和处理方法、技术参数选择等，都要有详尽的了解。而委托方往往只要了解估价结果和估价的大致过程，同时估价机构出具的土地估价报告也应适当保守技术秘密。因此为满足上述多方面的需要，土地估价机构应在估价完成后，分别提交土地估价结果报告和土地估价技术报告。前者提交委托方，后者由土地估价机构存档和提交土地管理部门确认或备案。从报告格式上看，土地估价报告又可分为书信式、文字式和表格式三种，通常采用文字式。

在估价报告的实际撰写过程中，应做到以下几点。

（1）全面性：应完整地反映估价所涉及的事实、推理过程和结论，正文内容和附件资料应齐全、配套。

（2）公正性和客观性：应站在中立的立场上对估价对象价格的影响因素进行客观的介绍、分析和评论，作出的结论应有充分的依据。

（3）准确性：用语应力求准确，避免使用模棱两可或易生误解的文字，对未经查实的事项不得轻率写入，对难以确定的事项应予以说明，并描述其对估价结果可能产生的影响。

（4）概括性：应用简洁的文字对估价中所涉及的内容进行高度概括，对获得的大量资料应在科学鉴别与分析的基础上进行筛选，选择典型、有代表性、能反映事情本质特征的资料来说明情况和表达观点。

十、送达估价报告书

在估价报告书撰写完成之后，估价师和估价机构应及时按照合同规定的时间将估价报告交付给委托方,并对相关问题作口头说明。同时,按照合同约定,收取估价服务费。目前,我国土地估价的收费方式和收费标准,是按照《国家计委国家土地管理局关于土地估价评估收费的通知》(计价格[1994]2017号)执行。一般宗地的估价采取差额定律累进计费,具体办法详见《国家计委国家土地管理局关于土地估价评估收费的通知》(计价格[1994]2017号)文件规定。

第二节 《城镇土地估价规程》与土地估价报告

一、《城镇土地估价规程》概述

《城镇土地估价规程》(GB/T18508－2001)(简称《城地规程》)制定的目的是为了规范土地估价行为,统一估价程序和方法,做到估价结果客观、公正、合理,《城地规程》是根据《中华人民共和国城市规划法》、《中华人民共和国城市房地产管理法》、《中华人民共和国土地管理法》等法律、法规的有关规定而制定的。

《城地规程》适用于城市规划区范围内建设用地的"基准地价"和"宗地地价"评估。独立工矿区、城市规划区外的成片开发区和国家重点基础设施建设用地、农村乡镇企业建设用地的土地估价也适用该《城地规程》。

与《房地产估价规范》相比较,两者的估价方法及其估价技术路线大体上是一致的,然而在《城地规程》中针对土地估价更加具体、详细地阐述了各类用地城镇宗地估价评估及不同土地权利的宗地价格评估。

(一)各类用地宗地价格评估

1. 居住类宗地价格评估

居住类用地包括独立住宅用地、高档公寓用地、普通住宅用地、简易住宅用地。由于各类居住用地价格影响因素(包括一般影响因素、区域影响因素、个别影响因素)各不相同,所以要首先确定影响不同类型居住用地价格的主要因素,并作详细的分析,要针对不同类型居住用地的特点选择适当的估价方法。

2. 商业金融业用地宗地价格评估

商业金融业用地包括金融保险业用地、办公服务类用地、综合商厦类用地、普通零售店类用地、旅游娱乐类用地。首先确定影响商业金融业用地价格的主要因素及不同类型商业金融业用地价格的影响因素,分用地类型对具体的影响因素作具体分析,并选用适当的估价方法。商业金融业用地估价宜采用市场比较法、收益还原法、剩余法(假设开发法)和基准地价系数修正法。

在商业金融业用地宗地价格评估过程中:商业金融业用地估价参数的确定,应充分考虑估价对象的特点及土地收益水平;确定还原利率时,应考虑各类商业金融业用地的投资风险差异;确定投资利息率时,应考虑不同项目的开发周期差异;确定投资利润率时,应考虑不同项目的投资风险与开发周期差异。

3. 工业、仓储用地宗地价格评估

工业、仓储用地主要有：矿井、矿区用地；传统制造业、电力、煤气及水的生产和供应用地；邮电、高新技企业用地；仓储业用地等。首先应确定影响工业、仓储用地价格的主要因素及影响不同类型工业、仓储用地的因素，对每种类型工业、仓储用地价格的影响因素作重点分析，并选择适用的评估方法。工业、仓储用地估价宜采用市场比较法、成本逼近法和基准地价系数修正法。

此外，在评估过程中，主要参数的确定要考虑不同行业类别的特点及土地收益水平。确定投资利息率时，应注意不同类别工业、不同建设规模对开发建设周期的影响；确定投资利润率时，应注意不同类别工业的投资风险、资金利润率以及净收益在各生产要素间分配比例的差异；确定土地增值收益率时，应注意区别不同工业土地增值的客观差异；确定土地还原利率时，应注意不同工业项目间客观存在的投资风险及市场利润差异。

4. 交通用地宗地价格评估

交通用地指铁路、公路、管道运输、港口码头和机场等交通运输及其附属设施等用地。

一般线路道路用地可采用道路贡献法、成本逼近法、市场比较法、收益还原法等方法估价。其中道路贡献法，是利用道路对周围各类用地的贡献，用各类用地的平均价格来估算道路价格的方法。

有独立权属单位的高压线走廊、管线(输油管、排污管、天然气管等)等用地价格的评估参照线状交通用地评估方法评估。

机场、码头、车站、编组站等面状交通用地价格可采用基准地价修正法、成本逼近法、收益还原法评估。

5. 综合用地宗地价格评估

综合用地指集办公、商住(公寓)、餐饮、购物、娱乐于一体的现代化综合大厦或大厦群用地。

综合用地价格评估方法，可选用收益还原法、市场比较法、剩余法和基准地价系数修正法。综合用地价格评估的关键是正确把握同一建筑物中各不同利用部分的权重及各部分之间的相互作用。综合用地价格评估不能简单等于各不同利用部分所分摊土地价值之和。综合利用的土地价值可能大于或小于各不同利用部分所分摊土地价值之和。

无论应用何种方法，可以先分别评估各不同利用部分所分摊土地的价格，然后根据该宗地的主要用途、该区域的主要土地利用类型及该区域各不动产类型的市场价格，进行该宗地各利用方向相互之间的影响程度修正。

6. 公共绿地价格评估

公共绿地包括市级和区级综合性公园、儿童公园、动物园、植物园、街道广场绿地等，是由城市政府投资兴建，具有一定规模和比较完善的设施，可供居民游览、休息之用。

公共绿地价格一般可采用绿地贡献法、成本逼近法、市场比较法等方法估价。其中绿地贡献法，是利用绿地对周围各类用地的贡献，用各类用地的平均价格来估算绿地价格的方法。绿地周围各类用地的价格可用路线价法、基准地价系数修正法、市场比较法、收益还原法、成本逼近法及市场成交价格来获得。

城市中的水域用地价格评估参照公共绿地价格评估方法评估。

（二）不同土地权利的宗地价格评估

1. 土地所有权价格评估

土地所有权价格评估主要体现在农村集体土地所有权转为国家土地所有权方面。城市国家土地所有权不进入市场，但在掌握国有土地价值量方面，可进行土地所有权价格评估。

宗地地价评估基本方法均适用城市国家土地所有权价格的评估。在土地所有权价格评估中，要注意土地所有权投资风险小于土地使用权投资，其土地还原利率应小于土地使用权价格评估中所用利率。

农村集体土地所有权价格评估可采用以下方法。

（1）征地补偿法，主要用于因社会公益事业及重大建设项目需要征用农村集体土地时的价格评估。

（2）收益还原法，主要用于非因社会公益事业及重大建设项目需要征用，且在改变用途后有收益的农村集体土地所有权价格评估。

（3）市场比较法，主要用于城市郊区集体土地所有权交易较多的地区。

（4）剩余法，主要用于非因社会公益事业及国家重大建设项目发生的农村集体土地所有权交易时的价格评估。

（5）成本逼近法，主要用于因社会公用事业及国家重大建设项目而发生交易的农村集体土地所有权价格评估。

2. 土地使用权价格评估

土地使用权价格评估首先应分清土地使用权价格的类型。土地使用权价格的类型按交易形式分主要有出让价格、转让价格、租赁价格及抵押价格等，出让价格又因出让方式不同分为协议出让价格、招标出让价格和拍卖出让价格。

土地使用权出让价格评估，实际上是土地使用权出让底价评估，可按公开市场原则采用收益还原法、市场比较法、假设开发法、成本法和基准地价系数修正法评估。在运用市场比较法时，应选用同一出让方式的比较实例。

土地使用权转让价格评估，应按公开市场原则采用收益还原法、市场比较法、假设开发法、成本法和基准地价系数修正法评估，其价格是正常的市场价格。

当设有土地租赁权和土地抵押权的土地使用权在发生转移时，其土地使用权价格与没有设定土地租赁权和土地抵押权的土地使用权价格有区别。他项权利的设定，给土地的正常使用带来了限制，因而要对没有设定他项权利的土地使用权价格进行修正。修正的幅度以他项权利给新土地使用权人在土地利用上带来困难而发生的费用或减少的收益为标准。这可用新土地使用权人为恢复正常土地使用权而撤销他项权利而必须支付的正常费用来估算。

3. 土地租赁权价格评估

国有土地租赁权分为土地所有权人设定的租赁权和土地使用权人设定的租赁权。评估计算的租赁年期不得超过同类土地使用权出让的法定最高年期。

土地租赁权价格可用年租金表示，也可用未来年租金的贴现值累加表示。

所有权人设定的土地租赁权价格,可用收益还原法、市场比较法、成本逼近法、剩余法和基准地价系数修正法评估。其价格内涵与土地使用权相同。但要注意合同规定的土地租金调整形式及幅度对土地纯租金的影响。

土地使用权人设定的土地租赁权价格,以公开市场原则下双方签订的租赁契约租金中的土地纯租金为依据评估。以房屋租赁为形式的土地租赁,应从房屋租金中分离出土地纯租金。土地租赁权价格的租赁年期修正与土地使用权的年期修正相同。

4. 土地抵押价格评估

土地抵押价格是指以抵押方式将土地作为债权担保而设定抵押权时的土地使用权价格。

土地抵押价格是将抵押权人对未来市场风险对土地价格影响程度的估计等因素考虑后的土地使用权价格。它比公开市场条件下正常交易的土地使用权价格要低。

依法不得抵押的土地,设有抵押价格。

首次抵押的土地,该土地的价格为抵押价格。

再次抵押的土地,该土地的价格扣除已担保债权后的余额部分为抵押价格。

土地抵押价格的评估,可先用收益还原法、市场比较法、剩余法、成本逼近法和基准地价系数修正法求取公开市场条件下的正常土地使用权价格,再对它进行未来市场风险等修正。修正值一般确定在 20% 左右。

以划拨方式取得的土地使用权设定抵押时,评估土地抵押价格时应扣除预计处分所得价款中相当于应缴纳的土地使用权出让金的款额。在方法应用上,成本逼近法则是在价格构成中不包含土地所有权增值收益项,其他方法则是在估算正常土地使用权价格后扣除应缴纳的土地使用权出让金款额。

以出让方式取得的土地使用权设定抵押,则按宗地评估基本方法评估土地出让剩余年限的土地使用权市场价格。要注意抵押期限与抵押期限届满时土地使用权剩余年限对抵押价格的影响。

以所有权人设定的土地租赁权设定抵押,在估算抵押价格时,主要考虑土地租金标准的调整情况及抵押年限和租赁年限的影响。

5. 土地地役权价格评估

地役权是为自己土地利用的需要,而对他人土地加以支配的权利。目前我国城镇土地地役权大致包括:通行权、通过权、流水权、通风权、采光权、取水权、眺望权等。其中通风权、采光权和眺望权在确定土地纯收益或进行个别因素修正时已经加以考虑。

对地役权价格评估主要是为了确定需役地使用权人对供役地使用权人承受地役权的经济补偿及因设有地役权而对供役地和需役地使用权价格的影响。

地役权价格在理论上等于需役地因设定地役权而导致地产增值的部分。地役权价格一般不等于供役地因设有地役权而导致地产贬值的部分。但至少应等于供役地因设有地役权而导致地产贬值的部分。

地役权价格评估方法可用收益还原法、市场比较法、成本逼近法、剩余法及基准地价系数修正法。

二、土地估价报告

土地估价报告包括"土地估价报告"(即土地估价结果报告)和"土地估价技术报告"。"土地估价报告"是在"土地估价技术报告"基础上撰写的,其内容是涵盖在技术报告中的,是土地估价技术报告的浓缩版。因此,在此只对"土地估价技术报告"的内容作简单的介绍。

(一)土地估价技术报告的封面

封面的主要内容如下。

(1) 标题,即"土地估价技术报告"。

(2) 项目名称。说明估价项目的全称,内容包括评估目的及估价对象价格类型(土地使用权或其他)等字样。估价项目他称后加括号注明估价对象所在市、县全名,如"××县(市)"字样。

(3) 受托估价单位。说明进行该项估价并符合估价资质的机构名称,可同时列出使用估价机构。

(4) 土地估价报告编号。说明估价机构对该项目的编号,含有"(地名)估价机构简称(年度)(估)字第××号"等字样,其中年度为提交土地估价报告日期所在年度。

(5) 土地估价技术报告编号。说明估价机构对该项目的技术编号,含有"(地名)估价机构简称(年度)(技)字第××号"等字样,其中年度为提交土地估价报告日期所在年度。

(6) 提交估价报告日期:说明土地估价报告提交的具体日期。

(7) 关键词。估价对象所在市、县全名,与项目名称中市、县全名一致;估价目的,应简要说明"企业收购、转让、破产、清产核资、合资、其他"等目的;估价机构,说明估价机构全称;年度,说明提交土地估价报告日期所在年度。

(二)土地估价技术报告的正文

1. 第一部分:总述

(1) 估价项目名称(同土地估价技术报告封面)。

(2) 委托估价方。说明该项估价的委托单位或个人。

(3) 受托估价方。说明该项估价的受托估价机构、机构地址、估价机构资质级别、资格证书获得时间、估价资格有效期、资格证书编号、法人代表等。

(4) 估价目的。说明该项估价是为了满足委托方的何种需要及其估价依据、估价结果的应用方向等,对估价依据则应注明文号、批准单位及批准日期等。

(5) 估价依据。说明该项估价所依据的国家有关法律、法规、行政规章以及估价对象所在省市的有关法律规定,采用的技术规程,委托方提供的有关资料,受托估价方掌握的有关资料和估价人员实地勘察、调查所获取的资料等。

(6) 估价基准日。说明估价结果对应的具体日期,样式为×××年××月××日。

(7) 估价日期。说明该项估价工作的起止日期。

(8) 地价定义。说明估价对象实际用途和宗地内外实际开发程度、本次估价所设定的开发程度和用途及其理由,现状利用或规划利用条件。应注明所估地价的内涵是指在估价基准日、现状利用或规划利用条件下、设定的开发程度与用途、法定最高年限内一定年期的土地使用权(或包括其他内容)价格。

(9) 需要特殊说明的事项。说明有关资料来源及未经实地确认或无法实地确认的资料和估价事项;对估价结果和估价工作可能产生影响的变化事项(如地价指数、开发程度、设定用途等)以及采取的相应措施;估价对象的特殊性、估价中未考虑的因素及采取的特殊处理必要及时说明原因或依据;其他需要特殊说明的问题。

(10) 土地估价师签字。由参加评估及符合估价资质的估价机构中的至少两名土地估价师签字,并注明土地估价师资格证书号。

(11) 土地估价机构。由签字土地估价师所在的估价机构法人代表签字,并加盖公章,其中至少一个为符合土地估价资质的估价机构。

2. 第二部分:估价对象描述及地价影响因素分析

(1) 估价对象描述。包括土地登记状况、土地权利状况、土地利用状况。土地登记和权利状况以土地登记、土地使用证和土地使用权出让合同中的有关内容为准,土地利用状况以建筑物、地上附着物等产权登记内容和实际勘察与调查的内容为准。土地权利状况中他项权利限制以及土地利用限制等对地价造成影响的,应说明影响趋势及影响程度。

(2) 地价影响因素分析。说明影响估价对象地价水平的因素,包括一般因素、区域因素、个别因素。

3. 第三部分:土地估价

(1) 估价原则。简要说明该项估价所遵循的主要原则。

(2) 估价方法和估价过程。要求详细、具体说明估价方法选择依据和每种方法的估价过程。

(3) 地价的确定。

① 地价确定的方法。要求说明对不同估价方法结果进行增值或减值调整的原因。对采用众数、平均值或以其中某一价格等为最终宗地地价的,要解释其方法选择的依据。如评估方法选择采用基准地价系数修正法,最终估价结果必须考虑基准地价系数修正法的评估结果。

② 估价结果。应注明地价种类、总地价、单位面积地价、地价单位,总地价并用大写表示。如用外币表示地价,应注明估价基准日外币与人民币的比价。

4. 第四部分:附件

应包括委托估价函、估价对象土地使用证复印件或土地产权证明材料(附宗地图)(出让土地需附出让合同或协议)、房屋产权证复印件或证明材料、地籍图或宗地区域位置图、建筑图等、估价对象照片(从不同角度体现宗地的主要建构筑物、用途及利用特点)、有关背景材料(如估价项目的有关批准文件等,如为规划利用应提交规划利用的项目建议书、可行性研究报告、建设用地规划许可证、建设工程规划许可证或审定设计方案通知书等规划文件)、估价对象如设定他项权利进的有关权利人证明材料、估价机构资质及签字土地估价师证书复印件、委托方营业执照等。

在提交有关估价对象土地产权证明材料时,估价人员必须对土地产权证明原件(如国有土地使用证、土地产权证明、房产证)等进行验对核实后,在复印上加盖估价机构公章。

第三节 《农用地估价规程》和农用地估价报告

一、《农用地估价规程》概述

为全面掌握我国农用地资产状况,科学管理和合理有效地利用农用地,规范农用地估价行为,统一估价程序和方法,保证农用地估价结果客观、公正、科学、合理,依据《中华人民共和国土地管理法》等有关法律、法规,制定了《农用地估价规程》(TD/T1006-2003)(以下简称《农地规程》)。

《农地规程》规定了我国农用地估价的范围、引用标准、总则、估价方法、宗地估价方法、基准地价评估方法以及征用价格评估方法。《农地规程》可适用于中华人民共和国境内的农用地和其他可开发整理为农用地的后备土地资源的价格评估。《农地规程》的编制也是开展分等定级与估价工作的基础,《农地规程》于2001年3月17日通过评审、验收,2001年4月份以“国土资源大调查”专用稿下发,在全国试行。2002年底,由国土资源部土地利用管理司、国土资源部土地整理中心、北京国土联房地产评估中心有限公司、中国农业大学、北京师范大学、北京大学等单位共同承担的《农地规程》编制工作已经完成,并于2003年8月1日以国家行业标准正式颁布实施。

(一)不同利用类型的农用地宗地估价

在《农地规程》中农用地是指直接用于农业生产的土地,包括耕地、林地、草地、农田水利用地、养殖水面等。影响农用地价格的因素主要包括自然因素、社会经济因素和特殊因素。其中,自然因素是指影响农用地生产力的各种自然条件;社会经济因素是指影响农用地收益的社会经济发展条件、土地制度和交通条件等;特殊因素是指影响农用地生产力和收益所独有的条件或不利因素。

1. 耕地地价的评估

(1)耕地地价的影响因素。

① 确定旱地的地价影响因素时,要注意保水能力、水源条件、灾害性气候等因素对地价的影响。

② 在确定旱地的地价影响因素时,要注意地块形状、地形坡度、灌溉条件、灾害性气候等因素对地价的影响。

(2)耕地地价的评估方法。耕地地价评估根据其利用状况和所处地区条件,可采用收益还原法、市场比较法、评分估价法和基准地价修正法等;如果是新开发整理的耕地,可采用成本逼近法;如果是待开发土地,可采用剩余法。

(3)耕地地价评估的技术要点。

① 在评估耕地价格时,应首先根据土地所处区域条件、近 3 年来耕地的实际耕作情况及可能的新的耕作利用方式,确定耕作制度、复种指数等,并根据其耕作制度分析其利用状况及收益能力。

② 要充分考虑农田基本设施对耕地价格的影响,包括引水渠、排水渠、田间道路、机耕道路等,分析其可用程度对地价产生的影响,对于通过性设施对农用地可能产生的负面影响也应充分考虑。

③ 用收益还原法评估耕地地价时,其估价结果的可信度主要取决于土地的预期纯收益和还原率是否准确。在测算耕地纯收益时,总收益和总费用的测算要全,一般应采用实测的方式,即具体计算待估宗地在 1 年内各种产出物的经济价值和各种投入的费用总和,收益及费用数据应采用近 3 年的客观平均值。

④ 采用市场比较法时,应注意比较案例交易对象与评估对象的构成是否一致,即交易对象是否包括地上农作物、农田设施等,如果不一致应进行一致性调整。比较案例的利用方式和耕作制度也应与评估对象一致。

2. 园地地价的评估

(1)影响因素:在确定园地的地价影响因素时,要注意有机质含量、地下水埋深、园艺设施状况、距城市远近、独特的小气候以及特殊土壤等因素对地价的影响。

(2)评估方法:根据其利用状况和所处地区条件,可采用收益还原法、市场比较法和成本逼近法等;如果是新开发的园地,可采用成本逼近法;如果是待开发的园地,可采用剩余法。

(3)评估的技术要点,内容具体如下。

① 在评估园地价格时,应首先确定界定估价对象是否包括果树及有关设施等,如果包括应充分考虑包括后对园地价格的影响。

② 应适当考虑特殊的土壤及气候条件对园地利用产生的垄断收益及垄断价格。

③ 对于果园地应适当考虑其区位条件,如距消费地的距离、路网状况等;对具有景观及旅游价值的园地,应充分考虑景观及旅游价值对土地价格的影响。

④ 用收益还原法评估果园用地地价时,应尽量消除大小年对纯收益的影响,其收益及费用数据应采用最近连续 3—5 年的客观平均值。

⑤ 采用市场比较法评估园地地价时,也应注意比较案例交易对象与评估对象的构成是否一致,即交易对象是否包括地上果树、园林设施等,如果不一致应进行一致性调整。比较案例的果树类别及利用方式应与评估对象一致。

3. 林地地价的评估

(1)影响因素:在确定林地的地价影响因素时,要注意立地条件、砾石含量、地形坡度、林业设施状况、林木经营结构、交通运输条件等因素对地价的影响。

(2)评估方法:林地地价评估根据其利用状况和所处地区条件,可采用市场比较法、成本逼近法和收益还原法等。

(3)评估技术要点,内容如下。

① 在评估林地价格时,应首先准确界定估价对象是否包括林木及有关林业设施等,如果包括应充分考虑包括后对林地价格的影响。

② 采用市场比较法评估林地地价时,比较案例的林木类别及林地开发经营方式应与评估对象的一致,即交易对象是否包括地上林木、林业设施等,如果不一致应进行一致性调整。

③ 用收益还原法评估林地价格时,宜以林木生长期和采伐期为周期计算年平均总收益和总费用。

④ 对具有生态及旅游价值的林地,应考虑生态及旅游价值对土地价格的影响。

4. 牧草地地价的评估

(1) 影响因素:在确定牧草地的地价影响时,要注意土壤沙化程度、草场经营方式、草场设施、状况等因素对地价的影响。

(2) 评估方法:牧草地地价评估根据其利用状况和所处地区条件,可采用评分估价法、收益还原法和市场比较法等。

(3) 评估技术要点,内容如下。

① 在评估牧草地价格时,应考虑牧草地的经营方式和草种结构,区分圈养和单独经营草场等不同方式。

② 采用收益还原法进行评估时,对于圈养的草场,其经营收益来源于牲畜的出售收益,在测算总收益时应考虑出栏率和牲畜生长期,收益和费用数据一般宜采用连续 3—5 年的客观平均值;对于只进行草场经营的牧草地,其经营收益主要是草场经营使用费及大草的出售收益,计算纯收益时可采用近 3 年的收益和费用数据客观平均值。

③ 采用市场比较法评估牧草地地价时,比较案例的草场类型及利用方式应与评估对象的一致。

④ 刘牧草地价格评估时应考虑其生态价值。

5. 养殖水面地价的评估

(1) 影响因素:在确定养殖水面的地价影响因素时,要注意保水能力、水质条件、养殖设施状况、养殖种类结构、距消费地距离等因素对地价的影响。

(2) 评估方法:根据其利用状况和所处地区条件,可采用收益还原法、市场比较法和成本逼近法等;如果是待开发的养殖水面,可采用剩余法。

(3) 评估技术要点,内容如下。

① 在评估养殖水面价格时,应首先确定估价对象类型及构成,是否包括养殖地及其有关设施等,如果包括应充分考虑包括后对土地或评估对象价格的影响。

② 应适当考虑特殊的水质、气候条件对养殖水面产生的垄断收益及垄断价格。

③ 对于养殖水面应适当考虑其作为水产养殖及销售的区位条件,如距离消费地的距离、路网状况等。

④ 采用收益还原法进行评估时,其经营收益来源于水产品的出售收益,在测算总收益时应考虑所养殖水产的种类及其生长期等,收益和费用数据一般采用 3—5 年的客观平均值。

⑤ 采用市场比较法评估养殖水面地价时,比较案例的构成与评估对象应一致,如是否包括养殖池设施等,如果不一致应进行一致性调整。比较案例的养殖水产类别及经营也应与评估对象一致。

6. 未利用地价格评估

(1) 未利用地是农用土地重要的后备土地资源,当未利用地用于开发为农用土

（包括耕地、园地、林地、牧草地和水产养殖用地）时，应采用农用土地估价方法的要求进行估价。

（2）未利用地价格的评估方法：在进行未利用地价格评估时，首先应根据未利用地的规划要求或土地的开发利用计划，确定土地利用类型和土地利用方式，然后选择适当的方法进行评估。未利用地价格的评估方法，可根据实际情况采用剩余法、市场比较法和评分估价法进行评估。

（3）未利用地地价评估的技术要点，内容如下。

① 未利用地价格评估时应先确定未利用地的开发利用方式，包括未利用地的开发用途、开发利用率等。确定的依据主要是未利用地本身的自然条件、有关规划的要求及开发者的实际开发计划等。

② 未利用地价格评估时应适当考虑未利用地开发后的价格增值，并充分考虑未利用地的可利用与未利用程度。

③ 采用剩余法评估时，按照所确定的未利用地开发利用方式调查和评估开发后的买卖价格，要求有可比较的市场交易案例。

④ 采用市场比较法评估时，应调查当地的类似条件的未利用地拍卖等市场价格。

（二）不同估价目的的农用地估价

1. 承包农用地价格评估

（1）承包农用地价格是指在正常条件下承包年限内的农用地的价格。

（2）承包农用地的价格评估应综合考虑农用地的土壤质量、收益水平、土地承包经营期限、有无其他经营或权利限制等方面因素。

（3）承包农用地价格评估方法可采用收益还原法、市场比较法和基准地价修正法等。

（4）用收益还原法进行承包农用地价格评估时，由于承包方对农用地具有不完全处置权，因此，农用地还原率应比正常情况高。

（5）承包农用地价格评估同时评估许多宗地时，评估报告应作为适当归并。

2. 转包农用地价格评估

（1）转包农用地价格是指在正常市场条件下转包期内农用地收益的现值之和。

（2）农用地转包最高年限不能超过农用地的剩余承包年限。

（3）农用地转包价格应综合考虑农用地的土壤质量、土地收益水平、土地转包经营期限、有无其他经营或权利限制等方面进行评估。

（4）农用地转包价格的评估方法可采用收益还原法、市场比较法等。

（5）用收益还原法进行农用地转包价格评估时，由于第二份合同的承包者只继承第一份合同承包者的权利，因此农用地还原率应比正常情况高。

3. 农用地租金评估

（1）农用地租金标准应与该宗地的正常地价标准相均衡。租金标准的评估可通过该宗地的正常土地使用权价格标准折算，也可采用市场比较法等直接评估。

（2）租赁农用地使用权的投资风险比农用地承包经营权的投资风险大，收益不确定性高,因此,租赁农用地价格还原率一般比农用地承包价格高。

4. 荒地拍卖底价评估

(1) 荒地拍卖的年限不应超过国家规定的最高年限。

(2) 荒地拍卖估价,应根据中华人民共和国拍卖法及中华人民共和国土地管理法等有关规定进行。

(3) 荒地拍卖估价,可采用剩余法和市场比较法确定其价格。但应在估价报告中说明未来市场变化风险和预期强制处分等因素对拍卖价格的影响。

5. 荒地抵押价格评估

(1) 荒地抵押估价是指在将荒地作为抵押债权担保而设定抵押权时对荒地进行的价格评估。

(2) 荒地抵押评估的是有限年期荒地价格。

(3) 荒地抵押估价,应根据《中华人民共和国担保法》及《中华人民共和国土地管理法》等有关规定进行。

(4) 荒地抵押估价,可采用市场比较法、剩余法和成本逼近法确定其价格。但应在估价报告中说明未来市场变化风险和预期强制处分等因素对抵押价格的影响。

(5) 在进行荒地抵押估价时,应区分抵押物的权利状况,应按照其相应的权利评估确定其相应的价格。

(6) 荒地抵押价格评估应掌握前 3 年荒地价格的变化状况,预测未来 3 年的地价变动趋势,并考虑抵押风险和强制处分等因素。

二、农用地估价结果报告

(一)农用地估价结果报告封面内容

封面的内容和格式如下。

(1) 封面标题:农用地估价结果报告。

(2) 项目名称:说明估价项目的全称,内容可包括估价目的及估价对象价格类型(土地使用权或其他)等字样。

(3) 受托估价单位:说明进行该项估价并符合估价资质的机构名称,可同时列出合作估价机构。

(4) 委托估价方:说明委托估价的单位或个人。

(5) 估价日期:说明所评估价格的日期,样式为××××年××月××日至××××年××月××日。

(6) 编号:说明估价机构对该项目的编号,样式为(年度)(单位)(JG)字第××号。其中年度为提交估价报告所在年度,单位为受托估价单位,JG 代表结果。

(二)农用地估价结果报告正文内容

正文内容和格式如下。

(1) 正文标题:农用地估价结果报告。

(2)估价项目名称：说明估价项目的全称,内容可包括估价目的及估价对象价格类型(土地使用权或其他)等字样。

(3)委托估价方：说明委托估价的单位或个人。

(4)受托估价单位：说明进行该项估价并符合估价资质的机构名称,可同时列出合作估价机构。

(5)估价目的：说明该项估价是为了满足委托方的何种需要及其估价依据、估价结果的应用方向等,对估价依据则应说明文号、批准单位及批准日期等。

(6)估价期日：说明所评估价格的具体时点,样式为××××年××月××日。

(7)估价日期。

(8)估价对象概况。

① 土地利用状况：说明评估对象的土地位置、土地用途、四至、土地面积、土地等级、地上附着物状况、地号、图号及土地证书号等。

② 土地权利状况：说明评估对象的土地所有权、使用权或承包经营权、共有权利状况。对评估对象存在的抵押权、担保权、地役权、租赁权等他项权利也要说明。

③ 其他：其他需要说明的事项。

(9)价格定义：说明评估价格的内涵。地价的内涵是指在估价基准日、设定土地权利、土地用途、耕作制度与开发程度条件下,一定年期(或无限年期)的价格。

(10)估价依据与原则：说明该项估价所依据的国家有关法律、法规、行政规章以及估价对象所在省市的有关法律规定,采用的技术规程,委托方提供的有关资料,受托估价方掌握的有关资料和估价人员实地勘察、调查所获取的资料等;说明该项估价所遵循的主要原则。各原则的具体内容参见《农用地估价规程》(以下简称《农地规程》)。

(11)估价方法：简要说明估价中采用的主要方法(收益还原法、市场比较法、成本逼近法、剩余法、评分估价法、基准地价修正法)的选择依据。这里估价方法应根据估价目的和估价对象的特点等,并与估价原则和估价依据衔接一致。要求所选方法不少于两种。

(12)估价结果：说明本次估价的结果,主要包括评估项目在估价期日的总地价、单位地价,单位为元、元/m²。如用外币表示,注明外币与人民币的比价。

(13)说明事项：主要内容如下。

① 评估假设条件。

② 该报告的使用方向与限制条件。

③ 没有实地确认或无法确认的资料或估价事项及资料的来源。

④ 评估中未考虑的因素及一些特殊处理,必要时说明这样做的原因或依据。

⑤ 土地估价结果有效的条件和结果对外提供的限制条件、要求等。

⑥ 技术报告归档备查编号等其他需要说明的问题。

(14)土地估价师签字：由参加评估及符合估价资质的至少两名土地估价师签字,并注明土地资格证号。

(15)审核人：由估价机构的估价技术总负责人作为审核人并签字。

(16)估价机构签章及法人代表签字。

(17)附件：应包括委托估价函、估价对象土地使用证明复印件或土地产权证明材料、宗地位置图、有关背景材料、估价对象如设定他项权利时的有关权利人证明材料、土地估价机构资质及签字土地估价师证书复印件、委托方营业执照等。

三、农用地估价技术报告

（一）农用地估价技术报告封面内容及其说明

封面的内容和格式如下。

（1）封面标题：农用地估价技术报告。

（2）项目名称：说明估价项目的全称,内容可包括估价目的及估价对象价格类型(土地使用权或其他)等字样。

（3）受托估价单位：说明进行该项估价并符合估价资质的机构名称,可同时列出合作估价机构。

（4）委托估价方：说明委托估价的单位或个人。

（5）估价日期：说明所评估价格的日期,样式为××××年××月××日至××××年××月××日。

（6）编号：说明估价机构对该项目的编号,标准格式为：(年度)(单位)(JS)字第××号。其中年度为提交估价报告所在年度,单位为受托估价单位,JS代表技术。

（二）农用地估价技术报告正文内容

正文内容和格式如下。

（1）正文标题：农用地估价技术报告。

（2）正文分标题。

① 总述。

② 估价对象描述及其地价影响因素分析。

③ 地价估算。

④ 附件。

（三）农用地估价技术报告总述的内容及其说明

（1）估价项目名称：说明估价项目的全称,内容可包括估价目的及估价对象价格类型(土地使用权或其他)等字样。

（2）委托估价方：说明该项评估的委托单位、单位所在地址、法人代表或委托的个人、联系地址。

（3）受托估价方：说明该项评估的受托机构、机构地址、评估机构资格证书号、法人代表。

（4）估价目的：说明该项估价是为了满足委托方的何种需要及其估价依据、估价结果的应用方向等,对估价依据则应说明文号、批准单位及批准日期等。

（5）估价期日：说明所评估价格的具体时点,样式为××××年××月××日。

（6）估价日期。

(7) 价格定义：说明评估价格的内涵。地价的内涵是指在估价基准日、设定土地权利、土地用途、耕作制度与开发程度条件下，一定年期的价格。

(8) 估价依据：说明该项估价所依据的国家有关法律、法规、行政规章以及估价对象所在省市的有关法律规定，采用的技术规程，委托方提供的有关资料，受托估价方掌握的有关资料和估价人员实地勘察、调查所获取的资料等。

(9) 估价结果：说明本次估价的结果，主要包括评估项目在估价期日的总地价、单位地价，单位为元、元/m²。如用外币表示，注明外币与人民币的比价。

(10) 说明事项：说明事项内容如下。

① 评估假设条件。

② 该报告的使用方向与限制条件。

③ 没有实地确认或无法确认的资料或估价事项及资料的来源。

④ 评估中未考虑的因素及一些特殊处理，必要时说明这样做的原因或依据。

⑤ 土地估价结果有效的条件和结果对外提供的限制条件、要求等。

⑥ 技术报告归档备查编号等其他需要说明的问题。

(11) 土地估价师签字：由参加评估及符合估价资质的至少两名土地估价师签字，并注明土地资格证号。

(12) 审核人：由估价机构的估价技术总负责人作为审核人并签字。

(13) 估价机构盖章及法人代表签字。

（四）农用地估价技术报告估价对象描述及其地价影响因素分析的内容及其说明

1. 估价对象界定

其内容如下。

(1) 土地利用状况：说明评估对象的土地位置、土地用途、四至、土地面积、土地等级、地上附着物状况、地号、图号及土地使用证书号等。

(2) 土地权利状况：说明评估对象的土地所有权、使用权或承包经营权、共有权利状况。对评估对象存在的抵押权、担保权、地役权、租赁权等他项权利也要说明。

(3) 其他：其他需要说明的事项。

2. 地价影响因素分析

说明影响估价对象地价水平的因素。

(1) 肥力因素：说明宗地的土层厚度、土壤质地、有机质含量、距障碍层深度、盐渍化程度、地表水状况、地下水状况等因素对地价产生的影响。

(2) 经营耕作因素：说明灌溉条件、防洪排涝条件、供电条件、耕作制度、人均土地指标（人均耕地、人均林地）、农机应用方便度、区域经济发展水平、单位土地投入资本量、单位土地投入劳动量、土地利用规划限制等对评估对象地价水平产生的影响。

(3) 区位条件：说明交通通达性、路网密度、地形坡度、地块形状、降雨量、降雨均衡度、无霜期、≥10℃有效积温、灾害性气候状况等因素对评估对象地价水平产生的影响。

(4) 特殊因素：说明特殊的土壤条件、气候条件、权利状况、居民点的影响、工程建设的影响等因素对评估对象地价水平产生的影响。

在对地价影响因素进行分析时,应通过定性与定量分析,着重分析这些因素对地价可能产生的影响程度及影响趋势,并与土地估价过程中有关方法选择、参数确定、因素分析和比较内容等相对应,要求对地价影响因素的分析与估价结果的确定联系起来,做到分析合理、参数有据、估价得当,不能前后矛盾。

(五)农用地估价技术报告地价估算内容及其说明

1. 估价原则

明确说明此次土地估价所遵循的原则,应体现出客观、公正、科学、合法的原则。

2. 估价方法选择

根据估价对象宗地特点及项目的实际情况,依据《农地规程》的规定,选取适当的评估方法。要求在一项评估中所选方法不少于两种,并说明估价方法选择的依据。

3. 估价过程

(1)市场比较法。应用此种方法估价,要按照《农地规程》规定,选择相似比较实例,进行因素比较修正后,确定待估土地的价格。对比较实例选择、比较因素选择、因素条件的比较及因素修正有以下具体要求。

① 比较实例选择。要求比较实例不得少于三个。估价中,除要求选择的实例与估价对象属于同一供需圈、用途一致、在地域上属近邻区域或类似区域、交易时间与估价期日相差不超过 3 年。所选实例应是实际交易实例或经土地管理部门审批的实例,并具体说明实例的使用单位、位置、用途、面积、土地等级、土地利用状况、土地开发程度、交易或审批时间、土地使用年限、交易方式、交易情况和交易价格等。

② 因素选择。估价时选择的比较因素应包括影响地价的全部主要因素,主要是自然因素、社会经济因素、特殊因素。不同用途的因素选择应有所不同,具体因素选择可参照《农用地估价规程》。以上因素与报告第二部分所分析的地价因素相一致,不得漏掉重要因素,必要时说明进行因素选择的依据。

③ 因素条件说明。具体说明评估对象和比较实例的因素条件列表格式如表 12 - 1 所示。

表 12 - 1　因素条件说明

比较因素	比较对象 内　容	待估 宗地	实例一	实例二	实例三	实例四	……
	交易时间						
	交易情况						
肥力 因素	土壤质地	壤土	壤质黏土	砂质壤土	黏质壤土	壤土	
	盐渍化程度	无	轻度	无	轻度	较重	
	……						

续 表

比较因素＼比较对象＼内容		待估宗地	实例一	实例二	实例三	实例四	……
经营耕作因素	灌溉条件	好	好	差	较差	较差	
	农机应用方便度	容易	一般	不容易	一般	不容易	
	……						
区位条件	交通通达性	临公路200 m	离公路500 m	离公路1 500 m	离公路1 000 m	离公路1 500 m	
	路网状况	较密	较密	一般	较疏	一般	
	……						
特殊因素	特殊的气候条件	无	无	无	无	无	
	特殊的土壤条件	无	无	无	无	无	
	……						

上表中描述的应是比较因素的具体条件,不能使用相同、稍好、接近、较差等无具体含义的用语,能量化的一定要使用量化指标。

④ 编制比较因素条件指数表。为了在因素指标量化的基础上进行比较因素的修正,必须将因素指标转化为因素条件指数,编制比较因素条件指数表(见表 12 - 2)。

表 12 - 2 比较因素条件指数

比较因素＼比较对象＼内容		待估宗地	实例一	实例二	实例三	实例四	……
交易时间							
交易情况							
肥力因素	土壤质地	100	98	96	102	100	
	盐渍化程度	100	90	100	91	85	
	……						
经营耕作因素	灌溉条件	100	100	80	90	91	
	农机应用方便度	100	95	90	95	90	
	……						

317

比较因素 ＼ 比较对象 内　　　容		待估宗地	实例一	实例二	实例三	实例四	……
区位条件	交通通达性	100	98	94	96	94	
	路网状况	100	100	98	96	98	
	……						
特殊因素	特殊的土壤条件	100	100	100	100	100	
	特殊的气候条件	100	100	100	100	100	
	……						

⑤ 因素修正。在各因素条件指数表的基础上,进行比较实例估价期日修正、交易情况、因素修正及年期修正,即将评估对象的因素指数与比较实例的因素进行比较,得到比较因素修正系数(表 12 – 3)。

表 12 – 3　比较因素修正系数

比较因素 ＼ 比较对象 内　　　容		待估宗地	实例一	实例二	实例三	实例四	……
交易时间							
交易情况							
自然因素	土壤质地		100/98	100/96	100/102	100/100	
	盐渍化程度		100/90	100/100	100/91	100/85	
	……						
经营耕作因素	灌溉条件		100/100	100/80	100/90	100/91	
	农机应用方便度		100/95	100/90	100/95	100/90	
	……						
区位条件	交通通达性		100/98	100/94	100/96	100/94	
	路网状况		100/100	100/98	100/96	100/98	
	……						
特殊因素	特殊的气候条件		100/100	100/100	100/100	100/100	
	特殊的土壤条件		100/100	100/100	100/100	100/100	
	……						

⑥ 实例修正后的地价计算。经过比较分析,求算各比较实例经因素修正后达到评估对象条件的地价,依据《农地规程》的地价计算公式,最后确定待估土地的价格。

(2) 收益还原法。应用此方法估价,要依据《农地规程》规定程序和方法进行,技术报告中应对以下内容予以明确说明。

① 具体说明实际总收益和客观总收益及估价时采用的收益额和相应的条件。

② 总费用中涉及的项目和各项标准,要具体说明其确定的依据、确定方法和各项参数的选取标准。

③ 说明纯收益的测算依据和方法。

④ 明确说明还原率的种类的确定方法、依据和具体标准。

(3) 成本逼近法。应用此方法估价,要依据《农地规程》规定程序和方法进行,技术报告中应对以下内容予以明确说明。

① 详细说明土地取得费用的各组成项目及费用标准,并说明其确定的依据。有文件依据的,应首先符合国家法律、法规等,不合理收费不应作为依据。同时说明所依据文件名称、批准机关、批准时间及文件中有关费用标准;没有文件论据的,如属于当地一般规定,要有当地土地管理部门或有关的政府部门证明,用到当地不同区域的费用标准,要在对在区域进行充分调查实际情况的基础上,分析后确定客观取得费用,并说明原因。

② 明确所评估土地的开发期限、开发状况和相应的开发费用标准,并说明依据。

③ 有关税费、贷款利息及投资回报率的确定,要在报告中说明依据及其来源、分析计算过程及结果。

④ 说明土地价格的确定方法和结果。

(4) 剩余法。应用此方法估价,要依据《农地规程》规定程序和方法进行,技术报告中应对以下内容予以明确说明。

① 通过分析评估宗地的条件,考虑规划及管理等限制条件,确定土地的最佳利用方式。

② 明确评估宗地开发完成后的利用方式及目前市场状况下估算的土地总价,并说明估算方法及依据。

③ 对计算中采用的利息、税费、开发商利润等要具体说明其选择依据和标准。

④ 说明计算公式、计算过程和结果。

(5) 评分估价法。应用此方法估价,要依据《农地规程》规定程序和方法进行,技术报告中应对以下内容予以明确说明。

① 具体说明评分系数表中各评分因素的选择原则或依据。

② 确定的农用地单位分值价格,并对其进行必要的说明。

③ 说明采用的回归方程,并说明选择理由。

④ 说明计算公式、计算过程和结果。

(6) 基准地价修正法。应用此方法估价,要依据《农地规程》规定程序和方法进行,技术报告中应对以下内容予以明确说明。

① 具体说明采用的基准地价的公布(或制定)时间、批准文号、批准机关、基准地价内涵及利用基准地价计算宗地价格的公式等。

② 说明宗地位置、用途及估价对象所在级别或区片。

③ 说明估价对象的各项因素具体条件。

④ 说明年期、期日及其他影响地价因素相应的修正系数。

⑤ 计算宗地地价。

4. 地价的确定

（1）说明地价确定的方法：要求说明对不同估价方法结果进行增值或减值调整的原因。对采用众数、平均值或以其中某一价格为主确定宗地地价的，要解释其方法选择的依据。

（2）估价结果：应注明地价种类、总地价、单位面积地价、地价单位，并用大写表示的地价金额。如外币表示地价，应说明估价基准日外币与人民币的比价。

（六）农用地估价技术报告附件内容及其说明

应包括委托估价函、估价对象土地使用证明、土地承包合同及其他土地使用证明材料、地籍图、宗地位置图、评估对象照片、有关背景材料、原始资料及实地勘测数据及估价机构资质及签字土地估价师证书复印件、委托方营业执照等。

本章小结

本章主要介绍了土地估价程序及其操作指南——《城镇土地估价规程》和《农用地估价规程》。本章第一节主要说明了土地估价程序的概念和土地估价的基本步骤。第二节则简要说明了《城镇土地估价规程》，同时对土地估价报告的含义和内容结构、技术要求作了详细阐述。第三节主要介绍了《农用地估价规程》的有关内容，并对农用地估价报告的含义和内容结构、技术要求作了详细地论述。通过本章的学习，读者应该熟悉《城镇土地估价规程》和《农用地估价规程》的有关内容，在此基础上，按照正确的估价程序和步骤，经过具体的估价实践后，能够完成相应的估价报告。

关键词

土地估价程序　《城镇土地估价规程》　土地估价报告　土地估价结果报告　土地估价技术报告　《农用地估价规程》　农用地估价报告　农用地估价结果报告　农用地估价技术报告

复习思考题

1. 什么是土地估价程序？其基本步骤是什么？

2. 什么是土地估价报告？其包含的内容有哪些？

3. 什么是农用地估价报告？其包含的内容有哪些？

参 考 文 献

［1］ 〔英〕马歇尔著,朱志泰、陈良璧译:《经济学原理(上卷)》,商务印书馆 1964 年版

［2］ 〔美〕伊利,莫尔豪斯著,滕维藻译:《土地经济学原理》,商务印书馆 1982 年版

［3］ 毕宝德主编:《土地经济学(第 5 版)》,中国人民大学出版社 2006 年版

［4］ 濮励杰、彭补拙主编:《土地资源管理》,南京大学出版社 2002 年版

［5］ 陆红生主编:《土地管理学总论》,中国农业出版社 2002 年版

［6］ 马克思、恩格斯著,中共中央马克思恩格斯列宁斯大林著作编译局译:《马克思恩格斯全集(第二版,第 2 卷)》,人民出版社 1995 年版

［7］ 马克思、恩格斯著,中共中央马克思恩格斯列宁斯大林著作编译局译:《马克思恩格斯全集(第 25 卷)》,人民出版社 1974 年版

［8］ 马克思、恩格斯著,中共中央马克思恩格斯列宁斯大林著作编译局译:《马克思恩格斯全集(第 23 卷)》,人民出版社 1972 年版

［9］ 林增杰主编:《地籍管理》,中国人民大学出版社 2001 年版

［10］ 王克强、王洪卫、刘红梅主编:《土地经济学》,上海财经大学出版社 2005 年版

［11］ 何芳编著:《城市土地经济与利用》,同济大学出版社 2004 年版

［12］ 李鸿昌等主编:《城市土地经济学》,科学普及出版社广州分社 1988 年版

［13］ 卢新海编著:《城市土地管理与经营》,科学出版社 2006 年版

［14］ 卢新海主编:《房地产估价——理论与实务》,复旦大学出版社 2006 年版

［15］ 闫天龙、曹照平主编:《土地估价指南》,机械工业出版社 2005 年版

［16］ 柴强主编:《房地产估价理论与方法》,中国建筑工业出版社 2005 年版

［17］ 艾建国、吴群主编:《不动产估价》,中国农业出版社 2002 年版

［18］ 杜贵成、赵永慧主编:《土地估价师实务手册》,机械工业出版社 2006 年版

［19］ 国土资源部土地估价师资格考试委员会主编:《土地估价理论与方法》,地质出版社 2004 年版

［20］ 邱华炳编著:《土地评估》,中国财政经济出版社 2003 年版

［21］ 蔡兵备、欧阳安蛟主编:《城市地价评估方法:发展与创新》,社会科学文献出版社 2002 年版

［22］ 薛红霞、谢戈力主编:《广东省土地估价实用技术指引》,广东经济出版社 2006 年版

〔23〕 吴良才编著:《城市土地定级与估价》,中国矿业大学出版社 2003 年版

〔24〕 刘卫东等著:《城市土地价格调查、评价及动态监测》,科学出版社 2002 年版

〔25〕 国土资源部土地利用管理司等编:《农用地分等定级估价理论·方法·实践》,地质出版社 2004 年版

〔26〕 周生路等编著:《土地评价学》,东南大学出版社 2006 年版

〔27〕 乔志敏主编:《资产评估学教程》,中国人民大学出版社 2003 年版

〔28〕 徐兴恩主编:《资产评估学》,首都经济贸易大学出版社 2005 年版

〔29〕 全国注册资产评估师考试用书编写组编:《资产评估》,经济科学出版社 2005 年版

〔30〕 杨晓杰、刘晓光编著:《森林资源资产评估理论与实务》,东北林业大学出版社 2005 年版

〔31〕 刘朝马著:《矿业权估价理论与方法》,冶金工业出版社 2003 年版

〔32〕 吕康娟、张莉、关柯:"论土地价格",《建筑管理现代化》,2002 年第 2 期

〔33〕 李正、唐卉、董萍:"美国不动产估价制度概述",《价格月刊》,1995 年第 3 期

〔34〕 〔德〕Rainer Muller-Jokel:"德国城市发展进程中的土地评估",《国土资源情报》,2003 年第 7 期

〔35〕 丁健:"丹麦的土地估价制度",《外国经济与管理》,1997 年第 5 期

〔36〕 马素华:"加拿大房地产估价制度简介",《国土资源情报》,2006 年第 1 期

〔37〕 钱瑛瑛、赵小虹、赵财富:"国外及香港地区房地产估价行业管理的比较与借鉴(上)",《中国房地产》,1999 年第 11 期

〔38〕 钱瑛瑛、赵小虹、赵财富:"国外及香港地区房地产估价行业管理的比较与借鉴(下)",《中国房地产》,1999 年第 12 期

后　　记

　　2006 年,笔者应复旦大学出版社之约,主持编写了"复旦博学·21 世纪工程管理系列教材"之中的《房地产估价——理论与实务》一书(该书目前已出第二版)。在该书编写过程中,得到了武汉地区多位从事不动产估价教学、管理与实务工作的专家和学者朋友的鼎力支持。每每想起与众友聚于一堂,商讨书稿内容的情景,便觉温馨怡然。

　　2009 年,笔者再次应邀编写《土地估价》教材。本想再聚众友,但考虑到大家工作繁忙,不堪叨扰,只得作罢。于是只好与善林一道,于寂然中完成了书稿。

　　然而《土地估价》书稿却继承了不少《房地产估价——理论与实务》的精髓。这一方面固然是因为土地估价与房地产估价两者本为一体,难分彼此;另一方面也是因为参与房地产估价一书编写的众友为土地估价一书留下了极好的素材。在此,特向这些没有参与本书的编写但却实质上做出了贡献的朋友致以衷心的感谢。

　　复旦大学出版社的罗翔博士几次策划不动产管理领域丛书的出版,为我国不动产领域的高等教育和不动产相关行业的发展做出了贡献。作为不动产管理领域的一位教师,也想借此机会向他表示衷心的感谢。

卢新海

2010 年 3 月于武汉喻家山

图书在版编目(CIP)数据

土地估价/卢新海、黄善林编著. —上海：复旦大学出版社，2010.5(2025.2 重印)
(复旦博学·21世纪土地管理系列)
ISBN 978-7-309-07171-9

Ⅰ. 土…　Ⅱ.①卢…②黄…　Ⅲ. 地价-评估　Ⅳ. F301.3

中国版本图书馆 CIP 数据核字(2010)第 051561 号

土地估价
卢新海　黄善林　编著
责任编辑/戚雅斯　罗　翔

复旦大学出版社有限公司出版发行
上海市国权路 579 号　邮编：200433
网址：fupnet@ fudanpress. com　　http://www. fudanpress. com
门市零售：86-21-65102580　　团体订购：86-21-65104505
出版部电话：86-21-65642845
上海崇明裕安印刷厂

开本 787 毫米×1092 毫米　1/16　印张 21　字数 470 千字
2025 年 2 月第 1 版第 8 次印刷
印数 12 701—13 800

ISBN 978-7-309-07171-9/F·1585
定价：48.00 元